普通高等教育管理类系列教材

商品流通企业会计
第 4 版

倪明辉 编著

机 械 工 业 出 版 社

本书吸纳最新税法信息，运用现行的《企业会计准则》，反映我国当前会计理论与实务的最新发展，并充分借鉴和吸收相关教材与最新理论成果，在各章节的逻辑结构安排上，体现商品流通企业会计的核算特点。本书在编写过程中力求避免不同课程教材在内容上的交叉重复，全面介绍商品流通企业的会计实务，除了介绍商品批发、商品零售业务以外，还介绍了商场、连锁经营、网购电商等商业模式的会计实务，并对计算机系统管理商品存货的单品进价金额核算制进行了详细介绍。本书的实训案例业务来源于实际工作，仿真性极强，并在每章加入"思考""提示""自测题"等，防止理论与实践脱节。

本书可作为高等院校会计学、财务管理、审计学等专业的本专科教材，也可作为相关专业在职培训和企业管理人员的业务学习参考用书。

图书在版编目（CIP）数据

商品流通企业会计 / 倪明辉编著. -- 4版. -- 北京：机械工业出版社，2024.12. --（普通高等教育管理类系列教材）. -- ISBN 978-7-111-77379-5

Ⅰ. F715.51

中国国家版本馆CIP数据核字第2025CX3896号

机械工业出版社（北京市百万庄大街22号　邮政编码100037）
策划编辑：刘　畅　　　　　　责任编辑：刘　畅
责任校对：贾海霞　张　薇　　封面设计：鞠　杨
责任印制：郜　敏
三河市航远印刷有限公司印刷
2025年2月第4版第1次印刷
184mm×260mm・22印张・463千字
标准书号：ISBN 978-7-111-77379-5
定价：69.80元

电话服务　　　　　　　　网络服务
客服电话：010-88361066　机　工　官　网：www.cmpbook.com
　　　　　010-88379833　机　工　官　博：weibo.com/cmp1952
　　　　　010-68326294　金　书　网：www.golden-book.com
封底无防伪标均为盗版　机工教育服务网：www.cmpedu.com

前 言

　　本书依据最新《企业会计准则》，反映我国当前会计理论与实务的最新发展，充分借鉴和吸收已有相关教材与最新理论成果，在各章节的逻辑结构安排上，体现商品流通企业会计的核算特点。本书将商品流通企业的特点和会计实务贯穿其中，内容范围与体系完整，既包括批发企业会计核算、零售企业会计核算，也涵盖了商场的管理与核算、连锁经营业务的核算、进出口贸易业务的核算、网购电商的核算等。本书在内容上以商品流通企业的商品购进、销售和储存为主线，并对商品流通企业核算方法的基本业务应用与其他业务应用进行了具体阐述。同时，还把货币资金与转账结算内容作为单独一章讲述，以便于读者对商品流通企业会计业务中结算业务的熟悉与了解。此次修订，考虑到最新财税政策的变化，对具体会计核算进行了相应调整，以满足最新会计知识与税法规定的要求。本书主要特点如下：

　　（1）内容贴近实际工作。内容设计上循序渐进、由浅入深，注重基础理论的构建，内容概要而系统，突出商品流通企业会计的特色，并以注重培养学生的创新能力和实践能力为目标，避免内容单薄、知识系统性不足的问题，以期满足不同专业、不同层次人员的需要。

　　（2）实践应用性强。本书实例丰富完整，增加了图表和案例的比重，并对例题做出解析，有助于提高学生的实务操作能力。每章都有思考提示。最后部分为综合实训，全部以真实凭证的形式展现给读者，甚至答案也是实际会计工作中的各种凭证，更增强了本书的实践操作性。本书紧扣当前商品流通企业的最新实务，力图解决商品流通企业会计面临的新问题，注重培养学生的创新能力，使学生适应专业岗位和信息技能的要求。

　　（3）重点突出，避免重复。在体例安排上，力求避免与其他课程重复的教学内容，突出该课程的重点。在执行《企业会计准则》的前提下，以商品流通企业的商品购进、存储、销售为主线，将商品流通企业的特点和会计实务贯穿其中，使读者逐渐掌握商品流通企业会计的基本知识和实践操作技能。

　　（4）具有前沿性。教材依据最新税法修订，体现会计理论和实践研究的最新成果。修订后的第4版增加了视频讲解和知识拓展资料，帮助学生理解相应知识点。

（5）融入思政元素。"商品流通企业会计"在商业活动中发挥着重要的核心作用，对推动社会经济发展、维护市场秩序、保护投资者权益和促进企业国际化至关重要。"商品流通企业会计"是黑龙江省省级一流本科专业——会计学、财务管理的专业课程之一。

"商品流通企业会计"是一门实践性很强的应用技能性课程。以业务实例搭建理论与实践的桥梁，将专业知识的显性教育与思政元素的隐性教育高度融合，以商品流通企业会计具体业务为单元，将"思政元素"嵌入课堂教学活动中。围绕商品流通企业会计核算的相关知识点，以"提出问题—分析问题—解决问题"为主线，有效衔接课前预习内容、课中互动环节、课后巩固拓展及教学反馈，挖掘知识点背后的价值观和人生观，激发学生的学习兴趣。每章设有学习目标、思考、提示、本章小结、思考题、自测题等，通过对各类商品流通企业会计实务案例或热点问题的探讨，引发学生对相关知识的深度思考。

为了便于学生把握知识重点和提高学生的实际动手能力，每章章前设有学习目标，每章章后配有本章小结、思考题和自测题，有助于学生系统地掌握和应用所学知识。本书还配有教学课件、教学大纲、授课计划等教学资源，以满足授课教师的教学需要。

本书由倪明辉编著。感谢黑龙江科技大学王芊颐对第一章、第二章的编写提供的意见和支持；感谢黑龙江工程学院李楠对第三章和实训答案编写提供的意见和支持。

在本书的编写过程中，编者参考了诸多有关基础会计方面的教材、专著和论文，在此向有关作者表示感谢。由于编者水平有限，书中难免存在不足之处，恳请读者批评指正。编者电子邮箱为：nmhfzk@sina.com，相关电子课件及课后答案请从机械工业出版社教育服务网（www.cmpedu.com）或微信公众号"机工教育"获取。

编　者

课程总入口

目 录

前 言

第一章 绪 论 001
 第一节 商品流通企业会计概述 001
 第二节 会计核算的基本前提 006
 第三节 会计信息及其质量要求 008
 第四节 商品流通企业的会计对象与要素 011
 第五节 商品流通企业会计的任务与组织 019
 第六节 商品流通企业会计操作程序 022
 本章小结 025
 思考题 026
 自测题 026

第二章 货币资金与转账结算 029
 第一节 货币资金概述 029
 第二节 库存现金 030
 第三节 银行存款 036
 第四节 银行结算 040
 本章小结 056
 思考题 057
 自测题 057

第三章 商品流通核算概述 062
 第一节 商品流通的概念 062
 第二节 商品购销的交接方式与入账时间 064

第三节　商品流通的核算方法 …………………………………………… 067
　　本章小结 ……………………………………………………………………… 071
　　思考题 ………………………………………………………………………… 071
　　自测题 ………………………………………………………………………… 071

第四章　商品批发企业会计实务核算 …………………………………… 075

　　第一节　商品批发企业的经营特点及商品核算方法应用 ……………… 075
　　第二节　商品批发企业商品购进的核算 ………………………………… 079
　　第三节　商品批发企业商品销售的核算 ………………………………… 094
　　第四节　商品批发企业商品储存的核算 ………………………………… 100
　　本章小结 ……………………………………………………………………… 111
　　思考题 ………………………………………………………………………… 111
　　自测题 ………………………………………………………………………… 112

第五章　商品零售企业会计实务核算 …………………………………… 117

　　第一节　商品零售企业的经营特点及库存商品核算方法 ……………… 117
　　第二节　商品零售企业商品购进的核算 ………………………………… 119
　　第三节　商品零售企业商品销售的核算 ………………………………… 126
　　第四节　已销商品进销差价的计算与结转 ……………………………… 131
　　第五节　商品零售企业商品储存的核算 ………………………………… 136
　　第六节　鲜活商品的核算 ………………………………………………… 142
　　第七节　图书发行企业商品的核算 ……………………………………… 146
　　本章小结 ……………………………………………………………………… 148
　　思考题 ………………………………………………………………………… 149
　　自测题 ………………………………………………………………………… 150

第六章　商品流通企业核算方法的基本业务应用 …………………… 156

　　第一节　农副产品收购业务的核算 ……………………………………… 156
　　第二节　商品挑选整理业务的核算 ……………………………………… 160
　　第三节　销售折扣和销售折让的核算 …………………………………… 163
　　第四节　退货业务的核算 ………………………………………………… 168
　　第五节　商品退补价业务的核算 ………………………………………… 172
　　第六节　拒收商品和拒付货款的核算 …………………………………… 175

第七节　直运商品销售业务的核算……………………………………………181
　　本章小结……………………………………………………………………………183
　　思考题………………………………………………………………………………185
　　自测题………………………………………………………………………………185

第七章　商品流通企业核算方法的其他业务应用……………………191

　　第一节　委托加工商品业务的核算…………………………………………191
　　第二节　委托代销商品业务的核算…………………………………………194
　　第三节　出租商品业务的核算………………………………………………203
　　本章小结……………………………………………………………………………206
　　思考题………………………………………………………………………………206
　　自测题………………………………………………………………………………207

第八章　商场的管理与核算……………………………………………210

　　第一节　商场经营管理概述…………………………………………………210
　　第二节　商场的信息管理系统………………………………………………214
　　第三节　超市自营经营的核算………………………………………………216
　　第四节　商场专柜经营的核算………………………………………………220
　　第五节　商场专柜出租的核算………………………………………………227
　　第六节　商场向供应商收取费用的核算……………………………………230
　　第七节　商场促销活动的核算………………………………………………231
　　本章小结……………………………………………………………………………243
　　思考题………………………………………………………………………………243
　　自测题………………………………………………………………………………244

第九章　连锁经营业务的核算……………………………………………250

　　第一节　连锁经营概述………………………………………………………250
　　第二节　直营连锁经营的核算………………………………………………254
　　第三节　自愿连锁经营和特许连锁经营的核算……………………………262
　　本章小结……………………………………………………………………………267
　　思考题………………………………………………………………………………267
　　自测题………………………………………………………………………………268

第十章　进出口贸易业务的核算 ······ 273

第一节　进出口贸易业务概述 ······ 273
第二节　自营进口业务的核算 ······ 277
第三节　代理进口业务的核算 ······ 281
第四节　自营出口销售业务的核算 ······ 283
第五节　代理出口销售业务的核算 ······ 289
第六节　出口商品退税的核算 ······ 292

本章小结 ······ 295
思考题 ······ 295
自测题 ······ 295

知识拓展 ······ 301

综合实训 ······ 311

综合实训参考答案 ······ 331

参考文献 ······ 342

第一章 绪 论

学习目标

1. 了解商品流通企业会计的含义及核算范围。
2. 掌握商品流通企业会计的特征以及资金运动的特点。
3. 理解商品流通企业会计与工业企业会计的区别。
4. 理解商品流通企业会计核算的基本前提。
5. 理解商品流通企业会计信息的质量要求。
6. 掌握商品流通企业会计的会计要素及会计科目。
7. 理解商品流通企业会计人员的任务与组织。
8. 了解商品流通企业会计的操作程序。

第一节 商品流通企业会计概述

一、商品流通企业会计的含义

商品流通企业是连接生产与消费的一座桥梁,是社会化大生产的一个重要环节。它以商品的生产和消费为基础,又是保证生产和消费正常进行的必要条件。在扩大再生产的过程中,商品最初出自生产企业,而商品流通企业则将商品的购进业务转化为商品的销售业务。在这个商品增值的过程中,商品流通企业一方面为生产者服务,另一方面又为消费者服务,从而实现了促进商品生产、满足消费、加速资金周转的纽带作用。

商品流通企业会计简称商业会计,它是企业会计的重要分支,是广泛应用于商品流通领域的一门专业会计。商品流通企业会计是以货币计量为主要形式,采取专门方法,对商品流通企业的经济活动进行反映和监督,并为有关方面提供财务状况和经营成果等经济信息的一种经济管理活动,是商品流通企业经营管理的一个重要组成部分。

二、商品流通企业会计的核算范围

商品流通企业是指从事商品流通的独立核算企业,主要包括商业、粮食、物资供销、对外贸易、医药、石油、烟草和图书发行等企业。因为商品流通企业的经济活动主要是流通领域中的购、销、存活动,所以这类企业的核算主要侧重于采购成本和销售成本的核算及商品流通费用的核算。在各类型的商品流通企业中,按照它们在商品流通中所处的不同地位和经营活动的不同特点,可以分为批发企业、零售企业和混合经营企业。商品流通企业的类型如图1-1所示。

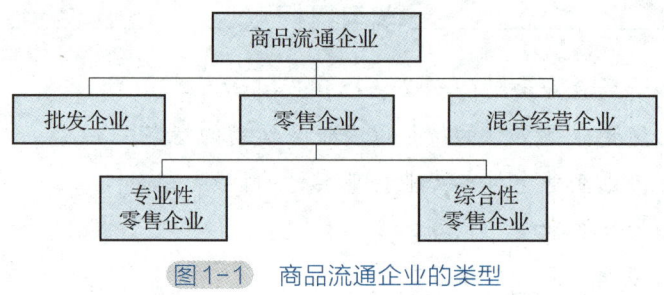

图1-1　商品流通企业的类型

(一)批发企业

批发企业是指向生产企业或其他商品流通企业成批购进商品,再把商品批量地出售给其他生产企业、零售企业以及其他批发企业的商品流通企业。批发企业处于商品流通的起点或中间环节,它所从事的主要是企业之间的商品交换,它是商品流通的纽带。

(二)零售企业

零售企业是指向批发企业或生产企业购进商品,再将商品直接出售给最终消费者,或销售给企事业单位用以生产消费和非生产消费的商品流通企业。零售企业处于商品流通环节的终点,直接担负着为生产和生活服务的主要任务。零售企业可分为百货商场、超级市场、专卖店、便利店和其他业态等。

1. 百货商场

百货商场是指在一个建筑物内,集中了若干专业的商品部并向顾客提供多种类、多品种商品及服务的综合性零售形态。其基本特征为:商品结构多以服装、家庭用品、食品等为主,种类齐全;商品价格多数明码标价;商场注重整体的管理。

2. 超级市场

超级市场是指采取自选销售方式,以销售生活用品为主,满足顾客一次性购买多种商品及服务要求的综合性零售形态,典型的有沃尔玛、家乐福等。其基本特征为:商品结构以食品、生活日用品、服装、文具、家用电器等使用频率较高的商品为主;采取自选销售方式,明码标价;统一在固定地点结算。

3. 专卖店

专卖店是指专门经营某类商品或某种品牌的系列商品,满足消费者对某类商品多样性需求的零售形态。其基本特征为:商品结构专业性较强,各种不同的规格、品种及品牌汇集;销售量小、质优、高毛利;销售人员有丰富的专业知识,能为消费者提供充分的服务;采取定价销售和开架面售的方式;有着严格的售后服务体系。如眼镜店、钟表店、服装店、家用电器店和交通器材店等。

4. 便利店

便利店最早起源于美国,继而衍生出两个分支,即传统型便利店和加油站型便利店。前者在日本等亚洲地区得以发展成熟;后者则在欧美地区较为盛行。它是一种用以满足顾客应急性、便利性需求的零售业态。

5. 其他业态

其他业态是指上述未包括的其他业态形式,如折扣商店、邮购商店和网上店铺等。

(三)混合经营企业

在实际工作中,除上述批发企业和零售企业以外,还存在着一些混合经营的企业,如批零兼营,以批为主兼营零售业务或以零售业务为主兼营批发业务的企业等。

> **思考**
> 举例并观察周围的三家企业,分析确定它们是否为商品流通企业,如果确定是商品流通企业,请深入分析其具体类型。

三、商品流通企业会计的特征

商品流通企业的主要经济活动是组织商品流通,将社会产品从生产领域转移到消费领域,以促进工农业生产的发展和满足人民生活的需要,从而实现商品的价值并获得盈利。从商品流通运行规律与会计的结合来看,商品流通企业主要从事商品的购销活动,是围绕商品流通而进行的核算和管理,因此有其自身的特征。商品流通企业会计主要有以下特征:

1. 商品流通企业会计以资金运动为中心进行核算和管理

商品流通通过商品、货币关系形成"货币—商品—货币"的资金循环运动形式,在商品的购进过程中,通过购买商品,支付货款及费用,使货币资金转化为商品资金;在商品的销售过程中,通过商品销售,取得收入和盈余,使商品资金又转化为货币资金,并获得商品的增值。因此,商品流通企业会计以商品流通活动为中心,对商品资金的筹集、运用和资金的循环进行核算和管理,其核算重点和管理方法与其他企业不完全相同。

2. 不同类型的商品流通企业核算方法不同

不同类型的商品流通企业有着各自的经营特点和管理要求，对商品核算方法的要求也不相同。商品流通企业商品核算方法可分为进价金额核算法和售价金额核算法两大类。核算方法将在第三章详细介绍。

3. 外购商品的成本确认方法灵活

商品流通企业的经济活动主要以商品购销活动为主，其在业务经营中发生的各项耗费一般可以划分为已销商品进价成本和商品流通费用。所谓商品流通费用，是指企业在组织商品流通过程（购、销、运、存各个环节）中发生的正常耗费，包括进货费用、储存费用和管理费用等。《企业会计准则》中规定，商品流通企业在采购商品过程中发生的进货费用，如运输费、装卸费、保险费以及其他归属于存货采购成本的费用等，应当计入商品采购成本；也可以先进行归集，期末再根据所购商品的存销情况进行分摊，对于已售商品的进货费用，计入当期损益，对于未售商品的进货费用，计入期末存货成本；采购商品的进货费用金额较小的，可以在发生时直接计入当期损益，该方法比较简单、易行。

4. 存货日常核算的特殊性

一般情况下，为了便于商品销售，商品流通企业中的零售企业对于商品存货，在购进时就要确定其销售价格。因此，这些商品存货的日常核算一般采用"售价金额核算法"，即在"库存商品"明细账中登记商品的售价金额，商品售价与进价之间的差额通过"商品进销差价"账户核算，期末再将商品进销差价在已销商品与期末结存商品之间进行分配，以确定本期商品销售的成本与期末商品结存的成本。

> **思考**
>
> 参照商品流通企业会计的特征，说说工业企业会计的特点。

四、商品流通企业会计与工业企业会计核算的异同

商品流通企业会计与工业企业会计的核算存在着相同之处，其联系如表1-1所示。

表1-1 商品流通企业会计与工业企业会计的联系

联　系	商品流通企业	工 业 企 业
遵循的会计准则和会计制度相同	商品流通企业和工业企业组织会计核算都要遵循《企业会计准则》和《企业会计制度》	
主要计量单位相同	商品流通企业和工业企业组织会计核算都是以货币为主要计量单位	
会计目标相同	商品流通企业和工业企业组织会计核算都是以提高经济效益为最终目标；在将提高经济效益作为最终目标的前提下，以满足会计信息使用者的需要为会计核算的具体目标	
基本职能相同	商品流通企业和工业企业会计的基本职能都是组织会计核算和进行会计监督	

商品流通企业与工业企业相比,其主要特点是经营过程主要包括采购过程与销售过程,没有商品的生产加工的过程,即在实际的会计工作中,商品流通企业不设置成本会计岗位。因此,商品流通企业会计与工业企业会计存在着区别。商品流通企业会计与工业企业会计的区别如表1-2所示。

表1-2　商品流通企业会计与工业企业会计的区别

区　　别	商品流通企业	工 业 企 业
核算与管理对象不同	会计的核算与管理对象是商品购、销、存全过程	会计的核算与管理对象主要是产品的形成过程
成本计算范围及方法不同	对于企业在组织商品购、销、存业务活动及管理企业过程中所发生的各项费用开支,不直接认定到某种产品中去,而是采取以下三种方式:①分期计入期间费用处理;②一次计入采购成本;③计入进货费用	对于为生产加工某种产品所发生的活劳动和物化劳动消耗计入产品成本,而所发生的与产品生产加工没有直接关系的费用支出,则作为期间费用计入当期损益,不作为产品成本的内容
盈利性质不同	经营盈利是工业企业将一部分产品增值让渡给商品流通企业,并扣除在商品购、销、存过程中的必要耗费后的余额	经营盈利是工业企业员工为社会创造的那部分价值,体现为高于生产成本的增值

提示　商品流通企业的商品大多为外购取得,外购商品的成本由采购成本构成。商品的采购成本包括购买价款和进货费用。其中,进货费用是指采购商品过程中发生的运输费用、装卸费、保险费以及其他可归属于商品采购成本的费用等。根据商品的合理流向,选择适当的运输方式或运输工具,组织商品运输而发生的运输费用,可以增加商品价值,属于生产性流通费用。但是由于运输工作不当而发生迂回运输等不合理的运输费用,应属于流通费用。商品流通企业应按照商品的特点与流向,选择最经济的运输工具和运输线路来组织商品运输,以节约运输费用,提高经济效益。

在会计实务中,进货费用有以下三种处理方法:

(1)将商品的进货费用连同买价(即货款)直接计入商品采购成本。如果企业属于一般纳税人,并取得运输单位开具的增值税专用发票,那么运输费用发生的增值税可以做进项税抵扣。

(2)将进货费用先在"进货费用"账户归集,期末再根据所采购商品的存销比例进行分摊。

(3)将进货费用直接计入当期损益,销售部门发生的计入"销售费用"或"营业费用",管理部门发生的计入"管理费用"。

第二节 会计核算的基本前提

会计核算的基本前提,也称会计基本假设,是企业会计确认、计量和报告的前提,是为了保证会计工作的正常进行和会计计量,对会计核算的范围、内容、基本程序和方法所做的合理设定。会计基本假设包括会计主体、持续经营、会计分期和货币计量。

一、会计主体假设

《企业会计准则——基本准则》第五条规定:"企业应当对其本身发生的交易或者事项进行会计确认、计量和报告。"这是对会计主体假设的描述。

会计主体,也称经济主体或记账主体,是会计为其服务的特定单位或组织。会计主体假设是指会计核算应当以企业发生的各项经济业务为对象,记录和反映企业本身的各项经济活动。会计主体假设明确了会计工作的空间范围,它也是持续经营、会计分期假设和其他会计核算的基础。在会计主体假设下,商品流通企业应当对其本身发生的交易或者事项进行会计确认、计量和报告,反映商品流通企业本身所从事的各项经营活动。

二、持续经营假设

《企业会计准则——基本准则》第六条规定:"企业会计确认、计量和报告应当以持续经营为前提。"这是对持续经营假设的描述。

持续经营是指在可预见的未来,会计主体不会被关、停、并、转或破产清算,而是能无限期地、连续地经营下去。持续经营假设明确了会计核算的时间范围。在持续经营前提下,会计确认、计量和报告应当以商品流通企业持续、正常的经营活动为前提。如果商品流通企业坚持这一前提,则意味着企业将按照当前的状态继续经营下去。正是这一假设为解决会计核算中常见的财产计价和费用分摊以及收益的确认等问题提供了前提条件。例如,商品流通企业取得固定资产后,按照一定的方法对其计提折旧,从而将一部分固定资产成本分摊到相关费用中;如果商品流通企业不久将会倒闭或清算,那么就不具备持续经营状态,所有资产将用于还债和在所有者之间分配,固定资产的历史成本已经没有意义,而应改为按现行可出售价值等方法计价,也就不存在对固定资产的折旧等问题。可见,如果持续经营这一前提条件不存在了,那么一系列会计准则和会计方法也会相应地丧失其存在的基础。

三、会计分期假设

《企业会计准则——基本准则》第七条规定:"企业应当划分会计期间,分期结算账目和编制财务会计报告。会计期间分为年度和中期。中期是指短于一个完整的会计年度的报告期间。"这是对会计分期假设的描述。

会计分期是指将一个商品流通企业持续经营的生产经营活动划分为一个连续的、长短相同的期间,以便确定每一个会计期间的收入、费用、利润、资产、负债和所有者权益,按期编制财务报告,向商品流通企业内外部信息使用者提供管理、考核和决策的会计信息,以满足有关方面的需要。

会计分期假设是对会计工作时间范围的具体划分,主要是确定会计年度。我国以日历年度为会计年度,即从每年公历的1月1日至当年12月31日为一个会计年度。会计年度确定后,一般按日历确定会计半年度、会计季度和会计月度。中期是指短于一个完整的会计年度的报告期间。

会计分期假设具有重要的意义。有了会计分期,才产生了当期与以前期间、以后期间的差别,才使不同类型的商品流通企业会计主体有了相应的记账基准,以便准确地提供财务状况和经营成果的资料,反映商品流通企业的经营状况。

四、货币计量假设

《企业会计准则——基本准则》第八条规定:"企业会计应当以货币计量。"这是对货币计量假设的描述。

货币计量是指会计主体在会计核算过程中,应采用货币作为计量单位记录、反映会计主体的经营情况。这也是由货币本身的属性决定的。商品流通企业的国内贸易和国际贸易较多,使用的计量单位也较多,为了全面、综合地反映商品流通企业的经营活动,会计核算客观上需要一种统一的计量单位作为计量尺度。而货币是商品的一般等价物,只有选择货币进行计量,才能充分反映商品流通企业的经营情况。在我国,企业的会计核算一般以人民币为记账本位币,商品流通企业也同样如此。对于那些以外币为主的外商投资企业,也可以选定其中一种货币作为记账本位币,但是在编报的财务报告中应当折算为人民币。

综上所述,对于会计的四项基本假设,虽然是基于客观需要而人为限定的,但完全有充分的客观必然性。否则,会计核算工作就无法发挥其职能作用。这四项假设紧密相连,既有联系,也有区别,共同为会计核算工作的开展奠定了基础,也便于商品流通企业财务状况、经营成果和现金流量等的计算和报告,有效地对其所发生的所有交易活动进行汇总和分析。

第三节　会计信息及其质量要求

一、商品流通企业会计信息的含义

商品流通企业会计信息是以货币计量的数据资料为主,表明商品流通企业资金运动状况及其结果的经济信息。会计信息具有狭义与广义之分。狭义的会计信息,是指某一商品流通企业会计主体所提供的财务状况、经营成果和现金流量等方面的信息。这类会计信息是由商品流通企业会计人员通过编制有关对外报出的财务报表来完成的。广义的会计信息除以上信息外,还包括处于商品流通企业加工整理过程中的会计信息,如在会计记录环节生成的、体现于会计凭证和会计账簿等载体中的信息等。商品流通企业在经营过程中保证会计信息的真实准确性,对履行纳税义务也至关重要。

二、商品流通企业会计信息的质量要求

（一）会计信息质量要求的含义

企业的会计信息质量要求,又称会计信息质量特征,是指对企业在对外财务报告中所提供的会计信息质量的基本要求,是使财务报告所提供的会计信息与包括投资者在内的各类使用者的经济决策相关应具备的基本特征。

会计信息质量要求是财务会计理论的构成内容之一,也是各国企业会计准则应予规范的重点内容。但各个国家所规定的会计信息质量要求的内容及排列顺序等都不同,我国现行《企业会计准则》将会计信息质量要求按顺序规定为八项:可靠性、相关性、可理解性、可比性、实质重于形式、重要性、谨慎性和及时性。商品流通企业会计信息质量也遵循此规定。

（二）商品流通企业会计信息质量要求的内容

会计目标之一是向商品流通企业的利益相关者提供反映经营者受托责任和对投资者决策有用的会计信息。要达到此目标,就必须要求商品流通企业会计信息具有一定的质量。会计信息质量要求是会计目标和实现会计目标之间的"桥梁",主要包括:可靠性、相关性、可理解性、可比性、实质重于形式、重要性、谨慎性和及时性等。

1. 可靠性

可靠性,也称客观性、真实性,是对会计信息质量的一项基本要求。可靠性要求商品流通企业以实际发生的交易或者事项为依据进行确认、计量和报告,如实反映符合确认和计量要求的各项会计要素及其他相关信息,保证会计信息真实可靠、内容完整。商品流通企业会计所提供的会计信息是政府及有关部门、投资者、债权人和社会公众等信

息使用者决策的依据,如果会计数据不能客观、真实地反映商品流通企业经济活动的实际情况,那么各方面就很难真实地了解商品流通企业的财务状况和经营成果,甚至可能导致错误的决策。可靠性要求根据实际发生的交易或事项进行会计处理,即必须根据审核无误的原始凭证编制记账凭证,采用特定的方法进行会计确认、计量、记录和报告,保证所提供的会计信息真实可靠、内容完整。

例如,某商品流通企业为完成2024年销售定额,于2024年12月28日提前确认一笔2025年1月份的销售收入100万元,计入2024年12月份销售收入。企业的这种处理方式不是以其实际发生的交易事项为依据,而是以虚构的交易事项为依据,违背了会计信息质量要求的可靠性原则。

2. 相关性

相关性,也称有用性,是指商品流通企业提供的会计信息应当与财务报告使用者的经济决策需要相关,有助于财务报告使用者对企业过去、现在或者未来的情况做出评价或者预测。也就是说,商品流通企业提供的会计信息必须符合国家有关部门进行宏观经济管理的要求,满足投资者、债权人了解企业财务状况、经营成果和现金流量信息的要求,并有助于他们做出正确的投资决策和信贷决策,满足商品流通企业内部经营管理者加强内部经营管理的需要。

3. 可理解性

可理解性,也称明晰性,是指商品流通企业提供的会计信息应当清晰明了,便于财务报告使用者理解和使用。提供会计信息的目的是帮助信息使用者进行决策,商品流通企业所披露的会计信息应该具备简明、易理解的特征。这样才能提高会计信息的有用性,实现财务报告的目标,满足向投资者等财务报告使用者提供决策有用信息的要求。对于某些交易本身较复杂或会计处理较复杂的信息,商品流通企业应当在财务报告中予以充分披露,以便投资者进行经营决策时使用。

4. 可比性

商品流通企业提供的会计信息应当具有相互可比性。可比性的目的在于提高会计信息的决策相关性。

其主要包括两层含义:

(1) 同一商品流通企业不同时期可比。为了便于投资者等财务报告使用者了解商品流通企业财务状况、经营成果和现金流量的变化趋势,比较商品流通企业在不同时期的财务报告信息,客观公正地评价过去、预测未来,从而做出决策,会计信息质量的可比性要求同一商品流通企业不同时期发生的相同或者相似的交易或事项,应当采用一致的会计政策,不得随意变更。如果确需变更,则应当在财务报表附注中予以说明。

(2) 不同商品流通企业相同会计期间可比。为了便于投资者等财务报告使用者评价不同商品流通企业的财务状况、经营成果和现金流量及其变动状况,会计信息质量的可比性要求不同商品流通企业同一会计期间发生的相同或者相似的交易或事项，应当采用规定的会计政策，确保会计信息口径一致、相互可比。

5. 实质重于形式

实质重于形式要求商品流通企业应当按照交易或事项的经济实质进行会计确认、计量和报告，而不仅仅以交易或者事项的法律形式为依据。商品流通企业发生的交易或事项在多数情况下，其经济实质和法律形式是一致的。但在有些情况下，会出现不一致。例如，某商品流通企业发生以融资租赁方式租入固定资产的业务，从法律形式来讲承租的商品流通企业并不拥有其所有权，不应将其作为一项固定资产入账。但是按照经济实质，由于租赁合同中规定的租赁期相当长，接近于该资产的使用寿命；租赁期结束时承租的商品流通企业有优先购买该资产的选择权；在租赁期内承租的商品流通企业有权支配资产并从中受益等。因此，按照经济实质重于法律形式的要求，融资租入固定资产应作为固定资产管理。在会计确认、计量和报告上就应当将以融资租赁方式租入的资产视为商品流通企业的自有资产，列入企业的资产负债表。

6. 重要性

重要性是指商品流通企业提供的会计信息应当反映与企业财务状况、经营成果和现金流量等有关的所有重要交易或者事项。但在提供相关信息时，应判断项目的重要性。如果省略或者错报的会计信息会影响投资者等财务报告使用者据此做出的决策，那么该信息就具有重要性。在实务中，重要性的应用有赖于会计人员的职业判断，商品流通企业应当根据其所处环境和实际情况，从项目的性质和金额大小两方面加以判断，其判断的依据是某一会计事项是否影响决策，或是否在数量上达到一定的规模。

在实务中，商品流通企业的会计核算应区别会计事项的重要程度而采用不同的核算方法。对资产、负债、损益等有较大影响，并影响财务报告使用者据以做出合理判断的重要会计事项，必须按照规定的会计方法和程序进行处理，并在财务报告中予以充分、准确的披露；对于次要的会计事项，在不影响会计信息真实性和不至于误导财务报告使用者做出正确判断的前提下，可适当简化处理。例如，固定资产和低值易耗品虽都属于资产项目，但依据重要性要求，在资产负债表上的反映却不同。前者金额较大、使用期限较长，在会计核算中设置卡片，进行明细核算，以反映其详细的有关信息，故单独作为一项；后者相对金额较小、使用期限较短，在会计核算中一般采用合并核算的方式，则作为存货的一个项目。

7. 谨慎性

谨慎性，也称保守性、稳健性，是指商品流通企业对交易或者事项进行会计确认、计量和报告时应当保持应有的谨慎，不应高估资产或者收益、低估负债或者费用。尤其是商品流通企业在面临不确定性因素的情况下做出职业判断时，更应保持应有的谨慎，充分估计到各种风险和损失，既不高估资产或者收益，也不低估负债或者费用。例如，对售出商品可能发生的保修义务等确认预计负债，就体现了会计信息质量的谨慎性要求。

在我国，谨慎性要求在商品流通企业会计实务中应用最广泛的就是对可能发生的各项资产计提减值准备。

8. 及时性

商品流通企业对于已经发生的交易或者事项，应当及时进行会计确认、计量和报告，不得提前或者延后。会计信息除了要保证其真实性、可靠性外，还要保证信息的时效性。过期的信息将降低其有用性，甚至毫无价值。因此，会计确认、计量和报告过程中，必须做到及时性。一是要求及时收集会计信息，即在经济交易或者事项发生后，及时收集整理各种原始单据或者凭证；二是要求及时处理会计信息，即按照会计准则的规定，及时对经济交易或者事项进行确认或计量，并编制财务报告；三是要求及时传递会计信息，即按照国家规定的有关时限，及时地将编制的财务报告传递给财务报告使用者，便于其及时使用和决策。

1.1 今天，你交税了吗

第四节 商品流通企业的会计对象与要素

一、商品流通企业的会计对象

商品流通企业开展经营活动，必须拥有与其经营规模相匹配的资金。资金是指企业拥有的各种财产物资的货币表现。

会计对象是指会计核算和监督的内容，即社会再生产过程中的资金及其运动。商品流通企业的资金在经营过程中，经过购进过程和销售过程，其资金的占用形态，从货币资金起，转换为商品资金，再转换为货币资金，从而形成了"货币—商品—货币"的周而复始的资金循环。商品流通企业资金的进入、资金的循环周转和资金的退出构成了商品流通企业的资金运动。

首先，商品流通企业通过吸收投资者投资或向债权人借款取得货币形态的资金，这种资金称为货币资金。为了正常的经营活动，商品流通企业会用一部分货币资金购置商场及其他经营设施等固定资产，形成了固定资金，用另一部分资金购买商品，形成了商品资金。从货币资金转换为商品资金的过程称为商品的购进过程。其次，商品流通企业会将购进的商品销售出去，取得商品销售收入，并收回货币。这种从商品资金转变为货币资金的过程称为商品的销售过程。再次，商品流通企业在购销商品过程中还会发生商品的采购费用、储存费用、装卸费用等，在经营过程中还会发生固定资产的损耗费用，这些费用均从商品销售收入中得到补偿，商品流通企业的商品销售收入补偿了商品采购成本和各种费用后的余额是企业的利润。最后，企业的利润要以企业所得税的形式上交国家，还要分配给投资者作为其对企业投资的回报。剔除这两部分资金后的其余利润作为商品流通企业的留存收益，用于企业的自我积累。

商品流通企业的资金运动如图1-2所示。

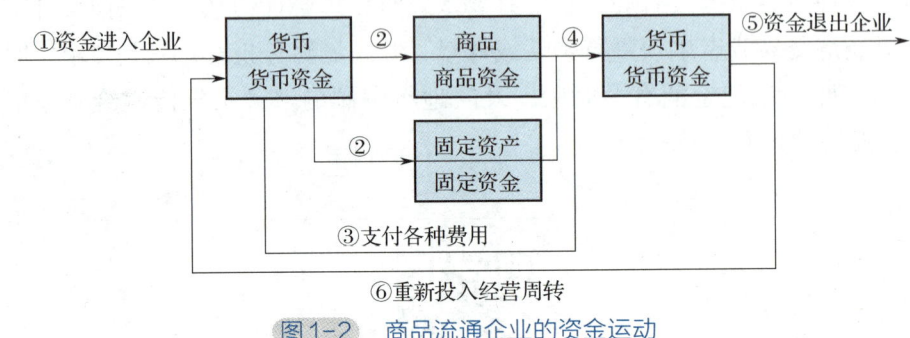

图1-2　商品流通企业的资金运动

思考　商品流通企业会计与其他行业会计在会计对象的具体内容上有何异同？

二、商品流通企业的会计要素

会计对象是社会再生产过程中的资金运动。会计要素则是对会计对象的适当分类，从而提供各种分门别类的会计信息。它也是财务报表的基本构成要素。由于商品流通企业财务报表中最主要的是资产负债表和利润表，因此，会计要素也就是构成这两张财务报表的要素。构成资产负债表的要素有资产、负债和所有者权益，这类是反映财务状况的会计要素；构成利润表的要素有收入、费用和利润，这类是反映经营成果的会计要素。

（一）反映财务状况的会计要素

财务状况是指商品流通企业一定日期的资产及权益的结构状况，是资金运动相对静止状态时的表现。反映财务状况的会计要素包括资产、负债、所有者权益三项。

1. 资产

资产是指由企业过去的交易或者事项形成的，企业拥有或者控制的，预期会给企业带来经济利益的资源。该资源在未来一定会给商品流通企业带来某种直接或间接的现金和现金等价物的流入。资产是商品流通企业从事商品经营业务必须具备的物质基础。它包括经营过程中的各种财产、债权和其他权利。

2. 负债

负债是指企业过去的交易或者事项形成的，预期会导致经济利益流出企业的现时义务。它是商品流通企业筹措资金的重要渠道，但不能归企业永久支配使用，必须按期归还或偿付。负债按照其流动性不同，可分为流动负债和非流动负债。流动负债是指将在一年（含一年）或者超过一年的一个营业周期内偿还的债务，包括短期借款、应付票据、应付及预收账款、应付职工薪酬、应交税费、应付股利等。非流动负债是指偿还期超过一年或者超过一年的一个营业周期以上的债务，包括长期借款、应付债券、长期应付款等。

3. 所有者权益

所有者权益是指企业资产扣除负债后由所有者享有的剩余权益。它包括商品流通企业投资者对企业的投入资本、资本公积和留存收益等。

商品流通企业财务状况会计要素如图1-3所示。

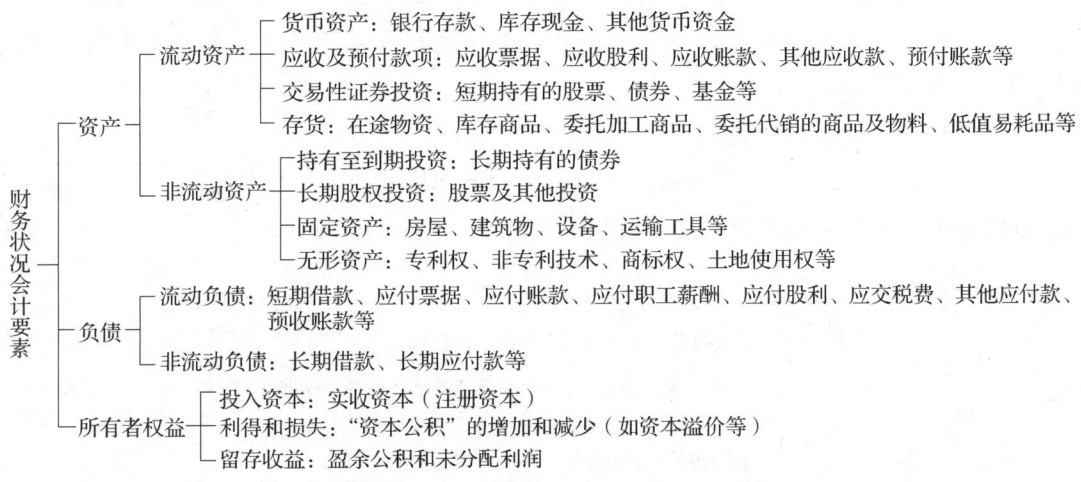

图1-3　商品流通企业财务状况会计要素

企业资产的主要部分是其从事业务经营的物质基础。企业的每一项资产都处于特定所有权关系之下，负债和所有者权益共同体现了企业全部资产的所有权关系，它们是一个事物的两个侧面，相辅相成，缺一不可，其总额必然相等，可用下列等式表示：

$$资产 = 负债 + 所有者权益$$

（二）反映经营成果的会计要素

1. 收入

收入是指企业在日常活动中形成的，会导致所有者权益增加的，与所有者投资无关的经济利益的总流入，包括主营业务收入、其他业务收入和营业外收入。收入是商品流通企业利润的主要来源，应合理、及时地确认收入。

2. 费用

费用是指企业在日常活动中发生的，会导致所有者权益减少的，与向所有者分配利润无关的经济利益的总流出。按与收入的密切程度不同，费用可分为成本费用和期间费用。

3. 利润

利润是指企业在一定会计期间的经营成果。利润总额包括营业利润、营业外收支净额。净利润则是在利润总额基础上扣除所得税费用后的利润。留存在企业的利润也就是商品流通企业的留存收益。

（1）利润总额。其计算公式如下：

$$利润总额 = 营业利润 + 营业外收入 - 营业外支出$$

其中：

$$营业利润 = 营业收入 - 营业成本 - 税金及附加 - 销售费用 - 管理费用 - 财务费用 - 资产减值损失 + 公允价值变动收益（-公允价值变动损失）+ 投资收益（-投资损失）+ 其他收益$$

营业外收入（或支出）是指商品流通企业发生的与日常活动无直接关系的各项利得（或损失），如罚款收入等。

（2）净利润。其计算公式如下：

$$净利润 = 利润总额 - 所得税费用$$

商品流通企业经营成果会计要素如图1–4所示。

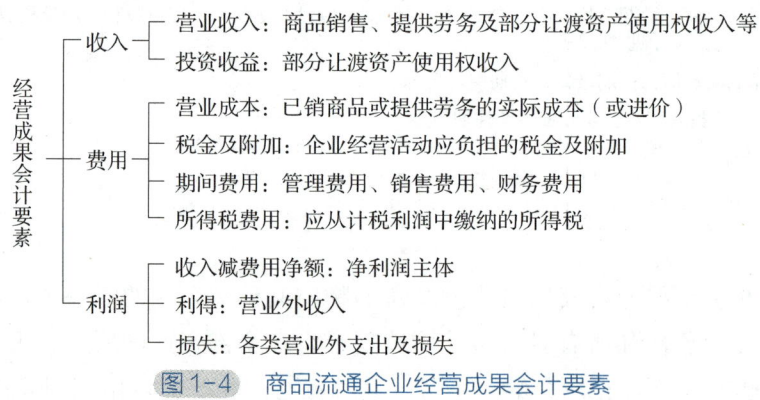

图1–4 商品流通企业经营成果会计要素

收入和费用是企业在一定会计期间从事业务经营等日常活动所获得的收入和发生的相应耗费，按照自主经营、独立核算、自负盈亏的要求，费用应从相应的收入中抵补，一般情况下，收入减去费用后的净额为正数，即为利润；反之为负数，即为亏损。企业在计算企业所得税时，应考虑纳税调整项目，即：

$$\text{企业所得税应纳税所得额} = \text{利润总额} \pm \text{纳税调整项目}$$

$$\text{企业所得税} = \text{企业所得税应纳税所得额} \times \text{企业所得税税率}$$

反映收入、费用、利润三要素关系的会计等式为：

$$\text{收入} - \text{费用} = \text{利润}$$

三、商品流通企业的会计科目

（一）会计科目的含义

会计科目是指为记录各项经济业务而对会计要素按其经济内容所确定的名称，它是对会计对象的具体内容进行分类核算的项目。

任何一个商品流通企业都会发生各种各样的交易或事项，这些交易或事项都属于会计核算对象的内容。例如，用银行存款购买商品、用现金发放职工工资、用银行存款偿还银行借款、将商品对外销售取得主营业务收入等。这些交易或事项性质各不相同，为了能从数量上核算这些交易或事项，了解会计对象增减变动的基本内容，先将会计对象分解成资产、负债、所有者权益、收入、费用和利润六大会计要素。但会计要素只是概括说明会计对象的基本内容，仅仅将会计对象划分到这个层次仍然难以满足处理交易或事项的要求。这就需要采用一定的方法对会计要素的内容进行具体分类核算来确定项目的名称，即确定会计科目。

（二）商品流通企业会计科目的设置要求

设置会计科目就是对会计要素构成内容，按其性质的差别及管理上的要求将其分为若干项目，并按每一具体项目的性质标志确定核算名称的一种专门方法。商品流通企业设置会计科目既要考虑各个会计要素的性质特征，又要满足有关各方经营管理的需要，以便于会计日常核算工作。设置会计科目应符合以下要求：

1. 会计科目设置要结合商品流通企业特点

商品流通企业的特点是由经济业务的特点所决定的。不同类型的商品流通企业的经济业务存在着一定的差别，设置会计科目应先根据不同企业的类型，并结合商品流通方法来考虑。例如，采用售价金额核算法的零售企业，应该设置"商品进销差价"科目，而采用进价金额核算法的批发企业通常不用设置该科目。

在不影响对外提供统一财务报告的前提下，商品流通企业可以根据实际情况自行增设或减少某些会计科目。其中，除《企业会计准则》已有规定外，在不违反《企业会计准则》统一要求的前提下，企业可以根据需要自行确定明细科目的设置。例如，对外提供劳务较多的商业企业，可以增设"劳务成本"科目核算所提供劳务的成本等。

2. 会计科目设置要简单实用

会计科目是对会计要素内容的细分，每一个会计科目都有其特定的核算内容。每一个会计科目要编列固定的号码,称为会计科目编号。我国一般采用四位数字编号,其中第一位数字表示会计科目的类别,分别按照资产类科目、负债类科目、共同类科目、所有者权益类科目、成本类科目、损益类科目等顺序排列,并在各类科目之间和某些科目之间留有一定的空号,以便在新增会计科目时应用。为了便于填制会计凭证汇总资料和编制会计报表,在设计会计科目时,必须使其名称与其核算内容相符,做到文字简练,含义明确,通俗易懂。

例如,商品流通企业如果采用计划成本法对库存商品进行核算,则可以增设"在途物资"和"材料成本差异"科目;针对商品流通企业内部各部门周转使用的备用金,可以增设"备用金"科目;商品流通企业接受其他商业企业委托代销商品,可以增设"受托代销商品""受托代销商品款"科目。

3. 会计科目设置符合会计电算化的需要

随着现代社会经济的迅速发展,会计电算化已代替手工记账,成为会计工作的主流。会计科目是会计核算的基础,也是计算机处理会计数据的主要依据。为了便于会计电算化处理,要求会计科目的名称、编码、核算内容应统一。尤其是在进行会计电算初始化工作时,为了减少初始设置的工作,科目的层次和内容要尽可能统一、稳定。明细科目的设置原则应尽量考虑计算机处理的特点。例如,库存商品按商品的保管地点(仓库)、类别、品种和规格等进行明细核算。对于明细科目较多的总账科目,可在总账科目与明细科目之间设置二级或多级科目。

(三)商品流通企业的具体会计科目

商品流通企业的会计科目,按照其反映的经济内容,可以划分为资产类科目、负债类科目、所有者权益类科目、成本类科目和损益类科目五个大类,损益类科目又可分为费用类科目和收入类科目两个小类。实际工作中,企业可以根据自身需要,在不违反会计制度要求的基础上灵活设计会计科目。例如,商品流通企业可以设置"营业费用",而工业企业可以设置"销售费用";商品流通企业可以设置"库存商品",而工业企业可以设置"产成品",这两组会计科目性质是一样的。商品流通企业会计科目如表1-3所示。

表1-3 商品流通企业会计科目

编号	会计科目名称	编号	会计科目名称
	一、资产类	1121	应收票据
1001	库存现金	1122	应收账款
1002	银行存款	1123	预付账款
1012	其他货币资金	1131	应收股利
1101	交易性金融资产	1132	应收利息

(续)

编号	会计科目名称	编号	会计科目名称
1221	其他应收款	1801	长期待摊费用
1231	坏账准备	1811	递延所得税资产
1321	受托代销商品	1901	待处理财产损溢
1401	材料采购		二、负债类
1402	在途物资	2001	短期借款
1403	原材料	2101	交易性金融负债
1404	材料成本差异	2201	应付票据
1405	库存商品	2202	应付账款
1406	发出商品	2203	预收账款
1407	商品进销差价	2211	应付职工薪酬
1408	委托加工物资	2221	应交税费
1411	周转材料	2231	应付利息
1471	存货跌价准备	2232	应付股利
1501	债权投资	2241	其他应付款
1502	债权投资减值准备	2314	受托代销商品款
1503	其他债权投资/其他权益工具投资	2401	递延收益
1511	长期股权投资	2501	长期借款
1512	长期股权投资减值准备	2502	应付债券
1521	投资性房地产	2701	长期应付款
1531	长期应收款	2702	未确认融资费用
1532	未实现融资收益	2801	预计负债
1601	固定资产	2811	专项应付款
1602	累计折旧	2901	递延所得税负债
1603	固定资产减值准备		三、所有者权益类
1604	在建工程	4001	实收资本
1605	工程物资	4002	资本公积
1606	固定资产清理	4101	盈余公积
1701	无形资产	4103	本年利润
1702	累计摊销	4104	利润分配
1703	无形资产减值准备		四、成本类
1711	商誉	5001	生产成本

（续）

编　号	会计科目名称	编　号	会计科目名称
5101	制造费用	6402	其他业务成本
5201	劳务成本	6403	税金及附加
	五、损益类	6601	销售费用
6001	主管业务收入	6602	管理费用
6051	其他业务收入	6603	财务费用
6101	公允价值变动损益	6701	资产减值损失
6111	投资收益	6711	营业外支出
6301	营业外收入	6801	所得税费用
6401	主营业务成本	6901	以前年度损益调整

提示

在实际会计工作过程中，伴随着商品的购买与销售，一定会发生相应的各项税费。在"营改增"之前，商品流通企业缴纳营业税居多。自从营业税退出历史舞台后，增值税便成为会计人员必须掌握的重要税种之一。了解"营改增"的进程，有助于加强对增值税的了解：

2011年，经国务院批准，财政部、国家税务总局联合下发《营业税改增值税试点方案》。

从2012年1月1日起，在上海交通运输业和部分现代服务业开展营业税改增值税试点。

从2012年8月1日起至年底，国务院将扩大"营改增"试点至8省市。

从2013年8月1日起，"营改增"范围已推广到全国试行，将广播影视服务业纳入试点范围。

2014年1月1日起，将铁路运输和邮政服务业纳入营业税改征增值税试点，至此交通运输业已全部纳入"营改增"范围。

2016年3月18日召开的国务院常务会议明确，自2016年5月1日起，中国将全面推开"营改增"试点，将建筑业、房地产业、金融业、生活服务业全部纳入"营改增"试点。

这是自1994年分税制改革以来，财税体制的又一次深刻变革。

第五节　商品流通企业会计的任务与组织

一、商品流通企业会计的任务

商品流通企业主要在流通领域从事商品购销活动，其任务主要有以下几个方面：

1. 维护国家的政策法令和财务制度

商品流通企业会计在对经济活动进行核算的同时，要监督企业对国家政策、法令和财务制度的执行情况，促使企业严格按照国家的政策办事，及时制止不法行为，遵守财经纪律，正确、及时、完整地反映企业的经济活动和经营成果，为企业的经营决策和投资者等提供可靠的会计信息。

2. 扩大商品流通，加强经济核算，提高经济效益

商品流通企业是自主经营、自负盈亏的经济实体，面对激烈的市场竞争，必须加强经济核算，扩大商品流通。通过商品流通企业会计的全面核算，控制商品流通企业期间费用的支出，严格审查各项费用的发生，防止贪污和浪费行为的发生，并通过分析和比较，发现经营管理中存在的问题，寻求增加商品收入、降低费用的有效途径，以提高企业的经济效益。

3. 加强计划和预算，合理和节约使用资金

商品流通企业的一切经济活动在很大程度上受市场价值规律的影响。因此，对商品流通企业资金的筹集和使用，必须加强计划和预算，防止脱节和浪费。财务部门也应当在商品流通企业内部实行人、财、物的综合利用，节约人力、财力和物力，把握企业采购环节的货源和销售环节的价格，有效地使用资金。

4. 保护商品和其他各项财产物资的安全和完整

商品流通企业通过会计工作对商品和各项财产物资的收入、发出和结存进行全面核算和监督。要建立和健全商品收入和发出的手续，以及各项财产物资的收入、领用和报废手续。定期或不定期地对商品流通企业的库存商品进行盘点，若发生商品损耗、损坏或溢余短缺情况，应查明原因及时处理，以保护商品和其他各项财产物资的安全和完整。

5. 参与企业的预测和决策，加强企业管理

在商品的市场行情瞬息万变的今天，商品流通企业会计人员要懂得运用所学知识，通过对会计信息的检查分析，预测企业经济前景，控制企业经营全过程，参与经营计划和决策的制定工作，以提高企业的管理水平。

二、商品流通企业会计的组织

正确地组织会计工作，有利于提高会计工作的质量和效率，也是完成商品流通企业任务的重要组织保证。商品流通企业会计工作的组织主要包括会计机构的设置、会计人员的配备和会计制度的制定。

（一）会计机构的设置

会计机构是商品流通企业为领导和直接从事会计工作而专设的职能部门。按照《中华人民共和国会计法》第三十六条第一款的规定处理，即"各单位应当根据会计业务的需要，设置会计机构，或者在有关机构中设置会计人员并指定会计主管人员；不具备设置条件的，应当委托经批准设立从事会计代理记账业务的中介机构代理记账"。

会计机构的设置要坚持精简节约的原则，做到既能保证工作质量，满足工作需要，又能节约人力、物力和财力。实际工作中，大中型商品流通企业（包括集团公司、股份有限公司、有限责任公司等）应结合企业会计业务的实际需要设置财务部、处、科等机构；小型商品流通企业（含有限责任公司）的会计业务实际需要设置会计机构的，可以设置财务室、组等机构，也可以在有关机构中设置会计人员，并指定会计主管人员；不具备设置会计机构和会计人员条件的小型企业，应当委托中介机构（如会计师事务所）代理记账。

（二）会计人员的配备

会计机构由专职的会计人员组成。商品流通企业的会计人员包括企业领导层中的总会计师、会计主管人员、会计工作人员、附属单位或部门的专职核算人员等。企业应在会计机构内部合理设置会计工作岗位，包括会计主管、出纳、商品核算、非商品财产物资核算、费用及工资核算、资金往来核算、财务成果核算、总账报表、财务审核等。

从事商品流通企业会计工作的人员，必须取得会计从业资格证书。单位机构负责人和会计主管人员还应具备会计师以上专业技术资格或从事会计工作3年以上；会计人员调动工作或离职，必须办清交接和监交手续。会计岗位可以一人一岗、一人多岗或一岗多人，但出纳不得兼管收入、费用、债权债务账目的登记工作。实际工作中，大中型商品流通企业会计人员较多，岗位分工较细；小型商品流通企业会计人员较少，岗位分工较粗，经常一人多岗。

> **思考**
> 假设某小型零售企业年销售额达到300万元，营销及相关人员40人，正副经理各1人，其中副经理毕业于会计专业学校。那么，该商品流通企业应如何配备会计人员？

（三）会计制度的制定

商品流通企业的会计工作除依据国家统一的会计制度、会计行政法规和会计规章等外，还要制定内部财会管理制度，主要包括：

1. 建立内部财务会计制度

财务部门应当根据统一的财务制度和会计制度，建立和健全商品流通企业的成本、费用管理制度和会计核算制度，从加强和整顿会计基础工作的要求出发，实现会计科目、凭证、账簿和报表的规范化管理。通过内部财务会计制度的制定，保证审核、检查凭证的合法性和真实性；严格记账、对账、结账的手续；建立健全会计档案制度等，实行会计工作规范化。

2. 建立内部会计监督和审计制度

商品流通企业应建立内部会计监督制度，以维护财经纪律，保护财产安全和保证账目和财务报表的可靠性。对货币资金的收支、商品的进销存业务、重大对外投资、资产处置、资金调度和其他重要经济业务等重大项目建立监督制度；在财务部门以外，建立内部审计部门或者配备审计人员，对企业的会计记录、财务报表和会计制度的执行情况进行内部检查、监督和稽核，以促进企业经营管理和提高经济效益。

3. 建立和健全会计电算化

会计电算化的建立是提高会计工作效率的重要前提，尤其是在商品流通企业中的批发和零售企业的会计数据处理、分析和管理方面，显示出电算化强大的功能。目前，我国一部分商品流通企业已使用电子计算机进行会计数据处理，实现了会计电算化，但并未达到完全普及。商品流通企业要在实行会计电算化的基础上，进一步健全计算机的维修保养制度，改进程序设计，加强文件管理，不断提高计算机技术水平，努力实行系统化和网络化。

> **提示**
>
> "营改增"后，商品流通企业由原来缴纳营业税改为缴纳增值税。而增值税纳税人按会计核算水平是否健全和企业经营规模大小划分，可分为一般纳税人和小规模纳税人。
>
> 财政部和税务总局于2018年4月发布《关于统一增值税小规模纳税人标准的通知》财税〔2018〕33号，规定增值税小规模纳税人标准为年应征增值税销售额500万元及以下。一般纳税人和小规模纳税人关于计算增值税的方法是不同的。
>
> 实际工作中，企业的规模很大，但销售额未达到标准，仍然可以是小规模纳税人；相反，即便企业的规模为小微企业，但企业也可以是一般纳税人。所以，不能错误地认为小规模纳税人就是小微企业，两者是不同的。小规模纳税人和小微企业普惠性税收减免政策为：

（1）小规模纳税人发生增值税应税销售行为，合计月销售额10万元以下（含本数）免征增值税。

（2）对小型微利企业年应纳税所得额不超过100万元的部分，减按25%计算应纳税所得额，按20%的税率缴纳企业所得税；对年应纳税所得额超过100万元但不超过300万元的部分，减50%计入应纳税所得额，按20%的税率缴纳企业所得税。

1.2 小规模纳税人增值税的纳税申报

第六节　商品流通企业会计操作程序

商品流通企业会计操作程序和其他企业相同。通常根据企业自身经营规模，从记账凭证核算程序、科目汇总表核算程序、汇总记账凭证核算程序、日记总账核算程序和多栏式日记账核算程序等不同核算程序中选择适合自己的方式。例如，ABC公司零售业务兼营批发业务，采用科目汇总表核算程序进行账务处理。科目汇总表核算程序的具体过程如图1-5所示。

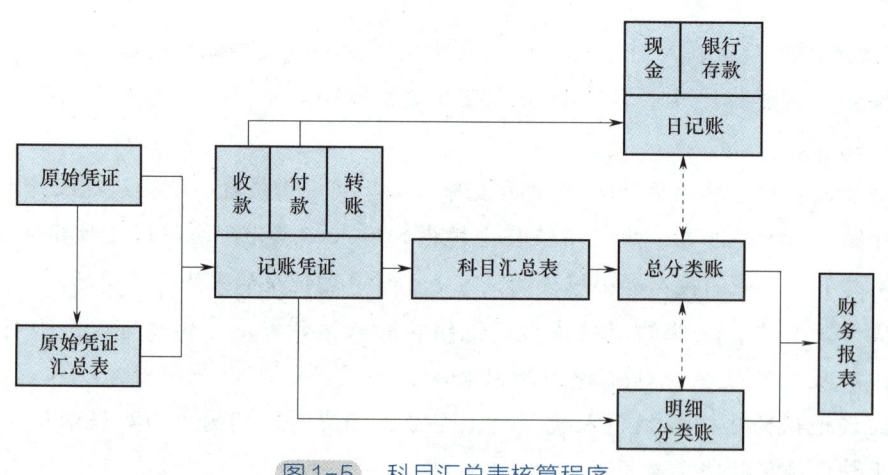

图1-5　科目汇总表核算程序

一、设置账簿，登记账户期初余额

新成立的商品流通企业需要设置一套完整的账簿体系，包括日记账、各种明细账和总分类账。现金日记账、银行存款日记账和总分类账适用三栏式订本式账簿，各种明细账可以根据不同账户的核算要求分别采用三栏式、数量金额式和多栏式账页，例如，"库存商品"明细账可以采用数量金额式账页，"应交税费——应交增值税"明细账可以采用多栏式账页。企业还应设置备查簿，如代管商品登记簿等备查账簿。

如果公司设立之日是月度中的某一天，一般以下一个月份的月初作为建账的基准日。已成立的商品流通企业需要在年底更换账簿，并在年底进行账户余额的结转，即将本年各账簿的期末余额结转到下一年的各账簿的期初余额。

通常，日记账、多数明细账和总账都应每年更换一次。但有些财产物资明细账、债权债务明细账和各种备查簿，由于材料品种、规格和往来单位较多，更换新账的工作量较大，因此，可以跨年度使用，不必每年更换一次。若企业采用的财务软件系统，新成立企业需要对账务进行初始化处理，并且多数财务软件都能提供自动转账功能，因此，财务软件操作要比手工账方便快捷。

二、填制和审核原始凭证

1. 填制原始凭证

原始凭证按照取得来源可划分为自制原始凭证和外来原始凭证两大类。自制原始凭证是指由商品流通企业内部经办人员，在完成或执行某项经济业务时填制的、只供其内部使用的原始凭证。例如，商品入库单、分柜组商品进销差价计算表、现金返利计算表、坏账准备提取表和工资发放明细表等。外来原始凭证是指经济业务在发生或完成时，从其他单位取得的原始凭证。例如，购买商品的增值税专用发票和出差的火车票等。

2. 审核原始凭证

会计人员主要审核外来原始凭证和企业填制的原始凭证。对外来原始凭证既要审核原始凭证的正确性，又要审核其完整性，包括凭证内容填制的完整性和凭证份数的完整性。例如，购买商品取得的增值税专用发票是否包括发票联和抵扣联，发票填写的内容是否符合规定、有无错误、大小写金额是否一致等。对客户购买商品送交的银行汇票，应审核凭证内容的正确性，包括汇票正本和解讫通知，以便填写银行进账单后到开户银行办理收入转账手续。对自制原始凭证，要审核填写内容的正确性和内容是否符合有关会计法规的规定。例如，企业员工出差报销差旅费的单据，除内容准确、完整以外，还应注意自制原始凭证审核人员的签名盖章。

三、填制记账凭证

商品流通企业的会计人员或业务经办人员应将同一性质的原始凭证粘贴并整理在粘贴单上，经相关人员审核通过后，再由会计人员编制记账凭证。一般情况下，企业采用的记账凭证可以是通用记账凭证，也可以是收款凭证、付款凭证和转账凭证三种。如果采用的是收款、付款和转账记账凭证，则根据现金或银行存款业务增加的原始凭证，填制现金或银行存款的收款凭证；根据现金或银行存款业务减少的原始凭证，填制现金或银行存款的付款凭证；根据现金和银行存款相互结转的原始凭证，填制现金或银行存款的付款凭证；根据不涉及现金和银行存款的原始凭证，填制转账凭证。

四、编制科目汇总表

科目汇总表又称记账凭证汇总表，是根据一定时期内所有的记账凭证汇总而重新编制的记账凭证，其目的是简化总分类账的登记手续。首先将汇总期内各项交易或事项所涉及的总账科目填列在科目汇总表的"会计科目"栏内，初学者容易犯的错误是重复登记会计科目，切记每个会计科目在汇总表中只出现一次。然后根据汇总期内所有记账凭证中出现的会计科目进行汇总填列。分别汇总全部会计科目"借方"和"贷方"发生额，进行发生额的试算平衡，保证科目汇总表的借方和贷方的汇总数相等。在汇总没有错误的前提下，每张记账凭证的借方和贷方是相等的，汇总后的多张记账凭证的借方和贷方自然也是相等的。

五、登记账簿

会计人员要根据审核无误的原始凭证和记账凭证登记账簿。

1. 现金日记账和银行存款日记账

一般由出纳员根据办理完毕的收款凭证和付款凭证上面出现的"库存现金"和"银行存款"会计科目的金额，登记现金日记账和银行存款日记账。为便于对账，尤其是银行存款日记账应逐笔登记。如果不能随时登记日记账，也应保证每天结出账面余额，做好日清月结、账实相符的工作。期末应与银行对账单逐笔进行核对，查出未达账项。

2. 总分类账

在采用科目汇总表账务处理程序时，商品流通企业的总分类账可以根据科目汇总表进行登记。

3. 明细分类账

商品流通企业应根据原始凭证或记账凭证直接登记各类明细分类账，以掌握企业财务经营的动态。

六、结账、对账和错账更正

期末,将本期填制的记账凭证全部登记入账后,分别结出现金日记账、银行存款日记账、各种明细分类账和总分类账的本期借方、贷方发生额及期末余额。记入总分类账簿的金额与记入其所属的明细分类账簿的金额应该相同。如不一致,应及时查明原因,对现金日记账、银行存款日记账、各种明细分类账记录发生的错误,应按照相应的错账更正方法进行更正,切实做到账账相符。实际工作中,也可以将对账工作放在编制财务报表后进行。如果出现错误,就需要在下一个月的账务处理时进行更正。

七、编制财务报表

期末,应根据核对无误的总分类账和有关明细分类账编制月度和年度财务报表。财务报表包括资产负债表、利润表、现金流量表、所有者权益变动表和附注。一般纳税人按月进行纳税申报,小规模纳税人按季度进行纳税申报。

本章小结

知识点1:商品流通企业是联系工业和农业、生产和消费及国内和国际市场之间的纽带,是国民经济的重要组成部分。它按流通中所处的不同地位和经营活动的不同特点,可以分为批发企业、零售企业和混合经营企业。零售企业可分为四类业态,即百货商场、超级市场、专卖店和便利店等。

知识点2:商品流通企业会计与工业企业会计不同,具有的特征包括:商品流通企业会计以资金运动为中心进行核算和管理;商品流通企业商品核算方法不同;外购商品的成本确认方法灵活,存货日常核算的特殊性;商品流通企业会计以市场为导向。

知识点3:商品流通企业会计基本假设包括会计主体、持续经营、会计分期和货币计量。商品流通企业会计信息是以货币计量的数据资料为主,表明商品流通企业资金运动状况及其结果的经济信息。会计信息质量要求是会计目标和实现会计目标之间的"桥梁",主要包括可靠性、相关性、可理解性、可比性、实质重于形式、重要性、谨慎性、及时性等。

知识点4:商品流通企业开展经营活动,必须拥有与其经营规模相匹配的资金,而会计的对象是社会再生产过程中的资金运动。商品流通企业的资金在经营过程中,经过购进过程和销售过程,从而形成了"货币—商品—货币"周而复始的资金循环。会计要素则是对会计对象的适当分类,从而提供各种分门别类的会计信息,包括资产、负债、所有者权益、收入、费用和利润。

知识点5：商品流通企业会计工作的组织主要包括会计机构的设置、会计人员的配备和会计制度的制定。商品流通企业会计操作程序和其他企业相同，包括记账凭证核算程序、科目汇总表核算程序、汇总记账凭证核算程序、日记总账核算程序和多栏式日记账核算程序等不同核算程序。企业可以根据自身情况，选择适合自己的会计核算程序。

思 考 题

1. 什么是商品流通企业会计？它有什么特征？
2. 试述商品流通企业会计的核算范围。
3. 试述商品流通企业资金运动的特点。
4. 商品流通企业会计与工业企业会计的联系是什么？
5. 商品流通企业会计与工业企业会计的区别是什么？
6. 会计核算的基本前提和会计信息的质量要求有哪些？它们包括哪些内容？
7. 商品流通企业如何设置会计科目？
8. 商品流通企业会计的任务是什么？
9. 商品流通企业的会计机构如何设置？
10. 试述商品流通企业会计的操作程序。

自 测 题

一、名词解释

商品流通企业　商品流通企业会计　会计核算　会计主体　持续经营　会计分期　货币计量　可比性　实质重于形式　重要性　谨慎性　会计核算　会计要素　负债　所有者权益

二、判断题

1. 商品流通企业按照在商品流通中所处的不同地位和经营活动的不同特点，可以分为批发企业、零售企业和混合经营企业。（　　）
2. 商品流通企业与工业企业的商品核算方法不同。（　　）
3. 商品流通企业的商品全部为外购获得，外购商品的成本由采购成本构成。（　　）
4. 持续经营假设的运用，保证了商品流通企业会计信息处理的稳定性和可靠性。（　　）
5. 可靠性要求商品流通企业应当以实际发生的交易或者事项为依据进行确认、计量和报告，如实反映符合确认和计量要求的各项会计要素及其他相

关信息。 (　　)

6. 融资租赁方式租入的资产视为商品流通企业的自有资产,列入企业的资产负债表。 (　　)

7. 会计要素有资产、负债、所有者权益、收入和费用。 (　　)

8. 商品流通企业接受其他商业企业委托代销商品,可以增设"委托代销商品"科目。 (　　)

9. 商品流通企业会计工作的组织主要包括会计机构的设置、会计人员的配备和会计制度的制定。 (　　)

10. 商品流通企业不论规模大小、业务繁简,均必须设置会计机构,配备专职会计人员。 (　　)

三、单项选择题

1. 商品流通企业会计的内容,概括地讲是企业在组织商品购、销、运、存活动中发生的(　　)。
   A. 交易　　　　　B. 事项　　　　　C. 物流　　　　　D. 交易和事项

2. 商品流通企业在社会生产总过程中处于(　　)。
   A. 生产环节　　　B. 分配环节　　　C. 交换环节　　　D. 消费环节

3. 批发商品流转是商品流转的(　　)。
   A. 起点　　　　　B. 中间环节　　　C. 起点和中间环节　D. 最终环节

4. 会计主体是指从事经济活动,并对其进行会计核算的(　　)。
   A. 企业　　　　　B. 特定企业　　　C. 特定企业和组织　D. 特定单位和组织

5. 资产是指企业过去的交易或者事项形成的、由企业拥有或者控制的、预期会给企业带来经济利益的资源。它包括(　　)。
   A. 各种财产
   B. 各种财产和债权
   C. 各种财产和其他权利
   D. 各种财产、债权和其他权利

6. 下列属于负债类会计要素的科目有(　　)。
   A. 预收账款　　　B. 实收资本　　　C. 预付账款　　　D. 本年利润

7. 可理解性会计信息质量要求是指企业提供的(　　)应当清晰明了。
   A. 会计记录　　　B. 会计信息　　　C. 财务报表　　　D. 会计制度

8. 对于那些不具备设置会计机构和会计人员条件的小型商品流通企业,应当委托(　　)代理记账。
   A. 会计师事务所　B. 同行业　　　　C. 会计协会　　　D. 财政部门

9. 会计科目设置应结合商品流通企业的特点,采用售价金额核算法的零售企业,应该设置(　　)科目。
   A. 委托加工　　　B. 材料成本差异　C. 商品进销差价　D. 长期股权投资

10. 下列属于"营业外收入"科目核算的内容有（　　）。
   A. 销售收入　　　B. 罚款收入　　　C. 出租收入　　　D. 投入资本

四、多项选择题

1. 商品流通企业的行业涵盖范围包括（　　）。
   A. 商业和粮食企业　　　　　　　　B. 物资供销和供销合作社
   C. 对外贸易和图书发行企业　　　　D. 医药（石油、烟草）商业企业

2. 商品流通企业是指从事商品流通业务的独立核算企业，其形式包括（　　）。
   A. 物资供销　　　B. 对外贸易　　　C. 医药　　　D. 图书发行

3. 商品流通企业必须向企业投资者和（　　）等有关方面提供会计信息。
   A. 管理当局　　　B. 税务机关　　　C. 债务人　　　D. 债权人

4. 会计核算的基本前提包括会计主体和（　　）等内容。
   A. 会计分期　　　B. 会计假设　　　C. 货币计量　　　D. 持续经营

5. 商品流通企业在接受其他商业企业委托代销商品时，可以增设的科目有（　　）。
   A. 受托代销商品　　　　　　　　B. 周转材料
   C. 受托代销商品款　　　　　　　D. 发出商品

6. 按照其反映的经济内容，商品流通企业的会计科目可以划分为（　　）科目。
   A. 资产类　　　B. 负债类　　　C. 所有者权益类
   D. 成本类　　　E. 损益类

7. 商品采购费用的处理方法有（　　）的处理方法。
   A. 直接计入商品采购成本
   B. 先在"进货费用"账户中归集，期末将归集的进货费用按商品的存销比例分摊
   C. 直接计入当期损益
   D. 计入资本公积

8. 商品流通企业会计的期间费用包括（　　）。
   A. 进货费用　　　B. 销售费用　　　C. 管理费用　　　D. 财务费用

9. 组织好商品流通企业会计工作，主要包括（　　）。
   A. 设置会计机构　　　　　　　　B. 实施会计工作规范
   C. 配备会计人员　　　　　　　　D. 遵守会计人员职业道德

10. 商品流通企业的会计工作除依据国家统一的会计制度、会计行政法规和会计规章等外，还要制定内部财务管理制度，包括（　　）。
    A. 建立内部财务会计制度
    B. 建立和健全会计电算化
    C. 建立内部会计监督制度
    D. 建立内部审计制度

1.3 自测题参考答案

第二章
货币资金与转账结算

学习目标

1. 理解货币资金的意义和分类。
2. 掌握我国现行的现金管理制度及其相关业务的会计核算。
3. 掌握银行存款业务的会计核算。
4. 掌握企业常用的银行结算方式及业务办理。

第一节 货币资金概述

一、货币资金的意义

货币资金是指企业的经营资金在循环周转过程中停留在货币形态的资产。货币资金是流动资产的重要组成部分,它是商品流通企业资产项目中流动性最强的一项。商品流通企业拥有货币资金数量的多少,标志着它的偿债能力和支付能力的大小,是投资者分析、判断财务状况的重要指标,在企业资金循环周转过程中起着连接的作用。

商品流通企业在开展经济活动中发生的资金筹集、购销货款结算、债权债务清偿、购置固定资产和无形资产、工资发放、费用开支、税金缴纳、股利支付和对外投资等交易或事项,都离不开货币资金的收付结算。因此,商品流通企业需要持有一定数量的货币资金,既要防止不合理地挤占和挪用资金,又要保证经营活动的正常需要,并按照货币资金管理的有关规定,加强货币资金的核算和管理,对各种收付款项进行结算。

商品流通企业的外贸业务面临着国内和国际两个市场,在购销结算中,既有人民币资金的收付业务,又有外币资金的收付业务。本章仅阐述人民币资金的收付业务。

二、货币资金的分类

货币资金是指企业在生产经营中停留在货币形态的那部分资金,它是企业流动资产的重要组成部分。按其用途和存放地点的不同,可分为库存现金、银行存款和其他货币资金三类。

1. 库存现金

库存现金是指存放在企业财务部门,由出纳人员保管的作为日常零星开支用的现款,包括人民币和外币。库存现金有广义和狭义之分。广义的库存现金是指货币资金;狭义的库存现金就是指库存现金,即企业财务部门为了备付日常零星开支而保管的现金。本书阐述的主要是狭义的库存现金。

2. 银行存款

银行存款是指企业存放在银行或其他金融机构的各种款项,包括人民币存款和外币存款。

3. 其他货币资金

其他货币资金是指企业除库存现金和银行存款以外的各种货币资金,包括企业的外埠存款、银行本票存款、银行汇票存款、信用卡存款、信用证保证金存款等。在实际工作中,为了方便,有些企业不设置"其他货币资金"这个科目,但是"库存现金"和"银行存款"这两个会计科目是必须设置的,并且由出纳负责登记这两本日记账。而在编制资产负债表的过程中,通常将"库存现金""银行存款"和"其他货币资金"这三个科目的期末余额汇总计入"货币资金"报表项目中。报表中的"货币资金"只是报表项目,并非会计科目。

第二节 库存现金

库存现金是指通常存放于企业财务部门,由出纳人员保管的货币。库存现金是企业流动性最强的资产。商品流通企业应当严格遵守国家的相关现金管理制度,正确进行现金收支的核算,监督现金使用的合法性与合理性。

一、我国现行的现金管理制度

1. 库存现金的使用范围

根据国务院发布的《中华人民共和国现金管理暂行条例》的规定,企业可用现金支付的款项范围有:

（1）职工工资和各种工资性津贴。
（2）个人劳务报酬。
（3）根据国家规定颁发给个人的科学技术、文化艺术、体育等各种奖金。
（4）各种劳保、福利费用以及国家规定的对个人的其他支出。
（5）向个人收购农副产品和其他物资支付的款项。
（6）出差人员必须随身携带的差旅费。
（7）结算金额较小的零星支出。
（8）中国人民银行确定需要支付现金的其他支出。

除上述情况可以用现金支付外，其他款项的支付均应通过银行转账结算。

2. 库存现金的收支管理

（1）企业的现金收入应于当日送存银行，当日送存银行确有困难的，由开户银行确定送存时间。

（2）企业支取现金时，可以从本单位库存现金限额中支付或者从开户银行提取，不得坐支现金。所谓坐支，是指企业从本单位现金收入中直接支付现金的行为。因特殊情况需要坐支现金的，应事先报经开户银行审查批准，由开户银行核定坐支范围和限额。

（3）企业签发现金支票从开户银行提取现金，应当写明用途，由本单位财务部门负责人签字盖章，经开户银行审查批准后，予以支付现金。

（4）企业因采购地点不固定、交通不便利、抢险救灾及其他特殊情况必须使用现金的，应向开户银行提出书面申请，由本单位财务部门负责人签字盖章，经开户银行审查批准后，予以支付现金。

（5）不准用不符合国家统一的会计制度的凭证顶替库存现金，即不得"白条顶库"。
（6）不准谎报用途套取现金。
（7）不准用银行账户代其他单位和个人存入或支取现金。
（8）不准用单位收入的现金以个人名义存入银行。
（9）不准保留账外公款，即不得"公款私存"。
（10）不得设置"小金库"等。

银行对于违反上述规定的单位，将按照违规金额的一定比例予以处罚。

3. 库存现金的限额

库存现金的限额是指为了保证企业日常零星开支的需要，允许单位留存现金的最高数额。这一限额由开户银行根据单位的实际需要核定，一般按照单位3~5天日常零星开支的需要确定，边远地区和交通不便地区开户单位的库存现金限额，可按多于5天但不超过15天的日常零星开支的需要确定。核定后的现金限额，开户单位必须严格遵守，超过部分应于当日终了前存入银行。需要增加或减少现金限额的单位，应向开户银行提出申请，由开户银行核定。

4. 现金盘点的规定

为了及时发现现金收付差错，如实反映现金库存余额，防止贪污、挪用等行为的发生，企业建立健全库存现金定期盘点和不定期盘点相结合的制度对库存现金的管理具有重要的意义。

清查的方法主要是实地盘点，查明库存现金的账款是否相符、有无违反现金管理制度或其他违法乱纪行为。出纳人员应当每日清点现金，发现现金短缺或多余，应及时找出原因，加以处理。

二、库存现金的会计核算

商品流通企业库存现金的收入、支出和保管都应由出纳人员或指定的专门人员负责办理。只有取得或填制原始凭证的现金收支业务，才能编制收付款凭证，作为收付款项的书面证明。

（一）账户与账簿的设置

商品流通企业应当设置"库存现金"账户对库存现金进行总分类核算。库存现金是资产类账户。借方登记收入的现金金额，贷方登记付出的现金金额，期末余额在借方，表示实际持有的库存现金的结存数额。商品流通企业内部有各部门周转使用的备用金的，可以单独设置"备用金"科目进行核算。

账簿设置方面，应设置库存现金日记账和库存现金总账，分别进行企业库存现金的明细分类核算和总分类核算，以便详细地掌握商品流通企业库存现金收付的动态和结存情况。其中，库存现金日记账是反映和监督现金收支结存的序时账，必须采用订本式账簿，并为每一账页按顺序编号，防止账页丢失或随意抽换，也便于查阅。库存现金日记账由出纳人员根据收付款凭证，按照经济业务的发生顺序逐笔登记。每日终了，应当在库存现金日记账上计算出当日的现金收入合计额、现金支出合计额和结余额，并将库存现金日记账的账面结余额与实际库存现金额进行核对，保证账实相符。每月终了，库存现金日记账的余额应当与库存现金总账的余额核对，做到账账相符。

（二）库存现金的业务核算

1. 库存现金收支的业务核算

【例2-1】 兴达商贸有限公司2024年5月发生了以下与库存现金相关的经济业务：

（1）企业向银行提取现金2 000元。

借：库存现金 2 000
　　贷：银行存款 2 000

【解析】 商品流通企业向银行提取现金时，要签发现金支票，以"支票存根"作为提取现金的证明。

（2）企业将现金5 000元存入银行。

借：银行存款　　　　　　　　　　　　　　　　　　　　　　　　　　5 000
　　贷：库存现金　　　　　　　　　　　　　　　　　　　　　　　　　5 000

【解析】　商品流通企业将现金存入银行，要填写解款单，以银行返回的"解款单回单"作为收款的证明。

（3）企业销售商品取得现金收入1 000元，增值税税率为13%，计130元税款。

借：库存现金　　　　　　　　　　　　　　　　　　　　　　　　　　1 130
　　贷：主营业务收入　　　　　　　　　　　　　　　　　　　　　　　1 000
　　　　应交税费——应交增值税（销项税额）　　　　　　　　　　　　　130

【解析】　商品流通企业收入小额销售货款，以销售部门开出的发票记账联作为收款的证明。

（4）行政管理部门报销办公费用400元。

借：管理费用——办公费用　　　　　　　　　　　　　　　　　　　　　400
　　贷：库存现金　　　　　　　　　　　　　　　　　　　　　　　　　400

【解析】　商品流通企业支付零星小额的开支，以报销发票作为付款的证明。

（5）企业技术人员王某预借差旅费1 100元。

借：其他应收款——王某　　　　　　　　　　　　　　　　　　　　　　1 100
　　贷：库存现金　　　　　　　　　　　　　　　　　　　　　　　　　1 100

【解析】　商品流通企业支付职工差旅费的借款，应以有关领导批准的"借款单"作为付款的证明。

（6）企业支付王师傅电脑维修费用200元。

借：管理费用——修理费　　　　　　　　　　　　　　　　　　　　　　200
　　贷：库存现金　　　　　　　　　　　　　　　　　　　　　　　　　200

【解析】　商品流通企业支付王师傅的修理费，可以用白条收据作为付款证明，并且列支的费用可以税前扣除。该收据需载明收款单位名称、个人姓名及身份证号、支出项目、收款金额等相关信息。支付从事小额零星经营业务的个人支出不到500元的可以不需要发票。

2. 库存现金清查的业务核算

如果库存现金账实不符，发现有待查明原因的现金短缺或溢余，应先通过"待处理财产损溢"科目核算。按管理权限报经批准后，根据下列情况处理：

（1）如果属于现金短缺，那么应由责任人赔偿或保险公司赔偿的部分，记入"其他应收款"；无法查明原因的，记入"管理费用"。

（2）如果属于现金溢余，那么应支付给有关人员或单位的，记入"其他应付款"；无法查明原因的，记入"营业外收入"。

【例2-2】 兴达商贸有限公司在盘点现金时发现长款50元,经核查没有发现其实际原因,经财务主管同意,作为营业外收入处理。

(1) 发现现金长款时:

借:库存现金　　　　　　　　　　　　　　　　　　　　　　　　　50
　　贷:待处理财产损溢　　　　　　　　　　　　　　　　　　　　　　50

(2) 查明原因后,财务处理如下:

借:待处理财产损溢　　　　　　　　　　　　　　　　　　　　　　　50
　　贷:营业外收入　　　　　　　　　　　　　　　　　　　　　　　　50

3. 七项支出不需发票可以税前扣除的项目

支出一:支付从事小额零星经营业务的个人支出不到500元的不需要发票。

商品流通企业发生的修锁费用、修理电脑费用、在水果摊购买水果费用等,只需要取得一张个人开具的收款凭证就可以,即收据完全可以报销入账并税前扣除。但是收据需要注明收款单位名称、个人姓名及身份证号、支出项目、收款金额等相关信息,这样才可以作为税前扣除的原始依据。

支出二:工资薪金支出。

商品流通企业平时支付职工的工资不需要发票。只要是完成个税申报的工资表、工资分配方案、考勤记录等证实合理性的工资支出凭证即可作为税前扣除的原始依据。

支出三:现金性福利支出。

有些商品流通企业过节发放职工的现金性福利不需要发票,如过节费、福利费、职工生活困难补助等。只要是过节费发放明细表、付款证明等福利支出凭证即可作为按照税法标准税前扣除的原始依据。

支出四:支付员工误餐补助。

商品流通企业支付员工因公不能返回工作单位就餐,确实需要在外就餐的误餐补助。根据实际误餐顿数,按规定的标准领取的误餐费不需要发票。误餐补助发放明细表、付款证明、相应的签领单等都可作为税前扣除的合法有效凭证。

支出五:支付差旅津贴。

商品流通企业支付因公出差人员的差旅补助不需要发票。通常差旅费补助标准可以按照财政部门制定的标准执行或经企业董事会决议自定标准。差旅费报销单,企业发生的与其经营活动有关的合理的差旅费凭据准予税前扣除,其主要内容包括:出差人员姓名、地点、时间、任务、支付凭证等。

支出六:支付的未履行合同的违约金支出。

许多商品流通企业经常遇到由各种原因导致合同未履行,需要支付对方违约金的情况,这项支出不属于增值税应税行为,不需要取得发票。只要具备双方签订的提供应税货物或应税劳务的协议、双方签订的赔偿协议、收款方开具的收据或者法院判决书(或调解书)、仲裁机构的裁定书等即可税前扣除。

支出七：支付的"五险一金"及其他项目等。

商品流通企业计提的固定资产折旧、摊销扣除，"五险一金"支出，缴纳政府性基金、行政事业性收费，支出的土地出让金，公益性捐赠支出，资产损失税前扣除，境外购买货物、劳务，税务机关征收的税金和代征的费、金等，这些支出不必非取得发票才能在所得税税前扣除。

（三）备用金的业务核算

1.备用金的管理

商品流通企业也可以对库存现金实行备用金定额管理，其定额应由有关职能部门或工作人员根据工作的需要提出申请，经财务部门审核同意后，报经开户银行审批后才能确定。一经确定，不得任意变更。使用备用金的部门和工作人员应根据用款情况，定期或不定期地凭支付现金时取得的原始凭证向财务部门报账，财务部门收到报账的付款凭证时，应审核其是否符合财务制度规定的现金支付范围，并根据付款凭证的金额拨付现金，以补足其备用金定额。

如果企业备用金业务很少，也可不设立"备用金"科目，而通过"其他应收款——备用金"科目进行核算，账务处理方法相同。

2.备用金的账务处理核算

商品流通企业单独设置"备用金"科目的，由企业财务部门单独拨给企业内部各单位周转使用的备用金，除了增加或减少拨入的备用金外，使用或报销有关备用金支出时不再通过"备用金"科目核算。实际工作中，商品流通企业报销时，也可以采取网上银行划款直接报销的形式。

【例2-3】 兴达商贸有限公司经银行批准，拨付总务部门的备用金定额为1 000元。

（1）6月1日，签发现金支票1 000元，拨付备用金。

借：备用金——总务部门　　　　　　　　　　　　　　　　　　　　1 000
　　贷：银行存款　　　　　　　　　　　　　　　　　　　　　　　　　　　1 000

【解析】 财务部门单独拨给企业内部各单位周转使用的备用金，应将签发现金支票的存根作为付款的证明。

（2）6月5日，总务部门送来报账发票，其中：招待费用320元；市内交通费150元。财务部门审核无误后，以现金补足其备用金定额。

借：管理费用——业务招待费　　　　　　　　　　　　　　　　　　　320
　　　　　　——其他费用　　　　　　　　　　　　　　　　　　　　　150
　　贷：库存现金　　　　　　　　　　　　　　　　　　　　　　　　　　　470

【解析】 从备用金中支付零星支出，应根据有关的费用报销凭证，定期编制备用金报销清单，财务部门根据内部各单位提供的备用金报销清单，定期补足备用金。

> **提示**
>
> 日常会计业务中，会经常涉及发票和收据，发票和收据究竟有什么相同点和不同点？
>
> 相同点：发票和收据都是原始凭证，它们都可以证明收支了某项款项。
>
> 不同点：收据收取的款项只能是往来款项，收据所收支的款项不能作为成本、费用或收入，只能作为收取往来款项的凭证，而发票不但是收支款项的凭证，而且凭发票所收支的款项可以作为成本、费用或收入，也就是说，发票是发生的成本、费用或收入的原始凭证。
>
> 在实际工作中，对于顾客所索要的不同凭证，要根据他的目的而分，有的顾客是为企业办事，需要到企业报销费用，这时他必须索要发票，否则不能报销，因为收据不能作为成本或费用的原始凭证。而有的只是为了证明他收取或偿付了某些款项，并不想作为报销凭证，通常索要发票比索要收据的价格高，所以此时索要收据更划算。

第三节　银行存款

一、银行存款的管理

银行存款是指企业存入银行或其他金融机构的各种款项。商品流通企业应当根据业务的需要，按照规定在其所在地银行开设账户，运用所开设的账户，进行存款、取款以及各种收支转账业务的结算。银行存款的收付应严格按照银行结算纪律的规定执行。具体内容包括：①合法使用银行账户，不得出租、出借账户；②不得利用银行账户进行非法活动；③不得签发没有资金保证的票据或远期支票套取银行信用；④不得签发、取得和转让没有真实交易和债权债务的票据，套取银行和他人的资金；⑤不准无理拒绝付款，任意占用他人资金。

二、银行存款账户的开立

商品流通企业在银行开户时，应填制开户申请书，并提供当地工商行政管理部门核发的营业执照正本等有关文件。银行存款账户分为基本存款账户、一般存款账户、临时存款账户和专用存款账户四类。基本存款账户是企业办理日常转账结算和现金收付的账户，工资、奖金等现金的支取只能通过本账户办理。一般存款账户是企业因借款或其他结算需要在基本存款账户开户银行以外的银行营业机构开立的银行结算账户，企业可以通过本账户办理转账结算和现金交存，但不能办理现金的支取。临时存款账户是企业因临时需要并在规定期限内使用而开立的账户,如企业异地临时性采购商品等。专用存款账户是企业因特定用途需要开立的账户,如基本建设项目专项资金、农副产品收购资金等。但企业的销货款不得转入专用存款账户。

2.1 商业企业银行存款账户类型

三、银行存款的会计核算

1. 账户与账簿的设置

商品流通企业应设置"银行存款"账户。"银行存款"账户是资产类账户,用以核算企业银行存款的存入、付出和结存。借方登记企业向银行存入款项,贷方登记企业从银行支取款项;期末余额在借方,表示企业银行存款的结存数额。

账簿的设置方面,应设置银行存款日记账和银行存款总账,分别进行企业银行存款的明细分类核算和总分类核算。银行存款日记账为订本式账簿,格式与库存现金日记账的格式基本相同,出纳人员应逐日逐笔进行登记,并随时结算余额。库存现金日记账可以汇总登记,但是银行存款日记账建议逐笔登记,因为银行存款日记账需要与银行对账单进行对账,逐笔登记,便于对账。

2. 银行存款的业务核算

【例2-4】 兴达商贸有限公司2024年6月10日发生以下与银行存款有关的经济业务:

(1) 收到销货款现金6 000元存入银行的解款回单。

借:银行存款　　　　　　　　　　　　　　　　　　　　　　6 000
　　贷:库存现金　　　　　　　　　　　　　　　　　　　　　　6 000

(2) 开出转账支票,支付购买商品的运杂费300元。

借:销售费用——运杂费　　　　　　　　　　　　　　　　　300
　　贷:银行存款　　　　　　　　　　　　　　　　　　　　　　300

(3) 接到银行通知,上月银行存款利息收入为2 200元。

借:银行存款　　　　　　　　　　　　　　　　　　　　　　2 200
　　贷:财务费用　　　　　　　　　　　　　　　　　　　　　　2 200

(4) 购进商品2 000元,增值税税率为13%,计260元税款,商品已验收入库,当即开出转账支票付讫。

借：库存商品　　　　　　　　　　　　　　　　　　　　　　　　2 000
　　应交税费——应交增值税（进项税额）　　　　　　　　　　　260
　　贷：银行存款　　　　　　　　　　　　　　　　　　　　　　　　2 260

四、银行存款余额调节表

商品流通企业的银行存款，由于收支比较频繁，而且企业与银行对往来款项的入账时间又不尽相同，因此，双方账面记录可能会出现不相一致的情况。为了防止记账发生差错，正确掌握银行存款实际数额，企业应定期与银行核对账目（至少每月核对一次），对银行存款进行清查。实际工作中，由于网上银行的普及，银行存款余额调节表已为企业内部使用，但其原理必须掌握。企业如果有网上银行，登录后点击"银企对账"即可，网上对账通常按季度对账。

银行存款清查的主要方法是企业定期将银行存款日记账的记录同开户银行下发的对账单进行核对，逐笔核对结算凭证的种类、编号和收付款项的余额。核对时，首先要剔除未达账项的影响。所谓未达账项，是指由于企业与银行取得有关凭证的时间不同而发生的双方记账时间的不同，即发生的一方已入账，而另一方尚未入账的事项。企业与银行之间的未达账项有以下四种情况：

（1）企业已收款入账，而银行尚未收款入账的款项。例如，企业已将销售产品收到的支票送存银行，但是，因银行尚未办妥转账手续而未入账。

（2）企业已付款入账，而银行尚未付款入账的款项。例如，企业开出的转账支票已入账，但是，因收款单位尚未到银行办理转账手续或银行尚未办妥转账付款手续而未入账。

（3）银行已收款入账，而企业尚未收款入账的款项。例如，企业委托银行代收的款项，银行已办妥收款手续并且已入账，但是，因收款通知尚未到达企业而使企业未入账。

（4）银行已付款入账，而企业尚未付款入账的款项。例如，企业应付给银行的借款利息，银行已办妥付款手续并且已入账，但是，因付款通知尚未到达企业而使企业未入账。

由于以上四种未达账项的存在，企业与银行双方的账面余额会出现差异。上述（1）和（4）两种情况，会使得企业账面的存款余额大于银行对账单的存款余额；（2）和（3）两种情况，会使企业账面的存款余额小于银行对账单的存款余额。为了检查双方账目是否相符，应根据逐笔核对的结果，对未达账项进行调节。企业需要编制"银行存款余额调节表"进行检查核对，如表2-1所示。

表2-1　银行存款余额调节表
年　月　日

项　目	金　额	项　目	金　额
企业银行存款账面余额		银行对账单账面余额	
加：银行已收，企业未收 减：银行已付，企业未付		加：企业已收，银行未收 减：企业已付，银行未付	
调节后的存款余额		调节后的存款余额	

【例2-5】 兴达商贸有限公司2024年5月末银行存款日记账的余额为40 250元，银行对账单的余额为35 000元，经逐笔核对，查明有下列未达账项：

（1）企业于月末送存银行的转账支票1 800元，银行尚未入账。

（2）企业开出的转账支票880元，持票人尚未送存银行，银行未予销账。

（3）向购货单位收取的销货款2 400元，银行已收妥入账，企业未收到银行收款通知，尚未入账。

（4）银行已经代企业支付了当月水电费6 730元，但企业尚未收到付款通知从而未入账。

根据上述未达账款，编制"银行存款余额调节表"，如表2-2所示。

表2-2 银行存款余额调节表（兴达商贸有限公司）
2024年5月31日 单位：元

项 目	金 额	项 目	金 额
企业银行存款账面余额	40 250	银行对账单账面余额	35 000
加：银行已收，企业未收	2 400	加：企业已收，银行未收	1 800
减：银行已付，企业未付	6 730	减：企业已付，银行未付	880
调节后的存款余额	35 920	调节后的存款余额	35 920

对于本企业的未达账项，应于下次银行对账单到达时继续进行核对，如果未达账项超过了正常的期限，应及时与银行联系，查明原因，予以解决，以免造成不必要的损失。

> **提示**
>
> 针对工商银行企业网银如何对账做简单介绍。企业网银会有一个U盾，设置密码。U盾的作用是保护企业的账户安全。将U盾插入计算机，根据提示安装工商银行的电子银行。安装完成后在桌面看到一个快捷图标。以后每次登录网上银行，只需要插入U盾，点击桌面的工商银行在线银行快捷图标即可登录电子银行页面。然后选择企业网上银行登录。在出现页面中，单击"企业网上银行"登录，然后弹出U盾密码，输入设置的U盾密码，为了安全可以采用软键盘输入。输入密码完成后，进入电子银行首页。
>
> 在账户管理下面，选择银企对账，然后开通银企对账，一般都是一个季度对一次账，从企业开通当日起算，每个季度需要对一次账。选择银企对账，在右边的窗口可以看到企业是否完成银企对账，如果没有完成银企对账，点击账号，提示会计人员对账的时间和账户的余额，选择余额已平；如果完成，则提示会计人员已经完成对账。

第四节 银行结算

一、国内结算概述

商品流通企业在经营过程中,由于商品交易和劳务供应,经常会发生与其他企业单位或个人之间的结算业务。商品购销结算方法有现金结算和转账结算两种。

现金结算是指企业在经济活动中,直接使用现金收付有关款项的结算行为。转账结算又称非现金结算,是指企业通过银行,将结算款项从付款单位的存款账户转入收款单位存款账户的结算方式。由于转账结算具有方便、通用、迅速和安全的特点,因此,企业的各项结算业务,除了按照国家现金管理的规定可以采用现金结算外,都必须采用转账结算。

目前,商品流通企业可以选择使用的票据结算方式主要有支票、银行本票、银行汇票和商业汇票等,可以选择使用的结算方式主要有汇兑、托收承付、委托收款、信用卡和信用证等。银行结算方式分类如图2-1所示。

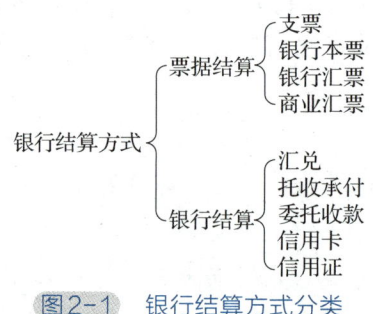

图2-1 银行结算方式分类

二、银行结算方式及核算

(一)支票结算

1. 支票结算概述

支票是由出票人签发,委托办理支票存款业务的银行在见票时无条件地向收款人或者持票人支付确定金额的票据。支票按付款的方式不同,可分为普通支票、现金支票和转账支票三种。现金支票是指专门用于支取现金的支票,转账支票是指专门用于转账的支票。现金支票和转账支票在支票票面上端分别印明"现金""转账"字样。普通支票是指既可以转账也可以支取现金的支票。在普通支票左上角画有两条平行线的为画线支票,画线支票只能用于转账,不得支取现金。

2. 支票结算的主要规定

支票是同城结算中应用很广泛的一种结算方式，目前，也有异地使用的情况，例如，哈尔滨市某企业到大庆市某企业采购商品，开具一张支票。因此，单位和个人在同一票据交换区域或相近交换区域的商品交易、劳务供应、资金调拨和其他款项的结算等都可以使用支票。商品流通企业应按规定使用支票结算方式，并注意以下几点：

（1）支票应由财务部门统一管理，并指定专人妥善保管。支票和印章要由不同人员分别管理。作废的支票也不得丢失，注销后应与存根一起保存。

（2）支票填写要规范，内容要完整。填写支票应使用蓝黑墨水、墨汁或碳素墨水填写。支票必须记载表明支票金额、付款人名称、开票日期、出票人签章、无条件支付的委托等内容，并且其金额和收款人名称可以由出票人授权补记。支票上的大小写金额和收款人不得更改，其他项目需要更改时，必须加盖印鉴。为防止数目被涂改，填写支票时会用到大写数字，即壹、贰、叁、肆、伍、陆、柒、捌、玖、拾、佰、仟、万。例如，2024年8月5日写成贰零贰肆年捌月零伍日，捌月前零字可写也可不写，伍日前零字必须写。又如，2025年2月13日写成贰零贰肆年零贰月壹拾叁日。支票具体填写规范如下：

（1）壹月贰月前零字必写，叁月至玖月前零字可写可不写，拾月至拾贰月必须写成壹拾月、壹拾壹月、壹拾贰月（前面多写了"零"字也认可，如零壹拾月）。

（2）壹日至玖日前零字必写，拾日至拾玖日必须写成壹拾日及壹拾×日（前面多写了"零"字也认可，如零壹拾伍日，下同），贰拾日至贰拾玖日必须写成贰拾日及贰拾×日，叁拾日至叁拾壹日必须写成叁拾日及叁拾壹日。

支票正面格式如图2-2所示，支票左侧为存根联。支票背面格式如图2-3所示。

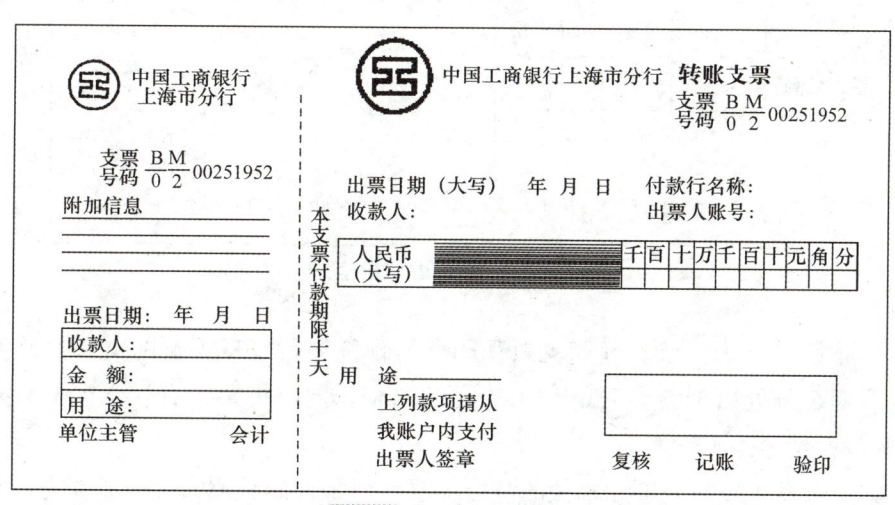

图2-2　支票正面格式

（3）支票的提示付款期限为10天，自出票日起算，如到期日遇有节假日则顺延。收款单位收到支票后，应由财务部门加盖企业预留银行的印鉴，并在有效期内将支票连同填制的"银行进账单"送存开户银行，过期支票银行将拒绝受理。银行进账单格式如

图2-4所示。

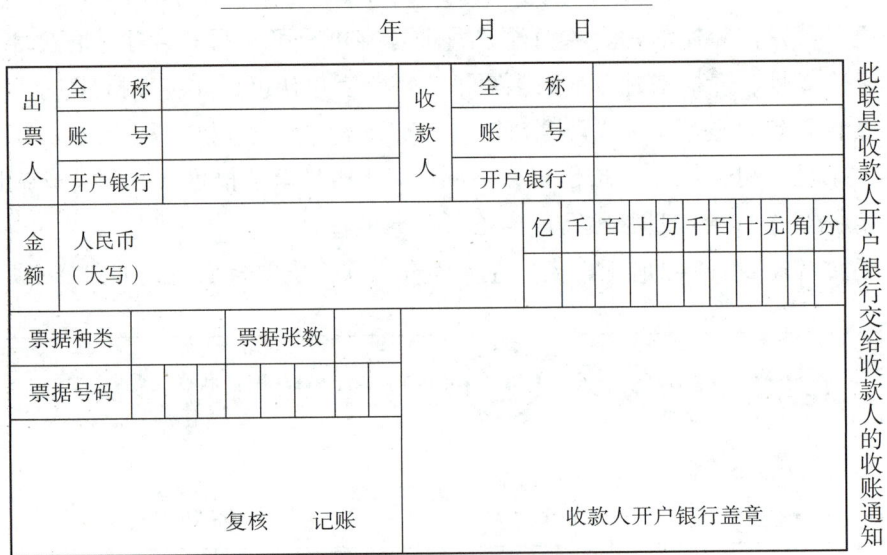

附加信息：	被背书人 背书人签章 年　月　日	
	身份证件名称：	发证机关：
	号码	

图2-3　支票背面格式

××银行　**进账单**（收账通知）

年　　月　　日

出票人	全　称		收款人	全　称													此联是收款人开户银行交给收款人的收账通知
	账　号			账　号													
	开户银行			开户银行													
金额	人民币（大写）				亿	千	百	十	万	千	百	十	元	角	分		
票据种类		票据张数															
票据号码																	
复核　记账			收款人开户银行盖章														

图2-4　银行进账单格式

（4）禁止签发空头支票、远期支票和印章与预留银行签章不符的支票。签发空头支票者，按票面金额处以5%但不低于1 000元的罚金，同时持票人有权要求出票人赔偿支票金额2%的赔偿金。

（5）禁止签发未填写内容和金额的空白支票。但是，商品流通企业如事先不能确定采购商品的数量和金额，而签发转账支票时，经单位领导和财务部门主管批准签字后，可以不填金额，但必须填明开票日期、收款单位名称和款项用途，规定付款限额和报销期限。

（6）现金支票可向银行申请挂失。在银行受理挂失前发生的经济损失，由挂失单位负责。如果空白支票或已经签发的转账支票遗失，可向开户银行和收款单位提出协助防范的申请，但不能向银行申请挂失。

（7）转账支票在中国人民银行总行批准的地区可以背书转让。背书应由收款单位在支票背面签章将支票款项转让给第三方收款人，即被背书人。但出票人在支票上记载"不得转让"字样的支票和用于支取现金的支票不得转让。

3. 支票结算的核算

【例2-6】 科龙有限公司是增值税一般纳税人（下同），2024年6月15日发生以下经济业务：

（1）开出现金支票一张，提取现金2 000元。

借：库存现金　　　　　　　　　　　　　　　　　　　　　　　　2 000
　　贷：银行存款　　　　　　　　　　　　　　　　　　　　　　　　2 000

【解析】 企业签发现金支票后，留下存根联作为取款的入账依据，凭支票联向开户银行提取现金。

（2）将销售货款取得的现金5 000元存入银行。

借：银行存款　　　　　　　　　　　　　　　　　　　　　　　　5 000
　　贷：库存现金　　　　　　　　　　　　　　　　　　　　　　　　5 000

【解析】 企业将现金存入银行，要填写解款单，以银行返回的"解款单回单"作为入账的依据。

（3）购进商品5 000元，增值税税率为13%，计650元税款，商品已验收入库，开出转账支票付讫。

借：库存商品　　　　　　　　　　　　　　　　　　　　　　　　5 000
　　应交税费——应交增值税（进项税额）　　　　　　　　　　　　　650
　　贷：银行存款　　　　　　　　　　　　　　　　　　　　　　　　5 650

【解析】 企业签发转账支票后，留下存根联作为付款的入账凭证，然后将支票送交收款人。

（4）销售商品取得转账支票5 876元，增值税税率为13%，计676元税款。

借：银行存款　　　　　　　　　　　　　　　　　　　　　　　　5 876
　　贷：主营业务收入　　　　　　　　　　　　　　　　　　　　　　5 200
　　　　应交税费——应交增值税（销项税额）　　　　　　　　　　　　676

【解析】 企业作为收款人填制"进账单"，一式三联，然后连同支票一并送交其开户银行，经银行审核无误后，在"进账单"上加盖收款章，取回进账单通知联后，才可以作为收款的入账凭证。

（二）银行本票结算

1. 银行本票结算概述

银行本票是指由银行签发的，承诺自己在见票时无条件支付确定的金额给收款人或者持票人的票据。它适用于同城的商品交易、劳务供应以及其他款项的结算。

银行本票分为不定额和定额两种。不定额的银行本票无起点金额限制。定额银行本票的面额则分别有1 000元、5 000元、10 000元和50 000元。

商品流通企业采用银行本票结算方式时，应向银行填写"银行本票申请书"，详细填明收款单位名称后交存银行。银行本票可以用于转账，注明"现金"字样的银行本票可以向出票银行支取现金。银行本票具有以下特点：

（1）银行本票必须记载表明"银行本票"的字样、无条件支付的承诺、确定的金额、收款人名称、出票日期、出票人签章等事项，可以背书转让。

（2）银行本票的付款期限为1个月，最长不得超过2个月。在付款期内银行见票即付，不能挂失。超过付款期限的银行本票，不能再向银行转账或支取现金，但可以由申请的单位到签发本票的银行办理退款手续。

（3）遗失的不定额银行本票，在付款期满后1个月，确认未被冒领后可以办理退款手续。

银行本票一般用于同城市各银行间转账，只需几元钱手续费就可以开一张，如果企业的钱在中国建设银行，要把钱转到工商银行，就可以在建设银行开一张本票，然后把本票拿到工商银行去兑付。工商银行见票即付，就如同钱一样，只是本票只允许本人兑付，本票上有名字，是谁的名字就入谁的账，让本票上的名字的人带身份证去银行兑付即可，银行见票即付。

银行本票的格式如图2-5所示。

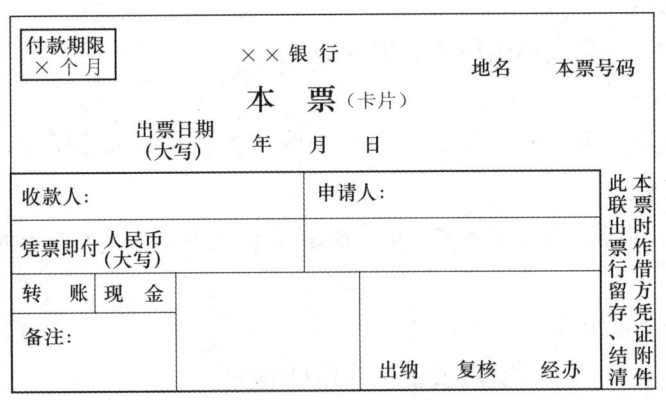

图2-5　银行本票的格式

2. 银行本票结算的核算

【例2-7】科龙有限公司2024年6月20日发生以下经济业务：

（1）填制银行本票申请书10 000元，银行受理后，收到同等数额的银行本票。

借：其他货币资金——银行本票　　　　　　　　　　　　　　10 000
　　贷：银行存款　　　　　　　　　　　　　　　　　　　　　10 000

【解析】 企业需要使用银行本票时,应填制银行本票申请书,银行受理后,为企业签发银行本票。

(2)向南方公司购进商品一批,货款为20 000元,增值税税额为2 600元,款项以面额为22 600元的银行本票支付。

借:在途物资——南方公司　　　　　　　　　　　　　　　　　　　20 000
　　应交税费——应交增值税(进项税额)　　　　　　　　　　　　　2 600
　　贷:其他货币资金——银行本票　　　　　　　　　　　　　　　　22 600

【解析】 企业购进商品以银行本票支付货款和增值税税额时,将进货凭证和银行本票的转账回单作为记账依据。

(3)向新华电器商厦销售一批家用电器,货款为10 000元,增值税税率为13%,收到面额为11 300的银行本票,存入银行。

借:银行存款　　　　　　　　　　　　　　　　　　　　　　　　　11 300
　　贷:主营业务收入　　　　　　　　　　　　　　　　　　　　　　10 000
　　　　应交税费——应交增值税(销项税额)　　　　　　　　　　　　1 300

【解析】 企业销售商品收到客户支付货款和增值税税额的银行本票,经审查无误后,应在银行本票上加盖预留银行印鉴,并据以填制"进账单"一式三联,然后一并送交开户银行。经银行审核无误后,在进账单上加盖收款章,取回进账单收账通知联,再将销货凭证和进账单收账通知联作为记账依据。

(三)银行汇票结算

1. 银行汇票结算概述

银行汇票是指出票银行签发的,由其在见票时按照实际结算金额无条件支付给收款人或者持票人的票据。它适用于同城或异地单位和个人之间的商品交易和劳务供应等。银行汇票具有以下特点:

(1)银行汇票一律记名,必须记载表明"银行汇票"的字样、无条件支付的委托、确定的金额、出票日期、出票人签章、付款人名称、收款人名称等事项;申请人应向出票银行填写"银行汇票申请书",填明收款人名称、汇票金额、申请人名称、申请日期等事项并签章。

(2)银行汇票的提示付款期限为出票日起1个月(不分大月、小月,统一按照次月的对应日计算,到期日遇到节假日则顺延)。

(3)汇款人申请办理银行汇票,应向签发银行填写"银行汇票申请书",详细填明兑付地点、收款单位名称、用途和金额等项内容。汇款人持往异地办理转账结算或支取现金均可采用银行汇票。

(4)签发票据的银行受理"银行汇票申请书"时,收妥款项后再据以签发银行汇票。对需要支取现金的,在汇票"汇款金额"栏先填写"现金"字样,然后填写汇款金额,并加盖所规定的印章,并用压数机压印汇款金额,将汇票和解讫通知交给汇款人。

(5)收款人收到银行汇票并向银行送存时,必须同时提交银行汇票和解讫通知,并填写进账单。其开户银行留下其中一联进账单和银行汇票,将解讫通知和多余款收账通知寄往签发银行,签发银行凭解讫通知入账。

(6)银行汇票兑付的金额应在出票金额以内,将实际结算金额和多余金额准确地填入银行汇票和解讫通知的有关栏内。未填明实际结算金额和多余金额或实际结算金额超过出票金额的,银行不予受理。更改实际结算金额的银行汇票无效。如果汇票上有多余金额则由签发银行退回汇款企业。

(7)银行汇票可以背书转让。持票人可以通过背书将银行汇票权利转让给他人,银行汇票的具体转让办法与支票相同。

银行汇票的格式如图2-6所示。

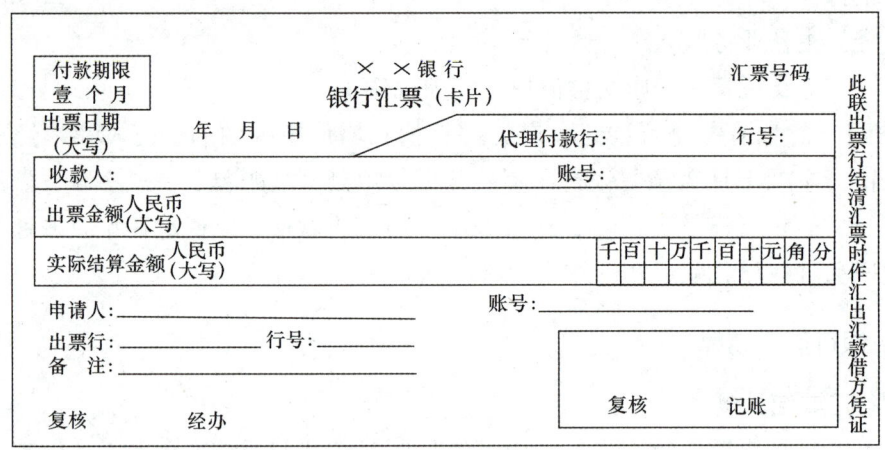

图2-6 银行汇票的格式

银行汇票凭证(解讫通知)的格式如图2-7所示。

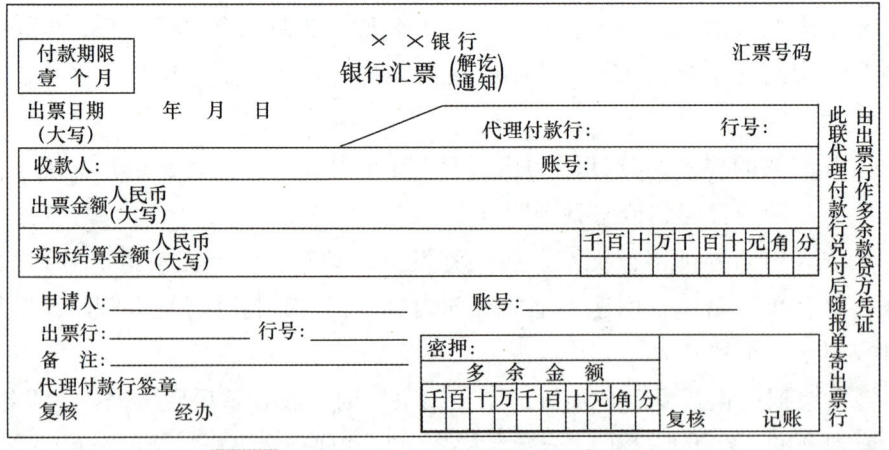

图2-7 银行汇票凭证(解讫通知)的格式

银行汇票凭证（多余款收账通知）的格式如图2–8所示。

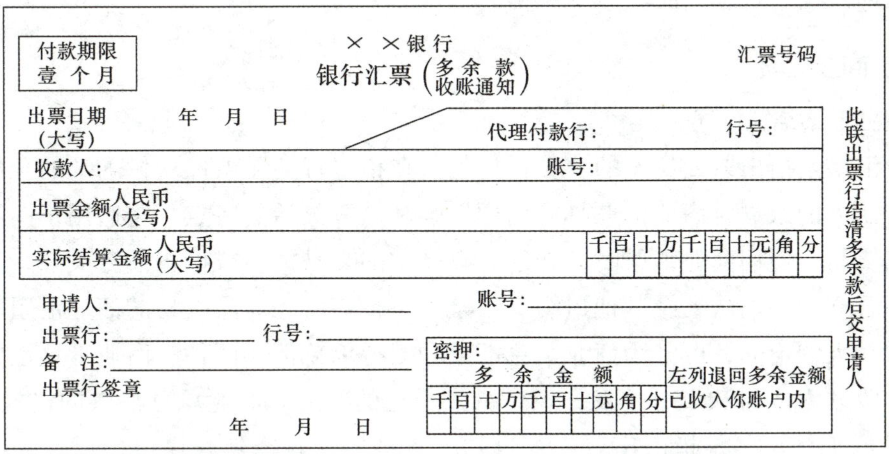

付款期限 壹 个 月

× ×银行

银行汇票（多余款 收账通知）

汇票号码

出票日期（大写）　年　月　日

代理付款行:　行号:

收款人:　账号:

出票金额 人民币（大写）

实际结算金额 人民币（大写）

千	百	十	万	千	百	十	元	角	分

申请人:　账号:

出票行:　行号:

备　注:

出票行签章

年　月　日

密押:

多余金额

千	百	十	万	千	百	十	元	角	分

左列退回多余金额已收入你账户内

此联出票行结清多余款后交申请人

图2–8　银行汇票凭证（多余款收账通知）的格式

2. 银行汇票结算的核算

【例2–8】 科龙有限公司2024年6月发生下列经济业务：

（1）1日，向辽宁春光公司采购商品，填制银行汇票申请书50 000元，收到同等数额的银行汇票及解讫通知。

借：其他货币资金——银行汇票　50 000

　　贷：银行存款　50 000

【解析】 企业需要使用银行汇票时，应填制一式数联的“银行汇票申请书”，并在支付凭证联上加盖预留印鉴，留下存根联作为入账依据，将其余各联送交签发银行。银行凭支付凭证收取款项，然后据以签发银行汇票，将银行汇票和解讫通知两联凭证交给企业。企业取得这两联凭证后，再根据银行汇票申请书存根联入账。

（2）2日，向辽宁春光公司采购商品，计货款40 000元，增值税税额为5 200元，运杂费为1 000元，以面额为50 000元的银行汇票付讫，余额尚未返回。

借：在途物资——辽宁春光公司　41 000

　　应交税费——应交增值税（进项税额）　5 200

　　贷：其他货币资金——银行汇票　46 200

【解析】 当企业持银行汇票和解讫通知去异地采购商品，支付商品货款增值税税额及其运杂费时，借记“在途物资”和“应交税费”账户，贷记“其他货币资金——银行汇票”账户。运杂费未取得增值税专用发票无法做进项抵扣，计入采购成本中。

（3）10日，银行转来多余款收账通知，金额为3 800元，系本月2日签发的银行汇票使用后的余额。

借：银行存款　3 800

　　贷：其他货币资金——银行汇票　3 800

【解析】 如果采购商品有余款退回，需将多余款收账通知联送交付款方，付款方将其作为退回余额的入账凭证。

（四）商业汇票

1. 商业汇票结算概述

商业汇票是指出票人签发的、委托付款人在指定日期无条件支付确定的金额给收款人或者持票人的票据。商业汇票具有信用性强和结算灵活的特点。它适用于同城、异地间的商品交易。使用商业汇票时，必须具有真实的交易关系或债权债务关系，并且必须是在银行开立账户的法人及其他组织。出票人不得签发无商品交易的商业汇票。商业汇票根据承兑人的不同，可分为商业承兑汇票和银行承兑汇票两种。商业承兑汇票是指由出票人（收款人或付款人）签发，经付款人承兑的票据。商业承兑汇票的格式如图2-9所示。银行承兑汇票是指由出票人（付款人）签发，并经其开户银行承兑的票据。承兑是指汇票付款人承诺在汇票到期日支付汇票金额的票据行为。银行承兑汇票的格式如图2-10所示。

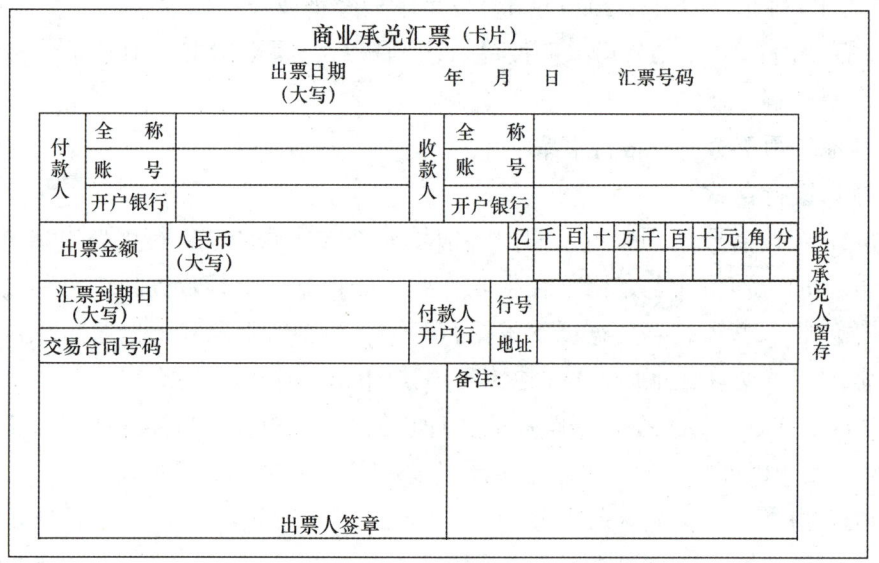

图2-9 商业承兑汇票的格式

商业汇票具有以下特点：

（1）商业汇票必须记载标明"商业承兑汇票"或"银行承兑汇票"的字样、无条件支付的委托、确定的金额、付款人名称、收款人名称、出票日期、出票人签章等事项。

（2）商业汇票的付款期限最长不超过6个月。商业汇票应按照规定提示承兑，其中商业承兑汇票由银行以外的付款人承兑，银行承兑汇票由银行承兑。商业汇票的提示付款期限为自汇票到期日起10日内。

（3）商业承兑汇票到期日，付款人存款账户不足支付或汇票上签章与预留银行签章

银行承兑汇票（卡片）

出票日期（大写）　　年　月　日　　汇票号码

出票人全称		收款人	全　称	
出票人账号			账　号	
付款行全称			开户银行	
出票金额	人民币（大写）			亿 千 百 十 万 千 百 十 元 角 分
汇票到期日（大写）		付款行	行号	
承兑协议编号			地址	
本汇票请你行承兑，此项汇票款我单位按承兑协议于到期日前足额交存你行。到期请予以支付。 出票人签章	备注：		复核　　记账	

此联承兑行留存备查，到期支付票款时作借方凭证附件

图2-10　银行承兑汇票的格式

不符时，其开户银行应填制付款人未付款通知书，连同商业承兑汇票提交持票人开户银行，并转交持票人。银行承兑汇票的出票人到期日未能足额交存票款时，承兑银行除凭票向持票人无条件付款外，还对出票人尚未支付的汇票金额按每天5‰计收利息。

（4）持票人可以将商业汇票背书转让。商业承兑汇票的付款人或银行承兑汇票的出票人应于汇票到期日前，将票款足额交存其开户银行。

2. 商业汇票结算的核算

"应付票据"账户是负债类账户，用以核算企业购进商品和接受劳务供应等所签发并承兑的商业汇票的面值和带息汇票计提的利息。贷方登记企业以商业汇票抵付款项和带息汇票期末计提的利息；借方登记收到银行转来到期商业汇票的付款通知予以兑付的金额；期末余额在贷方，表示尚未兑付的商业汇票的本息。

"应收票据"账户是资产类账户，用以核算企业因销售商品、提供劳务而收到的用以抵付款项的商业汇票的面值和带息汇票计提的利息。借方登记企业收到商业汇票和期末计提带息汇票利息的金额；贷方登记商业汇票到期兑现或到期前背书转让或向银行贴现的金额；期末余额在借方，表示尚未兑现的商业汇票的本息。

为了加强对应付票据的管理，企业除了按收款人设置明细账进行核算外，还应设置"应付票据备查簿"，详细记载应付票据的种类、号数、签发日期、到期日、票面金额、票面利率、合同交易号、收款单位名称以及付款日期和金额等详细资料。应付票据到期结清时，应在备查簿内逐笔注销。同样，应收票据则可设"应收票据备查簿"。

商业汇票分为不带息商业汇票和带息商业汇票两种。

（1）不带息商业汇票的核算。

【例2-9】 科龙有限公司6月25日向永仁公司购进商品一批，计货款35 000元，增值税税额为4 550元，当即签发2个月期限的商业承兑汇票抵付账款。

借：在途物资——永仁公司　　　　　　　　　　　　　　　　35 000
　　应交税费——应交增值税（进项税额）　　　　　　　　　 4 550
　　贷：应付票据——面值（永仁公司）　　　　　　　　　　　　　39 550

【解析】 企业用不带息商业汇票采购商品时，借记"在途物资"和"应交税费"账户；贷记"应付票据"账户。

【例2-10】 科龙有限公司6月26日销售给广南商厦服装一批，计货款30 000元，增值税税额为3 900元，当即收到对方抵付款项的不带息商业汇票，期限为2个月。

借：应收票据——面值（广南商厦）　　　　　　　　　　　　33 900
　　贷：主营业务收入　　　　　　　　　　　　　　　　　　　　　30 000
　　　　应交税费——应交增值税（销项税额）　　　　　　　　　　 3 900

【解析】 企业销售商品，在收到对方抵付货款和增值税税额的不带息商业汇票时，借记"应收票据"账户，贷记"主营业务收入"和"应交税费"账户。

（2）带息商业汇票的核算。

【例2-11】 6月27日，科龙有限公司将1个月前签发并承兑给大安商厦的3个月期限的带息商业汇票50 000元，按5‰的利率计提本月份应负担的利息。

借：财务费用——利息支出　　　　　　　　　　　　　　　　　250
　　贷：应付票据——利息（大安商厦）　　　　　　　　　　　　　　250

【解析】 根据带息商业汇票面值计提本期应负担的利息，借记"财务费用"账户，贷记"应付票据"账户。

【例2-12】 8月27日，科龙有限公司3个月前签发给大安商厦的带息商业汇票已到期，金额为50 000元，月利率5‰，当即从存款户中兑付本息。

借：应付票据——面值（大安商厦）　　　　　　　　　　　　50 000
　　应付票据——利息（大安商厦）　　　　　　　　　　　　　　500
　　财务费用——利息支出　　　　　　　　　　　　　　　　　　250
　　贷：银行存款　　　　　　　　　　　　　　　　　　　　　　　50 750

【解析】 到期兑付本息时，根据票据面值和计提的利息，借记"应付票据"账户；根据本期应负担的利息，借记"财务费用"账户；根据支付的本息，贷记"银行存款"账户。

【例2-13】 8月28日，科龙有限公司收到利民服装公司签发并承兑的带息商业汇票，期限为3个月，面值为60 000元，按5‰的月利率计提利息。

借：应收票据——利息（利民服装公司）　　　　　　　　　　　 300
　　贷：财务费用——利息支出　　　　　　　　　　　　　　　　　　300

【解析】 企业收到带息商业汇票，应按商业汇票的面值和票面月利率计提利息，借记"应收票据"账户；贷记"财务费用"账户。

【例2-14】 10月28日，科龙有限公司3个月前收到的利民服装公司的面值为60 000元，月利率为5‰的带息商业汇票已经到期，收到本息，存入银行。

借：银行存款　　　　　　　　　　　　　　　　　　　　　　　　69 000
　　贷：应收票据——面值（利民服装公司）　　　　　　　　　　60 000
　　　　应收票据——利息（利民服装公司）　　　　　　　　　　6 000
　　　　财务费用——利息支出　　　　　　　　　　　　　　　　3 000

（五）汇兑

1. 汇兑结算概述

汇兑结算是付款单位委托银行将款项汇往外地收款单位或个人的一种结算方式。它适用于异地之间各种款项的结算。汇兑分为信汇和电汇两种，由汇款人根据对汇款快慢的要求选择使用。该结算方式划拨款项简便，比较灵活，适用范围较广，可用于各种资金调拨、结算货款等，其中信汇款项可以转账，也可以支取现金，而且没有金额起点的限制。汇兑主要有以下规定：

（1）采用这种结算方式，付款单位汇出款项时，应填写银行印制的汇款凭证，列明收款单位名称、汇款金额和汇款的用途等项目，送达开户银行。委托银行将款项汇往收款单位的开户银行。收款单位的开户银行将汇款汇入收款单位存款户后，转送汇款凭证一联通知收款单位收款。

（2）汇款人签发汇兑凭证必须记载表明"信汇"或"电汇"的字样、无条件支付的委托、确定的金额、收款人名称、汇入的地点、汇入银行名称、汇款人名称、汇出的地点、汇出银行名称、委托日期和汇款人签章等事项。

（3）在银行开立存款账户的收款人凭信汇、电汇取款通知向汇入银行支取款项时，必须交验本人的身份证件，在信汇、电汇凭证上注明证件名称、号码及发证机关，并在"收款人签章"处签章。银行审查无误后，以收款人的姓名开立临时存款账户，只付不收，付完清户，不计付利息。需要转汇的，应由原收款人向银行填制汇兑凭证，并由本人交验其身份证件。

信汇凭证的格式如图2-11所示。

2. 汇兑结算的核算

【例2-15】 2024年8月1日，长沙百货公司向大发针织厂函购运动服一批。填制电汇结算凭证，汇出金额25 000元。

借：应付账款——大发针织厂　　　　　　　　　　　　　　　　25 000
　　贷：银行存款　　　　　　　　　　　　　　　　　　　　　　25 000

【解析】 长沙百货公司作为汇款人委托银行办理汇款，应填制一式数联的电汇结算凭证,送交开户银行。银行审查无误,同意汇款时,在回单联上加盖印章后退回汇款人,作为其汇款的入账依据。

【例2-16】 8月7日,大发针织厂发来函购运动服一批,并收到其附来的货物增值税专用发票和运费增值税专用发票,开列货款20 000元,增值税税额2 600元,运费400元,增值税税额36元,并收到退回的余款1 964元,存入银行。

借:在途物资——大发针织厂   20 400
　　应交税费——应交增值税(进项税额)   2 636
　　银行存款   1 964
　　贷:应付账款——大发针织厂   25 000

【解析】 一般纳税人取得的交通运输单位开具的增值税专用发票,可以按税率9%进行进项税额抵扣。

【例2-17】 8月25日,大发针织厂收到泰安百货商场的电汇款项333 900元。

借:银行存款   333 900
　　贷:预收账款——泰安百货商场   333 900

【解析】 企业收到购货方汇入购买商品的信汇、电汇收款通知单时,确认入账。

【例2-18】 8月27日,大发针织厂将运动服销售给永泰百货商场,货款为30 000元,增值税税额为3 900元,商品已运出。

借:预收账款——永泰百货商场   33 900
　　贷:主营业务收入   30 000
　　　　应交税费——应交增值税(销项税额)   3 900

【解析】 当企业将商品发给购货方时,开具增值税发票,并根据凭证上列明的商品的货款、增值税税额,登记入账。

（六）托收承付

1. 托收承付结算概述

托收承付是指根据购销合同由收款人发货后，委托银行向异地付款人收取款项，由付款人向银行承认付款的结算方式。它适用于商品交易，以及因商品交易而产生的劳务供应。代销、寄销、赊销商品的款项，不得办理托收承付结算。

托收承付的结算过程包括托收和承付两个阶段。其中，托收是指销货单位（收款人）委托开户银行收取结算款项的行为。在托收阶段，销货单位根据合同发货，取得发运证件后，填制托收承付结算凭证。托收承付结算凭证一式数联，连同发票、托运单和代垫运费等单据，一并送交开户银行办理托收手续。承付是指购货单位（付款人）在承付期内，向银行承认付款的行为。在承付阶段，购货单位开户银行将托收承付结算凭证及所附单证，送交购货单位通知承付货款。购货单位根据合同核对单证或验货后，在规定的承付期内，向银行承认付款，银行则据以划转款项。

托收承付与委托收款结算凭证（受理回单）合一的格式如图2-12所示，托收承付与委托收款结算凭证（贷方凭证）合一的格式如图2-13所示。

托收凭证（受理回单）

委托日期　　年　月　日

业务类型		委托收款（□ 邮划、□ 电划）			托收承付（□ 邮划、□ 电划）		
付款人	全　称			收款人	全　称		
	账　号				账　号		
	地　址	省　市县	开户行		地　址	省　市县	开户行
金额	人民币（大写）					亿 千 百 十 万 千 百 十 元 角 分	
款项内容		托收凭据名　称			附寄单证张数		
商品发运情况			合同名称号码				
备注： 复核　　记账		款项收妥日期 年　月　日			收款人开户银行签章 月　日		

此联作收款人开户银行给收款人的受理回单

图2-12　托收承付与委托收款结算凭证（受理回单）合一的格式

2. 托收承付结算的主要规定

购货单位承付货款有验单承付和验货承付两种方式。验单承付是指根据银行转来的托收承付结算凭证及其他单证，核对合同无误后，承付货款。验单承付期为3天，从购货单位开户银行发出通知的次日算起。在承付期内，如未向银行表示拒绝付款，银行即作为默认承付，于期满的次日由购货单位的账户将款项转出。验货承付是指在收到商品，检验无误后，才承付货款。验货承付期为3天，即从银行向购货单位发出承付通知的次日起3天内，如果购货单位既没有将提货通知送交银行，又没有将货物尚未到达的情况告知

```
                        托收凭证（贷方凭证）
                     委托日期    年  月  日

| 业务类型 | 委托收款（□ 邮划、□ 电划） | 托收承付（□ 邮划、□ 电划） |
```

图2-13 托收承付与委托收款结算凭证（贷方凭证）合一的格式

银行，银行即视作已经验货同意付款，并于3天期满的次日办理划款。在承付期满时，如果购货单位资金不足，不足支付部分作为延期付款处理，并每天支付不足支付部分5‰（不低于50元）的赔偿金。延期支付金额连同赔偿金由银行按照规定的扣款顺序划转给销货单位。另外，购货单位在承付期内有权全部或部分拒付货款。拒付货款需要填写"拒付理由书"交银行办理，但拒付后的商品必须妥善代管，直至交付销货单位。

3. 托收承付结算的核算

【例2-19】博安书店销售给花园中学一批文具，价款为20 000元，增值税税额为2 600元，一并向银行办理托收手续。

借：应收账款——花园中学　　　　　　　　　　　　　　　　22 600
　　贷：主营业务收入　　　　　　　　　　　　　　　　　　20 000
　　　　应交税费——应交增值税（销项税额）　　　　　　　 2 600

【解析】根据托收承付结算凭证回单联及有关单证登记入账。

【例2-20】博安书店收到花园中学承付款项的收账通知22 600元。

借：银行存款　　　　　　　　　　　　　　　　　　　　　　22 600
　　贷：应收账款——花园中学　　　　　　　　　　　　　　22 600

【解析】根据银行转来的托收承付结算凭证收账通知联登记入账。

（七）委托收款

1. 委托收款结算概述

委托收款结算是收款人委托银行向付款人收取款项的一种结算方式。它适用于同城、异地的单位和个人凭已承兑的商业汇票、债券、存单等付款人债务证明办理款项的结算。

委托收款结算包括托收和付款两个阶段。在托收阶段，收款人委托开户银行收款时，应填制银行印制的"委托收款凭证"，提供必要的收款依据。收款分邮寄或电报划回两种。企业的开户银行受理委托收款以后，将委托收款凭证寄交付款单位开户银行。由付款人开户银行审核，并通知付款人。在付款阶段，付款人在接到银行付款通知和相关附件后，应在规定的付款期（3天）内付款。如果付款期内未向银行提出异议，那么银行视作同意付款，并在付款期满的次日将款项转账付给收款人。

付款人在审查有关单证以后，如果对收款人委托收取的款项决定全部或部分拒绝支付的，应在付款期内填写拒付理由书，连同有关证明单据送交开户银行。银行收到拒付理由书后，连同有关凭证寄给收款人的开户银行转交收款人，银行不负责审查拒付理由书。需要部分拒绝付款的，银行办理部分转账划款。

2. 委托收款的核算

收款人在收到托收款项时，借记"银行存款"账户；贷记"应收票据"等有关账户。付款人收到委托付款的付款通知支付款项时，借记"应付票据"等有关账户；贷记"银行存款"账户。

（八）信用卡

1. 信用卡结算概述

信用卡是指商业银行向个人和单位发行的，凭以向特约单位购物、消费和向银行存取现金，且具有消费信用的特制载体卡片。它适用于单位和个人的商品交易和劳务供应的结算。

信用卡按使用对象分为单位卡和个人卡，按信誉等级分为金卡和普通卡。

2. 信用卡结算的主要规定

单位卡账户的资金一律从其基本存款账户转账存入，不得交存现金，也不得支取现金；单位卡不得用于100 000元以上的商品交易和劳务供应款项的结算；信用卡仅限于合法持卡人本人使用，持卡人不得出租或转借信用卡；特约单位受理信用卡，审查无误后，在签购单上压卡，填写实际结算金额、用途、持卡人身份证号码、特约单位名称和编号，然后交持卡人在签购单上签名确认，并将信用卡、身份证件和签购单回单交还给持卡人；信用卡透支额，金卡最高不得超过10 000元，普通卡最高不得超过5 000元，透支期限最长为60天。

特约单位受理信用卡应审查的事项包括：受理的信用卡是否确为本单位可受理的信用卡；信用卡是否在有效期内，是否列入"止付名单"；签名条上是否有"样卡"或"专用卡"等非正常签名的字样；信用卡是否有打孔、剪角、毁坏或涂改的痕迹；持卡人身份证件或卡片上的照片与持卡人是否相符；卡片正面的拼音姓名与卡片背面的签名和身份证件上的姓名是否一致等。

在每日营业终了，将当日受理的信用卡签购单汇总，计算手续费和净计金额，并填写汇计单和进账单，连同签购单一并送交收单银行办理进账。

3. 信用卡结算的核算

【例2-21】 3月1日，远东鞋厂在中国工商银行开立信用卡存款账户。存入信用卡备用金10 000元，发生开户手续费50元，一并签发转账支票付讫，根据转账支票存根联登记入账。

借：其他货币资金——信用卡存款　　　　　　　　　　　　　　10 000
　　财务费用　　　　　　　　　　　　　　　　　　　　　　　　　　50
　　贷：银行存款　　　　　　　　　　　　　　　　　　　　　　10 050

【例2-22】 3月3日，远东鞋厂购进商品一批，货款为4 000元，增值税税额为520元，以信用卡存款付讫。根据发票及签购单回单，登记入账。

借：在途物资　　　　　　　　　　　　　　　　　　　　　　　4 000
　　应交税费——应交增值税（进项税额）　　　　　　　　　　　520
　　贷：其他货币资金——信用卡存款　　　　　　　　　　　　4 520

实际工作中，由于网上划款方式更为方便、快捷，已被普遍采用。网上银行划款单据如图2-14所示。

```
                              付款回单
日期：2025 年 02 月 14 日      业务类型：中间业务平台交易      流水号：K93753T019AA8AJ
付款账号：479613547950163
户　名：------------------------
开户行：------------------------
金额（大写）：人民币贰仟陆佰伍拾壹元贰角捌分
金额（小写）：CNY2，651.28
摘　要：国地税实时缴税
商户名称：国库信息系统
交易批次号：20250214         平台流水号：9901902183189465

经办：*CLIET       第 2 次打印   请避免重复       20250220

                回单编号：9450001647953    回单验证码：CB08-F185-0A0F-691E
                提示：1.电子回单验证码相同表示同一笔业务回单，请勿重复记账使用。
                      2.已在银行柜台领用业务回单的单位，请注意核对，勿重复记账使用。
                打印时间：2025 年 02 月 20 日 11 时 30 分
（招商银行股份有限公司 电子回单专用章）
```

图2-14　网上银行划款单据

本章小结

知识点1： 货币资金是商品流通企业流动性最强的资产，企业为了保证正常的经营和良好的偿债及支付能力，必须拥有一定量的货币资金，主要包括库存现金、银行存款和其他货币资金。库存现金是指通常存放于企业财务部门、由出纳人员保管的货币。超过库存现金限额的现金必须及时送存银行。银行存款是企业存入银行或其他金融机构的款项。企业在银行开设账户后，除按规定可以通过库存现金进行收支外，都必须以银行存款进行收支结算。

知识点2：库存现金的收支结存通过设置"库存现金"科目进行核算，并设置库存现金日记账进行序时记录。为了保证账实相符，应对库存现金进行清查，包括出纳人员自查和清查小组监盘。如果库存现金账实不符，发现有待查明原因的现金短缺或溢余，就应先通过"待处理财产损溢"科目核算。待查明原因后，再根据不同原因及处理结果，将其转入有关科目。

知识点3：银行存款的收支结存通过"银行存款"科目进行核算，并设置银行存款日记账进行序时记录。按照业务发生顺序逐日逐笔连续记录银行存款的收付，随时结出余额。月末，出纳人员以外的会计人员应与银行对账单核对，并编制"银行存款余额调节表"。

知识点4：商品流通企业可以选择使用的票据结算方式主要有支票、银行本票、银行汇票和商业汇票等，可以选择使用的结算方式主要有汇兑、托收承付、委托收款、信用卡和信用证等。

1. 库存现金的限额管理制度包括哪些内容？
2. 简述各种银行存款账户的用途。
3. 商品流通企业使用票据和结算凭证必须符合哪些规定？
4. 支票有哪些种类？支票结算有哪些特点和主要规定？
5. 简述银行本票和银行汇票结算的特点和主要规定。
6. 简述商业汇票的含义及种类。
7. 商业汇票结算有哪些特点和主要规定？
8. 简述汇兑、托收承付和委托收款等结算的主要规定。
9. 简述企业与银行对账的目的和方法。
10. 未达账项包括哪几种？在编制银行存款余额调节表时应如何处理？

一、名词解释

货币资金　库存现金　银行存款　其他货币资金　坐支　基本存款账户　支票　银行本票　银行汇票　商业汇票　汇兑　托收承付　委托收款　未达账项

二、判断题

1. 狭义的库存现金是指企业为备付日常零星开支而保管的现金。（   ）
2. 库存现金可包括人民币不包括外币。（   ）
3. 转账结算具有方便、通用、灵活和安全的特点。（   ）
4. 购销业务较多的商品流通企业可以从本单位现金收入中直接支付现金。（   ）
5. 票据的出票日期要使用中文大写。（   ）
6. 银行对签发空头支票和签章与预留银行签章不符的支票，除予以退票外，按票面金额处以5%的罚款。（   ）
7. 支票的提示付款期限为10天，自出票的次日起算。（   ）
8. 银行本票自出票日起，提示付款期限为1个月，最长不得超过2个月。（   ）
9. 商业承兑汇票是指由出票人签发，并经其承兑的票据。（   ）
10. 托收承付结算方式不适用于代销、寄销、赊销商品的结算款项。（   ）

三、单项选择题

1. 库存现金的限额由开户银行根据单位的实际需要核定，边远地区和交通不便地区开户单位的库存现金限额，可按（   ）的日常零星开支的需要确定。
   A. 多于5天不超过15天　　　　B. 不超过10天
   C. 20天　　　　　　　　　　　D. 8天

2. 商品流通企业内部有各部门周转使用的备用金的，可以单独设置（   ）科目进行核算。
   A."库存现金"　B."备用金"　C."其他应收款"　D."其他应付款"

3. （   ）账户主要用于办理日常的转账结算和现金收付。
   A. 基本存款　　B. 一般存款　　C. 临时存款　　D. 专用存款

4. 由于企业与银行取得有关凭证的时间不同，可能会发生双方记账时间的不同，因此会出现（   ）。
   A. 未达账项　　B. 应收账款　　C. 应付账款　　D. 其他应付款

5. （   ）具有清算及时、使用方便、收付双方都有法律保障和结算灵活的特点。
   A. 商业汇票　　B. 银行本票　　C. 银行汇票　　D. 支票

6. 银行汇票的提示付款期限为（   ）。
   A. 10天　　　　B. 1天　　　　C. 1个月　　　　D. 3个月

7. 银行本票的付款期限为（   ），最长不得超过2个月。
   A. 1个月　　　B. 10天　　　　C. 20天　　　　D. 15天

8. 金额和收款人名称可以由出票人授权补记的票据是（   ）。
   A. 支票　　　　B. 银行本票　　C. 银行汇票　　D. 商业汇票

9. 签发空头支票者，按票面金额处以（   ）的罚金。
   A. 1%　　　　　　　　　　　　B. 3%

C. 5%   D. 5%但不低于1 000元

10.（　　）适用于商品交易，以及因商品交易而产生的劳务供应。

　　A. 托收承付　　B. 商业汇票　　C. 银行汇票　　D. 委托收款

四、多项选择题

1. 按其用途和存放地点的不同，货币资金可分为（　　）。

　　A. 银行存款　　B. 库存现金　　C. 外币　　D. 其他货币资金

2. 其他货币资金包括（　　）。

　　A. 外埠存款　　B. 银行本票存款　　C. 银行汇票存款　　D. 信用卡存款

3. 出纳人员不得兼任（　　）。

　　A. 会计档案保管工作　　　　　　B. 稽核工作

　　C. 费用、收入、债务账簿的登记工作　　D. 银行存款日记账的登记工作

4. 通过"其他货币资金"账户核算的结算方式有（　　）。

　　A. 银行本票　　B. 银行汇票　　C. 商业汇票　　D. 信用卡

5. 同城采用的结算方式有（　　）。

　　A. 支票　　B. 银行本票　　C. 银行汇票　　D. 商业汇票

　　E. 委托收款　　F. 汇兑　　G. 信用卡　　H. 托收承付

6. 定额银行本票的面额分别有（　　）。

　　A. 1 000元　　B. 10 000元　　C. 5 000元　　D. 50 000元

7. 商业汇票根据承兑人的不同，可分为（　　）两种。

　　A. 商业承兑汇票　　B. 银行汇票　　C. 银行本票　　D. 银行承兑汇票

8. 异地可采用的结算方式有（　　）。

　　A. 支票　　B. 银行本票　　C. 银行汇票　　D. 商业汇票

　　E. 信用卡　　F. 汇兑　　G. 委托收款　　H. 托收承付

9. 汇兑结算方式是付款单位委托银行将款项汇往外地收款单位或个人的一种结算方式，分为（　　）两种。

　　A. 信汇　　B. 银汇　　C. 电汇　　D. 邮汇

10. 信用卡适用于单位和个人的商品交易和劳务供应的结算，按信誉等级分为（　　）。

　　A. 金卡　　B. 普通卡　　C. 个人卡　　D. 单位卡

五、练习题

习题一

【目的】练习票据和信用卡结算的核算业务。

【资料】沈阳百货公司为信用卡结算特约单位，2024年6月份发生下列经济业务：

（1）1日，向沈阳日化厂购进商品一批，货款为30 000元，增值税税额为3 900元，款项当即签发转账支票付讫。

（2）2日，沈阳日化厂商品已运到，商品已验收入库。

（3）4日，沈阳百货公司销售商品一批，货款为40 000元，增值税税额为5 200元，收到转账支票，当即存入银行。

（4）5日，沈阳百货公司填制银行本票申请书一份，金额为22 600元，银行受理后，收到同等数额的银行本票。

（5）6日，向沈阳华瑞公司购进商品一批，货款为20 000元，增值税税额为2 600元，款项当即以5日银行签发的银行本票付讫。

（6）8日，沈阳华瑞公司商品已运到，商品已验收入库。

（7）10日，沈阳百货公司签发现金支票2 000元，提取现金备用。

（8）11日，沈阳百货公司填制银行汇票申请书一份，金额为45 000元，银行受理后，收到同等数额的银行汇票。

（9）12日，沈阳百货公司销售商品一批，货款为20 000元，增值税税额为2 600元，收到票面金额为22 600元的银行汇票一张，当即按实际销售金额结算，并存入银行。

（10）13日，向济宁化妆品厂购进商品一批，货款为36 000元，增值税税额为4 680元，运杂费为400元（白条收据），款项一并以面额为45 000元的银行汇票支付，余款尚未退回。

（11）14日，济宁化妆品厂的商品已运到，验收入库。

（12）15日，销售给华明商厦商品一批，货款为25 000元，增值税税额为3 250元，收到3个月到期的不带息商业汇票一张。

（13）16日，银行转来多余款收账通知，金额为3 920元，系本月11日签发的银行汇票使用后的余款。

（14）17日，向沈阳纸业公司购进商品一批，货款为10 000元，增值税税额为1 300元，商品已验收入库，当即签发2个月期限的不带息商业汇票付讫。

（15）18日，销售给利达商厦商品一批，货款为20 000元，增值税税额为2 600元，收到3个月期限的带息商业汇票，月利率为4‰。

（16）20日，向博远日化厂购进商品一批，货款为40 000元，增值税税额为5 200元，当即签发3个月期限的不带息商业汇票付讫。

（17）22日，存入信用卡备用金16 000元，发生开户手续费50元，一并签发转账支票付讫。

（18）25日，由批发市场购进商品一批，货款为12 000元，增值税税额为1 560元，款项以信用卡存款支付。

（19）26日，沈阳百货公司在其基本开户银行开立信用卡存款账户。存入信用卡备用金20 000元，支付信用卡结算手续费50元。

（20）30日，采用信用卡结算方式采购商品一批，货款为9 000元，增值税税额为1 170元，以信用卡存款付讫。根据发票及签购单回单，登记入账。

【要求】根据以上经济业务编制沈阳百货公司的有关会计分录。

习题二

【目的】练习银行存款余额调节表的编制。

【资料】广源贸易公司从开户银行取得银行对账单,余额为180 245元,银行存款日记账余额为165 974元。经逐项核对,发现如下未达账项:

(1) 公司送存银行的支票8 000元,银行尚未入账。

(2) 公司开出支票13 200元,收款人尚未将支票兑现。

(3) 银行扣收的手续费115元,公司尚未收到付款通知。

(4) 银行代收应收票据款10 900元,公司尚未收到收款通知。

(5) 银行上月对某存款多计利息1 714元,本月予以扣减,公司尚未收到通知。

【要求】根据以上未达账项,编制广源贸易公司的银行存款余额调节表。

2.2 自测题参考答案

第三章
商品流通核算概述

学习目标

1. 理解商品流通的含义及其主要环节。
2. 掌握商品购销的交接方式。
3. 理解商品购销的入账时间及入账价格的确定。
4. 掌握商品流通的核算方法。

第一节 商品流通的概念

一、商品流通的含义

商品流通又称商品流转,是指商品通过买卖方式,从生产领域转移到消费领域的过程。在商品流通过程中,通常包括批发和零售两个环节。商品在批发环节的流通活动,称为批发商品流通;商品在零售环节的流通活动,称为零售商品流通。批发商品流通是整个商品流通的起点和中间环节,零售商品流通是商品流通过程的最终环节。商品流通企业以商品流转为核心,其购销活动主要通过"货币—商品—货币"的形式循环进行。无论是批发企业还是零售企业,在资金周转过程中,都会发生商品流通的主要业务,包括商品购进、商品销售和商品储存三个环节,如图3-1所示。

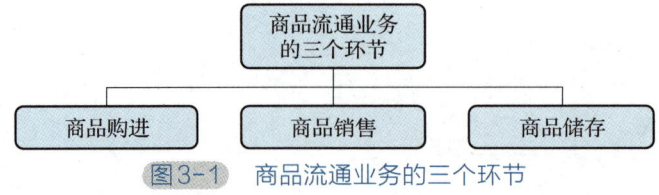

图3-1 商品流通业务的三个环节

1. 商品购进的含义

商品购进是指商品流通企业为了销售或加工后销售，通过货币结算取得商品所有权的交易行为。商品购进环节是货币资金转变为商品资金的过程。它也是商品流通的起点。商品流通企业商品购进的渠道主要有：向工农业生产部门和个体生产者购进商品；向商品流通部门内部其他独立核算单位购进商品以及在国际贸易中进口商品等。

商品购进必须同时具备以下两个条件：一是购进商品的目的是销售，即"为卖而买"，如果购进的商品是为企业自用而不是出售就不属于商品购进的范围；二是通过货币结算取得商品所有权。凡是不通过货币结算而收入的商品，或者不是为销售而购进的商品，都不属于商品购进的范围。例如，收回销货退回的商品和购货单位拒收的商品；收回退关甩货的商品；收回加工的商品；溢余的商品；接受其他单位赠送的样品；为收取手续费替其他单位代购的商品；购进专供本单位自用的商品等。

2. 商品销售的含义

商品销售是指商品流通企业通过货币结算而售出商品的行为。商品销售的过程是商品资金转变为货币资金的过程，在这一过程中资金得到了增值。商品流通企业商品销售的对象主要有：销售给机关、团体、事业单位和个人消费者的商品；销售给工农业生产部门和个体经营者的商品；销售给商品流通部门内其他独立核算单位的商品；在国际贸易中出口的商品等。

商品销售也必须同时具备两个条件：一是销售的是本企业所经营的商品，如果销售的商品不属于本企业的经营范围，就不属于商品销售的范围；二是通过货币结算转移商品所有权。凡是不通过货币结算而发出的商品，都不属于商品销售的范围。例如，进货退出的商品和退出拒收的商品；发出加工的商品；损耗和短缺的商品；赠送给其他单位的样品；为收取手续费替其他单位代销的商品；已发出但仍属于本单位所有的委托代销商品和分期收款发出的商品等。

3. 商品储存的含义

商品储存是指商品流通企业购进的商品在被销售以前在企业的停留状态。它以商品资金的形态存在于企业之中。商品储存是商品购进和商品销售的中间环节，也是商品流通的重要环节。商品流通企业商品储存包括库存商品、委托代销商品、受托代销商品、发出商品和购货方拒收的代管商品等。

二、商品流通的主要环节和特征

（一）商品流通的主要环节

商品流通可以分为互相关联的批发商品流通和零售商品流通两大环节。

1. 批发商品流通

批发商品流通是指商品从生产领域进入流通领域供进一步转卖与销售给生产部门进

行生产消费的买卖行为。

2. 零售商品流通

零售商品流通是指把商品卖给城乡居民用作生活消费和卖给其他组织用作非生产消费的买卖行为。

商品经过批发企业买进卖出，并未离开流通过程，批发商品流通是商品流通的起点和中间环节。商品经零售企业卖出以后，即离开流通领域进入消费领域，标志着再生产过程的终结，零售商品流通是商品流通的最终环节。

（二）商品流通的特征

商品流通具有两个基本特征：一是商品实物的转移；二是通过货币结算的买卖行为。只有商品实物的转移而无货币交换或只有货币收付而无实物转移都不属于商品流通。只有在满足这两个条件的前提下，才符合商品流通的范畴。

> **思考**
> 哪些情况不属于商品流通企业商品购销的范围？

第二节　商品购销的交接方式与入账时间

一、商品购销的交接方式

商品购进和销售的交接方式，应由购销双方协商，根据商品的特点和运输条件确定。通常采用的商品交接方式有送货制、提货制、发货制、厂商就地保管制和门市收购制等。

1. 送货制

送货制是指商品流通企业将商品送到购货单位指定的仓库或其他地点，由购货单位验收入库的一种方式。

2. 提货制

提货制，又称取货制，是指购货单位指派专人到商品流通企业指定的仓库或其他地点提取并验收商品的一种方式。提货过程中所发生的费用和商品损耗一般由购货单位负担。

3. 发货制

发货制是指商品流通企业根据购销合同规定的发货日期、品种、规格和数量等条件，将商品委托运输单位由铁路或公路、水路、航空运送到购货单位所在地或其他指定地区，如车站或码头等，由购货单位领取并验收入库的一种方式。发货过程中，一般规定商品交接前所发生的费用和商品损耗由供货单位负担，商品交接后所发生的费用和商品损耗由购货单位负担。

4. 厂商就地保管制

厂商就地保管制是指商品流通企业委托供货厂商代为保管商品，到时凭保管凭证办理商品交接的一种方式。

5. 门市收购制

门市收购制是指企业直接在基层设立门市部收购农副产品、回收废旧物资等。

二、商品购销的入账时间

商品购进和商品销售是商品流通企业的重要经济指标。商品购进和销售入账时间的确定，应以商品购销行为的实现，即以商品所有权转移的时间为依据。也就是购货方以取得商品所有权的时间为商品购进的入账时间，销货方以失去商品所有权的时间为商品销售的入账时间。

在实际工作中，由于货款结算和商品交接方式的不同，商品所有权的转移情况也比较复杂，因此，商品购进和销售的具体入账时间，应根据不同的商品交接方式和结算方式而定。

1. 商品购进的入账时间

商品购进以支付货款或收到商品的时间为入账时间。在商品先到、货款未付的情况下，以收到商品的时间作为购进的入账时间，同时销货方要向购货方索取货款。在货款先付、商品后到的情况下，以支付货款的时间为商品购进的入账时间。购货方支付了货款，并收到销货方的发货凭证后，说明购货方已取得商品的所有权。根据商品交接方式和货款结算方式的不同，商品流通企业的商品购进入账时间分以下几种情况：

（1）从本地购进商品，采用库存现金、支票、银行本票或商业汇票等结算方式的，在支付货款并取得销货方的发货证明后，即可作为商品购进入账。假如商品先到并已验收入库，而货款尚未支付，则月末暂作购进商品入账，次月初再用红字冲回。

（2）从外地购进商品，采用托收承付或委托收款结算方式的，在结算凭证先到并已付货款时，作为商品购进入账。在商品先到并已验收入库的情况下，暂不作为商品购进入账，待承付货款时，再作为商品购进入账。

（3）采取预付货款方式购进商品的，则不能以预付货款的时间为商品购进的入账时间，因为预付货款不能形成买卖双方的商品交易行为。

（4）进口商品以支付货款的时间为购进商品的入账时间。

2. 商品销售的入账时间

商品销售以发出商品、收取货款的时间或以发出商品、取得收取货款权利的时间作为入账时间。在商品已经发出，收到货款或者虽未收到货款，但已办妥结算手续，并取得购货方的收货证明时即可作为销售入账。根据商品交接方式和货款结算方式的不同，商品流通企业的商品销售入账时间分以下几种情况：

（1）采用库存现金、支票、银行本票、汇票等结算方式销售商品的，以收到库存现金、支票、银行本票、汇票时间，作为商品销售入账时间。

（2）采用异地托收承付结算方式销售商品的，以办妥委托银行收款手续时间，作为商品销售入账时间。

（3）采用汇兑结算方式销售商品的，以发出商品并取得运输部门的商品发运证明时间，作为商品销售入账时间。

（4）采用预收货款销售方式销售商品的，以实际发出商品时间，作为商品销售入账时间。

（5）商品出口的，以收到运输部门相关单据并向银行办理交单时间，作为商品销售入账时间。

三、商品购销的入账价格

1. 商品购进的入账价格

通常情况下，商品流通企业购进的商品按取得商品时所支付的价税款扣除按规定计算的进项税额，作为商品购进的入账价格，具体分以下几种情况：

（1）从生产单位购进商品，以生产单位的出厂价作为商品购进的入账价格。从国内其他企业购入的商品，以实际支付的批发价作为商品购进入账价格。

（2）收购免税农副产品，以购入农业产品的买价扣除按规定计算的进项税额后的数额作为商品购进的入账价格。

（3）委托外贸单位代理进口商品，以实际支付给外贸单位的全部价税款扣除按规定计算的进项税额作为商品购进的入账价格。

（4）进口的商品，以进口商品国外进价（一般为到岸价）加上关税、消费税后金额，作为商品购进的入账价格。如果是离岸价，则按离岸价加到岸前运费、保险费计算。

（5）委托加工商品，以加工过程中的实际成本作为加工商品的入账价格。实际成本包括原材料、加工费和加工税金。

2. 商品销售的入账价格

商品流通企业商品销售的入账价格，应以销售商品的价格为准。按不同销售对象可分为以下几种：

（1）批发价。它是指商品流通批发企业直接销售给单位和个人的批量商品，以批发价作为销售入账价格。

（2）零售价。它是指商品流通零售企业直接销售给消费者数量零星商品，以零售价扣除增值税作为销售入账价格。

（3）批发价或零售价。它是指批零兼营企业视销售对象数量多少，分别采用批发价或零售价。

（4）协商价。它是指商品流通企业采用浮动价、批量作价，以实际开票价作为销售入账价格。

> **提示**
>
> 新收入准则的变化。
>
> （1）现行准则区分销售商品、提供劳务、让渡资产使用权和建造合同，分别采用不同的收入确认模式，新准则不再区分业务类型。
>
> （2）现行准则收入确认时以"风险报酬转移"为判断依据，新准则以"控制权转移"为收入确认时点的判断标准。新准则根据合同规定的交付条件判断控制权是否转移，企业只有在不再负有向客户转让商品的剩余义务，且已收取的对价无须退回时才符合收入的确认条件。
>
> （3）引入了"履约义务"概念，明确了如何识别是否存在多个"履约义务"，以及如何将交易价格分摊到多个"履约义务"。废除"完工百分比"法，引入"履约进度"计量方式，对于在某一段期间履行的履约义务，企业应当考虑商品的性质，采用产出法或投入法确定恰当的履约进度，并且按照该履约进度确认收入。
>
> （4）企业为取得合同发生的增量成本预期能够收回的，应当作为合同取得成本确认为一项资产，并且采用与收入确认相同的基础进行摊销，计入当期损益。
>
> （5）明确了企业应该根据其在交易中的角色是主要责任人还是代理人来确定其收入的金额是总额还是净额。

第三节　商品流通的核算方法

商品流通过程也是资金运动的过程，而商品流通核算是反映和控制商品购、销、调、存业务活动及其成果的会计核算方法。商品流通企业根据各自经营的特点和管理的需要，对商品流通业务采用不同的核算方法，主要分为进价核算法和售价核算法两种类型。进价核算法和售价核算法又各分为数量金额核算法和金额核算法。商品流通业务的核算方法如图3-2所示。

一、数量进价金额核算法

数量进价金额核算法是以实物数量和进价金额两种计量单位，反映库存商品进、销、存的一种核算方法。其主要内容包括：

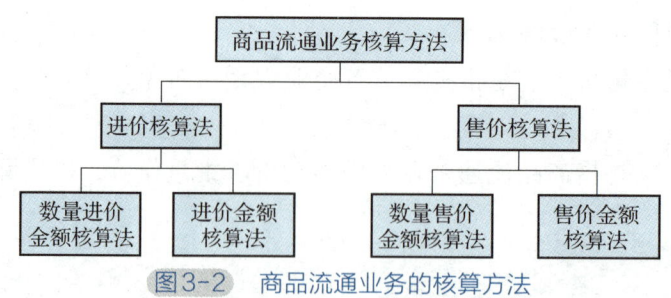

图3-2 商品流通业务的核算方法

（1）财务部门设置"库存商品"的总账和明细账。总账和明细账按进价记账。总账和类目账反映库存商品进价总值；明细账反映各种商品的实物数量和进价金额。

（2）"库存商品"明细账按商品的编号、品名、规格、等级分户，按商品收、付、存分栏记载数量和金额，数量要求永续盘存。

（3）根据企业经营管理的需要，在"库存商品"总账和明细账之间，可设置"库存商品"类目账，按商品大类分户，记载商品进、销、存的进价金额。

（4）在业务部门和仓库设置商品账，分户方法与"库存商品"明细账相同，记载商品收、付、存数量，不记金额。

（5）根据商品的不同特点，采用恰当的方法定期计算和结转已销商品的进价成本。

数量进价金额核算法的优点是能全面反映各种商品进、销、存的数量和金额，便于加强商品的管理控制。但按商品品种逐笔登记明细账，核算工作量较大，手续繁多。一般适用于规模和批量较大而交易次数不多的大中型商业批发企业。有些专业性零售企业也采用该方法。

二、数量售价金额核算法

数量售价金额核算法是以实物数量和售价金额两种计量单位，反映商品进、销、存的一种核算方法。其主要内容包括：

（1）"库存商品"总账、类目账和明细账按售价记账。明细账必须按每一商品的品名、规格设置，以随时掌握各种商品的结存数量和售价金额。库存商品明细分类科目的设置与数量进价金额核算法基本相同。

（2）每笔销售业务都要填制销售凭证，做好销售记录，并按商品品名、规格登记"库存商品"明细账。

（3）设置"商品进销差价"账户，记载售价金额和进价金额之间的差额，定期分摊已销商品进销差价，计算已销商品进价成本和结存商品的进价金额。

数量售价金额核算法的优点是能按商品的品名、规格来反映和监督每种商品进、销、存的数量和售价金额的变动情况，便于加强对库存商品的管理和控制。缺点是核算工作量较大，商品售价变动，就要盘点库存商品，调整商品金额和差价。一般适用于经营金额较小、批量较少的小型经营批发的企业,以及经营零售的企业的库存商品和贵重商品的核算。

三、进价金额核算法

进价金额核算法,又称"进价记账、盘存计销",是以进价金额控制库存商品进、销、存的一种核算方法。其主要内容包括:

(1)"库存商品"总账和明细账一律以进价金额入账,只记金额,不记数量。

(2)"库存商品"明细账按商品大类或柜组设置,对需要掌握数量的商品,可设置备查簿。

(3)商品销售时,只核算销售收入,不结转销售成本,期末盘存商品时,再根据实地盘点的商品金额倒挤销售商品的成本并结转。

其计算公式为:

$$本期商品销售成本 = 期初库存商品 + 本期进货总额 - 期末库存商品进价金额$$

进价金额核算法的优点是可以简化核算手续,节约人力、物力,但手续不够严密。缺点是平时不能掌握库存情况,对商品损耗或差错事故不能及时控制。一般适用于鲜活商品的核算。

四、售价金额核算法

售价金额核算法,又称"售价核算实物负责"的方法,是在实物负责基础上,以售价记账,控制库存商品进、销、存的一种核算方法。对于从事商业零售业务的企业(如百货公司、超市等),由于经营商品种类、品种、规格等繁多,而且要求按商品零售价格标价,采用其他成本计算结转方法均较困难,因此,广泛采用这一方法。其主要内容包括:

(1)建立实物负责制。商品流通企业根据岗位责任制的要求,按商品经营的品种和存放地点,划分为若干柜组,确定实物负责人,对其经营的商品承担责任。

(2)售价记账,金额控制。库存商品的进、销、存一律按销售价格入账,不记数量,"库存商品"总账反映售价总金额,明细账按实物负责人分设,反映各实物负责人所经营的商品的售价金额。

(3)与数量售价金额核算法相同,需要设置"商品进销差价"账户。由于"库存商品"账户按售价反映,而商品购进支付的货款按进价计算,因此,设置"商品进销差价"账户,以核算商品进价与售价之间的差价,以正确计算销售商品的进价成本。

(4)健全商品盘点制度。"库存商品"明细账按售价记账,不登记数量,只有通过商品盘点才能确定实际数量。

(5)加强商品物价管理。商品按售价核算后,如果遇售价变动,就会直接影响库存商品的总额。因此，必须对商品进行明码标价，加强物价管理。

售价金额核算法的优点是简化了核算手续，减少了工作量，一般不必为每笔销售业务填制销售凭证，也不必登记大量的实物数量明细账。缺点是由于明细核算不反映和控制商品的数量，平时不易发现商品溢缺，需定期盘点才能发现，也难以分析溢缺的原因和责任。一般适用于除鲜活商品、贵重商品以外的零售商品流转业务核算。有些专业性零售企业也采用这种方法。

> **思考** 你能否按提供的核算指标不同和选用的记账价格不同，将商品流通的四种基本方法合理归类？

商品流通的四种核算方法比较如表3-1所示。

表3-1 商品流通的四种核算方法比较

方　　法	概念解释	优　缺　点	适用情况
数量进价金额核算法	以实物数量、进价金额为计量单位，反映商品进、销、存情况的核算方法	全面反映商品收付存的数量和金额，便于管理和控制。记账工作量大，手续繁多	规模和批量较大而交易次数不多的大中型商业批发企业
数量售价金额核算法	以实物数量和售价金额为计量单位，反映商品进、销、存的核算方法	便于商品日常管理和控制，但核算工作量较大	经营规模小、业务量少的批发企业以及零售企业中贵重商品的核算
进价金额核算法	以进价金额控制商品的进、销、存的核算方法	手续简便，工作量小，但管理手续不严谨，平日无法掌握库存情况，不利于对损耗和差错的控制	适用于鲜活商品的核算
售价金额核算法	在建立实物负责制的基础上，以售价金额记账，控制商品进、销、存的核算方法	简化核算手续，减少工作量。但平日无法控制进、销、存数量，盘点发现差错不易查明原因	除鲜活商品、贵重商品以外的零售商品流转业务核算

除以上两类库存商品核算制外，使用计算机系统管理商品存货的商品流通企业普遍采用单品进价金额核算制，其具体方法将在第八章中介绍。

3.1 锦囊妙计——采购中的纳税筹划

本章小结

知识点1：商品流通是指商品通过买卖方式，从生产领域转移到消费领域的过程。商品流通业务有三个重要环节，即商品购进、商品销售和商品储存。

知识点2：商品购销的交接方式通常根据商品销售的交接特点和运输条件，由交易双方协商决定。购销商品的交接方式主要有送货制、提货制、发货制、厂商就地保管制和门市收购制等。

知识点3：商品购销的入账时间一般以商品所有权转移的时间为依据，即购货方以取得商品所有权的时间为商品购进的入账时间，销货方以失去商品所有权的时间为商品销售的入账时间。

知识点4：商品流通企业根据各自经营的特点和管理的需要，对商品流通业务采用不同的核算方法，主要分为进价核算法和售价核算法两大类。进价核算法和售价核算法又各分为数量金额核算法和金额核算法。

1. 商品流通的含义是什么？它包括哪些主要环节？
2. 商品流通企业有哪些商品交接方式？
3. 商品购销的入账时间有哪些？
4. 商品购销的入账价格有哪些？
5. 商品流通有哪些核算方法？并分别说明这些核算方法的优缺点。
6. 简述数量进价金额核算法的主要内容。
7. 简述进价金额核算法的主要内容。
8. 简述数量售价金额核算法的主要内容。
9. 简述售价金额核算法的主要内容。
10. 对商品流通的四种核算方法进行比较，并说明其适用范围。

一、名词解释

商品流通　商品购进　商品销售　送货制　提货制　发货制　数量进价金额核算法　数量售价金额核算法　售价金额核算法　进价金额核算法

二、判断题

1. 批发商品流通是整个商品流通的最终环节。　　　　　　　　　　　　（　　）
2. 向外单位购进专供本单位自用的商品不属于商品购进的范围。　　　　（　　）

3. 商品流通企业以商品流转为核心，其购销活动主要通过"货币—商品—货币"的形式循环进行。（   ）

4. 商品储存是指商品流通企业购进的商品在销售以前在企业的停留状态。（   ）

5. 商品流通需具备两个基本特征：一是商品实物的转移；二是通过货币结算的买卖行为。只满足其一条件可称为商品流通。（   ）

6. 商品销售环节是货币资金转变为商品资金的过程。（   ）

7. 接受其他单位赠送的商品属于企业的购进业务。（   ）

8. 送货制是指商品流通企业委托供货厂商代为保管商品，到时凭保管凭证办理商品交接的一种方式。（   ）

9. 数量金额核算法能够按品名、规格来反映和监督每种商品进、销、存的数量和进价金额的变动情况，有利于加强对库存商品的管理与控制。（   ）

10. 进价金额核算法适用于鲜活商品的核算。（   ）

三、单项选择题

1. 零售商品流通是商品流通过程的（   ）。
   A. 起点   B. 中间环节
   C. 起点和中间环节   D. 最终环节

2. （   ）是指商品流通企业将商品送到购货单位指定的仓库或其他地点，由购货单位验收入库的一种方式。
   A. 送货制   B. 厂商就地保管制
   C. 发货制   D. 提货制

3. 从本地购进商品，如果商品先到并已验收入库，而货款尚未支付，则月末暂作购进商品入账，（   ）再用红字冲回。
   A. 次月初   B. 本月末
   C. 次月末   D. 年末

4. 采用预收货款销售方式销售商品的，在（   ）作为商品销售入账。
   A. 实际发出商品时   B. 收到预收货款时
   C. 将货款存入银行时   D. 向银行办理交单时

5. 同城商品购进，采用支票、银行本票等结算方式，商品购进的入账时间为（   ）。
   A. 支付货款并取得发货证明的时间   B. 收到商品的时间
   C. 支付货款的时间   D. 对方商品发出的时间

6. 数量进价金额核算法下，"库存商品"明细账反映各种商品的实物数量和（   ）。
   A. 进价金额   B. 售价金额
   C. 协议价格   D. 进价或售价金额

7. 采用数量售价金额核算法和售价金额核算法时，对于记载售价金额和进价金额之间的差额，需要设置（　　）账户。
A."其他应付款"　　　　　　　B."材料成本差异"
C."在途物资"　　　　　　　　D."商品进销差价"

8.（　　）一般适用于除鲜活商品、贵重商品以外的零售商品流转业务的核算。
A.进价金额核算法　　　　　　B.售价金额核算法
C.数量进价金额核算法　　　　D.数量售价金额核算法

9.（　　）一般适用于经营金额较小、批量较少的小型经营批发的企业，以及经营零售的企业的库存商品和贵重商品的核算。
A.数量售价金额核算法　　　　B.售价金额核算法
C.数量进价金额核算法　　　　D.进价金额核算法

10.华日商贸公司为小规模纳税企业，购进商品一批，其中，商品价款为30万元，增值税税额为3.9万元，手续费为0.1万元，则该批商品的采购成本为（　　）。
A.36.2万元　　　　　　　　　B.30万元
C.34万元　　　　　　　　　　D.31.1万元

四、多项选择题

1.从每个商品流通企业来看，其组织商品流通活动的具体环节包括（　　）。
A.购进　　　B.销售　　　C.运输　　　D.储存

2.批发环节是整个商品流通的（　　）。
A.起始环节　　B.中间环节　　C.销售环节　　D.最终环节

3.商品购进必须同时具备的条件有（　　）。
A.为卖而买　　　　　　　　　B.取得实物
C.通过货币结算而取得商品所有权　　D.为企业自用

4.作为商品购进的入账时间有（　　）。
A.付出货款的时间　　　　　　B.预付货款的时间
C.支付货款同时收到商品的时间　D.预付货款后收到商品的时间

5.作为商品销售的入账时间有（　　）。
A.付出商品同时收到货款的时间　B.付出商品的时间
C.付出商品并得到收取货款权利的时间　D.预收货款的时间

6.下列哪些不属于商品销售的范围（　　）。
A.包装物　　　　　　　　　　B.商品移库
C.赠送样品　　　　　　　　　D.材料物资

7.企业发生委托加工商品业务时，将加工过程中的实际成本作为加工商品的入账价格，包括（　　）。
A.原材料　　　　　　　　　　B.加工费
C.加工税金　　　　　　　　　D.手续费

8. 企业进口的商品，其采购成本包括进口商品的（　　　）。
   A. 国外进价
   B. 应分担的外汇差价
   C. 进口后的运杂费
   D. 进口环节的增值税

9. 商品流通企业库存商品的核算方法有以下几种（　　　）。
   A. 数量进价金额核算法
   B. 数量售价金额核算法
   C. 售价金额核算法
   D. 进价金额核算法

10. 售价金额核算法适用于（　　　）。
    A. 专业性零售企业
    B. 经营鲜活商品的零售企业
    C. 综合性零售企业
    D. 批发企业

3.2 自测题参考答案

第四章
商品批发企业会计实务核算

学习目标

1. 了解商品批发企业的经营特点。
2. 了解批发企业库存商品的核算方法。
3. 理解批发企业商品购进与销售的业务流程。
4. 掌握批发企业商品购进、销售和储存的账务处理。
5. 掌握商品销售成本的计算和结转。
6. 掌握商品批发企业会计核算时账簿的设置。

第一节　商品批发企业的经营特点及商品核算方法应用

一、商品批发企业的业务特点

商品批发企业在城乡之间、地区之间、生产企业（或其他批发企业）与零售企业及个体户之间组织批发商品流转，大批地向工农业生产部门或国际贸易企业采购商品，又成批地供应出去，在整个流通领域中担负着主要的中转任务。因此，商品批发企业的商品流通是整个流通的起点和中间环节。

1. 商品批发企业的经营特点

（1）经营规模和交易量较大，商品品种规格较少，营业场所与商品存放地点往往不在一处。

（2）商品批发企业需要储备一定数量的商品，以便随时掌握各种商品进、销、存的数量和结存金额。

（3）交易次数较少，每次交易量大并能取得相应的合法凭据，以反映和控制商品的交易活动。

2. 会计核算价格的主线

会计核算价格的主线：三进一销。三进是指购进商品时用购买时的实际价格核算，验收入库时用购买的实际价格核算，结转主营业务成本用购买时的实际价格分类核算。一销是指销售商品时用销售价格核算。

二、商品批发企业库存商品的核算方法及账簿设置

根据商品批发企业的经营特点，在会计核算中，必须把握各种商品在进、销、存各环节的实物数量和价值数量的变化情况，对库存商品采用数量进价金额核算法，以便加强对商品的管理。

（一）"库存商品"账簿设置

商品批发企业财务部门的"库存商品"账户一般分三级核算，设立总账、类目账、明细账。其中，"库存商品"总账采用三栏式账，反映库存商品收入、发出和结存的金额。"库存商品"明细账采用数量进价金额式账，既核算商品的进价金额又核算商品的数量。

"库存商品"类目账记录某类库存商品的收入、发出与结存的数量和总成本。类目账按商品类别分户设置，如食品类、服装类、家电类和百货类等。

"库存商品"明细账详细记录每一种库存商品的数量、单位成本和总成本，便于财产清查，确保企业资产的安全、完整。"库存商品"明细账的设置有三种分户方法。"库存商品"账户体系示意图，如图4-1所示。

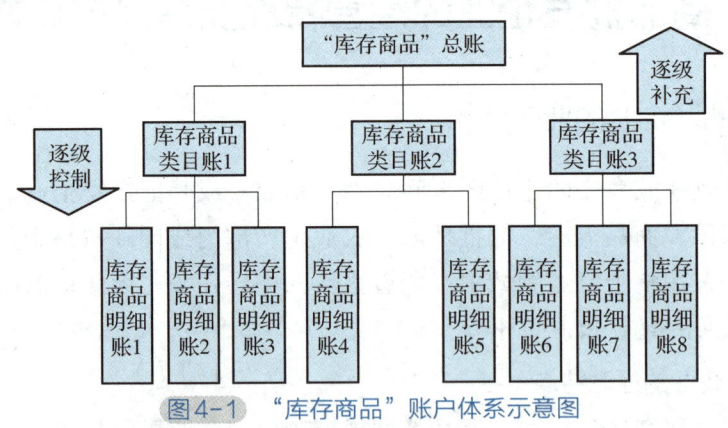

图4-1 "库存商品"账户体系示意图

（二）"库存商品"明细账的分户方法

1. 按商品的编号、品名、规格和等级分户

这种分户方法，能使每一种商品的进、销、存情况集中地反映在一个账户中，但不

便于按批次计算和结转商品销售进价成本。其格式如表4-1所示。

表4-1 "库存商品"明细账

类别：　　　　　货号：　　　　　品名：　　　　　规格：　　　　　等级：　　　　　单位：

年		凭证号码	摘要	增加（借方）				减少（贷方）				结存（余额）			存放仓库				
				数量		单价	金额	数量		单价	金额	数量	单价	金额	甲库	乙库	丙库	丁库	戊库
月	日			购进	其他			销售	其他										

（1）"增加"栏。"购进数量"栏登记验收入库的商品数量，"其他数量"栏登记非购进而增加的商品数量，如加工成品收回、商品溢余等。购进商品的单价和金额分别记入"单价""金额"栏。

（2）"减少"栏。"销售数量"栏登记销售商品的数量，"其他数量"栏登记非销售而减少的商品数量，如商品短缺、加工商品发出等。"减少"栏是否要同时登记单价和金额，要根据计算和结转商品销售成本的方法而定。销售商品退回或购货方拒收商品，要在"销售数量"栏中用红字注销，"减少"栏同时登记单价和金额。

（3）"结存"栏。根据"增加"栏和"减少"栏登记的数量，随时计算出结存数量，记入"结存数量"栏。

（4）"存放仓库"栏按商品进、销货凭证的数量，随时计算和登入该存放仓库下的数量栏。

2. 按商品的编号、品名、规格、等级结合进货单价分户

这种分户方法便于计算和结转商品销售成本，但账页使用的数量较多。

3. 按商品的编号、品名、规格、等级结合进货批次分户

这种分户方法适用于整批进、整批出的商品。

（三）"库存商品"明细账的设置

商品批发企业中，业务部门、仓库和财务部门都掌握库存商品的明细资料，因此，在实际工作中，库存商品明细账的设置方法有三种，即三账分设、两账合一和三账合一。具体设置方法见本章第四节。

（四）"库存商品"类目账的设置

商品批发企业商品品种较多时，可设置商品类目账，以便于加强对大类商品的控制。"库存商品"类目账一般根据进、销货凭证按商品大类进行汇总登记。其格式为三栏式，一般只登记金额，不登记数量。如商品类别计量单位相同，也可增设数量栏，同时登记数量。其格式如表4-2所示。

表4-2 "库存商品"类目账

类别：

年		凭证号码	摘要	增加（借方）	减少（贷方）	结存（余额）
月	日					

> **提示**
> 如果商品批发企业的经营品种不多，也可以不设置"库存商品"类目账。
> "库存商品"类目账和明细账均采用数量金额式，两者的区别如下：
> "库存商品"类目账的金额栏仅反映某类库存商品的"进价"总成本，不反映单位成本。
> "库存商品"明细账的金额栏既反映库存商品的"进价"总成本，又反映库存商品的单位成本。

【例4-1】 2024年12月31日，润达商场的"库存商品"总账余额为1 378 000元，其中食品类的相关账簿资料如下：

"库存商品类目账——食品类"余额为368 000元（1 400kg）。

"库存商品明细账——甲食品"200 000元（700kg）。

"库存商品明细账——乙食品"110 000元（500kg）。

"库存商品明细账——丙食品"58 000元（200kg）。

2025年年初"库存商品"总账、类目账和明细账新账账页的具体格式如表4-3~表4-7所示，请将上述资料中的数据填入相关账簿。

表4-3 "库存商品"总账

单位：元　　第　　页

2025年		凭证号	摘要	借方	贷方	借或贷	余额
月	日						
1	1	略	期初余额				1 378 000

表4-4 "库存商品"类目账

商品类别：食品类　　　　　计量单位：kg　　　　　单位：元　　第　　页

2025年		凭证号	摘要	收入		发出		结存	
月	日			数量	金额	数量	金额	数量	金额
1	1	略	期初余额					1 400	368 000

表4-5 "库存商品"明细账(一)

类别：食品类　　品名：甲食品　　计量单位：kg　　　　　　单位：元　　第　页

2025年		凭证号	摘要	收入			发出			结存		
月	日			数量	单价	金额	数量	单价	金额	数量	单价	金额
1	1	略	期初余额							700		200 000

表4-6 "库存商品"明细账(二)

类别：食品类　　品名：乙食品　　计量单位：kg　　　　　　单位：元　　第　页

2025年		凭证号	摘要	收入			发出			结存		
月	日			数量	单价	金额	数量	单价	金额	数量	单价	金额
1	1	略	期初余额							500		110 000

表4-7 "库存商品"明细账(三)

类别：食品类　　品名：丙食品　　计量单位：kg　　　　　　单位：元　　第　页

2025年		凭证号	摘要	收入			发出			结存		
月	日			数量	单价	金额	数量	单价	金额	数量	单价	金额
1	1	略	期初余额							200		58 000

第二节　商品批发企业商品购进的核算

一、商品批发企业商品购进的业务程序

商品批发企业商品购进是指企业为转卖或加工后转卖而通过货币结算购买商品的活动。批发企业商品购进环节是货币资金转变为商品资金的过程。商品批发企业商品购进的主要业务是由企业业务、储运和财务等部门共同完成的。

（一）同城商品购进的业务程序

商品批发企业商品购进的业务流程需要根据不同的商品交接方式而定。

例如，在同城商品购进与送货制结合的方式下，其业务流程包括：一般由业务部门根据事先制订的进货计划，与销售单位签订购销合同组织进货。如果采取送货制，则业务部门根据销售单位开来的增值税专用发票，与合同核对相符后，即填制"收货单"一式数联，将专用发票和"收货单"（结算联）送交财务部门，其余各联收货单送交储运部门，财务部门将购货凭证审核无误后，作为付款的依据，根据增值税专用发票做商品采购的账务处理。储运部门根据"收货单"验收商品，如果商品的数量、质量全部相符，应在"收货单"各联上加盖"收讫"印章，其中一联退回业务部门，由其注销合同，储运部门自留一联，登记商品保管账，将"收货单"（入库联）送交财务部门，经审核无误后，做商品入库的账务处理。商品购进业务中，同城商品购进的业务程序（支票结合送货制）如图4-2所示。实际工作中，为了方便货款结算可以采用网上直接划款方式。

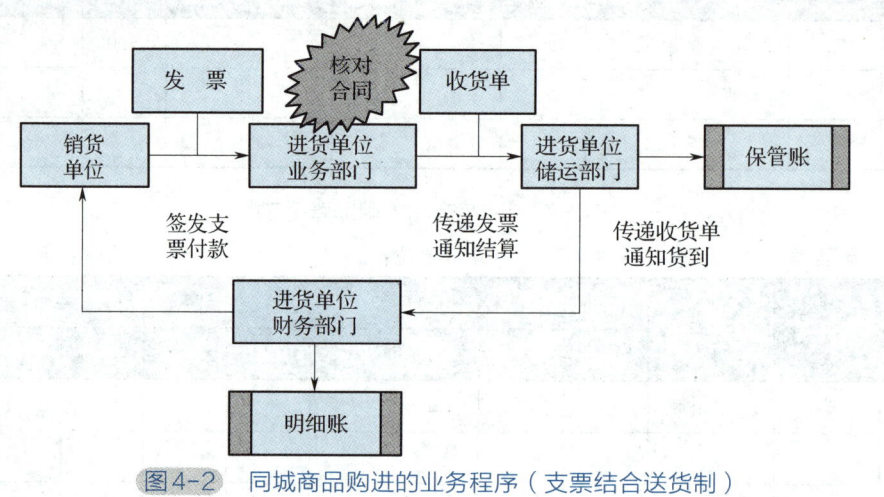

图4-2 同城商品购进的业务程序（支票结合送货制）

（二）异地商品购进的业务程序

异地商品购进是由商品批发企业向外地生产企业或批发企业进货。一般采用"发货制"交接方式接收商品，货款结算大多采用"托收承付""委托收款""商业汇票""银行汇票"和"汇兑"等结算方式。

以托收承付结算方式与送货制结合为例，其业务流程包括：商品流通企业财务部门接到开户银行转来销货单位托收凭证、增值税专用发票和代垫运费单据时，先送业务部门与合同核对，经核对无误后退还财务部门凭以办理承付货款手续，同时由业务部门填制"收货单"，留存一联外，其余交储运部门提货。商品到达后，仓库根据"收货单"及供货单位的发货单（随货同行联）办理商品验收入库手续后，留一联据以登记商品保管账，其余连同增值税专用发票送财务部门编制记账凭证入账。异地商品购进的业务程序（托收承付方式结合发货制）如图4-3所示。

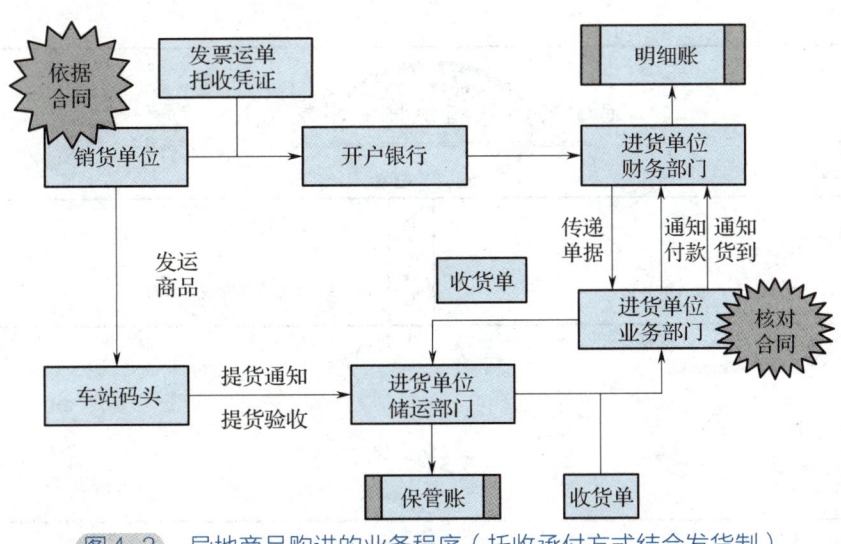

图4-3　异地商品购进的业务程序（托收承付方式结合发货制）

二、商品批发企业商品购进的会计凭证及账户

商品批发企业商品购进核算主要是反映和监督商品购进、验收入库和货款结算等业务。企业购进商品时，应根据取得的原始凭证编制记账凭证进行会计核算。一般商品批发企业购进商品时，涉及以下会计凭证及会计账户。

（一）涉及的主要原始凭证

（1）商品验收单、收货单或入库单，如图4-4所示。

填制一式多联的"商品验收单"或"收货单"。其中，存根联由业务部门留存；收货联由仓库凭以验收商品和登记商品保管账；结算联由财务部门凭以结算货款；记账联经仓库收货加盖"收讫"章后转财务部门凭以记账。商品验收单、收货单或入库单是自制原始凭证，商品流通企业可以根据自己单位的情况自行设计，没有固定格式。

商品验收单

供货单位：　　　　　　　　　　年　月　日　　　　　　　　　编号：

品名及规格	单位	数量	单价	金额	实收数	实收金额

记账员：　　　　保管员：　　　　复核：　　　　制单：

图4-4　商品验收单

（2）增值税专用发票，如图4-5所示。

动态二维码
电子发票（增值税专用发票）
全国统一发票监制章 国家税务总局 大连市税务局
发票号码：
开票日期：
购买方信息 名称：
统一社会信用代码/纳税人识别号：
销售方信息 名称：
统一社会信用代码/纳税人识别号：
下载次数：2
项目名称 规格型号 单位 数量 单价 金额 税率/征收率 税额
合 计
价税合计（大写） ⊗ （小写）¥
备注
开票人：

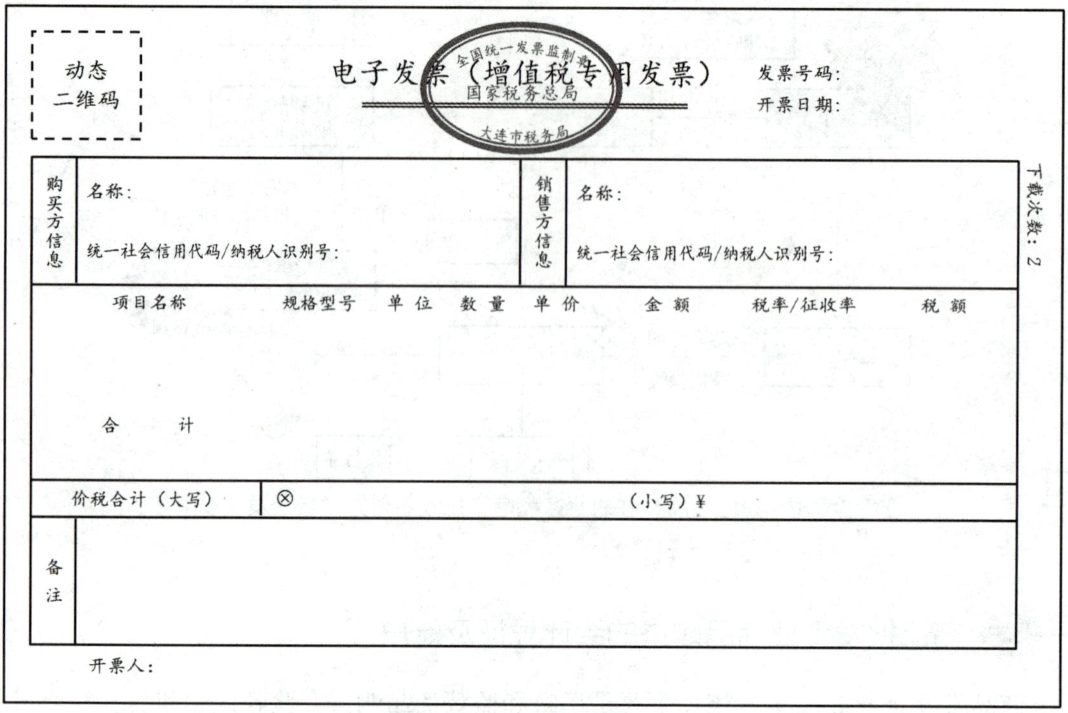

图4-5 增值税专用发票

（3）货物运输业增值税专用发票，如图4-6所示。

动态二维码
电子发票（增值税专用发票）
全国统一发票监制章 国家税务总局 大连市税务局
发票号码：
开票日期：
购买方信息 名称：
统一社会信用代码/纳税人识别号：
销售方信息 名称：
统一社会信用代码/纳税人识别号：
下载次数：2
项目名称 规格型号 单位 数量 单价 金额 税率/征收率 税额
合 计
价税合计（大写） ⊗ （小写）¥
备注
开票人：

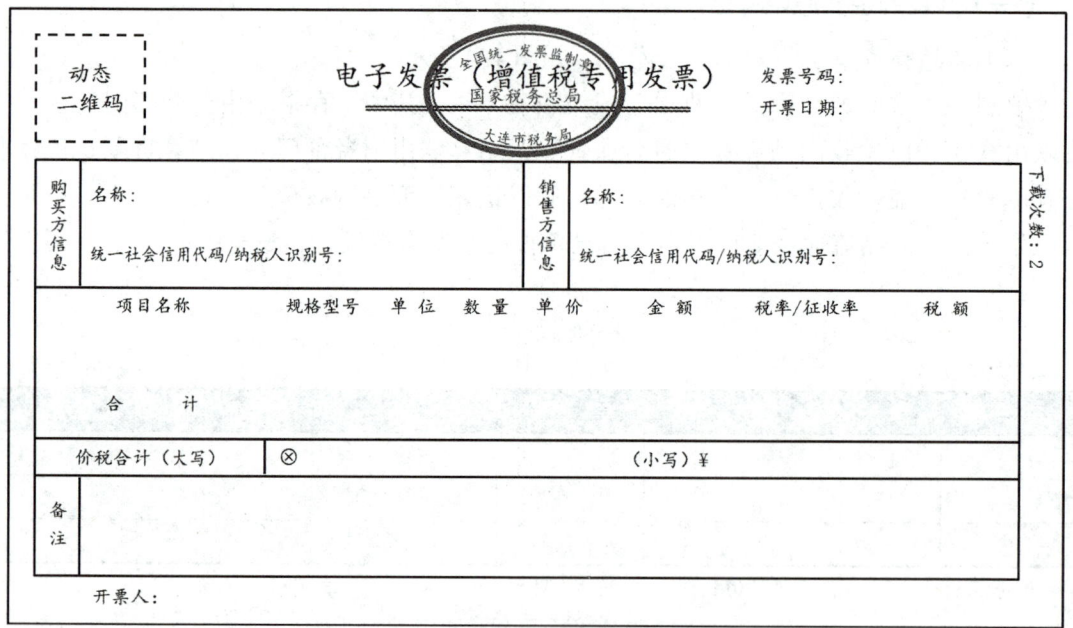

图4-6 货物运输业增值税专用发票

（4）商品送货单、（销售单位）出库单，如图4-7所示。商品送货单和出库单是自制原始凭证，商品流通企业可以根据自己单位的情况自行设计，没有固定格式。

商品送货单

收货单位：		年 月 日			编号：	
品名及规格	单　位	数　量	单　价	金　额	备　注	随货同行联
附注		合计				
收货单位及经手人（章）：		开票人：		送货单位及经手人（章）：		

图4-7　商品送货单

（5）有关结算凭证。例如，付款通知书或以支票付款的存根联，如图4-8和图4-9所示。

付款通知书

_____:

请将我单位汇入_____货款汇出_____元（金额大写：_____）到以下单位（合同编号：_____）：

单位名称：
开户银行：
单位账号：

委托单位（盖章）：
被授权人（签字）：
年　月　日

图4-8　付款通知书

中国工商银行
转账支票存根
XVI 27465

科　目_____
对方科目_____
出票日期　年 月 日

收款人：	
金　额：	
用　途：	
单位主管	会计

图4-9　支票付款的存根联

（二）涉及的主要会计账户

商品批发企业商品购进业务的核算，需要设置"在途物资"和"库存商品"等账户。

1. "在途物资"账户

该账户属于资产类账户，用于核算已支付货款但尚未运抵验收入库的商品的实际成本（一般指进价），如图4-10所示。"在途物资"账户应按销售单位或商品品种设置明细账。该账户也可不设置，直接通过"库存商品"账户反映购进业务。

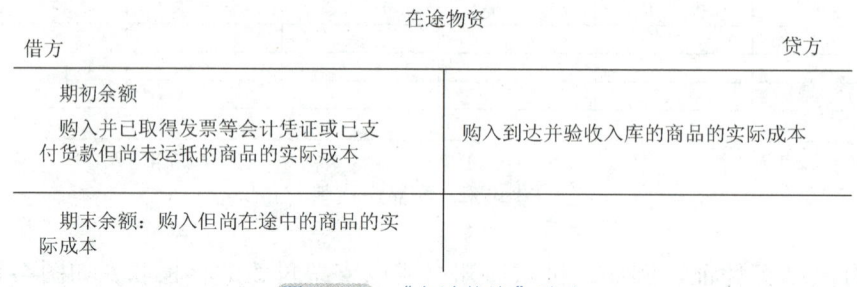

图4-10 "在途物资"账户

2. "库存商品"账户

该账户属于资产类账户，用于核算企业库存的全部自有商品的实际成本，如图4-11所示。"库存商品"账户应按商品类别、品名、规格、等级、数量和存放地点等设置明细账。

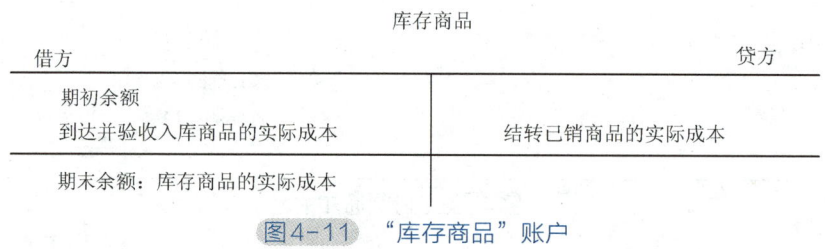

图4-11 "库存商品"账户

3. "应交税费——应交增值税（进项税额）"账户

该账户属于负债类账户，用于核算企业购入商品时可抵扣的增值税税额。

4. "银行存款"账户

该账户属于资产类账户，用于核算企业存入银行或其他金融机构的货币资金。企业应当按照开户银行和其他金融机构、存款种类等，分别设置"银行存款日记账"，由出纳人员根据收付款凭证，按照业务的发生顺序逐笔登记。有外币存款的企业，应当对人民币和各种外币分别设置"银行存款日记账"进行明细核算。期末借方余额，反映企业存在银行或其他金融机构的货币资金。

5. "应付账款"账户

该账户属于负债类账户，用于核算企业因购买材料、商品和接受劳务供应等经营活动应支付的款项。"应付账款"账户应按不同的债权人进行明细核算。期末贷方余额，反映企业尚未支付的应付账款。

6."应付票据"账户

该账户属于负债类账户,用于核算企业购买材料、商品或接受劳务等开出的商业汇票,包括银行承兑汇票和商业承兑汇票。期末贷方余额,反映企业尚未到期的商业汇票的票面余额。

> **提示** 《企业会计准则》规定,购进商品时发生运杂费、整理费和挑选费等零星费用均应计入商品采购成本。

三、商品批发企业商品购进的核算

商品批发企业购进商品的方式有同城商品购进、异地商品购进和预付货款购进等方式,同时,购进商品也会发生短缺溢余。由于商品批发企业商品购进渠道、方式、交接手续的不同,其业务程序和核算方法也有所不同。

(一)同城商品购进的核算

同城商品购进是指批发企业从当地的生产企业或其他商品流通企业购进商品。商品的交接方式一般采用"送货制""提货制""厂商就地保管制"和"门市收购制"。货款的结算方式通常采用转账支票和商业汇票结算,也可以采用银行本票、信用卡等结算方式。一般情况下,商品验收与货款结算在一天内完成。

【例4-2】永达公司是增值税一般纳税人,主要从事电器批发业务,5月份发生下列经济业务:

(1)7日,从佳丽炊具股份公司购进高压锅200台,每台500元,共计100 000元,增值税为13 000元。

借:在途物资——佳丽炊具股份公司　　　　　　　　　　　100 000
　　应交税费——应交增值税(进项税额)　　　　　　　　　13 000
　　贷:应付账款——佳丽炊具股份公司　　　　　　　　　　113 000

【解析】财务部门收到业务部门交来的增值税专用发票,根据增值税专用发票编制记账凭证。

(2)8日,开出支票一张,支付购货的运输费用6 867元,取得运输公司开具的货物运输业增值税专用发票,发票上列示运输费用6 300元,增值税为567元。

借:在途物资——佳丽炊具股份公司　　　　　　　　　　　6 300
　　应交税费——应交增值税(进项税额)　　　　　　　　　567
　　贷:银行存款　　　　　　　　　　　　　　　　　　　　6 867

【解析】审核单证所列商品与发票合同是否相符,审核无误后,财务部门根据运费单据等编制记账凭证。其中,支付的运输费用在取得运输公司开具的货物运输业增值税专用发票的前提情况下，允许扣除9%的进项税额，该税额在专用发票上已分列开。

> **提示**
> 2019年4月1日后，交通运输业增值税的适用税率为9%。

（3）10日，商品已到达入库。

借：库存商品——高压锅　　　　　　　　　　　　　　　　　106 300
　　贷：在途物资——佳丽炊具股份公司　　　　　　　　　　106 300

【解析】　将验收单、购货合同核对，并审核验收单是否有相关责任人签章，审核无误后，财务部门签发支票支付货款，再根据仓库转来的验收单及支票存根等单据，编制记账凭证。

> **思考**
> 财务人员在收到增值税专用发票时应如何处理？
> 出纳人员开支票前审核凭证的要点是什么？
> 货款结算方式不是采用支票支付，而是采用商业汇票支付，应如何进行会计核算？

（二）异地商品购进的核算

异地商品购进是指购销双方不在同一地区内的商品购进业务。一般由销售单位采用发货制发运商品，购货单位在本地车站、码头或其他指定地点接货。货款结算经常采用异地托收承付或委托收款等方式。

由于销售单位托收承付结算单证由银行邮寄，而发运的商品由运输部门运送，因此结算付款的单证与商品到达购货单位的时间可能出现三种情况：一是托收凭证先到，商品后到；二是商品先到，托收凭证后到；三是托收凭证和商品同时到达。这三种情况的会计核算方法有所不同。

1.托收凭证先到，商品后到

托收凭证先到，商品后到是指结算单证先到并支付货款以后，商品才到达且验收入库。财务部门应根据银行转来的托收凭证和增值税专用发票，经业务部门与合同核对无误后承付货款。先核算支付的货款，通过"银行存款"和"在途物资"账户核算；待商品到达验收入库再通过"库存商品"账户核算。

【例4-3】　5月6日，永达公司的开户银行收到广州英格尔电视机厂转来的托收凭证，电视机货款为40 000元，进项税额为5 200元，取得运杂费普通发票400元。

（1）经有关部门审核无误，同意付款，作会计分录：

借：在途物资——广州英格尔电视机厂　　　　　　　　　　40 400
　　应交税费——应交增值税（进项税额）　　　　　　　　5 200

贷：银行存款   45 600

　【解析】 采用托收承付结算方式，商品流通企业接到开户银行转来销售单位的托收凭证、增值税专用发票和运费普通发票时，先送业务部门与合同核对，经核对无误后退还财务部门凭以办理承付货款手续，同时由业务部门填制"收货单"，留存一联。

　（2）15日，从广州英格尔电视机厂购进的电视机已到货，并验收入库。
　　　借：库存商品——电视机   40 400
　　　　贷：在途物资——广州英格尔电视机厂   40 400

　【解析】 商品到达后，仓库根据"收货单"及销售单位的发货单（随货同行联）办理商品验收入库手续后，留"收货单"一联据以登记商品保管账，其余联次送财务部门，审核无误后，编制记账凭证入账。

2. 商品先到，托收凭证后到

　【例4-4】 5月16日，永达公司收到沈阳电力器材公司托收的燃气炉具一批，并有随货同行发货单，其总进价约为12 000元。

　　由于此项业务尚未收到结算单证，未付款，可暂不入账，应经有关部门审核购销合同后，将有关单据妥善保管或转至财务部门。

　（1）30日，上述炉具仍未付款，可根据购销合同及随货同行的发货单等暂估价入账。
　　　借：库存商品——燃气炉具   12 000
　　　　贷：应付账款——暂估应付账款   12 000

　（2）6月1日，用红字做上项分录。
　　　借：库存商品——燃气炉具   12 000
　　　　贷：应付账款——暂估应付账款   12 000

　（3）接到银行转来沈阳电力器材公司的托收凭证和增值税专用发票，货款为10 000元，进项税额为1 300元，经审核无误后，立即承付货款。
　　　借：在途物资——沈阳电力器材公司   10 000
　　　　　应交税费——应交增值税（进项税额）   1 300
　　　　贷：银行存款   11 300

　（4）同时，根据仓库的"收货单"，办理入库。
　　　借：库存商品——燃气炉具   10 000
　　　　贷：在途物资——沈阳电力器材公司   10 000

3. 托收凭证和商品同时到达

　　托收凭证和商品同时到达一方面反映了支付款项，包括货款、税金和运杂费，另一方面反映了商品到达且验收入库。

　【例4-5】 5月27日，永达公司开户银行转来海信公司的结算单证，消毒柜货款为20 000元，进项税额为2 600元，经审核无误后，承付货款。同日，仓库转来验收该批消毒柜的收货单及随货同行的发货单等，财务部门审核无误后，编制记账凭证入账。

借：在途物资——海信公司	20 000	
应交税费——应交增值税（进项税额）	2 600	
贷：银行存款		22 600
借：库存商品——消毒柜	20 000	
贷：在途物资——海信公司		20 000

【解析】 此业务与同城商品购进核算方法处理相同。

> **提示** 增值税税率是增值税税额占货物或应税劳务销售额的比率，也是计算货物或应税劳务增值税税额的尺度。我国现行增值税属于比例税率，共分为13%、9%、6%三档税率。

4.1 不得从销项税额中抵扣的进项税额

（三）预付货款购进商品的核算

预付货款是指商品流通企业按照合同规定预付给销售单位的货款。它适用于购买市场上比较紧缺的商品或价值较大的商品。为了反映预付货款的增减变动情况，预付款项较多的批发企业，可单独设置"预付账款"账户。该账户属于资产类账户，借方登记批发企业付给销售单位的预付货款，贷方登记企业收到所购商品应结转的预付账款。期末如为借方余额，则反映企业预付的款项；如为贷方余额，则反映企业尚未补付的款项。"预付账款"账户的明细账应按销售单位的名称设置。

【例4-6】 5月10日，华美公司从惠普公司预购硒鼓200个，单价为300元，货款为60 000元，增值税为7 800元。

（1）采用电汇的方式预付30%的货款。

| 借：预付账款——惠普公司 | 20 340 | |
| 贷：银行存款 | | 20 340 |

【解析】 根据电汇回单、购销合同，审核无误后，编制记账凭证入账。

（2）2天后，收到惠普公司发来的商品及相关凭证。

借：在途物资——惠普公司	60 000	
应交税费——应交增值税（进项税额）	7 800	
贷：预付账款——惠普公司		67 800

同时，办理验收入库。

借：库存商品——硒鼓 60 000
　　贷：在途物资——惠普公司 60 000

（3）实际补付70%货款。

借：预付账款——惠普公司 47 460
　　贷：银行存款 47 460

> **思考**　当预付账款大于购货账款时，购货方该如何处理呢？若企业不设置"预付账款"科目，对于该业务应如何处理？

（四）购进商品发生短缺溢余的核算

商品批发企业购进商品在验收时，如果商品发生短缺或溢余情况，除根据实收数量入账外，还应查明溢缺原因，及时给予处理，明确责任，以保护企业财产的安全。储运部门在验收商品时，如发现实收商品与销售单位增值税专用发票上所列数量不符时，必须联系运输单位进行核对，做好鉴定证明，以便查明原因后进行处理，并在"收货单"上注明实收数量，填写"商品购进溢缺报告单"一式数联，其中一联连同鉴定证明送交业务部门，由其负责处理，另一联送交财务部门，审核后作为记账的依据。"商品购进溢缺报告单"如图4-12所示。

商品购进溢缺报告单

验收仓库：
发票号码：
供货单位：　　　　　　　　　　　　　　年　月　日　　　　　　　　　No.000013

商品类别	品名	计量单位	应收数量	实收数量	溢余或短缺					第三联记账联
					数量	单价	金额	运杂费	进项税	
原因										
处理意见	领导批示：			财务部门意见：			经办人意见：			

复核：　　　　　　　　　　　　　收货人：　　　　　　　　　　　　制单人：

图4-12　商品购进溢缺报告单

购进商品发生短缺或溢余的主要原因有：①采购运输途中发生的合理损耗应计入采购成本；②在运输途中由于不可抗拒的自然条件和商品性质等因素，使商品发生损耗或溢余；③销售单位工作上的疏忽造成少发或多发商品；④运输单位的失职造成事故或丢失商品；⑤不法分子贪污、盗窃以及非正常损失造成商品的减少等。

设置"待处理财产损溢"账户。该账户属于资产类账户，用来核算企业已发生的各项财产物资的盘亏、盘盈、短缺、溢余、收益和损失。借方登记发生盘亏、短缺、损失以及转销盘盈、溢余、收益；贷方登记发生盘盈、溢余、收益以及转销盘亏、短缺、损失，该账户应在期末结账前处理完毕，无余额，如图4-13所示。该账户下应分别设置"待处理流动资产损溢"和"待处理固定资产损溢"两个明细账户。

待处理财产损溢

借方	贷方
发生财产盘亏	发生财产盘盈
批准转销财产盘盈	批准转销财产盘亏
期末转销后无余额	

图4-13 "待处理财产损溢"账户

1. 购进商品发生短缺的核算

购进商品发生短缺，在查明原因前，先通过"待处理财产损溢"账户进行核算；查明原因后，根据不同原因进行相应的会计处理。具体会计处理如表4-8所示。

表4-8 购进商品发生短缺的会计处理

原　因	会　计　处　理
计量收发差错和管理不善等原因	扣除残料价值、可收回保险赔偿等列入"管理费用"
供货方少发商品	由供货方补发商品或退款
责任事故，若由运输单位或责任人赔偿	列入"其他应收款"
责任事故，若是企业承担的非正常损失	列入"营业外支出"

因非正常原因导致的存货盘亏或毁损，按规定不能抵扣的增值税进项税额应当予以转出。

【例4-7】吉星副食品公司向江北食盐公司购进散装食盐5 000kg，价格为2元/kg，计货款10 000元，增值税税额为1 300元，采用托收承付结算方式。

（1）接到银行转来的托收凭证、随货附来的增值税专用发票和运费凭证，经审核无误后，予以承付货款。

借：在途物资——江北食盐公司　　　　　　　　　　　　　　　　10 000
　　应交税费——应交增值税（进项税额）　　　　　　　　　　　　1 300
　　贷：银行存款　　　　　　　　　　　　　　　　　　　　　　　11 300

（2）商品运到，验收入库时实收食盐4 600kg，短缺400kg，原因待查。

借：库存商品——散装食盐　　　　　　　　　　　　　　　　　　9 200
　　待处理财产损溢——待处理流动资产损溢　　　　　　　　　　　800
　　贷：在途物资——江北食盐公司　　　　　　　　　　　　　　　10 000

【解析】 根据收货单、发票和商品购进溢缺报告单等编制记账凭证入账。

(3)经查明,上项短缺商品中有100kg属于供货单位少发货,同意补发货,货已到达。短缺的300kg商品系自然灾害造成,已向保险公司投保,假定可取得60%的赔款。

借:库存商品——散装食盐　　　　　　　　　　　　　　　　200
　　贷:待处理财产损溢——待处理流动资产损溢　　　　　　　　　　200
借:其他应收款——保险公司　　　　　　　　　　　　　　　406.8
　　营业外支出——非常损失　　　　　　　　　　　　　　　　271.2
　　贷:待处理财产损溢——待处理流动资产损溢　　　　　　　　　　600
　　　　应交税费——应交增值税(进项税额转出)　　　　　　　　　78

提示 除自然损耗以外的商品短缺均属于非正常的商品损失,在查明原因转账时,应将短缺商品的进价连同进项税额,根据不同情况分别转入不同账户的借方。原来已做进项税额抵扣的,需要从增值税的进项税额转出中转出,即不能抵扣的进项税额应当予以转出。

2.购进商品发生溢余的核算

购进商品发生溢余,在查明原因前,先通过"待处理财产损溢"账户进行核算;查明原因后,根据不同原因进行会计处理。具体会计处理如表4-9所示。

表4-9　购进商品发生溢余的会计处理

原　因	会　计　处　理
供货单位多发商品,若同意补作购进	补付货款并反映进项税额
供货单位多发商品,若不同意补作购进	将多收商品退回供货单位

【例4-8】 承上例,若验收商品时发现商品溢余300kg,实收5 300kg。

(1)根据"收货单"填"商品购进溢缺报告单",原因待查。

借:库存商品——散装食盐　　　　　　　　　　　　　　　10 600
　　贷:在途物资——江北食盐公司　　　　　　　　　　　　　　10 000
　　　　待处理财产损溢——待处理流动资产损溢　　　　　　　　　600

(2)经查明,上项溢余商品均系销售单位多发,经协商后同意补作购进,并立即汇付货款。取得补开的增值税专用发票并支付款项。

借:待处理财产损溢——待处理流动资产损溢　　　　　　　600
　　应交税费——应交增值税(进项税额)　　　　　　　　　　78
　　贷:银行存款　　　　　　　　　　　　　　　　　　　　　　678

> **提示** 对于购进商品发生的溢余或短缺，如果商品溢余，如系售价核算，还应同时贷记"商品进销差价"科目。

视频

4.2 购进货物改变用途时进项税额转出的会计核算

思考 若销售单位多发商品，购货方不同意补作购进，则应将这些商品如何处理？

四、商品批发企业商品采购的明细核算

商品批发企业商品采购的成本通过"在途物资"账户进行核算。"在途物资"账户核算企业采购商品的实际成本（或进价），反映货款已付尚未验收入库在途商品的实际成本。该账户一般按销售单位名称以及商品品种等设置明细账。"在途物资"明细账的核算方法主要有三栏式明细账核算法、平行登记法和抽单核对法。

1. 三栏式明细账核算法

三栏式明细账是指账页的格式采用借方、贷方、余额三个主要栏目的账簿，方法应用较为广泛。"在途物资"三栏式明细账如表4-10所示。

表4-10 "在途物资"三栏式明细账　　　　　　　　　　　　　　　　单位：元

年		凭证		摘要	借方	贷方	借或贷	余额
月	日	字	号					

2. 平行登记法

平行登记法，又称"横线登记法"，是指"在途物资"明细账设置平行式账页，将同一批次的购进商品和商品验收入库业务分别记入同一行次内的一种明细核算方法。在平行登记法下，"在途物资"明细账通常采用两栏"平行式"账页，分别为"借方"和

"贷方"栏。"借方"栏反映已进行结算商品的实际成本,"贷方"栏反映验收入库商品的实际成本。同一批次购入的商品,款项结算和验收入库记入同一行次。如果同一批次的商品,既付款又验收入库,则应转销。因此,明细账页还必须有转销栏。其具体格式如表4-11所示。

表4-11 "在途物资"两栏式明细账 单位:元

行次	供货单位	借方					贷方					转销号
		20××年		凭证号数	摘要	金额	20××年		凭证号数	摘要	金额	
		月	日				月	日				
1	A企业	6	4		付款	10 000	6	7		到货	10 000	√
2	B企业	6	8		付款	18 000	6	10		到货	9 600	√
							6	25		到货	8 400	
3	C企业	6	20		付款	15 000						

平行登记法的优点是能够清楚地反映每批购进商品结算和验收入库的情况,通过借贷方的对照,逐一核销,反映商品采购的动态,有利于检查和监督购进商品的结算和入库情况。同时便于加强对商品采购的管理,能够监督在途商品的及时到达,发生差错后便于查找。缺点是核算的工作量大,如果发生悬账,往往拖延日久,账页长期不能结清。

3. 抽单核对法

抽单核对法是指不设置"在途物资"明细账,而是充分利用自制的两联收货单,即"结算联"和"入库联",代替"在途物资"明细账的一种简化的核算方法。

企业在购进商品时,财务部门根据业务部门转来的"收货单"(结算联)支付货款后,在"收货单"(结算联)上加盖付款日期的戳记,以代替"在途物资"明细账借方发生额的记录。当储运部门转来"收货单"(入库联),作商品入库的核算后,在"收货单"(入库联)上加盖有入库日期的戳记,以代替"在途物资"明细账贷方发生额的记录。

在收货单中,表示"在途物资"明细账借方发生额和贷方发生额的两套凭证应用专门的账夹分别存放。每日核对后,将销售单位名称、凭证号数、商品的数量和金额均相符的"收货单"(结算联)和"收货单"(入库联)从账夹中抽出,表示这批购进业务已经钱货两讫,予以转销,并把抽出的凭证,按抽出的日期,分别装订成册,同其他会计账簿一样归入会计档案。期末结账时,检查账夹,尚存的"收货单"的结算联总金额表示"在途物资"明细账的借方余额;尚存的"收货单"的入库联总金额表示"在途物资"明细账的贷方金额。

抽单核对法的优点是简化核算工作,节约人力、物力,提高核算工作效率;缺点是以单代账,对商品采购的管理不够严密,若发生差错,查找比较困难。因此,要严格遵守凭证传递的程序,加强凭证的管理和对账工作,防止凭证的丢失。

第三节　商品批发企业商品销售的核算

一、商品批发企业商品销售的业务程序

批发商品销售是指商品批发企业通过货币结算将本单位经营的商品销售给批发企业、零售企业和生产企业。其商品销售方式有同城商品销售、异地商品销售和预收货款销售等。在不同的商品交接方式和结算方式下，商品销售的账务处理也不同。批发商品销售业务主要包括发出商品和结算货款两个环节。批发商品销售业务涉及销售单位内部的业务、储运、物价、财务等部门间的配合。

1. 同城商品销售的业务程序

同城商品销售，一般采用"提货制"或"送货制"，货款结算大多采用支票、委托收款结算方式。

采用"提货制"交接方式，一般由购货单位派采购员到销售单位去选购商品，由销售单位的业务部门填制开具统一规定的增值税专用发票。如果联次不够，可开具"发货单"作为附件。除留下"存根联"备查外，其余各联交购货单位采购员办理结算货款和提货手续。销售单位财务部门在收到货款后，在"发票联"上加盖收款戳记，留下"记账联"，其余联次退给购货单位采购员到指定的仓库提货。同城商品销售的业务程序（支票结合提货制）如图4-14所示。

采用"送货制"交接方式，一般由销售单位业务部门根据购销合同或订货单，填制增值税专用发票，留下"存根联"备查，其余各联交储运部门向仓库提货送往购货单位，将"发票联""抵扣联"交购货单位凭以验收商品、结算货款。销售单位收到购货单位货款或收货证明后做销售入账。

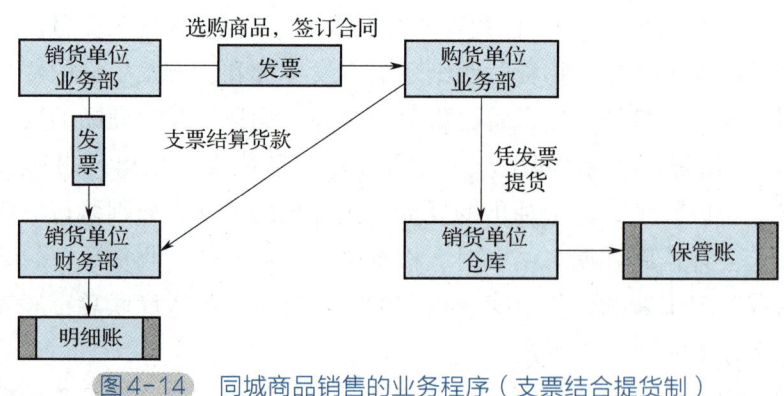

图4-14　同城商品销售的业务程序（支票结合提货制）

2. 异地商品销售的业务程序

异地商品销售业务，在托收承付方式与发货制结合的方式下，其业务流程包括：一

一般由销售单位的业务部门填制增值税专用发票,留下"存根联"备查,其余各联交储运部门向仓库提货,并办理商品发运手续。商品发运时,储运部门将"发票联""抵扣联""记账联"连同商品发运证明、垫付运杂费清单,一并送交财务部门。财务部门审核无误后留下"记账联",其余凭证据以向开户银行办理托收货款手续。财务部门根据托收凭证回单联和"记账联"进行账务处理。异地商品销售的业务程序(托收承付方式结合发货制)如图4-15所示。

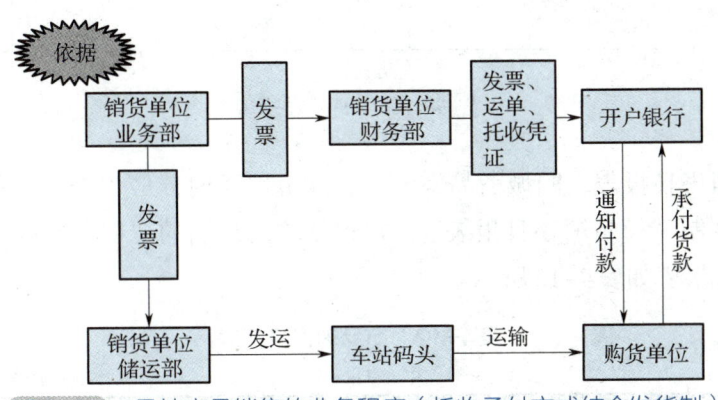

图4-15 异地商品销售的业务程序(托收承付方式结合发货制)

二、商品批发企业商品销售的会计凭证及账户

(一)涉及的主要原始凭证

(1)增值税专用发票,如图4-16所示。

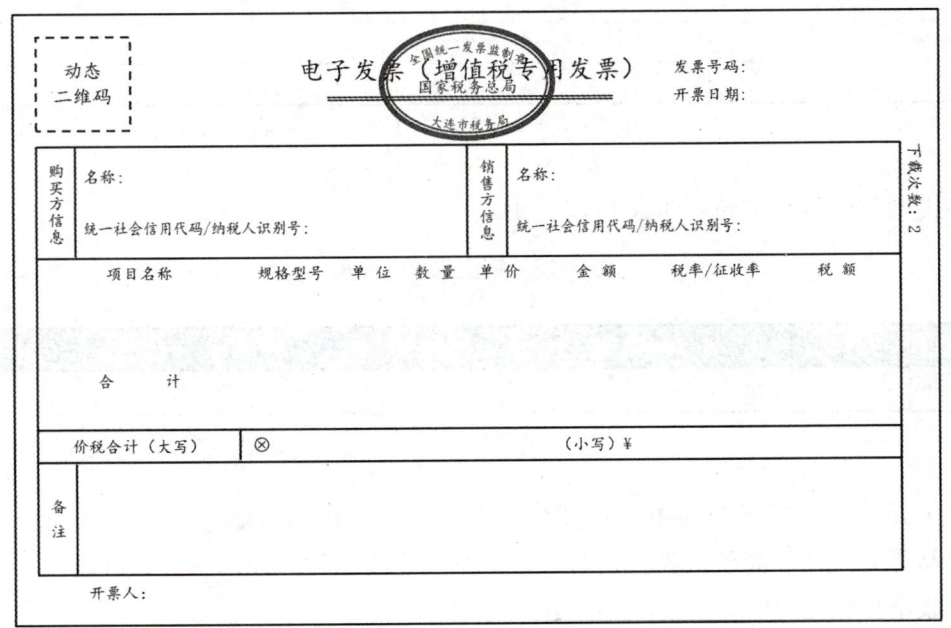

图4-16 增值税专用发票

（2）商品发货单，如图4-17所示。

商品发货单

发货仓库：
购货单位：　　　　　　　　　日期：　年　月　日　　　　　　　　　　　　No.

商品类别	规格型号	单位	数量		单位成本	实际成本	附注	第三联记账联
			应发	实发				

复核：　　　　　　　　　　　　收货人：　　　　　　　　　制单人：

图4-17　商品发货单

（3）商品销售日报表。同城商品销售，在业务终了时，应由业务部门根据销货发票和结算凭证，编制"商品销售日报表"，并和收款员编制的"销货收款日报表"核对相符。商品销售日报表如表4-12所示。

表4-12　商品销售日报表

部门名称：　　　　　　　　　　　年　月　日　　　　　　　　金额单位：

收入部分	金额	附单据张数	付出部分	金额	附单据张数	备注
昨日现款			1.现金存入银行			
1.销售收入			2.支票存入银行			
其中：			3.办理托收			
⋮			4.内部转账			
2.包装物押金			⋮			
3.销售包装物			⋮			
4.销项税额			11.次日现款			
合　计			合　计			

会计：　　　　　　　　　　审核：　　　　　　　　　制表（收款员）：

（4）销货收款日报表，如表4-13所示。

表4-13　销货收款日报表
年　月　日

货号	类别	品名	规格	单位	数量	单价	金额	发货单张数

会计：　　　　　　　　　　审核：　　　　　　　　　制表（收款员）：

（5）托收承付凭证的回单。不同结算方式下，货款的入账时间各不相同。采用托收承付结算方式销售商品，收到盖有银行签章的托收承付凭证回单时，可确认货款已入账。托收承付凭证的回单如图4-18所示。

中国农业银行托收承付凭证（回单）

电																此联是收款人开户行给收款人的回单
	委托日期　年　月　日															
付款人	全　称			收款人	全　称											
	账号或地址				账号或地址											
	开户银行				开户银行											
托收金额	人民币（大写）					千	百	十	万	千	百	十	元	角	分	
附件	商品发运情况			合同名称号码												
附寄单证张数或册数																
备注：	款项收妥日期 　　　年　月　日			收款人开户银行签章 　　　　　　　　　年　月　日												

图 4-18　托收承付凭证的回单

（二）涉及的主要会计账户

1. "主营业务收入" 账户

该账户属于损益类账户，用于核算企业在销售商品、提供劳务及让渡资产使用权等日常活动中所产生的收入。该账户应按主营业务的种类或商品名称设置明细账，如图 4-19 所示。

主营业务收入

借方	贷方
本期发生的销货退回冲减的当期收入	符合收入确认条件的商品销售收入
期末将"主营业务收入"转入"本年利润"账户	
	期末结转后无余额

图 4-19　"主营业务收入" 账户

2. "主营业务成本" 账户

该账户属于损益类账户，用于核算企业因销售商品、提供劳务等日常活动而发生的实际成本。该账户应按主营业务的种类或商品名称设置明细账，如图 4-20 所示。

主营业务成本

借方	贷方
期末结转已销商品的成本	发生销货退回或折让时冲减的商品销售成本
	期末将"主营业务成本"转入"本年利润"账户
期末结转后无余额	

图 4-20　"主营业务成本" 账户

3. "预收账款"账户

该账户属于负债类账户,用于核算企业按照合同规定向购货单位或个人预收的货款或定金。该账户应按发生往来业务的对方单位名称设置明细账,如图4-21所示。

预收账款

借方	贷方
发货给对方,销售实现时	按规定预收货款或定金时
企业应向购货单位收取的款项	企业向购货单位预收的款项

图4-21 "预收账款"账户

三、商品批发企业商品销售的会计核算

1. 同城商品销售的会计核算

商品批发企业的同城商品销售主要是指将商品销售给同城的零售企业、个体经营企业或基层批发企业等。同城商品销售的交接方式一般采用送货制或提货制,货款结算方式一般采用现金结算、转账支票、商业汇票和银行本票。

【例4-9】 利健烟草公司是增值税一般纳税人,主要从事烟草批发业务,5月发生下列经济业务:

(1)销售三五牌香烟30箱,每箱6 000元,计货款180 000元,增值税为23 400元,收到转账支票存入银行。

借:银行存款 203 400
　　贷:主营业务收入——三五牌香烟 180 000
　　　　应交税费——应交增值税(销项税额) 23 400

(2)同时结转该批销售商品的成本,该批烟草的进价为165 000元。

借:主营业务成本——三五牌香烟 165 000
　　贷:库存商品——三五牌香烟 165 000

思考 这里结转销售商品成本的方法有哪些?

2. 异地商品销售的会计核算

商品批发企业的异地商品销售主要是指将商品销售给除同城以外的其他地区的批发企业或零售企业。商品的交接方式,一般采用发货制。

异地商品的销售业务,商品通常要委托运输单位运给购货单位,而支付给运输单位的运费,要根据购销合同的规定,一般由购货单位负担。销售单位垫支运费时,应通过"应收账款"账户进行核算,然后连同销货款、增值税税额一并通过银行向购货单位办理托收。

【例4-10】 上海和美化妆品公司销售给杭州百货公司化妆品一批,根据购销合同开出增值税专用发票,商品委托上海铁路局运送。

(1)10日,上海铁路局开来运费凭证500元,当即开出转账支票支付。

借:应收账款——杭州百货公司　　　　　　　　　　　　500
　　贷:银行存款　　　　　　　　　　　　　　　　　　　　　500

(2)11日,增值税专用发票显示:该批商品货款共计50 000元,增值税税额为6 500元,一并向杭州百货公司收取。根据银行转来的托收凭证回单联,作商品销售处理。

借:应收账款——杭州百货公司　　　　　　　　　　　56 500
　　贷:主营业务收入——化妆品　　　　　　　　　　　　50 000
　　　　应交税费——应交增值税(销项税额)　　　　　　6 500

(3)15日,接到银行转来杭州百货公司承付货款、增值税税额及运费的收款通知,共计57 000元。

借:银行存款　　　　　　　　　　　　　　　　　　57 000
　　贷:应收账款——杭州百货公司　　　　　　　　　　　57 000

3. 预收货款销售商品的核算

批发企业采用预收货款的方式销售商品,事先应与购货单位签订预收货款的销售合同或协议。在预收账款时,先不确认收入的实现,而是通过"预收账款"账户进行核算,待发出商品时才确认收入的实现。

【例4-11】 科艺公司采用预收货款方式向泰山计算机公司销售鼠标500个,不含税单价60元,合同规定先预收货款9 000元,在15天后交货时,再收取余下货款。

(1)2日,收到泰山计算机公司货款转账支票一张,金额为9 000元。

借:银行存款　　　　　　　　　　　　　　　　　　9 000
　　贷:预收账款——泰山计算机公司　　　　　　　　　　9 000

(2)17日,发给泰山计算机公司鼠标500个,计货款30 000元,增值税税额3 900元。收到泰山计算机公司签发的转账支票一张,金额为24 900元,经查为支付其余货款及全部增值税税额。

借:预收账款——泰山计算机公司　　　　　　　　　33 900
　　贷:主营业务收入——鼠标　　　　　　　　　　　　　30 000
　　　　应交税费——应交增值税(销项税额)　　　　　　3 900
借:银行存款　　　　　　　　　　　　　　　　　　24 900
　　贷:预收账款——泰山计算机公司　　　　　　　　　　24 900

> **思考** 编制资产负债表时,如果"预收账款"这个账户出现借方余额,应如何处理?

第四节　商品批发企业商品储存的核算

商品储存是商品离开生产领域尚未进入消费领域之前,在流通领域所形成的停留。由于批发商品储存量大,占用资金多,因此,商品在储存过程中,要建立和健全各项规章制度,财务部门和其他各部门要密切配合,做到库存结构合理、商品保管完好、定期盘点商品,准确计算和结转商品销售成本,以满足企业内部各个部门对商品储存核算资料的需要。

一、"库存商品"明细账的设置

批发商品储存核算的账户有"库存商品""在途物资"等。"库存商品"是资产类账户,核算企业存放内仓和寄存外仓的全部库存商品,包括委托代销、分期收款发出商品等。库存商品的账户体系包括总账(一级账)、类目账(二级账)、明细账(三级账)三个层次,层层衔接,逐级控制。"库存商品"总账、类目账和明细账的登记已在本章第一节中详述,这里不再重复。这里主要介绍其设置方法。按照简化核算手续的要求,批发企业"库存商品"明细账有以下三种设置方法:

1. 三账分设

三账分设即业务部门、财务部门和储运部门各设一套"库存商品"明细账。业务部门设置商品调拨账,登记商品数量,掌握库存商品的可调用库存,凭以办理商品的购进、销售、调拨的开单工作。财务部门设置"库存商品"明细账,登记进价金额和数量,凭以掌握考核商品资金运用和周转情况,计算商品销售成本,控制业务和储运部门的商品账;储运部门设置商品保管账,登记商品数量,掌握商品保管库存的数量,凭以保管控制商品实物,办理发货。"三账分设"体系比较完整,但"库存商品"明细账的登记工作重复,记账工作量较大。

2. 两账合一

两账合一,即业务部门、财务部门合设一套"库存商品"明细账。有些企业的业务部门和财务部门在同一场所办公,可将业务部门的商品调拨账与财务部门的"库存商品"明细账合并为一套账,放在业务部门。这本账既要登记数量又要登记进价金额,储运部门则单独设置商品保管账,商品堆放处仍设商品的数量卡。

3. 三账合一

三账合一,即业务部门、财务部门、储运部门合设一套账。该方法适用于"前店后仓"的企业,业务、财务、储运三个部门同在一个场所合并办公,共同使用一本账。

"库存商品"明细账设置形式如表4-14所示。

表4-14 "库存商品"明细账设置形式

设置形式	概念解释	业务部门	财务部门	储运部门
三账分设	业务部门、财务部门和储运部门各设一套"库存商品"明细账	设置商品调拨账,登记数量,掌握"可调库存",据此开单	设置"库存商品"明细账。登记数量和进价金额,掌握会计库存,据此计算销售成本	设置商品保管账,登记商品数量,掌握"保管库存",据此保管和发送商品
两账合一	业务部门、财务部门合设一套"库存商品"明细账	商品调拨账和"库存商品"明细账合并为一套账,放在业务部门,登记数量和进价金额,据此计算销售成本和开单销售,适用于业务和财务部门在同一场所办公的企业		单独设置商品保管账,商品堆放处仍设商品的数量卡
三账合一	业务部门、财务部门和储运部门合并设置一套"库存商品"明细账	一般放在财务部门,登记数量和进价金额,提供各部门所需要的各种库存指标,适用于"前店后仓"的企业		

提示 实际工作中,较多批发企业采用"两账合一"方式。由业务人员在调进拨出商品的同时凭票单登记"库存商品"明细账,会计人员逐笔勾对稽核。

二、商品盘点短缺和溢余的核算

商品在储存过程中,由于自然条件和人为因素,可能会引起商品数量上的短缺或溢余以及质量上的变化,因此商品流通企业应加强对库存商品的保管,定期或不定期对商品进行盘点。商品盘点是对库存商品的数量和质量进行清点和检查,确定商品实物和"库存商品"明细账数量是否相符,落实经营管理责任的一种手段。盘点后,通常要填写"商品盘存表"(盘点表),若有短缺和溢余,还要填写"商品溢余短缺报告单"。通过盘点,可以清查商品在数量上有无残损或溢余,在质量上有无残次或损坏等情况,达到保护企业财产和改善企业经营管理的目的。商品盘点业务程序如图4-22所示。

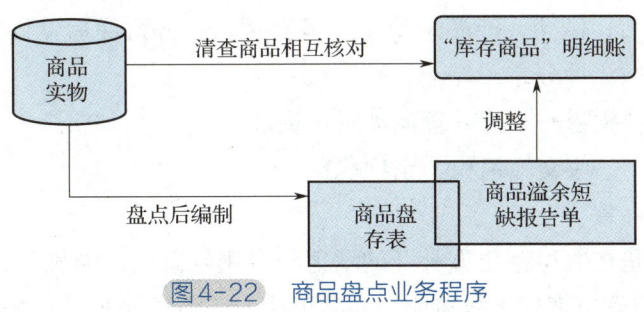

图4-22 商品盘点业务程序

商品盘点是一项重要而复杂的工作,应有组织、有计划地进行。盘点工作的具体工作内容如表4-15所示。

表4-15 商品盘点工作的具体内容

盘点阶段	工 作 内 容
盘点前	应根据盘点的范围，确定参加盘点的人员与组织分工，财务部门与储运部门应将有关商品收发业务的凭证全部登记入账，以便与盘点出来的实存数量进行核对
盘点中	要根据商品的特点，采用相应的盘点方法和操作规程，避免发生重复盘、遗漏盘和错盘的现象
盘点后	由盘点人员负责填制"商品盘存表"，先根据账面资料填写商品名称、规格、单价及账存数量，再填列实存数量。"商品盘存表"上账存数与实存数如不相符，则应填制"商品溢余短缺报告单"一式数联，做账务处理，待查明原因后，区别情况，再转入各相关账户

【例4-12】 2024年7月末，成都广发百货批发公司对库存商品进行清查盘点，根据盘点结果填制"商品溢余短缺报告单"，如表4-16所示。

表4-16 商品溢余短缺报告单

2024年7月31日　　　　　　　　　　　　　　　　　　　　　单位：元

品 名	计量单位	单位成本	账存数量	实存数量	短缺		溢余		原 因
					数量	金额	数量	金额	
A产品	台	200	240	250			10	2 000	待查
B产品	台	150	360	340	20	3 000			待查
合计	—	—	—	—	20	3 000	10	2 000	

部门负责人：李建国　　主管会计：李芳　　监盘人：张玉　　实物负责人：王天　　制单：华文

（1）经财务部门审核无误后，据以调整库存商品结存额。

根据溢余金额，做会计分录：

借：库存商品——A产品　　　　　　　　　　　　　　　　　　　　　　2 000
　　贷：待处理财产损溢——待处理流动资产损溢　　　　　　　　　　　2 000

根据短缺金额，做会计分录：

借：待处理财产损溢——待处理流动资产损溢　　　　　　　　　　　　3 000
　　贷：库存商品——B产品　　　　　　　　　　　　　　　　　　　　3 000

（2）查明原因后，溢余A产品系销售方多发货，双方协商后立即补付货款。经领导批准，予以转账，做会计分录：

借：待处理财产损溢——待处理流动资产损溢　　　　　　　　　　　　2 000
　　应交税费——应交增值税（销项税额）　　　　　　　　　　　　　　260
　　贷：银行存款　　　　　　　　　　　　　　　　　　　　　　　　2 260

【解析】 必须是在取得销售方补开的增值税专用发票后才能确认记账。

（3）B产品系保管员责任事故造成的商品短缺。经领导批准，予以转账，做会计分录：

借：其他应收款——保管员　　　　　　　　　　　　　　　　　　　　3 000
　　贷：待处理财产损溢——待处理流动资产损溢　　　　　　　　　　　3 000

> **思考** 如果库存商品盘点的溢余是由商品的货号、规格等发生串号造成的，应如何处理？

视频

4.3 存货发出计价方法的纳税筹划

三、商品销售成本的计算和结转

商品销售成本是指已销商品的进价成本，即购进价格。商品批发企业在商品销售后，一方面要核算取得的商品销售收入，另一方面要计算并结转商品销售成本。商品销售成本计算和结转的正确与否，直接影响着商品批发企业库存商品的价值以及商品销售成本和当期经营成果的正确性。通常情况下，除了能分清批次的商品可以按原进价直接确定商品销售成本外，销售的商品都要采用一定的方法来确定其商品销售成本。

商品销售成本按照计算的程序，可分为顺算法和倒算法两种。顺算法是在计算各种商品的销售成本后，再计算各种商品的期末结存金额。该方法一般采用逐日结转，工作量较大。倒算法是先计算各种商品的期末结存金额，然后再据以计算商品销售成本。该方法一般采用定期结转，工作量较少。

顺算法的计算公式：

$$本期商品销售成本 = 本期商品销售数量 \times 进货单价$$

$$期末结存商品金额 = 期末结存商品数量 \times 进货单价$$

倒算法的计算公式：

$$期末结存商品金额 = 期末结存商品数量 \times 进货单价$$

本期商品销售成本 = 期初结存商品金额 + 本期收入商品金额 − 本期非销售发出商品金额 − 期末结存商品金额

按照以上计算方法和商品的不同特点，企业可以采用的商品销售成本计算方法主要有个别计价法、月末加权平均法、移动加权平均法、先进先出法和毛利率推算法。商品流通企业可以根据实际情况从中选择一种计算方法作为商品销售成本核算的方法，但一经选定，在同一会计年度内不得随意变更。如需变更，必须在财务报表附注中予以说明。

（一）个别计价法

个别计价法，又称分批实际进价法，是指认定每一件或每一批商品的实际进价，计算该件或该批商品销售成本的一种方法。在整批购进分批销售时，可以根据该批商品的实际购进单价，乘以销售数量来计算商品销售成本，其计算公式如下：

商品销售成本 = 商品销售数量 × 该件（批次）商品购进单价

【例4-13】 乐源批发公司2024年5月期初结存002批次的石英钟2 800个，单价28元，金额78 400元，销售单价为50元。本月商品进销业务记录如表4-17所示。

表4-17 5月石英钟进销业务记录

2024年		业务号数	购 进				销 售			
月	日		批次	数量	单价	金额	批次	数量	单价	金额
5	1	4					002	1 200	50	60 000
	2	5	004	2 400	30	72 000				
	3	7					002	1 100	50	55 000
	4	11					002	500	50	80 000
							004	1 100		
	5	14	005	3 600	35	126 000				
	7	40					004	1 300	50	89 500
							005	490		
5	31	合计	—	6 000	—	198 000		5 690		284 500

5月1日商品销售成本=1 200×28=33 600（元）

5月3日商品销售成本=1 100×28=30 800（元）

5月4日商品销售成本=500×28+1 100×30=47 000（元）

5月7日商品销售成本=1 300×30+490×35=56 150（元）

5月份商品销售成本=33 600+30 800+47 000+56 150=167 550（元）

结转商品销售成本的会计分录如下：

借：主营业务成本　　　　　　　　　　　　　　　　　　　　　　167 550
　　贷：库存商品——石英钟　　　　　　　　　　　　　　　　　167 550

采用个别计价法，必须具备以下条件：一是购进商品要分清批次存放；二是要按购进批次分户登记"库存商品"明细账；三是销货时，要在销货发票上注明该商品实际进价或批次。该方法可以逐日结转商品销售成本，计算的商品销售成本最为准确，有利于盘点和计算损耗，但计算较烦琐，适用于能分清进货件别或批次的库存商品、直运商品、委托代销商品、分期收款发出商品以及为特定项目专门购入或制造的存货，例如名画、珠宝玉石等贵重物品。

（二）月末加权平均法

月末加权平均法，又称全月一次加权平均法，它是根据期初结存商品和本期收入商品的数量和金额，期末一次计算商品的加权平均单价，作为计算本期销售成本和结存成本的一种方法，其计算公式如下：

$$加权平均单价 = \frac{期初结存商品金额 + 本期收入商品金额 - 本期非销售发出商品金额}{期初结存商品数量 + 本期收入商品数量 - 本期非销售发出商品数量}$$

$$期末结存商品金额 = 加权平均单价 \times 期末结存商品数量$$

$$本期商品销售成本 = 加权平均单价 \times 本期商品销售数量$$

在计算公式中，本期非销售发出商品数量和金额是指除销售以外其他发出商品数量和金额，如盘亏、拨付加工、委托代销商品、分期收款发出商品等。由于这些非销售发出的商品，在发生时已予以转销，所以在期末计算时要扣除。

【例4-14】 假设期末盘存时，盘缺石英钟10个。根据上例资料用月末加权平均法计算商品销售成本，并登记"库存商品"明细账，如表4-18所示。

加权平均单价=（78 400+198 000-280）/（2 800+6 000-10）=31.41（元/个）

期末结存商品金额=（2 800+6 000-5 700）×31.41=97 371（元）

5月份商品销售成本=78 400+198 000-97 371-280=178 749（元）

结转商品销售成本会计分录：

借：主营业务成本　　　　　　　　　　　　　　　　　　　　　　　　　　178 749
　　贷：库存商品——石英钟　　　　　　　　　　　　　　　　　　　　　178 749

以上商品销售成本的计算，是直接用加权平均单价乘以本期商品销售数量计算得到的。实际工作中，由于计算出来的加权平均单价往往不能整除，计算结果会产生尾差。为了保证期末库存商品数额的准确性，可以采用逆算成本的方法，即先计算出期末库存商品金额，再倒挤出本期商品销售成本。

表4-18 "库存商品"明细账　　　　　　　　　　　　　　　　　　　　　　单位：元

2024年		凭证号数	摘要	收　入				发　出				结　存		
月	日			购进数量	其他数量	单价	金额	销售数量	其他数量	单价	金额	数量	单价	金额
5	1		期初余额									2 800	28	78 400
	1	4	销售					1 200						
	2	16	购进	2 400		30	72 000							
	3	18	销售					1 100						
	4	19	销售					1 600						
	5	25	购进	3 600		35	126 000							
	7	31	销售					1 790						
	31	52	盘缺						10	28①	280			
	31	56	结转商品销售成本					178 749						
1	31	—	本月合计	6 000			198 000	5 690	10		179 029	3 100		

① 5月31日盘缺商品的单价按期初结存商品的单价计量。

以上资料用逆算成本的方法计算如下:

期末库存商品成本 =3 100×31.41=97 371(元)

本期已销售商品成本 =78 400+198 000−97 371+280=178 749(元)

采用月末加权平均法计算出来的商品销售成本较为均衡,结果较为准确,但无法在账上提供每次销售成本和结存金额,并且计算的工作量较大。一般适用于经营品种少,或者前后购进商品单价相差幅度较大,并定期结转商品销售成本的企业。

(三)移动加权平均法

移动加权平均法是指以各次收入数量和金额与各次收入前的数量和金额为基础,计算商品销售成本的一种方法。其特点是每购进一批商品都要重新计算一次加权平均单价,因此商品发出的单价随每次购进而移动变化。其计算方法与月末加权平均法原理相同,计算公式如下:

$$移动加权平均单价 = \frac{本次收入前结存商品金额 + 本次收入商品金额}{本次收入前结存商品数量 + 本次收入商品数量}$$

$$商品销售成本 = 移动加权平均单价 \times 商品销售数量$$

【例4–15】 根据上例资料用移动加权平均法计算商品销售成本,并登记"库存商品"明细账,如表4–19所示。

5月2日移动加权平均单价 =(44 800+72 000)/(1 600+2 400)=29.20(元/个)

5月5日移动加权平均单价 =(37 960+126 000)/(1 300+3 600)=33.46(元/个)

5月份商品销售成本 =78 400+198 000−103 726−334.60=172 339.40(元)

表4–19 "库存商品"明细账　　　　　　　　　　　　　　　　　　　　　单位:元

2024年		凭证号数	摘要	收入				发出				结存		
月	日			购进数量	其他数量	单价	金额	销售数量	其他数量	单价	金额	数量	单价	金额
5	1		期初余额									2 800	28	78 400
	1	4	销售					1 200		28	3 3600	1 600	28	44 800
	2	16	购进	2 400		30	72 000					4 000	29.20	116 800
	3	18	销售					1 100		29.20	32 120	2 900	29.20	84 680
	4	19	销售					1 600		29.20	46 720	1 300	29.20	37 960
	5	25	购进	3 600		35	126 000					4 900	33.46	163 954
	7	31	销售					1 790		33.46	59 899.40①	3 100	33.46	104 060.60
	31	52	盘缺						10	33.46	334.60	3 100	33.46	103 726
5	31	—	本月合计	6 000			198 000	5 690	10		172 674	3 100		103 726

① 5月7日销售商品的成本为四舍五入的倒挤数。

结转商品销售成本的会计分录如下:

借：主营业务成本　　　　　　　　　　　　　　　　172 339.40
　　贷：库存商品——石英钟　　　　　　　　　　　　　172 339.40

采用移动加权平均法计算的商品销售成本更准确合理，但计算平均单价次数太多，太繁杂，一般只适用于经营品种少，进货次数不频繁，且进价变动幅度较大的少数企业。

（四）先进先出法

先进先出法是根据商品先购进先销售的原则，以先购进商品的价格，先作为商品销售成本的一种计算方法。具体做法是：先按最早购进商品的进价计算，售空后，再按第二批购进商品的进价计算，依次类推。如果销售的商品属于前后两批购进的，单价又不相同，就要分别用两个单价计算。

【例4-16】 根据上例资料用先进先出法计算商品销售成本，并登记"库存商品"明细账，如表4-20所示。

表4-20 "库存商品"明细账　　　　　　　　　　　　　　　　单位：元

2024年		凭证号数	摘要	收入				发出				结存		
月	日			购进数量	其他数量	单价	金额	销售数量	其他数量	单价	金额	数量	单价	金额
5	1		期初余额									2 800	28	78 400
	1	4	销售					1 200		28	33 600	1 600	28	44 800
	2	16	购进	2 400		30	72 000					4 000	1 600×28=44 800	116 800
													2 400×30=72 000	
	3	18	销售					1 100		28	30 800	2 900	500×28=14 000	86 000
													2 400×30=72 000	
	4	19	销售					1 600		28	500×28=14 000	1 300	1 300×30=39 000	39 000
										30	1 100×30=33 000			
	5	25	购进	3 600		35	126 000					4 900	1 300×30=39 000	165 000
													3 600×35=126 000	
	7	31	销售					1 790		30	1 300×30=39 000	3 110	3 110×35=108 850	108 850
										35	490×35=17 150			
	31	52	盘缺						10	35	350	3 100	3 100×35=108 500	108 500
5	31	—	本月合计	6 000			198 000	5 690	10		167 900	3 100		108 500

结转商品销售成本的会计分录如下：

借：主营业务成本　　　　　　　　　　　　　　　　　　　　　　　167 550
　　贷：库存商品——石英钟　　　　　　　　　　　　　　　　　　　　167 550

采用先进先出法计算商品销售成本，由于期末结存商品金额是根据近期进价成本计价的，因此它的价值接近于市场价格，但每次销售都要根据先购进的单价计算，工作量较大。一般适用于收、发货次数不多的商品。

（五）毛利率推算法

毛利率推算法是指根据本期商品销售收入乘以上季度实际毛利率（上季毛利额与销售额的百分比），或本季度计划毛利率，推算出商品销售毛利，进而推算商品销售成本的一种方法。该方法适用于商品流通企业中商品销售成本的结转。

其计算公式为：

本期商品销售毛利 ＝ 本期商品销售收入 × 上季度实际毛利率

本期商品销售成本 ＝ 本期商品销售收入 － 本期商品销售毛利

上列计算公式可简化为：

本期商品销售成本 ＝ 本期商品销售收入 ×（1－上季度实际毛利率）

【例4-17】 假设乐源批发公司某类商品销售额一月份为210 000元，二月份为380 000元，上季度实际毛利率为10.2%，用毛利率推算法计算一、二月份商品的销售成本。

　　　　　　　　一月份商品销售成本＝210 000×（1–10.2%）＝188 580（元）
　　　　　　　　二月份商品销售成本＝380 000×（1–10.2%）＝341 240（元）

采用毛利率推算法，不是按库存商品品名、规格逐一计算商品销售成本，而是按商品类别进行计算，大大简化了企业的计算工作。由于同一类别内商品的毛利率不相同，因此，计算的商品销售成本并不够准确。一般适用于经营商品品种较多，按月计算商品销售成本有困难的企业。

在实际工作中，企业经营的商品品种很多，毛利率高低不同，且本期经营品种与上期又常有变动，用上季度的毛利率来计算本期的毛利，往往与本季度实际毛利不一致，计算结果不够准确。因此，该计算方法只能在每季度的第一、二两个月采用。每季度第三个月应按季末各种商品实际结存数和实际进货单价（可用个别计价法或先进先出法确定），先确定季末库存商品价值，在"库存商品"类目账上用倒挤法计算本季度商品销售总成本，再从销售总成本中扣除前两个月结转的销售成本即为季度内第三个月应结转的商品销售成本。该方法的计算结果没有前几种计算方法准确，只适用于各季度商品实际毛利率差异不大，且经营品种较多，按月计算销售成本有困难的企业。

【例4-18】 续上例，假设根据各种商品季末实际结存数与其实际进货单价计算的某类商品季末结存金额为240 000元；该类商品季初结存金额为800 000元；季内总购进金额为320 000元；非商品销售付出金额为3 000元。根据以上资料计算季内第三个月应结转的销售成本。

一季度商品销售成本 =800 000+320 000−3 000−240 000=877 000（元）

3月份商品销售成本 =877 000−（188 580+341 240）=347 180（元）

（六）商品销售成本的结转

商品销售成本的结转是指将计算出来的已销商品进价成本，从"库存商品"账户转入"主营业务成本"账户。按其结转时间的不同，可分为随时结转和定期结转；按其结转方式的不同，可分为分散结转与集中结转。在实际工作中，随时结转主要适用于直运商品销售和成批进成批出的商品销售。定期结转则适用于日常的批发商品销售业务，而且多在月末时进行。

1. 分散结转

分散结转是指在"库存商品"明细账上计算每种已销售商品的成本和期末结存商品的金额，并在每一账户的付出商品金额内登记结转数，然后将各账户的商品销售成本加总，求得全部商品销售成本后，在类目账和总账上予以结转。

2. 集中结转

集中结转是指在"库存商品"明细账上只计算每种商品的期末结存金额，不计算每种商品的销售成本，把各户结存商品金额加总或按大类商品加总，得出期末库存商品总金额或大类商品结存金额，然后根据总账或类目账的资料，倒挤出已销商品的成本。

【例4-19】 美达批发企业采用按月集中结转方式结转某大类商品的销售成本，该类商品由甲、乙两种商品组成，按月末加权平均法计算库存商品结存金额，5月份两种商品的进销资料如表4-21和表4-22所示。

（1）在表4-21和表4-22中，用月末加权平均法计算，并登记月末商品结存金额。

表4-21 "库存商品"明细账（一）

类别：某大类（月末加权平均法）　　　数量单位：m　　　连续第　页
品名：甲　　　规格：　　　金额单位：元　　　第　页

2024年		凭证号数	摘要	收入				付出				结存		
月	日			购进数量	其他数量	单价	金额	销售数量	其他数量	单价	金额	数量	单价	金额
5	1	略	上月结存									6 000	4.80	28 800
	3		购进	5 000		4.75	23 750					11 000		
	10		销售					5 000				6 000		
	15		加工付出						1 000	4.80	4800	5 000		
	22		购进	5 500		4.70	25 850					10 500		
	27		销售					5 500				5 000		
	30		本月结存									5 000	4.75	23 750

表4-22 "库存商品"明细账(二)

类别：某大类　　　　　　　　　　　　　数量单位：m　　　　　　连续第　页
品名：乙　　　　　　规格：　　　　　　金额单位：元　　　　　　　　第　页

2024年		凭证号数	摘要	收入				付出				结存		
月	日			购进数量	其他数量	单价	金额	销售数量	其他数量	单价	金额	数量	单价	金额
5	1	略	上月结存									3 000	2.00	6 000
	10		购进	7 500		2.05	15 375					10 500		
	25		销售					5 500				5 000		
	30		本月结存									5 000	2.04	10 200

（2）表4-23为"库存商品"类目账。

表4-23 "库存商品"类目账

类别：某大类　　　　　　　　　金额单位：元　　　　　　　　　　连续第　页
　　　　　　　　　　　　　　　　　　　　　　　　　　　　　　　　　第　页

2024年		凭证		摘要	借方	贷方	借或贷	余额
月	日	字	号					
5	1	略		期初余额			借	34 800
	3			购进甲商品	23 750		借	58 550
	10			购进乙商品	15 375		借	73 925
	15			加工付出甲商品		4 800	借	69 125
	22			购进甲商品	25 850		借	94 975
	30			结转销售成本		61 025	借	33 950

（3）以表4-21、表4-22和表4-23为依据，编制批发商品销售成本计算表，如表4-24所示。

表4-24 批发商品销售成本计算表

单位名称：美达批发企业　　　　　2024年5月30日　　　　　　　　　单位：元

商品类别	"库存商品"类目账结转成本前余额	"库存商品"明细账结存金额合计	本期已销商品进价成本
某大类	94 975	33 950	61 025

将甲商品月末结存金额23 750元、乙商品月末结存金额10 200元和类目账结转成本前余额94 975元，分别填入表4-24相关栏次中，并计算出已销商品进价成本为61 025元（94 975-33 950）。

（4）根据表4-23，做会计分录：

借：主营业务成本——某大类商品　　　　　　　　　　　　61 025
　　贷：库存商品——某大类商品　　　　　　　　　　　　　　　　61 025

本章小结

知识点1：商品批发企业具有交易量大、交易次数较少等特点，其库存商品的核算方法宜采用数量进价金额核算法。商品批发企业的商品购进业务应根据增值税专用发票、商品验收单、结算凭证、运输费用单据和送货单等原始凭证，借记"在途物资"或"库存商品"账户。根据是否支付款项贷记"银行存款"或"应付账款"或"应付票据"账户。

知识点2：商品批发企业发生购进商品业务时，应认真进行验收，以确保账实相符。如果发生溢余或短缺情况，除根据实收数量入账外，还应查明溢缺原因，及时予以处理。

知识点3：商品销售是商品批发企业通过货币结算方式出售自己所经营商品的活动。商品批发企业的商品销售业务包括同城、异地和预收货款销售等。在不同的商品交接方式和结算方式下，商品销售的账务处理也不同。

知识点4：批发商品储存量大，占用资金多，因此，商品在储存过程中，要建立和健全各项规章制度，财务部门和其他各部门要密切配合，做到库存结构合理、商品保管完好、定期盘点商品，准确计算和结转商品销售成本。批发商品储存核算的账户有"库存商品""在途物资"等。库存商品的账户体系包括总账、类目账、明细账三个层次，层层衔接，逐级控制。其中，"库存商品"明细账有三种设置方法：三账分设、两账合一和三账合一。

知识点5：商品批发企业要根据本身的特点，采用适当的方法，正确地计算商品销售成本，主要方法有个别计价法、月末加权平均法、移动加权平均法、先进先出法和毛利率推算法等。采用不同的计算方法，计算出的商品销售成本是有差异的，也会直接影响到期末库存商品的价值。商品销售成本的计算方法一旦确定了，在同一会计年度内不得随意变更。

思 考 题

1. 简述商品批发企业的商品同城购进和异地购进业务的账务处理方法。
2. 简述商品购进明细核算中"平行登记法"的基本内容。
3. 简述购进商品时发生溢余短缺业务的账务处理方法。
4. 简述商品批发企业的在途物资明细核算方式。试比较其优缺点。
5. 简述同城商品销售与支票结合提货制的业务程序。
6. 简述商品批发企业"库存商品"明细账设置方法。试比较其优缺点。

7. 分析商品在储存过程中，发生短缺或溢余以及质量上的变化时应如何处理。

8. 按照计算的程序来划分，商品销售成本的计算方法可分为顺算法和倒算法两种，试比较两种方法的不同。

9. 商品销售成本有哪些计算方法？试分别说明各种计算方法的优缺点和适用性。

10. 简述商品销售成本的结转方法。

一、名词解释

平行登记法　抽单核对法　三账分设　两账合一　三账合一　商品盘点　顺算法　倒算法　分散结转　集中结转　个别计价法　月末加权平均法　移动加权平均法　先进先出法　毛利率推算法

二、判断题

1. 商品批发企业商品购进业务的核算，需要设置"在途物资"和"库存商品"等账户。（　）

2. 增值税一般纳税人外购货物所支付的运输费用，根据运费结算单据所列运费和装卸费按7%扣除率计算进项税额抵扣。（　）

3. 购进商品在运输途中由于不可抗拒的自然灾害等因素，使商品发生损耗的，应记入"营业外支出"科目。（　）

4. 库存商品发生短缺，不论是自然损耗还是责任事故，经领导批准由企业列支时，均列入"营业外支出"账户。（　）

5. 库存商品的账户体系包括总账、类目账和明细账三个层次，层层衔接，逐级控制。（　）

6. 三账分设即业务部门、财务部门和储运部门各设一套"库存商品"明细账。（　）

7. 商品销售成本的顺算法一般采用逐日结转，工作量较大。（　）

8. 商品销售成本的倒算法是先计算各种商品的期末结存金额，然后再据以计算商品销售成本。（　）

9. 毛利率推算法计算方法准确，适用于各季度商品实际毛利率差异不大，且经营品种较多，按月计算销售成本有困难的企业。（　）

10. 商品销售成本结转方式中的随时结转主要适用于直运商品销售和成批进成批出的商品销售。（　）

三、单项选择题

1. 大中型批发流通企业通常采用的商品核算方法是（　　）。
   A. 进价金额核算法　　　　　　　　B. 售价金额核算法

C. 数量进价金额核算法 D. 售价控制进价核算法

2. 企业在购进商品时，如遇月末商品先到，货款结算凭证尚未到达则（　　）。

　　A. 按实际价入账 B. 按暂估价入账

　　C. 不入账 D. 退回

3. 某企业经营商品少，进货次数少，进货单价前后相差大，该企业应采用的成本计算方法是（　　）。

　　A. 移动加权平均法 B. 先进先出法

　　C. 毛利率推算法 D. 个别计价法

4. 期末结存商品金额比较接近市场价格的计算方法是（　　）。

　　A. 个别计价法 B. 月末加权平均法

　　C. 移动加权法 D. 先进先出法

5. 毛利率推算法与先进先出法结合运用，计算出第三个月的商品销售成本，实质上是（　　）。

　　A. 第三个月的商品销售成本

　　B. 对前两个月商品销售成本的调整

　　C. 第三个月的商品销售成本及对前两个月商品销售成本的调整

　　D. 对第三个月商品销售成本的调整

6. 商品批发企业的期末结存商品金额偏低，（　　）。

　　A. 商品销售成本就会偏高，毛利额就偏低

　　B. 商品销售成本就会偏高，毛利额也偏高

　　C. 商品销售成本就会偏低，毛利额就偏高

　　D. 商品销售成本就会偏低，毛利额也偏低

7. 以下商品销售成本的核算方法中，计算出的单位成本较均衡的是（　　）。

　　A. 月末加权平均法 B. 移动加权平均法

　　C. 先进先出法 D. 个别计价法

8. 以下核算方法中，适用于珠宝流通企业的是（　　）。

　　A. 月末加权平均法 B. 移动加权平均法

　　C. 先进先出法 D. 个别计价法

9. 购进商品短缺，如果查明属于运输单位的失职，应列作（　　）。

　　A. "销售费用" B. "其他应收款"

　　C. "营业外支出" D. "其他应付款"

10. 购入商品在验收入库时发现实收数多于应收数，则将多收商品贷方记入（　　）账户。

　　A. "物资采购" B. "库存商品"

　　C. "待处理财产损溢" D. "销售费用"

四、多项选择题

1. 商品批发企业对异地销售商品时，可以采用（　　）结算方式。
   A. 支票　　　　B. 托收承付　　　　C. 商业汇票　　　　D. 银行汇票

2. 商品流通企业可能发生的采购费用有（　　）。
   A. 包装费　　　　　　　　　　　　B. 运输费
   C. 运输途中的合理损耗　　　　　　D. 购买价格

3. 发运商品时，由于运输环节的问题，结算付款的单证与商品到达购货单位的时间不可能完全一致，因此可能出现的三种情况有（　　）。
   A. 单货同到　　B. 单货都未到　　C. 单到货未到　　D. 货到单未到

4. "库存商品"账户借方登记的是（　　）。
   A. 购入并已验收入库的商品　　　　B. 委托加工完成验收入库的商品
   C. 商品盘盈　　　　　　　　　　　D. 销货退回

5. 商品销售收入的确认条件是（　　）。
   A. 企业已将商品所有权上的主要风险和报酬转移给买方
   B. 企业既没有保留通常与所有权联系的继续管理权，也没有对已售出的商品实施有效控制
   C. 收入的金额能够可靠地计量
   D. 与交易相关的经济利益很可能流入企业

6. 企业财务部门一般设置的"库存商品"账户有（　　）。
   A. "库存商品"类目账　　　　　　　B. "库存商品"明细账
   C. "库存商品"总账　　　　　　　　D. 商品保管账

7. 商品批发企业"库存商品"明细账的设置方法有（　　）。
   A. 以单代账　　B. 三账分设　　C. 两账合一　　D. 三账合一

8. 毛利率推算法可以与（　　）结合运用。
   A. 移动加权平均法　　　　　　　　B. 月末加权平均法
   C. 个别计价法　　　　　　　　　　D. 先进先出法

9. 商品销售成本按其结转时间的不同可分为（　　）。
   A. 随时结转　　B. 分散结转　　C. 定期结转　　D. 集中结转

10. "三账分设"是指（　　）部门各设一套"库存商品"明细账。
    A. 财务部门　　B. 业务部门　　C. 人力资源部门　　D. 储运部门

五、练习题

习题一

【目的】练习商品同城、异地商品购进的核算。

【资料】苏州毛棉服装公司是服装批发企业，增值税税率为 13%。5 月份发生下列经济业务：

（1）2日，业务部门转来苏州西服厂开来的增值税专用发票，列明女式套裙200套，每套280元，计货款56 000元，增值税税额7 280元，经审核无误，当即签发转账支票付讫。

（2）2日，储运部门转来收货单的入库联，向苏州西服厂购进的女式套裙200套，每套280元，已全部验收入库，结转女式套裙的采购成本。

（3）7日，业务部门转来北京服装厂开来的增值税专用发票，列明男装500件，每件200元，计货款100 000元，增值税税额13 000元，经审核无误，当即以商业承兑汇票支付。

（4）12日，储运部门转来收货单的入库联，向北京服装厂购进的男装500件，每件200元，已全部验收入库，结转男装的采购成本。

（5）15日，银行转来广州服装厂的托收凭证，附来增值税专用发票的发票联和抵扣联，列明服装150件，每件250元，计货款37 500元，增值税税额4 875元，经审核无误，当即承付货款。

（6）16日，银行转来河北服装厂的托收凭证，附来增值税专用发票的发票联和抵扣联，列明牛仔服1 000件，每件50元，计货款50 000元，增值税税额6 500元，经审核无误，当即承付货款。

（7）20日，储运部门转来收货单的入库联，向广州服装厂购进的服装150件，每件250元，已全部验收入库，结转其采购成本。

（8）25日，储运部门转来收货单的入库联，向河北服装厂购进的牛仔服1 000件，每件50元，已全部验收入库，结转牛仔服的采购成本。

【要求】编制上述业务的会计分录。

习题二

【目的】练习购进商品发生短缺溢余的核算。

【资料】开封食品公司5月份发生下列有关经济业务：

（1）1日，银行转来北京糖业厂的托收凭证，附来增值税专用发票，列明散装白糖1 000kg，价格为8元/kg，计货款8 000元，增值税税额1 040元，查验与合同相符，当即承付货款。

（2）7日，北京糖业厂的散装白糖运达开封食品公司，验收时实收散装白糖900kg，短缺100 kg。储运部门送来商品购进短缺报告单，原因待查。

（3）10日，业务部门查明7日短缺100kg散装白糖，价格为8元/kg，其中：80kg系供货单位少发商品，经联系后，已开来退货的红字增值税专用发票，应退货款640元，增值税税额为83.2元；20kg是储运部门提货人员失职造成的。

（4）15日，银行转来哈尔滨食品公司的托收凭证，随货附来增值税专用发票，列明干人参300kg，价格为400元/kg，计货款120 000元，增值税税额15 600元，运费增值税普通发票800元，查验与合同相符，当即承付货款。

（5）23日，哈尔滨食品公司发来干人参，验收时实收干人参320kg，溢余20kg。储运部门送来商品购进溢余报告单，原因待查。

（6）25日，业务部门查明23日溢余的20kg干人参中，有2kg是运输途中的自然升溢，18kg系对方多发，经联系后同意作为购进，已由对方补来增值税专用发票，同时，汇出货款7 200元，增值税税额为936元。

【要求】编制上述业务的会计分录。

习题三

【目的】练习批发企业商品销售的一般业务的核算。

【资料】龙口松北公司是一家家电商品批发企业，商品销售成本采用月末加权平均法计算，3月发生下列销售业务：

（1）2日，销售LG牌洗衣机给百佳百货公司，开出增值税专用发票，发票注明单价2 000元，数量200台，计货款400 000元，增值税税额52 000元，收到支票，办妥进账手续。

（2）6日，销售源元牌电磁炉给利民商场，开出增值税专用发票，发票注明单价1 200元，数量100个，计货款120 000元，增值税税额15 600元，收到面值为135 600元的银行汇票，当即办妥进账手续。

（3）8日，销售乐邦牌榨汁机给利民商场，开出增值税专用发票，发票注明单价700元，数量100个，计货款70 000元，增值税税额9 100元，收到支票一张，款项已存入银行。

（4）18日，销售长虹电视机给日照家电商场，开出增值税专用发票，数量100台，单价为7 800元，计货款780 000元，增值税税额101 400元，采用托收承付结算方式，商品已由龙口铁路部门运输，签发转账支票代垫运费800元，当日办妥托收手续。

（5）25日，银行转来托收承付收款通知，日照家电商场货款已收妥。

【要求】根据资料编制会计分录。

4.4 自测题参考答案

第五章
商品零售企业会计实务核算

学习目标

1. 了解商品零售企业的经营特点及库存商品核算方法。
2. 理解商品零售企业商品购进与销售的业务流程。
3. 掌握商品零售企业商品购进、销售和储存的账务处理。
4. 掌握已销商品进销差价的计算方法。
5. 掌握鲜活商品的核算要求及账务处理。
6. 了解图书发行企业商品的核算。

第一节 商品零售企业的经营特点及库存商品核算方法

一、商品零售企业的业务特点

零售商品流通是企业通过买卖方式，从生产部门或其他商品流通企业购进商品，再销售给最终消费者的一种活动。商品零售企业的流通是商品流转的最终环节。

商品零售企业与商品批发企业相比较，在管理和业务经营上有其自己的特点：

（1）经营的商品品种繁多，规格型号较复杂。
（2）交易次数频繁而且数量零星，销售的对象主要是广大消费者。
（3）销售时一般是现货交易，成交时间短，并不一定都要填制销货凭证。
（4）销售部门对其所经销的商品负有物资保管责任。

二、商品零售企业库存商品的核算方法

商品零售企业为了适应其经营特点，简化记账工作，通常采用售价金额核算法。售价金额核算法的主要内容包括：

1. 建立实物负责制

企业为加强对库存商品的管理和控制，需按经营商品的品种和存放的地点划分若干实物负责小组，并确定实物负责人，建立岗位责任制，明确每个成员的职责分工，对实物负责小组经营的全部商品承担经济责任。

2. 库存商品按售价记账

商品零售企业销售商品时，标价即售价，它包括销售价格和销项税额两部分。也就是说，售价是含税的价格。因此，"库存商品"总账及其所属的明细账一律按售价记账，只记金额，不记数量。"库存商品"明细账需按实物负责小组设置，以随时反映和掌握各实物负责小组对其经营商品所承担经济责任的情况。

3. 设置"商品进销差价"账户

商品进销差价是指从事商品流通企业采用售价核算的情况下，其商品售价与进价之间的差额。例如，商品售价100元，进价60元，则40元就是商品进销差价。由于库存商品按售价记账，在商品购进时，库存商品要按进价付款，而在商品销售时，"库存商品"账户里反映的是商品的售价。这就与购进商品实际支付的价格不一致。因此，需要设置"商品进销差价"账户，以反映商品进价与售价之间的差额。在月末要分摊和结转已销商品所实现的商品进销差价。

4. 加强商品盘点

由于实行售价金额核算，"库存商品"明细账只反映售价金额，不登记数量和进价，不能掌握实物进、销、存数量情况，一旦发生差错，难以查明原因。因此，只有通过对库存商品实地盘点，确定库存商品数量，才能核实库存商品的金额。若发生账实不符，则要及时查明原因，进行处理，以达到账实相符，保护企业财产安全的目的。另外，如果遇到实物负责人调动，则必须进行临时盘点，以分清责任。如果遇到商品调价，也必须通过商品盘点，才能确定调价金额，进行账面调整。

5. 健全手续制度

在实物负责小组内，要对商品的购进、销售、调拨、调价、削价、溢缺等环节，建立必要的手续制度，严格商品和销售货款的管理。对大件、贵重商品要建立数量账，以弥补售价金额核算的不足。

> **思考**
> 零售商品的流转业务为何适宜采用售价金额核算法？

第二节　商品零售企业商品购进的核算

一、商品零售企业商品购进的业务程序

零售商品购进，一般由实物负责人根据商品库存和销售情况，自行组织进货。设有专职采购部门的企业，可由实物负责小组提出订货计划，由采购人员组织进货。零售企业购进商品，多数从当地的批发企业或生产单位购进，规模较大的企业为了扩大商品品种、增加货源，也会从外地购进商品。

企业在本地购进商品，通常采用提货制和送货制，提货制是由企业自行提货，送货制是由销售单位根据订货单送货上门。不论是哪种商品交接方式，其结算方式一般都采用支票、银行本票和商业汇票等。企业从外地购进商品，通常采用发货制，其结算可采用银行汇票、汇兑、委托收款和商业汇票等方式。以同城商品购进业务为例，零售商品购进的一般业务程序为：不论采用何种商品交接方式，企业购进商品并运达后，通常都由零售企业的实物负责人（仓库保管人员）根据增值税专用发票（进货单等）所列内容，逐一清点商品数量，检查商品质量，核对商品编号、品名、规格、等级、单价等，验收商品并填写一式多联的零售商品收货单，其中一联作存根联，一联由验收部门登记商品账，一联交财务部门据以进行账务处理，另外多出的联数可由企业分送有关部门。零售商品收货单的格式如表5-1所示。

表5-1　零售商品收货单

供货单位：
进货部门：　　　年　月　日

品　名	单　位	数　量	进价（不含税）		售价（含税）		商品进销差价
			单价	金额	单价	金额	

二、商品零售企业商品购进的账户设置

商品零售企业商品购进业务的核算，需要设置"在途物资""库存商品"和"商品进销差价"等账户。

1. "在途物资"账户

该账户属于资产类账户，用于核算已支付货款但尚未运抵验收入库的商品实际成本（一般指进价），如图5-1所示。"在途物资"账户应按销售单位或商品品种设置明细账。

在途物资

借方	贷方
期初余额 购入并已取得发票等会计凭证或已支付货款但尚未运抵的商品的实际成本	购入到达并验收入库的商品的实际成本
期末余额：购入但尚在途中的商品的实际成本	

图5-1 "在途物资"账户

2. "库存商品"账户

该账户属于资产类账户，用于核算经实物负责人验收入库后的商品含税售价，即库存商品包括商品的实际进价和未实现的进销差价（含销项税额）两部分，如图5-2所示。"库存商品"账户应按实物负责小组或营业柜组设置明细账。

库存商品

借方	贷方
期初余额 验收入库商品的售价	结转已销商品的售价
期末余额：库存商品的售价	

图5-2 "库存商品"账户

3. "商品进销差价"账户

该账户属于资产类账户，是"库存商品"账户的调整抵减账户，用于核算库存商品含税售价与不含税进价之间的差额，如图5-3所示。该账户的设置也是零售商品与批发商品账务处理最显著的区别之一。

"商品进销差价"明细账的设置和"库存商品"账户一样，应按实物负责小组或营业柜组设置明细账。

商品进销差价

借方	贷方
月末分摊已销商品应分摊的进销差价商品加工付出、出租转出应分摊的进销差价 商品调价减值以及商品短缺等而转销的差价	期初余额 购进、加工收回、销货退回商品售价大于进价的差价 商品调价以及商品溢余等因素增加的差价
	期末余额：库存商品的进销差价

图5-3 "商品进销差价"账户

4. "应交税费——应交增值税（进项税额）"账户

该账户属于负债类账户，用于核算企业购入商品时可抵扣的增值税额。

其他账户与批发企业商品的购进相同,如"应付账款""应付票据"和"银行存款"等,这里不再赘述。

> **思考** "商品进销差价"账户核算的商品售价与进价之差是不是该商品的实际进销差价?

三、商品零售企业商品购进的会计核算

与商品批发企业商品购进一样,商品零售企业商品购进方式也可分为同城商品购进、异地商品购进、预付款购进等。商品购进时,也可能会发生商品的溢余短缺。

(一)同城购进商品的核算

同城购进商品一般是购进商品和货款结算同时办理。财务部门应根据实物负责小组转来的收货单、增值税专用发票和付款凭证入账。

【例5-1】长春兴华百货公司为增值税一般纳税人,是以零售商品经营为主的企业,2024年5月发生以下经济业务:

(1) 5月2日,长春兴华百货公司向本市宏达公司购进电视机100台,每台进价为4 000元,共计400 000元,增值税为52 000元。财务部门签发支票一张承付货款。

借:在途物资——宏达公司　　　　　　　　　　　　　400 000
　　应交税费——应交增值税(进项税额)　　　　　　 52 000
　贷:银行存款　　　　　　　　　　　　　　　　　　452 000

【解析】财务部门根据销售单位的增值税专用发票、家电组转来的收货单及支票存根等原始凭证编制记账凭证。

(2) 每台电视机售价为5 800元,商品已由家电组验收入库。

借:库存商品——家电组　　　　　　　　　　　　　　580 000
　贷:商品进销差价——家电组　　　　　　　　　　　180 000
　　　在途物资——宏达公司　　　　　　　　　　　　400 000

(二)异地购进商品的核算

异地购进商品,如果商品采用"发货制"交接方式,则货款结算和验收商品一般不在同一天内完成,会出现单货同到、单到货未到和货到单未到等情况。

1. 验货、付款同一天完成

结算凭证已收到并付款或开出商业汇票,商品同时验收入库。

【例5-2】5月5日,长春兴华百货公司向施达美公司购进电饭煲150台,每台进价为400元,共计60 000元,进项税额为7 800元。货款已通过银行电汇给施达美公司,当

天收到家电组转来的收货单，验收入库电饭煲150台，每台售价为750元。

  借：在途物资——施达美公司　　　　　　　　　　　　60 000
    应交税费——应交增值税（进项税额）　　　　　　 7 800
    贷：银行存款　　　　　　　　　　　　　　　　　　67 800
  借：库存商品——家电组　　　　　　　　　　　　　　112 500
    贷：在途物资——施达美公司　　　　　　　　　　　60 000
      商品进销差价——家电组　　　　　　　　　　　52 500

【解析】财务部门根据销售单位转来的增值税专用发票、运输发票、汇兑凭证存根联、家电组转来的收货单等原始凭证编制记账凭证。

2. 先付款，后验货

结算凭证先到，付款或先开出商业汇票，商品尚未收到。

【例5-3】5月8日，长春兴华百货公司向福建品茗茶庄购进茶叶100盒，每盒进价为200元，共计20 000元，进项税额为2 600元。

（1）开出转账支票，货款已支付，商品尚未收到。

  借：在途物资——福建品茗茶庄　　　　　　　　　　　20 000
    应交税费——应交增值税（进项税额）　　　　　　 2 600
    贷：银行存款　　　　　　　　　　　　　　　　　　22 600

> **思考**   假设长春兴华百货公司是小规模纳税人，购进商品时应如何进行账务处理？

（2）5月13日，收到食品组转来收货单，上述茶叶已如数验收入库，每盒售价为300元，总售价为30 000元。

  借：库存商品——食品组　　　　　　　　　　　　　　30 000
    贷：在途物资——福建品茗茶庄　　　　　　　　　　20 000
      商品进销差价——食品组　　　　　　　　　　　10 000

【解析】财务部门根据食品组验收商品的收货单及销售方随货同行的发货单等原始凭证编制记账凭证。

3. 先验货，后付款

商品已先到并验收入库，结算凭证尚未收到。

【例5-4】5月25日，长春兴华百货公司向华源服饰厂购进一批男式西装，商品已验收入库，共验收男式西装250件，每件进价为500元，售价为800元。结算凭证未到，将收货单妥善保管，暂不入账。

（1）5月31日，结算单证仍然未到，财务部门根据服装组转来的收货单、随货同行的发货单等原始凭证暂估入账。

借：库存商品——服装组	200 000	
贷：应付账款——暂估应付账款		125 000
商品进销差价——服装组		75 000

（2）6月1日，用红字做与上项暂估入账分录一样的分录，冲销上项暂估入账分录。

借：库存商品——服装组	200 000	
贷：应付账款——暂估应付账款		125 000
商品进销差价——服装组		75 000

（3）6月14日，收到华源服饰厂转来的上批男式西装结算凭证，增值税专用发票上列明男式西装250件，单价为500元，进项税额为16 250元，经审核无误后付款。

借：在途物资——华源服饰厂	125 000	
应交税费——应交增值税（进项税额）	16 250	
贷：银行存款		141 250
借：库存商品——服装组	200 000	
贷：在途物资——华源服饰厂		125 000
商品进销差价——服装组		75 000

> **提示**　国家税务总局公告2019年第8号《关于扩大小规模纳税人自行开具增值税专用发票试点范围等事项的公告》中列明：扩大小规模纳税人自行开具增值税专用发票试点范围。将小规模纳税人自行开具增值税专用发票试点范围由住宿业、鉴证咨询业，建筑业，工业，信息传输、软件和信息技术服务业，扩大至租赁和商务服务业，科学研究和技术服务业，居民服务、修理和其他服务业。上述8个行业小规模纳税人发生增值税应税行为，需要开具增值税专用发票的，可以自愿使用增值税发票管理系统自行开具。

（三）预付货款购进商品的核算

商品零售企业为了扩大货源，对于那些市场上畅销而销售单位暂时没有现货的商品，可以向销售方预付货款，订购商品。预付货款方式购进商品时，商品购进的确认标准与批发商品相同，即预付货款时不能确认商品购进，只有收到销售方发来的商品后，才能作为商品购进。

【例5-5】 金安商厦采用预付货款方式，向韩日制造公司订购洗衣机40台。

（1）5月18日，按合同规定向销售方预付货款50 000元，以电汇方式支付。

借：预付账款——韩日制造公司	50 000	
贷：银行存款		50 000

（2）6月3日，韩日制造公司将预订的商品发运过来，实际单位进价为2 000元，共

计 80 000 元，进项税额为 10 400 元。金安商厦以汇兑方式补交货款。洗衣机单位含税售价为 3 000 元，商品已由家电组验收入库。

借：在途物资——韩日制造公司　　　　　　　　　　　　80 000
　　应交税费——应交增值税（进项税额）　　　　　　　10 400
　　　贷：预付账款——韩日制造公司　　　　　　　　　　　　90 400
借：库存商品——家电组　　　　　　　　　　　　　　　120 000
　　　贷：在途物资——韩日制造公司　　　　　　　　　　　　80 000
　　　　　商品进销差价——家电组　　　　　　　　　　　　　40 000
借：预付账款——韩日制造公司　　　　　　　　　　　　40 400
　　　贷：银行存款　　　　　　　　　　　　　　　　　　　　40 400

（四）购进商品发生溢余短缺的核算

商品零售企业购进商品在验收过程中，发现商品数量有溢余或短缺时，应尽快与销售单位取得联系，查明原因。原因可能有多种，如自然因素、差错事故和对方少发或多发货等。如果一时难以查明原因，则应由验收柜组填制"购进商品溢余短缺报告单"一式数联，如表 5-2 所示。随同"销售发票"或"商品验收单"一并送财务部门进行账务处理。财务部门据以按进价将溢余或短缺的商品先记入"待处理财产损溢"账户，并按实收商品数量的售价金额借记"库存商品"账户，按商品进价与售价的差额贷记"商品进销差价"科目。原因查明后，再根据不同的原因从"待处理财产损溢"账户，转入各有关的账户。

表 5-2　购进商品溢余短缺报告单

供货单位：　　　　　　　　　　年　月　日　　　　　　　　　　编号

商品类别	商品编号	品名	单位	原发数量	实收数量	溢缺数量	进价		售价		商品进销差价	备注
							单价	金额	单价	金额		
合　计												

会计主管：　　　　　　　实物负责人：　　　　　　　验收人：

1. 购进商品发生溢余的核算

购进商品发生溢余，先按实收数入库，将溢余数按不含税进价转入"待处理财产损溢"账户。查明原因后，根据不同原因进行相应的会计处理。具体会计处理如表 5-3 所示。

表 5-3　购进商品发生溢余的会计处理

原　　因	会计处理
供货单位多发商品，若同意补作购进	收到发票后补付货款并作购进处理
供货单位多发商品，若不同意补作购进	将多收商品退回供货单位

【例5-6】 大庆人民商场从龙华糖厂购入散装精制白糖700kg，进价为20元/kg，共计14 000元，进项税额为1 820元，商场以银行存款支付。白糖运到食品组验收时，发现溢余35kg，原因待查，该批商品的含税售价为30元/kg。

（1）接到银行转来的托收凭证、随货附来的增值税专用发票和运费凭证，经审核无误后，予以承付货款。

借：在途物资——龙华糖厂　　　　　　　　　　　　　　　　　　14 000
　　应交税费——应交增值税（进项税额）　　　　　　　　　　　 1 820
　　贷：银行存款　　　　　　　　　　　　　　　　　　　　　　 15 820

（2）商品运到，验收入库时实收白糖735kg，溢余35kg，原因待查。

借：库存商品——食品组　　　　　　　　　　　　　　　　　　　22 050
　　贷：在途物资——龙华糖厂　　　　　　　　　　　　　　　　 14 000
　　　　待处理财产损溢——待处理流动资产损溢　　　　　　　　　　700
　　　　商品进销差价——食品组　　　　　　　　　　　　　　　　7 350

【解析】 根据收货单、发票和商品购进溢余短缺报告单等编制记账凭证入账。

（3）溢余商品系对方多发货，经协商后同意补作购进，并立即汇付货款，对方补开增值税专用发票。

借：待处理财产损溢——待处理流动资产损溢　　　　　　　　　　　700
　　应交税费——应交增值税（进项税额）　　　　　　　　　　　　 91
　　贷：银行存款　　　　　　　　　　　　　　　　　　　　　　　 791

2. 购进商品发生短缺的核算

购进商品发生短缺，先按实收数入库，将短缺数按不含税进价转入"待处理财产损溢"账户。查明原因后，根据不同原因进行相应的会计处理。具体会计处理如表5-4所示。

表5-4　购进商品发生短缺的会计处理

原　　因	会 计 处 理
供货单位少发商品	由供货单位补发商品或退货
责任事故，若由运输单位或责任人赔偿	列入"其他应收款"
责任事故，若是企业承担的非正常损失	列入"营业外支出"

【例5-7】 承上例，若验收商品时发现商品短缺35kg，实收665kg。

（1）根据"收货单"填"购进商品溢余短缺报告单"，原因待查。

借：库存商品——食品组　　　　　　　　　　　　　　　　　　　19 950
　　待处理财产损溢——待处理流动资产损溢　　　　　　　　　　　 700
　　贷：在途物资——龙华糖厂　　　　　　　　　　　　　　　　 14 000
　　　　商品进销差价——食品组　　　　　　　　　　　　　　　　6 650

（2）假设短缺商品系对方少发货，经协商后同意补发货。

借：库存商品——食品组　　　　　　　　　　　　　　　1 050
　　贷：待处理财产损溢——待处理流动资产损溢　　　　　　　700
　　　　商品进销差价——食品组　　　　　　　　　　　　　　350

（3）假设短缺商品系对方少发货，经协商后对方决定不再补发商品，开来红字增值税专用发票，开列应退货款700元，应退增值税税额91元。

借：在途物资——龙华糖厂　　　　　　　　　　　　　　　700
　　应交税费——应交增值税（进项税额）　　　　　　　　　91
　　贷：应收账款——龙华糖厂　　　　　　　　　　　　　　791

同时，冲转待处理财产损溢。

借：在途物资——龙华糖厂　　　　　　　　　　　　　　　700
　　贷：待处理财产损溢——待处理流动资产损溢　　　　　　　700

第三节　商品零售企业商品销售的核算

一、商品零售企业商品销售的业务程序

零售商品销售过程是商品资金转化为货币资金的过程。零售商品销售的业务程序，根据企业的规模、经营商品的特点以及经营管理的需要而有所不同。

商品零售企业一般由营业柜组或门市部组织销售业务，通过设立门市部销售自己所经营的商品。常见的货款结算方式是现货交易，即收取现金或采用信用卡结算，也有少数采取转账结算方式，如通过支票、汇兑等方式结算。

（一）收款方式

商品零售企业销货时主要采用以下两种收款方式：

1. 直接收款销售

直接收款销售是由营业员直接付货收款，即一手交钱、一手交货。这种销售方式手续简便，交易时间短。但是由于营业员既发货又收款，所以容易出现差错，难以分清责任和原因。该销售方式一般适用于品种单一、价格较低的商品销售，如大量的日用商品销售。

2. 集中收款销售

集中收款销售是设立收银台集中收款，即营业员只负责销售货物，不管收款，销售货物时逐笔填写销货凭证或商品计数卡，传递给收银员集中收款，营业员再按收款凭证发货的销售方式。该销售方式下收钱付货分开，责任明确，不易发生差错。但是由于开票、收款、取货分处两地，手续较烦琐，所以一般适用于价值较高的商品销售。

（二）解缴方式

无论采用哪种付货收款方式，每天收入的销货款，都必须按照现金管理的规定及时送存银行。企业销货款送存银行有以下两种方式：

1. 集中解缴

采用集中解缴方式时，每日营业终了，由各实物负责人（柜组）根据销货凭证计算出销货总金额，填制"零售商品进销存日报表"，收银员要将当日销货款，及时送交给企业财务部门的出纳人员，由其集中送存银行。收银员根据销货款收入，要填制"内部缴款单"，并与收银台实收金额进行核对，以检查收款是否正确。

2. 分散解缴

采用分散解缴方式时，每日营业终了，由各实物负责人（柜组）安排专人负责，填制银行进账单，将各柜组实收的销货款送存银行，并取得银行进账单收账通知，然后填制"内部缴款单""零售商品进销存日报表"等一并转企业财务部门审核无误后，凭以记账。

"零售商品进销存日报表"如表5-5所示。"内部缴款单"如表5-6所示。

表5-5 零售商品进销存日报表

柜组名称：　　　　　　　　　　年　月　日　　　　　　　　　编号：

增加项目		减少项目	
项目	金额	项目	金额
1.进货（进价成本）		1.销售额	
进货进销差价		2.内部拨出（拨出价）	
2.内部拨入（拨入价）		内部拨出进销差价	
内部拨入进销差价		3.调低售价减少差价	
3.调高售价增加差价		4.折扣销售减少差价	
4.商品溢余		5.商品损耗、损失	
昨日库存		本日库存	
合　　计		合　　计	

柜长：　　　　　　复核：　　　　　　制表：　　　　　　附凭证　　张

表5-6 内部缴款单

缴款单位：　　　　　　　　　　年　月　日

项　目	张　数	金　额	备　注
现金			
支票			
其他票据			
合计			
人民币（大写）			

二、商品零售企业商品销售涉及的账户

商品零售企业商品销售业务的核算，需要设置"主营业务收入""主营业务成本"等账户。

1. "主营业务收入"账户

该账户属于损益类账户，用于核算零售企业确认的销售商品的收入，如图5-4所示。"主营业务收入"账户应按实物负责小组或营业柜组设置明细账，以含税的销售额入账。

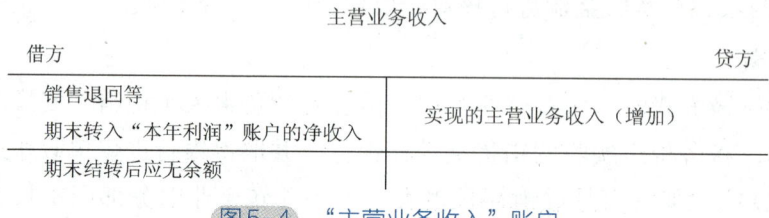

图5-4 "主营业务收入"账户

2. "主营业务成本"账户

该账户属于损益类账户，用于核算零售企业确认销售收入时应结转的成本，如图5-5所示。"主营业务成本"账户应按实物负责小组或营业柜组设置明细账。

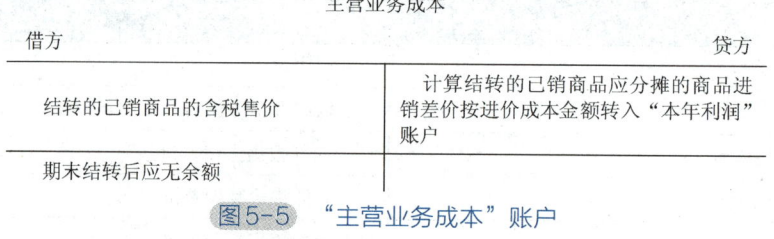

图5-5 "主营业务成本"账户

> **思考** 实行售价金额核算法的企业，"主营业务收入"和"主营业务成本"这两个账户入账的金额与按数量进价金额核算法核算的企业有何不同？

三、商品零售企业商品销售的会计核算

（一）商品零售企业商品销售账务处理的一般做法

商品零售企业商品流转一般采用售价金额核算法。"库存商品"账户按含税零售价核算，其售价及销项税额与进价的差额在"商品进销差价"账户中反映。

1. 主营业务收入的核算

为了简化核算手续，实行售价金额核算法的企业，在商品销售后，平时在"主营业务收入"账户中反映含税的销售收入，期末再将其调整为真正的商品销售额，即不含税

销售额。因此，一般在每日营业终了时，各实物负责人要清点当天销货款并送存银行或交财务部门集中送存银行，财务部门应根据有关凭证按售价反映商品销售收入和银行存款的增加，借记"银行存款"账户，贷记"主营业务收入"账户。

2. 主营业务成本的核算

商品零售企业在确认销售收入的同时，应按售价随时结转已销库存商品的成本，以注销库存商品，反映实物负责人所经管商品的实存金额，明确其所承担的经济责任。由于商品零售企业库存商品是按售价反映的，因此，转销库存商品的金额同反映商品销售收入增加的金额是相同的。

3. 月末账务处理

月末，零售企业要做两笔调整账务处理：

（1）销项税额的计算与商品销售收入的调整。将平时含税的销售收入分解为全月不含税销售收入，并将其中的销项税额转入"应交税费——应交增值税（销项税额）"账户。销项税额的计算公式为：

$$不含税销售额 = \frac{含税销售额}{1+增值税税率或征收率}$$

$$销项税额 = 不含税销售额 \times 增值税税率或征收率$$

$$= \frac{含税销售额}{1+增值税税率或征收率} \times 增值税税率或征收率$$

（2）已销商品进销差价的计算与商品销售成本的调整。月末一次计算并分摊当月已销商品的进销差价，将已销商品按含税售价计算的销售成本还原为不含增值税的进价成本。由于平时的销售成本是按售价结转的，因此，当结转已销商品的销售成本时，应同时转销已销商品的进销差价，从而求得商品销售成本。

零售商品销售账务处理如图5-6所示。

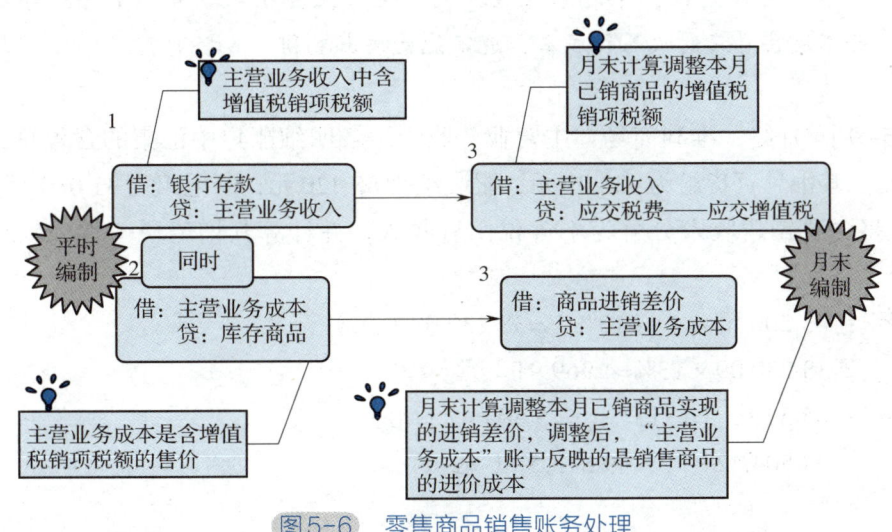

图5-6　零售商品销售账务处理

> **思考** 为什么"主营业务收入"和"主营业务成本"账户并不反映真正的收入和成本？零售企业在期末时要做哪两项计算结转的工作？

（二）商品零售企业商品销售业务的核算

每日营业终了，各实物负责人要清点当天销货款并送存银行或交财务部门集中送存银行，财务部门应根据有关凭证按售价反映商品销售收入和银行存款的增加。

【例5-8】 维利商场为一般纳税人，2024年5月10日财务部门收到各柜组交来的当日销货款（含税），其中，百货组为35 000元，服装组为25 000元，家电组为37 500元。销货款已送存银行。

（1）结算每日零售收入。

借：银行存款　　　　　　　　　　　　　　　　　　　　　　97 500
　　贷：主营业务收入——百货组　　　　　　　　　　　　　　35 000
　　　　　　　　　　　——服装组　　　　　　　　　　　　　25 000
　　　　　　　　　　　——家电组　　　　　　　　　　　　　37 500

【解析】 财务部门根据各柜组当日报来的"商品进销存日报表""银行进账单回单"等凭证，编制记账凭证。"主营业务收入"账户登记的是含税销售额。

（2）同时，结转主营业务成本。

借：主营业务成本　　　　　　　　　　　　　　　　　　　　97 500
　　贷：库存商品——百货组　　　　　　　　　　　　　　　　35 000
　　　　　　　　——服装组　　　　　　　　　　　　　　　　25 000
　　　　　　　　——家电组　　　　　　　　　　　　　　　　37 500

> **提示** 从例5-8可以看出，平时零售企业的"主营业务收入"和"主营业务成本"账户，并不反映真正的收入和成本，也不能反映出毛利（毛损）。

【例5-9】 月终，维利商场"主营业务收入"各明细账户中汇集的含税总销售额为159 600元。其中，百货组为43 200元；服装组为85 320元；家电组为31 080元。

（1）将含税销售收入分解为不含税销售收入，并计算其增值税（精确到小数点后两位）。

百货组：43 200元÷（1+13%）=38 230.09（元）
　　　　38 230.09×13%=4 969.91（元）
服装组：85 320÷（1+13%）=75 504.42（元）
　　　　75 504.42×13%=9 815.57（元）

家电组：31 080÷（1+13%）=27 504.42（元）
　　　　27 504.42×13%=3 575.57（元）

借：主营业务收入——百货组　　　　　　　　　　　　　　　4 969.91
　　　　　　　　　——服装组　　　　　　　　　　　　　　9 815.57
　　　　　　　　　——家电柜　　　　　　　　　　　　　　3 575.57
　　贷：应交税费——应交增值税（销项税额）　　　　　　　18 361.05

【解析】　柜组不含税销售额=含税销售额÷（1+13%）
　　　　　柜组销项税额=该柜组不含税销售额×13%

经过价税分解和账务调整之后，"主营业务收入"账户所反映的销售收入为不含税收入，这才是企业真正的收入，如百货组的收入为43 200-4 969.91=38 230.09（元）。

（2）假设维利商场5月份商品进销差价率为20%，计算已销商品应分摊的进销差价。

已销商品应分摊的进销差价=总销售收入×进销差价率
　　　　　　　　　　　　=159 600×20%
　　　　　　　　　　　　=31 920（元）

借：商品进销差价　　　　　　　　　　　　　　　　　　　31 920
　　贷：主营业务成本　　　　　　　　　　　　　　　　　　31 920

【解析】　在计算出已销商品应分摊的进销差价后，再贷记"主营业务成本"账户，可以将含税的售价调整为已销商品的进价成本。为了简化核算手续，对已销商品应分摊的进销差价不逐日计算结转，而是到月末按一定的方法计算出已销商品应分摊的进销差价后，再集中结转进行调整。

> **思考**　计算已销商品应分摊的进销差价的方法有几种？

第四节　已销商品进销差价的计算与结转

实行售价金额核算法的零售企业平时按商品售价结转商品销售成本，月末需要通过计算和结转已销商品的进销差价，将商品销售成本由售价调整为进价，以反映和核算商品销售业务的经营成果。零售企业计算已销商品进销差价的方法有综合差价率推算法、分柜组差价率推算法和实际进销差价计算法三种。

一、综合差价率推算法

综合差价率推算法是根据企业经营的全部商品存、销比例，平均分摊商品进销差价的一种方法。具体的计算方法是先将期末结转前的"商品进销差价"账户余额，除以期末"库存商品"账户余额加上"受托代销商品"账户余额[⊖]与本期商品销售收入之和，计算出本期商品的综合差价率，再乘以本期商品销售收入，计算出已销商品的进销差价。其计算公式如下：

$$综合差价率 = \frac{结转前"商品进销差价"账户余额}{期末"库存商品"账户余额 + 期末"受托代销商品"账户余额 + 本期商品销售收入} \times 100\%$$

$$本期已销商品进销差价 = 本期商品销售收入 \times 综合差价率$$

【例5-10】 大连商贸公司2024年12月31日有关账户的资料如表5-7所示。

表5-7 2024年12月31日有关账户余额表   单位：元

账户名称	账户余额
库存商品	505 800
受托代销商品	48 000
主营业务收入	485 600
结转前"商品进销差价"	234 510

用综合差价率推算法计算并结转已销商品进销差价。

$$综合差价率 = \frac{234\ 510}{505\ 800 + 48\ 000 + 485\ 600} \times 100\% = 22.56\%$$

本期已销商品进销差价 = 485 600 × 22.56% = 109 551.36（元）

借：商品进销差价　　　　　　　　　　　　　　　　　　　109 551.36
　　贷：主营业务成本　　　　　　　　　　　　　　　　　　109 551.36

综合差价率推算法的计算与核算手续最为简便，但计算的结果不够准确，适用于所经营商品的差价率较均衡的零售企业。

> **提示**　综合差价率推算法在计算上简便，但计算出来的结果准确性较差。

二、分柜组差价率推算法

分柜组差价率推算法是按各营业柜组或门市部商品的存销比例，推算本期销售商品应分摊进销差价的一种方法。该方法要求按营业柜组分别进行计算，其计算方法与综合差价率推算法相同，财务部门可以编制"已销商品进销差价计算表"进行计算。

【例5-11】 永安商厦采用分柜组差价率推算法，在2024年12月31日有关各明细账

⊖ 仅指视同买断方式的受托代销商品，不包括收取手续费方式的受托代销商品。

户的资料如表5-8所示。

表5-8　月末分摊进销差价资料　　　　　　　　　　　　　　　　　　　　　　单位：元

营业柜组名称	月末商品进销差价余额	月末库存商品余额	本月主营业务收入发生额
服装组	15 500	37 896	29 060
日用品组	18 320	32 450	57 020
食品组	12 300	26 000	41 500
家电组	30 670	48 500	85 320
合　计	76 790	144 846	212 900

财务部门根据上述资料编制"零售商品进销差价计算分摊表",如表5-9所示。

表5-9　零售商品进销差价计算分摊表
2024年12月31日　　　　　　　　　　　　　　　　　　　　　　　　　　　单位：元

营业柜组名称	月末商品进销差价余额	月末库存商品余额	本月主营业务收入发生额	本期存销商品合计额	差价率	已销商品进销差价	期末商品进销差价
①	②	③	④	⑤=③+④	⑥=②/⑤	⑦=④×⑥	⑧=②-⑦
服装组	15 500	37 896	29 060	66 956	23.15%	6 727.39	8 772.61
日用品组	18 320	32 450	57 020	89 470	20.48%	11 677.70	6 642.30
食品组	12 300	26 000	41 500	67 500	18.22%	7 561.30	4 738.70
家电组	30 670	48 500	85 320	133 820	22.92%	19 555.34	11 114.66
合　计	76 790	144 846	212 900	357 746	—	45 521.73	31 268.27

根据计算的结果,做如下会计分录:

借:商品进销差价——服装组　　　　　　　　　　　　　　　6 727.39
　　　　　　　　——日用品组　　　　　　　　　　　　　　11 677.70
　　　　　　　　——食品组　　　　　　　　　　　　　　　 7 561.30
　　　　　　　　——家电组　　　　　　　　　　　　　　　19 555.34
　贷:主营业务成本——服装组　　　　　　　　　　　　　　　6 727.39
　　　　　　　　——日用品组　　　　　　　　　　　　　　11 677.70
　　　　　　　　——食品组　　　　　　　　　　　　　　　 7 561.30
　　　　　　　　——家电组　　　　　　　　　　　　　　　19 555.34

分柜组差价率推算法计算较简便,计算的结果较准确,但与实际相比较,仍有一定偏差。该方法适用于营业柜组间差价率较大或者需要分柜组核算其经营成果的企业。

思考　　如果期末受托代销商品账户有余额,则商品进销差价率应如何计算?

三、实际进销差价计算法

实际进销差价计算法是先计算出期末商品的进销差价，再逆算已销商品进销差价的一种方法。该方法的具体做法如下：

（1）期末由各营业柜组或门市部通过商品盘点，编制"库存商品盘存表"和"受托代销商品盘存表"[①]。

（2）根据各种商品的实存数量，乘以购进时单价，计算出全部库存商品及受托代销商品的进价总额；再分别乘以销售单价，计算出全部库存商品及受托代销商品的售价总额。用全部库存商品及受托代销商品的售价总额减去其进价总额，求得库存商品应保留的进销差价。

（3）用月末分摊前的"商品进销差价"账户余额减去库存商品应保留的进销差价，计算得出本期已销商品进销差价。

"库存商品盘存表"和"受托代销商品盘存表"一式数联，其中一联送交财务部门，复核无误后，据以编制"商品盘存汇总表"。期末商品进销差价、已销商品进销差价的计算公式为：

期末商品进销差价 = 期末库存商品售价金额 − 期末库存商品进价金额 +
期末受托代销商品售价金额 − 期末受托代销商品进价金额

已销商品进销差价 = 结账前商品进销差价账户余额 − 期末商品进销差价

【例5-12】华宜商贸公司采用实际进销差价计算法，2024年12月31日服装组、百货组和食品组的库存商品盘存表与服装组和百货组的受托代销商品盘存表均从略。

根据各营业柜组的库存商品盘存表和受托代销商品盘存表编制"商品盘存汇总表"，如表5-10所示。

表5-10 商品盘存汇总表　　　　　　　　　　　　　　　　　　　单位：元

营业柜组	库存商品售价金额	库存商品进价金额	受托代销商品售价金额	受托代销商品进价金额	盘存商品进销差价	结转前商品进销差价
服装组	752 850.00	696 750.00	37 000.00	31 758.00	61 342.00	89 230.10
食品组	345 050.20	290 442.00	25 000.00	19 854.60	59 753.60	68 339.00
百货组	280 820.00	263 331.00	—	—	17 489.00	26 540.00
合　计	1 378 720.20	1 250 523.00	62 000.00	51 612.60	138 584.60	184 109.10

财务部门根据上述资料编制"零售商品进销差价计算分摊表"，如表5-11所示。

[①] 仅指视同买断方式的受托代销商品，不包括收取手续费方式的受托代销商品。

表5-11　零售商品进销差价计算分摊表

2024年12月31日　　　　　　　　　　　　　　　　　　　　　　　　　单位：元

营 业 柜 组	结转前商品进销差价	盘存商品进销差价	本期销售商品应结转的商品进销差价
服装组	89 230.10	61 342.00	27 888.10
食品组	68 339.00	59 753.60	8 585.40
百货组	26 540.00	17 489.00	9 051.00
合　　计	184 109.10	138 584.60	45 524.50

计算各营业柜组本期已销商品进销差价过程如下：

服装组已销商品进销差价=89 230.10-61 342.00=27 888.10（元）

食品组已销商品进销差价=68 339.00-59 753.60=8 585.40（元）

百货组已销商品进销差价=26 540.00-17 489.00=9 051.00（元）

根据计算的结果，做如下会计分录：

借：商品进销差价——服装组　　　　　　　　　　　　　　27 888.10

　　　　　　　　——食品组　　　　　　　　　　　　　　8 585.40

　　　　　　　　——百货组　　　　　　　　　　　　　　9 051.00

　贷：主营业务成本——服装组　　　　　　　　　　　　　27 888.10

　　　　　　　　——食品组　　　　　　　　　　　　　　8 585.40

　　　　　　　　——百货组　　　　　　　　　　　　　　9 051.00

实际进销差价计算法计算的结果准确，但计算的工作量很大。适用于经营商品品种较少的企业，或在企业需要反映其期末库存商品实际价值时采用。在实际工作中，为了简化计算手续，准确地计算已销商品进销差价，往往在平时采取分柜组差价率推算法，到年末采用实际进销差价计算法，以保证整个会计年度核算资料的准确性。随着计算机技术的广泛应用，大中型商品流通企业更多地采用了财务软件系统，这将更方便快捷于商品零售企业的商品进销差价的结转工作。

四、计算已销商品进销差价方法的比较

综合差价率推算法、分柜组差价率推算法和实际进销差价计算法计算已销商品进销差价的优缺点及适用范围，如表5-12所示。

表5-12　计算已销商品进销差价方法比较

方　　法	优　　点	缺　　点	适用范围
综合差价率推算法	计算简便	由于各种商品的进销差价不一，销售比重也不尽相同，计算结果的准确性较差，影响已销商品实现的进销差价及库存商品应保留进销差价的准确性	经营品种较少的企业

（续）

方　　法	优　　点	缺　　点	适用范围
分柜组差价率推算法	计算范围缩小到商品大类或柜组，结果比综合差价率推算法更准确	每个商品大类或柜组都要计算商品差价率，工作量较大	适用于营业柜组间差价率较大或者需要分柜组核算其经营成果的企业
实际进销差价计算法	计算准确，月末使用后起到了调整已结转商品进销差价的作用	查找各种商品的进价比较困难，逐一计算每种商品的进价和售价金额工作量很大	一般在年末使用；采用计算机操作的企业建议采用该方法

第五节　商品零售企业商品储存的核算

商品零售企业为了使商品流通正常进行，满足市场的需求，就需要保持适当的商品储存。由于采用售价金额核算法，平时应加强对库存商品的管理，尤其是零售商品储存的核算，以便随时掌握商品储存的情况，保护企业财产的安全与完整。商品零售企业商品储存的核算，包括商品的调价、削价、内部调拨、盘点溢余和短缺等内容。

一、库存商品调价的核算

商品调价是指商品零售企业根据市场供需情况或国家物价政策，对某些正常商品的价格进行适当地调高或调低。实行售价金额核算法的商品零售企业，库存商品按售价金额核算，商品销售价格的变动会直接影响库存商品的金额。因此，对于因调价而变动的金额，应在库存商品明细账中作增减记录。通常情况下，应在规定调价日期的前一天营业结束后，由核价人员、财务人员和各营业柜组对调价商品进行详细盘点，按照实际库存数量由营业柜组填制"商品调价差额调整单"一式数联，其中一联送交财务部门，其余联次交有关部门，如表5-13所示。财务部门复核无误后，对调高售价金额的库存商品，借记"库存商品"账户，贷记"商品进销差价"账户；在调低售价金额时，则借记"商品进销差价"账户，贷记"库存商品"账户。

表5-13　商品调价差额调整单

填报部门：　　　　　　　　　　　　年　月　日　　　　　调价通知：调字第　号　　编号

品　名	计量单位	盘存数量	零售单价		调整单价差额		调高金额	调低金额
			新价	原价	增加	减少		
合　计								

【例5-13】 兴安汽车修理公司根据市场情况将部分汽车零配件从2024年5月1日起调整零售价格，甲实物负责小组经过盘点后，编制"商品调价差额调整单"如表5-14所示。

表5-14　商品调价差额调整单

填报部门：甲实物负责小组　　　　　2024年5月1日　　　　　　　　　　编号：201

品　名	计量单位	盘存数量	零售单价/元		调整单价差额/元		调高金额/元	调低金额/元
			原价	新价	增加	减少		
刮雨刷	个	120	68	59		9		1 080
车用音响	个	140	280	240		40		5 600
合　计		—	—	—				6 680

财务部门收到甲实物负责小组转来的"商品调价差额调整单"后，做会计分录如下：

借：商品进销差价——甲实物负责小组　　　　　　　　　　　　　　6 680
　　贷：库存商品——甲实物负责小组　　　　　　　　　　　　　　　6 680

思考　　例5-13中，如果调高价格6 680元，应如何做账务处理？

二、商品削价的核算

商品削价是对库存中呆滞、冷背、残损、变质的商品所做的降价处理。造成零售企业商品削价的原因有很多，如运输、保管过程中的管理不当，进货不对路，库存过多等。一旦发生商品残损变质等情况，就会影响商品内在与外观的质量。为了减少商品损失，应根据商品呆滞积压情况或残损变质的程度，按照规定的审批权限，报经批准后进行削价处理。商品削价处理时，必须进行商品盘点，查明数量，确定削价幅度，并由实物负责小组负责人填制"商品削价报告单"一式数联，报经有关领导批准后削价处理。"商品削价报告单"如表5-15所示。

表5-15　商品削价报告单

××实物负责小组　　　　　　　　　　年　月　日　　　　　　　　　　编号：

商品编号	品名规格	单位	库存数量	购进价		削价前零售价		削价后零售价		削价金额	
				单价	金额	单价	金额	单价	金额	高于可变现净值	低于进价
削价原因				柜组意见：			领导批示：				

商品削价后，如果可变现净值（即不含增值税的新售价减去预计销售费用后的金额）高于成本，则根据削价减值金额借记"商品进销差价"账户，贷记"库存商品"账户，以调整其账面价值。商品削价后，可变现净值低于成本时，除了根据削价减值金额借记"商品进销差价"账户，贷记"库存商品"账户，以调整其账面价值外，还可以计提存货跌价准备。

【例5-14】 远东购物中心服装组发现120件女式衬衣的式样已陈旧，其原零售单价为120元，经批准削价为80元。该女式衬衣的单件进价为90元，估计销售费用为2元，增值税税率为13%，计算其可变现净值如下：

女式衬衣削价后不含增值税售价=80×120÷1.13=8 495.58（元）

女式衬衣可变现净值=8 495.58－2×120=8 255.58（元）

女式衬衣可变现净值低于成本的差额=90×120－8 255.58=2 544.42（元）

（1）根据削价减少的售价金额调整其账面价值。

借：商品进销差价——服装组　　　　　　　　　　　　　　　　4 800
　　贷：库存商品——服装组［（120－80）×120］　　　　　　　　4 800

（2）同时，根据可变现净值低于存货成本的差额计提存货跌价准备。

借：资产减值损失——存货减值损失　　　　　　　　　　　　2 544.42
　　贷：存货跌价准备　　　　　　　　　　　　　　　　　　　2 544.42

（3）销售削价的女衬衣30件，收入现金2 400元。

借：库存现金　　　　　　　　　　　　　　　　　　　　　　2 400
　　贷：主营业务收入——服装组　　　　　　　　　　　　　　2 400

（4）同时，结转其销售成本。

借：主营业务成本——服装组　　　　　　　　　　　　　　　2 400
　　贷：库存商品——服装组　　　　　　　　　　　　　　　　2 400

（5）转销其计提的存货跌价准备。

借：存货跌价准备　　　　　　　　　　　　　　　　　　　　636.11
　　贷：资产减值损失——存货减值损失［2 544.42÷120×30］　636.11

> **提示** 例5-14中，月末还需做两笔调整分录，一笔将主营业务收入与销项税额分开，另一笔要调整本月已销商品实现的进销差价（此处略）。
>
> 另外，在对存货损失的处理上，会计制度规定由于预见存货可能遭受损失或不符合市价，出于会计上的"谨慎性"，企业在期末要计提"存货跌价准备"，但税法上不予认可。

三、库存商品内部调拨的核算

商品内部调拨是指商品零售企业在同一独立核算单位内部各实物负责小组之间调剂商品而进行的商品调拨。具体表现为各营业柜组或门市部之间为了调剂商品余缺所发生的商品转移;或设有专职仓库保管员对库存商品单独进行核算和管理的企业,当营业柜组或门市部向仓库提取商品时,所发生的商品调拨转移。

商品内部调拨只转移各实物负责人之间的经济责任,不作为商品销售处理,也不涉及资金结算。调拨商品时,一般由实物负责人或调出部门填制"商品内部调拨单",如表5-16所示。"商品内部调拨单"作为调拨双方办理商品交接、转账之用。财务部门接到"商品内部调拨单"时,要及时调整账面记录,并在各实物负责人明细账中反映商品增减,借记调入部门库存商品的明细账户,贷记调出部门库存商品的明细账户,"库存商品"账户的总额保持不变。采取分柜组差价率推算法分摊已销商品进销差价的企业,还要相应调整"商品进销差价"账户记录,借记调出部门商品进销差价的明细账户,贷记调入部门库存商品的明细账户。

表5-16　商品内部调拨单

调入部门:　　　　　　　　　　　年　月　日　　　　　　　　　调出部门:

品名	计量单位	数量	零售价格		购进价格		商品进销差价
			单价	金额	单价	金额	
合计							

【例5-15】　人民健康药店西药柜组从抗菌消炎柜组调入商品,西药柜组填制"商品内部调拨单"如表5-17所示,企业采取分柜组差价率推算法分摊已销商品进销差价。

表5-17　商品内部调拨单

调入部门:西药柜组　　　　　　2024年10月25日　　　　　　调出部门:抗菌消炎柜组

品名	计量单位	数量	零售价格/元		购进价格/元		商品进销差价/元
			单价	金额	单价	金额	
大光牌乳酸菌素片	袋	220	3.80	836	2.80	616	220
达森牌利君沙	盒	175	16.00	2 800	11.00	1 925	875
齐峰牌头孢克肟片	盒	380	28.00	10 640	19.00	7 220	3 420
合计		—	—	14 276	—	9 761	4 515

财务部门收到西药柜组转来的"商品内部调拨单"后,做会计分录如下:
借:库存商品——西药柜组　　　　　　　　　　　　　　　　　　　　14 276
　　贷:库存商品——抗菌消炎柜组　　　　　　　　　　　　　　　　　14 276

借：商品进销差价——抗菌消炎柜组　　　　　　　　　　　　　　　　4 515
　　贷：商品进销差价——西药柜组　　　　　　　　　　　　　　　　　　4 515

四、库存商品盘点溢余短缺的核算

商品零售企业对库存商品采取售价金额核算法时，库存商品是按实物负责人进行分类管理和核算的，平时只反映和掌握各营业柜组或门市部商品进、销、存的售价金额，而不反映和掌握商品的结存数量。因此，只有通过实地盘点，逐项计算其总售价，再与当天"库存商品"账户余额进行核对，才可以核实库存商品账面金额与实存数是否相符。通过商品盘点还可以检查商品的库存数量是否合理，商品是否有残缺，品种是否齐全，适销是否对路等，从而发现商品储存和管理中存在的问题，并及时采取措施加以改进。

商品零售企业应严格遵守和执行商品盘点制度，每月至少进行一次定期的全面盘点。当发生部门实物负责人调动、企业内部柜组调整、商品调价和削价等情况时，可根据具体需要，进行不定期的全面盘点或局部盘点，以加强对库存商品的管理。

商品盘点发生账实不符时，营业柜组或门市部应填制"商品盘点溢余短缺报告单"，一式数联报送企业领导审批后，其中一联送交财务部门作为账务处理的依据。由于商品盘点溢余或短缺是以商品的售价金额来反映的，在"商品盘点溢余短缺报告单"中，还需要将其调整为进价金额。财务部门在商品溢余或短缺原因尚未查明前，应将溢余或短缺商品的进价金额先转入"待处理财产损溢"账户，以确保账实相符，等查明原因后，再做相应处理。

（一）库存商品盘点溢余的核算

商品盘点溢余是指商品盘存金额大于账面结存金额的差额。发生库存商品盘点溢余时，应及时查明原因，报请管理层批准后做相关处理。对于商品溢余，如属销售单位多发商品，则应作为商品购进补付货款；如属自然升溢，则应冲减"管理费用"账户。

【例5-16】 广宇大型购物广场2024年5月31日盘点商品时，发现食品组溢余210元，填制"商品盘点溢余短缺报告单"，如表5-18所示。

表5-18　商品盘点溢余短缺报告单

部门：食品组　　　　　　　　　　　2024年5月31日　　　　　　　　　　　单位：元

账存金额	246 780.00	溢余金额	210.00	溢余短缺原因	自然升溢
实存金额	246 990.00	短缺金额			
上月本柜组差价率			28%		
溢余商品差价	58.80	溢价商品进价	151.20		
短缺商品差价		短缺商品进价			
领导批复	同意　张达明		部门意见	要求做管理费用处理	

（1）财务部门收到"零售商品盘点表"及"商品盘点溢余短缺报告单"等原始凭证。

借：库存商品——食品组　　　　　　　　　　　　　　　　　210.00
　　　贷：待处理财产损溢——食品组　　　　　　　　　　　　151.20
　　　　　商品进销差价——食品组　　　　　　　　　　　　　 58.80

（2）2024年5月31日，经领导批复，将溢余商品成本冲减"管理费用"。

借：待处理财产损溢——食品组　　　　　　　　　　　　　　151.20
　　　贷：管理费用——商品溢余　　　　　　　　　　　　　　151.20

（二）库存商品盘点短缺的核算

商品盘点短缺是指商品盘存金额小于账面结存金额的差额。造成短缺的原因也是多方面的，包括商品少收、多付的差错，以及贪污、盗窃等。在未查明原因之前，为使账实相符，应先调整账面，按短缺商品的售价记入"库存商品"账户，同时按上月末进销差价率计算短缺商品的进价和进项税额，以及进销差价金额，分别记入"应交税费——应交增值税（进项税额转出）""待处理财产损溢"和"商品进销差价"账户。待查明原因后，再从"待处理财产损溢"账户转入有关账户。

实际工作中，为了简化核算手续，对于商品盘点发生的溢余和短缺，在未查明原因前，也可按售价金额转入"待处理财产损溢"账户，待查明原因后处理时，再调整"商品进销差价"账户。

【例5-17】 广宇大型购物广场2024年5月31日盘点商品时，发现服装组短缺1 200元，填制"商品盘点溢余短缺报告单"，如表5-19所示。

表5-19　商品盘点溢余短缺报告单

部门：服装组　　　　　　　　　　2024年5月31日　　　　　　　　　　单位：元

账存金额	426 910	溢余金额		溢余短缺原因	销货发错商品
实存金额	425 710	短缺金额	1 200		
上月本柜组差价率			25%		
溢余商品差价		溢价商品进价			
短缺商品差价	300	短缺商品进价	900		
领导批复	同意　张达明	部门意见		要求做企业损失处理	

（1）财务部门收到"零售商品盘点表"及"商品盘点溢余短缺报告单"等原始凭证。

借：待处理财产损溢——服装组　　　　　　　　　　　　　　900
　　商品进销差价——服装组　　　　　　　　　　　　　　　 300
　　　贷：库存商品——服装组　　　　　　　　　　　　　　 1 200

（2）2024年5月31日领导批复，将短缺商品做企业损失处理。

借：销售费用——商品损耗　　　　　　　　　　　　　　1 017
　　贷：待处理财产损溢——服装组　　　　　　　　　　　　　　900
　　　　应交税费——应交增值税（进项税额转出）　　　　　　　117

【解析】短缺商品如果属于自然灾害造成的，则应将扣除残料价值和保险公司赔款后的净损失转入"营业外支出——非常损失"处理。

> **提示**
>
> 对于实行"售价金额核算"的商品流通企业，要对商品进价与售价之间所形成的商品进销差价进行检查。其主要内容包括：
>
> （1）检查进销差价的核算和管理是否正确、合规，每月计算已销商品进销差价前是否认真进行商品盘点，保证账实相符；有关进销差价变动的调价、削价、盘盈、盘亏等账项是否均已调整完毕；年终决算前是否对商品进销差价进行一次核实调整，有无多计、少计、漏计、重计造成进销差价不实的情况。
>
> （2）检查商品进销差价的计算和分摊是否准确、合理，综合差价率或分类差价率的计算是否正确，已销商品与期末库存商品分摊的进销差价是否合理。
>
> （3）检查已实现的商品进销差价是否真实，有无任意调整商品进销差价率而掩饰非法收支和虚增、虚减利润的情况。

第六节　鲜活商品的核算

商品流通企业经营零售商品中有一部分属于农副业生产的鲜活商品，包括鱼、肉、禽、蛋、蔬菜和瓜果等。鲜活商品具有以下几个特点：

（1）鲜活商品在经营过程中，经常会发生质量等级的变化，一般需要经过清选整理，分等分级。

（2）鲜活商品随时需要调整零售价格，由此会产生不同的时价。

（3）鲜活商品交易频繁，且数量零星。

（4）鲜活商品容易腐烂变质，损耗数量难以掌握。

鲜活商品的会计核算难以控制其售价和数量，为简化核算，通常采用进价金额核算法。但是对于一些质量较为稳定、等级变化不大而又无须随时调整售价的商品，也可采用售价金额核算法。本节着重介绍在进价金额核算法下，鲜活商品的会计核算。

进价金额核算法又称"进价记账、盘存计销"，是指以进价总金额控制实物负责人（或柜组）经营商品进、销、存情况的一种核算方法。其核算特点有：商品购进后，登记按实物负责人设置的"库存商品"明细账，只记进价金额，不记数量；商品销售后，按实际取得的销售收入,贷记"主营业务收入"账户,平时不结转商品销售成本,定期进行实地盘点,查明实存数量,用倒挤的方法计算并结转商品销售成本。

> **提示** 2019年3月21日,财政部、国家税务总局、海关总署等三部门发布《关于深化增值税改革有关政策的公告》。公告明确,增值税一般纳税人发生增值税应税销售行为或者进口货物,原适用16%税率的,税率调整为13%;原适用10%税率的,税率调整为9%。对于购进农产品:原适用10%扣除率的,扣除率调整为9%。实施时间为2019年4月1日起。

一、鲜活商品购进的核算

经营鲜活商品的零售企业,主要是向批发企业购进商品,也可以直接向农户采购商品。商品的交接方式,一般采用"提货制"或"送货制"。货款结算主要采用转账支票和现金结算方式。

商品购进的业务程序一般是:由购货单位委派采购员到销售单位采购商品,由销售单位开具增值税专用发票。在采用"提货制"的情况下,采购员在取得增值税专用发票后,当场据以验收商品。商品运回后,由实物负责人(或柜组)根据采购员带回的增值税专用发票,对商品进行复验。在采用"送货制"的情况下,则由采购员取回增值税专用发票,直接交给实物负责人(或柜组),由其负责验收。

不论采用何种商品交接方式,实物负责人(或柜组)验收商品后,都要填制"收货单"一式数联,其中一联连同销售单位的增值税专用发票一并送交财务部门。财务部门审核无误后,根据增值税专用发票和转账支票存根联,借记"在途物资"账户和"应交税费"账户,贷记"银行存款"账户;根据"收货单",借记"库存商品"账户,贷记"在途物资"账户。库存商品按经营商品的类别进行明细核算。

【例5-18】花园副食品商厦2024年5月10日向南马水产公司购入各种海鱼一批,计货款12 480元,增值税税额1 622.40元,款项已付,商品已由海鲜组验收后,填制"收货单",如表5-20所示。

表5-20 收货单

收货部门:海鲜组　　　　　2024年5月10日　　　　单位:元　　编号:2130

品　名	计量单位	应收数量	实收数量	单　价	应收金额	实收金额	溢余金额	短缺金额	处理意见
三道鳞鱼	kg	200	200	24	4 800	4 800			
黄花鱼	kg	150	150	16	2 400	2 400			
鱿鱼	kg	240	240	22	5 280	5 280			
合　计					12 480	12 480			

（1）收到销售单位的增值税专用发票，签发转账支票。

借：在途物资——南马水产公司　　　　　　　　　　　　　12 480
　　应交税费——应交增值税（进项税额）　　　　　　　　1 622.40
　　贷：银行存款　　　　　　　　　　　　　　　　　　　14 102.40

（2）营业柜组转来"收货单"，财务部门审核后登记入账。

借：库存商品——海鲜组　　　　　　　　　　　　　　　　12 480
　　贷：在途物资——南马水产公司　　　　　　　　　　　12 480

鲜活商品的"库存商品"明细账要按照营业柜组以进价金额登记。零售企业在验收鲜活商品时，如果发现实收数量与应收数量不符，就要及时查明原因。对于短缺商品，若确属销售单位少发，可以要求其补发商品或退回多收货款；若属运输途中的损耗，则作为采购成本列支。对于溢余商品，若确属销售单位多发，应补作进货，并补付销售单位货款，或者将其多发商品如数退回。

> **提示**　"进价金额核算法"与"售价金额核算法"的区别：向营业柜组拨货时按进价记账，营业柜组售出商品交回货款时，只反映主营业务收入，不随之注销已销商品成本，待月末盘点商品时，按最后进价计算库存商品余额，再按相关公式计算并结转已销商品进价成本。

二、鲜活商品销售的核算

经营鲜活商品的零售企业，其销售方式主要是现金交易。每日营业终了，由各营业柜组根据实收的销货款填制"商品销售收入缴款单"一式数联，连同当天的销货款一并送交财务部门。财务部门当面点清后，应由出纳人员在"商品销售收入缴款单"上签字，并加盖现金收讫章，其中一联退回缴款部门留存备查，财务部门自留一联。然后将各营业柜组交来的销售款汇总后，全部解缴银行。但是，企业取得的销货款是含税的收入，其中包含销项税额，因此，需要定期或不定期将含税的收入调整为真正的销售收入。其计算公式为：

$$销售收入 = \frac{含税收入}{1 + 增值税税率}$$

【例5–19】5月12日，花园副食品商厦财务部门收到各营业柜组交来的商品销售收入缴款单，其中，禽蛋组为5 850元，肉食组为9 546元，海鲜组为9 500元，蔬菜组为7 488元，增值税税率为9%。

（1）将销项税额从销售收入中分离。

禽蛋组销项税额 = 5 850 ÷ 1.13 × 13% = 673.01（元）

肉食组销项税额=9 546÷1.13×13%=1 098.21（元）

海鲜组销项税额=9 500÷1.13×13%=1 092.92（元）

蔬菜组销项税额=7 488÷1.13×13%=861.45（元）

合计：673.01+1 098.21+1 092.92+861.45=3 725.59（元）

借：库存现金　　　　　　　　　　　　　　　　　　　　　　32 384

　　贷：主营业务收入——禽蛋组〔5 850÷1.13〕　　　　　5 176.99

　　　　　　　　　　——肉食组〔9 546÷1.13〕　　　　　8 447.79

　　　　　　　　　　——海鲜组〔9 500÷1.13〕　　　　　8 407.08

　　　　　　　　　　——蔬菜组〔7 488÷1.13〕　　　　　6 626.55

　　　　应交税费——应交增值税（销项税额）　　　　　　　3 725.59

（2）将现金全部解缴银行，取得缴款单回单。

借：银行存款　　　　　　　　　　　　　　　　　　　　　　32 384

　　贷：库存现金　　　　　　　　　　　　　　　　　　　　32 384

> **思考** 在取得销售收入的同时，销售成本如何处理？

三、鲜活商品储存的核算

鲜活商品在储存过程中发生损耗、调价、削价等情况，一般不进行账务处理，月末体现在商品销售成本内。但对于发生的责任事故，应及时查明原因，在报经领导批准后，根据不同情况处理。若作为企业损失时，应列入"营业外支出"账户；若由当事人承担经济责任时，则列入"其他应收款"账户。

期末，由各营业柜组对实存商品进行盘点，将盘存商品的数量填入"商品盘存表"，以原进价或最后一次进货单价作为期末库存商品的单价，计算出各种商品的结存金额，进而计算出期末库存商品结存金额，然后采取倒挤法计算商品销售成本。在实际工作中，一般可编制"商品销售成本计算表"进行计算。

其计算公式为：

本期商品销售成本 = 期初结存商品金额 + 本期收入商品金额
－ 本期非销售发出商品金额 － 期末结存商品金额

【例5-20】花园副食品商厦2024年5月31日编制商品销售成本计算表如表5-21所示。其中，本期非销售发出商品金额为保管人员失职造成的商品变质损坏，批准后已做处理。

表5-21　商品销售成本计算表

2024年5月31日　　　　　　　　　　　　　　　　　　　　　　　　单位：元

实物负责小组	项目				
	期初结存商品金额	本期收入商品金额	本期非销售发出商品金额	期末商品结存金额	本期商品销售成本
	①	②	③	④	⑤=①+②-③-④
禽蛋组	31 480.00	120 500.00	510.00	31 250.00	120 220.00
肉食组	33 650.00	143 850.00		33 175.00	144 325.00
海鲜组	27 952.30	110 943.00		29 546.00	109 349.30
蔬菜组	6 850.00	72 120.00		67 440.00	11 530.00
合　计	99 932.30	447 413.00	510.00	161 411.00	385 424.30

财务部门据以结转商品销售成本，做会计分录如下：

借：主营业务成本——禽蛋组　　　　　　　　　　　　　　　　　120 220
　　　　　　　　——肉食组　　　　　　　　　　　　　　　　　144 325
　　　　　　　　——海鲜组　　　　　　　　　　　　　　　　　109 349.30
　　　　　　　　——蔬菜组　　　　　　　　　　　　　　　　　11 530
　　贷：库存商品——禽蛋组　　　　　　　　　　　　　　　　　120 220
　　　　　　　　——肉食组　　　　　　　　　　　　　　　　　144 325
　　　　　　　　——海鲜组　　　　　　　　　　　　　　　　　109 349.30
　　　　　　　　——蔬菜组　　　　　　　　　　　　　　　　　11 530

进价金额核算法核算手续简便，但是由于平时不能反映出商品的实际库存，月末采用"盘存计销"的方法逆算商品销售成本，因此，差错事故和商品损耗均计入了商品销售成本，不易发现企业在经营管理中存在的问题，所以经营鲜活商品的企业必须加强进货验收制度和销货管理制度。

思考　　如果经营鲜活商品的企业采用"进价记账，售价控制"方式的进价金额核算法进行账务处理，则应如何处理？

第七节　图书发行企业商品的核算

一、图书发行企业商品购进的核算

图书发行企业实行售价金额核算法，对购进图书商品均按图书码价核算和记账。"图书码价"，又称图书售价，是指图书定价的总和，它是由出版社根据国家规定的图书定价标准（印在每本书的版权页和封底上）决定发行的价格。"商品进销差价"账户核算在图书码价基础上，按一定比例享受的进货折扣。码价与折价的差额，则属于图书商品的实价。

【例5-21】长春新华书店从科学出版社购进一批图书，码价为80 000元，出版社按码价的80%收取货款，新华书店得到20%的进货折扣，实付价款64 000元，增值税税额为5 760元，以银行存款支付，并取得增值税专用发票。

（1）长春新华书店购入图书，款项以转账支票形式支付。

借：在途物资——科学出版社　　　　　　　　　　　　　　　　64 000
　　应交税费——应交增值税（进项税额）　　　　　　　　　　 5 760
　　贷：银行存款　　　　　　　　　　　　　　　　　　　　　69 760

（2）图书已交书店经济类组验收入库。

借：库存商品——经济类组　　　　　　　　　　　　　　　　　80 000
　　贷：商品进销差价——经济类组　　　　　　　　　　　　　16 000
　　　　在途物资——科学出版社　　　　　　　　　　　　　　64 000

> **提示**
>
> 自2019年4月1日起，增值税一般纳税人销售交通运输、邮政、基础电信、建筑、不动产租赁服务，销售不动产，转让土地使用权，销售或者进口下列货物，税率为9%：
>
> （1）粮食、食用植物油、食用盐。
>
> （2）自来水、暖气、冷气、热水、煤气、石油液化气、天然气、二甲醚、沼气、居民用煤炭制品。
>
> （3）图书、报纸、杂志、音像制品、电子出版物。
>
> （4）饲料、化肥、农药、农机、农膜。
>
> （5）国务院规定的其他货物。

二、图书发行企业商品销售核算

图书发行企业应根据图书商品时效性较强的特性，采取多种销售商品的方式及时地将商品销售出去，如通过门市、流动供应、机关服务、邮寄代销和特约经销等。图书发行企业销售商品的货款结算以现金的直接交易为主，少数对机关、团体或企业的销售业务可采用转账结算方式结算货款。

【例5-22】长春新华书店4月份销售图书码价总额120 000元，月末按固定折扣30%计算主营业务成本。

（1）按销售码价（售价）销售图书。

借：银行存款　　　　　　　　　　　　　　　　　　　　　　120 000

贷：主营业务收入　　　　　　　　　　　　　　　　　　　　　　120 000

（2）月终通过"固定折扣率法"或"账面折扣率法"计算主营业务成本，并结转"库存商品"和已销商品的进销差价。

$$\text{主营业务成本}=120\,000\times 70\%=84\,000（元）$$

$$\text{已销商品的进销差价}=120\,000-84\,000=36\,000（元）$$

月末根据计算结果，编制如下会计分录：

　　借：商品进销差价——某实物负责小组负责人　　　　　　　　　36 000
　　　　主营业务成本——某实物负责小组负责人　　　　　　　　　84 000
　　　贷：库存商品——某实物负责小组负责人　　　　　　　　　　120 000

（3）月末进行价税分解。

$$\text{不含税销售额}=\text{含税销售额}\div(1+\text{增值税税率})=120\,000\div(1+9\%)=110\,091.74（元）$$

$$\text{销项税额}=\text{不含税销售额}\times\text{增值税税率}=110\,091.74\times 9\%=9\,908.26（元）$$

　　借：主营业务收入——图书柜组　　　　　　　　　　　　　　　9 908.26
　　　贷：应交税费——应交增值税（销项税额）　　　　　　　　　9 908.26

如果企业采用"账面折扣率法"计算主营业务成本，则要按照"商品进销差价""库存商品"两个账户的期末余额之比确定折扣率。

确定主营业务成本的计算公式为：

$$\text{本期主营业务成本}=\text{本期销售总码价}\times(1-\text{商品进销差价期末余额}\div\text{库存商品期末余额})$$

本章小结

知识点1：为简化核算记账工作，商品零售企业一般采用售价金额核算法。售价金额核算法是指"库存商品"总账和明细账只反映商品的售价金额，不反映实物数量和进价的一种核算方法。售价金额核算法的主要内容有：建立实物负责制、对库存商品按售价记账、设置"商品进销差价"账户、加强商品盘点和健全手续制度。

知识点2：无论商品零售企业采用何种形式的商品购进业务，都应根据增值税专用发票、商品验收单、结算凭证、运输费用单据和送货单、零售商品收货单等原始凭证进行分析，以商品含税售价借记"库存商品"账户，商品含税售价与不含税进价之间的差额贷记"商品进销差价"账户。

知识点3：商品零售企业在门市销售业务的账务处理中，平时按已销商品的含税售价确认商品销售收入，在确认销售收入的同时，按含税售价结转已销商品的成本，以注销库存商品。月终，做两笔调整分录：一是将全月含税销售收入中的销项税额剥离出来，贷记"应交税费——应交增值税（销项税额）"账户；二是按一定的方法计算出全月已销商品应分摊的进销差价，再集中结转调整商品销售成本。

知识点4：已销商品进销差价计算方法有综合差价率推算法、分柜组差价率推算法和实际进销差价计算法三种。企业可以根据自身的管理需要选择已销商品进销差价的计算方法。在实际工作中，为了做到简化计算手续，准确地计算已销商品进销差价，往往在平时采用分柜组差价率推算法，到年终采用实际进销差价计算法，以保证整个会计年度核算资料的准确性。

知识点5：商品零售企业为了使商品流通正常进行，满足市场的需求，需要保持适当的商品储存。零售商品储存的核算包括商品的调价、削价、内部调拨、盘点溢余和短缺等内容。其中，商品零售企业应严格遵守和执行商品盘点制度。每月至少进行一次定期的全面盘点。商品盘点发生账实不符时，应及时查明原因并进行账务调整。

知识点6：商品流通企业经营的零售商品中有一部分属于农副业生产的鲜活商品，鲜活商品具有交易频繁，且数量零星，易腐烂变质，损耗数量难以掌握等特点。为简化核算，通常采用进价金额核算法，即"进价记账、盘存计销"。该方法是指以进价总金额控制实物负责小组负责人（或柜组）经营商品进、销、存情况的一种核算方法。商品购进后，登记按实物负责小组负责人设置的"库存商品"明细账，只记进价金额，不记数量。商品销售后，按实际取得的销售收入，贷记"主营业务收入"账户，平时不结转商品销售成本，定期进行实地盘点，查明实存数量，用倒挤的方法计算并结转商品销售成本。

知识点7：图书发行企业实行售价金额核算法，对购进图书商品均按图书码价核算和记账。"图书码价"又称图书售价，是指图书定价的总和。"商品进销差价"账户核算在图书码价基础上，按一定比例享受进货折扣。码价与折价的差额，则属于图书商品的实价。

1. 简述商品零售企业的经营特点及售价金额核算法的主要内容。
2. 在商品购进业务核算中，采用售价金额核算法与采用数量进价金额核算法的企业账务处理时有何不同？为什么？
3. 商品零售企业商品销售收入的收款方式有哪几种？各有何优缺点？
4. 采用售价金额核算法时，月末要调整商品销售成本和商品销售收入的原因是什么？如何调整？
5. 简述已销商品进销差价计算方法的优缺点及适用范围。
6. 简述分柜组差价率推算法的计算过程。
7. 什么是商品内部调拨？企业进行商品内部调拨时应如何处理？

8. 鲜活商品具有什么特点？应采用何种商品流转方法？
9. 简述"进价记账、盘存计销"方法的主要内容。
10. 简述图书发行企业商品购进核算过程。

自 测 题

一、名词解释

分散解缴　集中解缴　综合差价率推算法　分柜组差价率推算法　实际进销差价计算法　商品调价　商品削价　商品内部调拨　商品盘点溢余　图书码价

二、判断题

1. 采用售价金额核算法的企业购进商品发生短缺或溢余时，应按商品的售价记入"待处理财产损溢"账户。　　　　　　　　　　　　　　　　　　（　　）

2. 采用售价金额核算法的企业，由于库存商品按售价记账，因此视同买断方式的受托代销商品也应按售价记账。　　　　　　　　　　　　　　　（　　）

3. 在售价金额核算法下，各营业柜组对购进的各种商品要认真验收，不仅要验收数量、质量，而且要核对价格、金额是否相符，设置价格标签。（　　）

4. 采用集中收款方式难以分清销货现金的溢缺和商品的溢缺。　　　（　　）

5. 由于商品零售企业平时"主营业务收入"账户是按含税售价核算的，期末结转该账户到"本年利润"时也应按含税售价。　　　　　　　　　　　（　　）

6. 平时将已销商品按售价转入"主营业务成本"账户，月末再将其调整为成本价，这是售价金额核算企业商品销售核算的特点。　　　　　　　　（　　）

7. 计算和结转已销商品进销差价的目的是调整商品销售成本。　　　（　　）

8. 实物负责小组为了掌握本部门商品进销存的动态和销售计划完成情况，便于向财务部门报账，要编制"商品进销日报表"。　　　　　　　　　　（　　）

9. 年终，企业可以根据具体情况采用分柜组差价率推算法或实际进销差价计算法计算已销商品进销差价。　　　　　　　　　　　　　　　　　　（　　）

10. 图书发行企业实行售价金额核算法，对购进图书商品均按图书码价核算和记账。　　　　　　　　　　　　　　　　　　　　　　　　　　　　（　　）

三、单项选择题

1. 为了适应商品零售企业的经营特点，有利于其开展商品经营业务并简化记账工作，零售企业适宜采用（　　）。
   A. 数量进价金额核算法　　　　　　B. 进价金额核算法
   C. 数量售价金额核算法　　　　　　D. 售价金额核算法

2. 采用售价金额核算法的企业在商品销售的同时，将库存商品按售价金额转入"主营业务成本"账户的目的（　　）。

　　A. 及时反映各营业柜组经营商品的库存额

　　B. 简化核算工作

　　C. 及时反映各营业柜组的经济责任

　　D. 月末计算和结转已销商品进销差价

3. 售价金额核算法下，以不含税进价核算的账户有（　　）。

　　A. 在途物资　　　　B. 库存商品　　　　C. 主营业务收入　　D. 商品进销差价

4. 假设已销商品进销差价计算偏低，则会出现（　　）情况。

　　A. 期末库存商品价值偏高，毛利也偏高

　　B. 期末库存商品价值偏低，毛利也偏低

　　C. 期末库存商品价值偏高，毛利则偏低

　　D. 期末库存商品价值偏低，毛利则偏高

5. 为了简化核算手续，商品零售企业平时在门市销售业务的账务处理中，按（　　）确认商品销售收入，结转商品销售成本。

　　A. 不含税进价　　　　　　　　　　B. 含税进价

　　C. 不含税售价　　　　　　　　　　D. 含税售价

6. 在售价金额核算法下，商品流通企业"库存商品"明细账的分户标志是（　　）。

　　A. 商品大类　　　　　　　　　　　B. 营业柜组

　　C. 商品品名　　　　　　　　　　　D. 商品品名及规格

7. 平时采用分柜组差价率推算法，年终采用实际进销差价计算法计算已销商品进销差价，那么12月份结转的已销商品进销差价是（　　）。

　　A. 12月份的已销商品进销差价

　　B. 12月份的已销商品进销差价及对前11个月已销商品进销差价偏差的调整

　　C. 对前11个月已销商品进销差价偏差的调整

　　D. 12月份已销商品进销差价的调整数

8. 商品零售企业向购买者销售商品并收取销项税额时，平时应将发生的销项税额记入（　　）账户核算。

　　A. "预收账款"　　　　　　　　　　B. "主营业务收入"

　　C. "应交税费"　　　　　　　　　　D. "主营业务成本"

9. 综合差价率推算法与分柜组差价率推算法的主要区别在于，计算差价的（　　）不同。

　　A. 原理　　　　B. 范围　　　　C. 精确度　　　　D. 时间

10. 经营鲜活零售商品的企业，对库存商品核算适宜采用的是（　　）。

　　A. 数量售价金额核算法　　　　　　B. 售价金额核算法

　　C. 数量进价金额核算法　　　　　　D. 进价金额核算法

四、多项选择题

1. 商品零售企业销售商品有（　　　）两种方式。
   A. 直接收款　　　B. 分散收款　　　C. 集中收款　　　D. 统一收款

2. 在售价金额核算法下，已销商品的进销差价计算方法有（　　　）。
   A. 综合差价率推算法　　　　　　B. 分柜组差价率推算法
   C. 全月一次加权平均推算法　　　D. 实际进销差价计算法

3. 采用售价金额核算法，月末需要调整的账户有（　　　）。
   A. 库存商品　　B. 商品进销差价　　C. 主营业务收入　　D. 主营业务成本

4. 商品零售企业财务部门处理每日销货业务账户的直接依据有（　　　）。
   A. 商品进销存日报表　　　　B. 内部缴款单
   C. 银行进账单收账通知　　　D. 出库单

5. 采用综合差价率推算法计算已销商品进销差价，需要根据期末（　　　）等账户的余额来计算。
   A. "库存商品"　　　　　B. "商品进销差价"
   C. "主营业务收入"　　　D. "主营业务成本"

6. 借记"商品进销差价"账户，贷记"库存商品"账户的会计分录反映的经济业务有（　　　）。
   A. 购进商品退价　　B. 商品调价　　C. 商品削价　　D. 商品内部调拨

7. 用实际进销差价计算法计算已销商品进销差价需要根据期末的"商品进销差价"账户余额、库存商品售价总金额及（　　　）等资料。
   A. "主营业务收入"账户余额　　B. 受托代销商品进价总金额
   C. 库存商品进价总金额　　　　D. 受托代销商品售价总金额

8. 鲜活商品具有（　　　）特点。
   A. 经常会发生质量等级的变化　　B. 商品交易频繁
   C. 数量零星　　　　　　　　　　D. 商品易变质

9. 鲜活商品在储存过程中发生（　　　）情况，一般不进行账务处理，月末体现在商品销售成本内。
   A. 损耗　　　　B. 调价　　　　C. 削价　　　　D. 内部调拨

10. 商品零售企业通过库存商品盘点，可以揭示出库存商品结构方面存在的问题，包括（　　　）。
    A. 商品结存数量是否合理　　　　B. 商品的溢余和短缺情况
    C. 有无残损、变质、积压和脱销　D. 品种是否齐全、适销程度如何

五、练习题

习题一

【目的】练习零售企业商品购进一般业务的核算。

【资料】华职商厦5月份发生下列经济业务：

（1）2日，收到业务部门转来本市第一服装厂的增值税专用发票，发票列明女式羊毛衫100件，单价200元，计货款20 000元，增值税税额2 600元，经审核无误，当即签发转账支票付讫。当天收到毛衫组转来的收货单，上述女式羊毛衫如数验收入库，每件售价300元。

（2）5日，收到银行转来广州服装厂的托收凭证，附来增值税专用发票，发票列明连衣裙200件，单价为260元／件，计货款52 000元，增值税税额6 760元，经审核无误，当即承付货款。

（3）8日，向吉安皮包总厂购进牛皮皮包60个，每个400元，合同规定先预付30%货款，余款于收到商品时，财务部门开出转账支票付清。

（4）13日，收到服装组转来收货单，5日购进的连衣裙200件已如数验收入库，该连衣裙每件售价350元。

（5）20日，向北京润达食品厂购进桂花糕300盒，食品组根据随货同行的发货单验收入库，每盒进价20元，售价30元。结算单据未到。

（6）31日，结算单据仍然未到，财会部门根据食品组转来的收货单等凭证暂估入账。

（7）6月1日，冲销上月暂估入账业务。

【要求】根据资料编制会计分录。

习题二

【目的】练习购进商品中发生溢余短缺的核算。

【资料】林业食品商厦5月份发生下列经济业务：

（1）1日，银行转来辽宁干果食品公司的托收凭证，附来增值税专用发票，列明木耳1 000kg，单价为40元／kg，计货款40 000元，增值税税额5 200元，财务部门审核无误后，当即承付货款。

（2）3日，辽宁干果食品公司的木耳运到，第一柜组验收，实收1 200kg，溢余200kg，第一柜组送来"商品购进溢余报告单"，原因待查。结转木耳采购成本，零售价为62元／kg。

（3）10日，银行转来广西利达贸易公司的托收凭证，附来增值税专用发票，列明干蘑菇500kg，单价为50元／kg，计货款25 000元，增值税税额3 250元，查验与合同相符，当即承付货款。

（4）12日，广西利达贸易公司发来干蘑菇，第二柜组验收，实收460kg，短缺40kg。第二柜组送来"商品购进短缺报告单"，原因待查。结转干蘑菇采购成本，零售价为70元／kg。

（5）25日，查明12日短缺的干蘑菇是对方少发商品造成的，经联系后同意按实收数购进，当即承付货款。

（6）28日，查明3日溢余的木耳系对方多发货，联系后，辽宁干果食品公司补开增值税专用发票，双方同意做购进处理。

【要求】根据资料编制会计分录。

习题三

【目的】练习零售企业商品销售的核算。

【资料】恒信商场为信用卡特约单位，信用卡手续费率为4%，2024年5月份发生下列经济业务：

（1）5日，商场实收现金66 604元，根据签约单编制的汇计单金额为11 300元，款项已当天解存银行。1 500元应收货款的客户为文汇公司。各营业柜组商品销售收入情况，如表5-22所示。

表5-22 各营业柜组商品销售收入情况

2024年5月5日   单位：元

实物负责人	项 目			
	销售收入	实收现金	信用卡签购单	应收货款
服装组	25 000	18 000	5 500	1 500
百货组	22 540	20 740	1 800	
食品组	18 264	16 764	1 500	
日用组	13 600	11 100	2 500	
合　计	79 404	66 604	11 300	1 500

（2）10日，文汇公司支付转账支票，金额为1 500元，系支付前欠货款。

（3）15日，商场实收现金62 020元，根据签约单编制的汇计单金额为9 200元，款项已当天解存银行。3 000元应收货款的客户为文泉中学。现金溢缺原因待查。各营业柜组商品销售收入情况，如表5-23所示。

表5-23 各营业柜组商品销售收入情况

2024年5月15日   单位：元

实物负责人	项 目				
	销售收入	实收现金	信用卡签购单	应收货款	现金溢缺
服装组	28 000	24 000	4 000		
百货组	18 500	13 520	2 000	3 000	+20
食品组	15 650	14 450	1 200		
日用组	12 080	10 050	2 000		−30
合　计	74 230	62 020	9 200	3 000	−10

（4）25日，经查，百货组的长款确实无法查明原因，经批准转作营业外收入，日用组的短款是由收款员李芳的工作失误所致，责成赔偿，但赔款尚未收到。

【要求】根据资料编制会计分录。

习题四

【目的】练习鲜活商品的核算。

【资料】山海零售超市2024年5月发生下列经济业务,增值税税率为13%:

(1) 8日,向大众食品加工公司购入猪肉1 000kg,单价为20元/kg,牛肉500kg,单价为50元/kg,羊肉200kg,单价为60元/kg。总计货款57 000元,增值税税额7 410元,当即签发转账支票付讫,商品已由食品柜组验收完毕。

(2) 9日,向大连水产专业户收购自产免税三道鳞500kg,单价为16元/kg,共计货款8 000元,以现金支付,由水产柜组验收完毕。

(3) 10日,向乐都水果专业户收购自产免税芒果200kg,单价为20元/kg,苹果1 000kg,单价为8元/kg,计货款12 000元,以现金支付,由水果柜组验收完毕。

(4) 20日,收到各柜组缴来的当日销货现金及商品销售收入缴款单。其中,食品柜组7 020元,水产柜组650元,水果柜组1 200元,并将其现金全部解存银行,取得解款单回单。

(5) 31日,汇总各柜组交来的银行交款回单,累计各柜组当月总结算收入:食品柜组58 500元,水产柜组17 800元,水果柜组10 200元。

(6) 31日,对各柜组1~31日的累计总结算收入进行价税分离。

(7) 31日,对各类商品进行盘点。食品柜组期初结存2 000元,本期进货总额为66 690元,期末盘点余额为15 300元。水产柜组期初结存5 000元,本期进货总额为8 000元,期末盘点余额为3 200元。水果柜组期初结存500元,本期进货总额为12 000元,期末盘点余额为4 800元。月末用倒挤法计算并结转商品销售成本。

【要求】根据资料编制会计分录。

习题五

【目的】练习零售图书发行的核算。

【资料】上海某新华书店从经济出版社购进图书一批,码价为600 000元,出版社按码价的80%收取货款,新华书店得到20%的进货折扣,实付价款480 000元及增值税43 200元,以银行存款支付,图书已交书店经济类组验收,图书的增值税税率为9%。本月销售图书码价565 000万元,月末按固定折扣率20%计算主营业务成本。

【要求】根据资料编制会计分录。

自测题参考答案

第六章
商品流通企业核算方法的基本业务应用

学习目标

1. 掌握农副产品收购业务的核算。
2. 掌握商品挑选整理业务的核算。
3. 掌握商业折扣和现金折扣的区别。
4. 掌握销售折扣和销售折让的账务处理。
5. 掌握退货业务的核算。
6. 掌握商品退补价业务的核算。
7. 掌握拒收商品和拒付货款的核算。

第一节　农副产品收购业务的核算

农副产品是农、林、牧、副、渔业生产产品的总称,包括粮、油、棉、麻、烟、果、糖、禽、蛋、畜、药材等。农副产品品种繁多,规格复杂,生产分散,且受自然条件制约,季节性较强,易变质。

农副产品收购是指商品流通企业向农村经济组织和个人收购农业产品的一种商品交易,是商品流转的主要组成部分。在收购工作中,必须根据季节变化,合理组织网点,应季收购,做好评级、验质、定价、点数、过秤、开票和结算工作,必要时可多设收购网点,配备必要的设备和人员,并筹备好必要的收购资金,做好农副产品的收购工作。

一、农副产品收购的一般程序

商品流通企业收购农副产品的业务程序一般是:经过定级、验质、定价、过秤后,由收购人员填制"农副产品收购凭证"和"农副产品收购计数单",一式数联,一联由收货员作为农副产品验收入库的依据,一联交付款员复核后据以支付货款,一联给交售方作为其交售农副产品的凭证,如表6-1和表6-2所示。每日或定期汇总编制"农副产品收购汇总表",报送财务部门办理付款,如表6-3所示。

表6-1　农副产品收购凭证

收购单位：　　　　　　　　　　　　　年　月　日　　　　　　　　　　　　　No.

交售人								应付金额	扣回金额	预购定金 元								结算形式	
编号	品名	规格	等级	单位	数量	单价				实际金额								现金	转账
										万	千	百	十	元	角	分			
合计人民币（大写）																			

（有关人员签章）

表6-2　农副产品收购计数单

年　月　日

品　名	单　位	数　量	单　价	金　额	附　注
金额大写					

（有关人员签章）

表6-3　农副产品收购汇总表

　　　　　　　　　　　　　　　　　　　　　　　　收购凭证　　号至　　号
收购单位：　　　　　　　　　　　　　　　　　　农副产品收购计数单　号至　　号

品　名	等　级	单　位	数　量	单　价	金　额	奖售物资			
						品名	单位	标准	数量

主管：　　　　　　审核：　　　　　　记账：　　　　　　制表：

二、农副产品收购业务的核算

农副产品的收购业务按收购方式的不同,可分为直接购进、委托代购和预购三种方式。

1. 农副产品直接购进的核算

农副产品直接购进是指商品流通企业设置收购站,以自筹资金直接向生产者收购农副产品的业务活动。其核算方法有报账付款、计划拨款、交货补款等,企业主要采用报账付款方法。其账务处理与数量进价金额核算法基本相同。

报账付款法是指商品流通企业先拨付一定数额农副产品收购的铺底资金给收购单位,收购单位使用后,向商品流通企业报送"农副产品收购汇总表",企业据以补足其收购的铺底资金。该方法适用于收购农副产品的品种、数量和资金需要比较稳定的单位。铺底资金相当于备用金,只能用于商品收购和与其有关的费用开支,不得挪作他用,其使用和补充通常采用报账付款的方法。商品流通企业一般要根据收购计划和淡旺季等不同情况拨给一定数额的备用金,应加强对备用金的管理,建立定期的对账报账制度,保证账账相符,防止挪用。

【例6-1】 大众食品公司收购羊肉,采用报账付款方法对其所属的报账单位A收购站进行核算。

(1)根据A收购站收购业务的需要拨付其收购农副产品的铺底资金30 000元,当即从银行汇付,做如下会计分录:

借:其他应收款——A收购站　　　　　　　　　　　　　　30 000
　　贷:银行存款　　　　　　　　　　　　　　　　　　　　30 000

(2)A收购站报来"农副产品收购汇总表",计收购羊肉金额20 000元,收购金额的9%作为进项税额,经审核无误,当即签发转账支票,以补足其铺底资金,做如下会计分录:

借:在途物资——A收购站　　　　　　　　　　　　　　18 200
　　应交税费——应交增值税(进项税额)　　　　　　　　1 800
　　贷:银行存款　　　　　　　　　　　　　　　　　　　　20 000

(3)羊肉采购完毕,结转羊肉的采购成本,做如下会计分录:

借:库存商品——A收购站　　　　　　　　　　　　　　18 200
　　贷:在途物资——A收购站　　　　　　　　　　　　　　18 200

> **提示** 根据税法规定,纳税人从一般纳税人、小规模及农户手中采购的自产农产品,可凭其开具的普通发票,按买价的9%的扣除率计算抵扣进项税额。如果纳税人从批发、零售环节购进适用免征增值税政策的蔬菜、部分鲜活肉蛋而取得的普通发票,不得作为计算抵扣进项税额的凭证。采购农副产品的进项税额的计算公式为:
>
> $$购进农副产品的进项税额 = 买价 \times 9\%$$

2. 农副产品委托代购的核算

委托代购是指商品流通企业在未设收购网点的地区,委托其他企业代购的一种收购农副产品的方式。委托代购方式可以解决农副产品收购网点不足的问题。委托单位除了要承担代购农副产品的收购价格外,还要承担代购费用和代购手续费,受托单位一般自行解决代购农副产品的资金。

委托代购的农副产品,其代购费用有以下两种方式:

(1)包干。代购费用包干是指委托单位只按代购额的一定比例支付代购费用,如果实际发生的代购费用超过包干定额费用,则由代购单位负担,如果有节余,则作为其收益。该方式能促进代购单位改善经营管理,节约费用开支。

（2）实报实销。代购费用实报实销是指委托单位根据受托单位实际支出的代购费用给予报销。该方式一般在代购费用难以预先确定时采用。

无论代购费用采用包干方式，还是采用实报实销方式，发生的代购费用和代购手续费均应计入农副产品的成本。

【例6-2】 大众食品公司委托B购销站代购鸡蛋3 000kg，合同规定收购价为4元/kg，计收购金额12 000元，代购包干费用率为5%，收购手续费率为7%，鸡蛋已运到。

（1）财务部门对业务部门送来的商品验收单审核无误后，将全部收购款项汇付对方，按收购金额的9%作为进项税额，做如下会计分录：

借：在途物资——B购销站 13 440
　　应交税费——应交增值税（进项税额）［12000×9%］ 1 080
　　贷：银行存款 14 520

【解析】 代购费用代购手续费=12 000×（5%+7%）=1 440（元）
　　　　　采购成本=12000+1440=13 440（元）

（2）鸡蛋已由甲仓库全部验收入库，结转鸡蛋的采购成本，做如下会计分录：

借：库存商品——甲仓库 13 440
　　贷：在途物资——B购销站 13 440

3. 农副产品预购的核算

农副产品预购是国家为了支持一些主要农副产品的生产，以保证收购计划的完成，对一些重要农副产品实行预购的形式，商品流通企业作为收购企业，与生产单位或个人签订预购合同，明确规定预购农副产品的品种、等级、数量、价格、发放定金的时间和金额、交货和收回定金的时间等。

预购定金的款项来源由收购企业根据国家政策的规定，向银行办理农副产品预购定金借款，企业取得和归还借款时通过"短期借款"账户核算，发放和收回预购定金时，通过"预付账款"账户核算。

【例6-3】 维克服装公司与胜利村专业户签订预购棉花合同，预购棉花合同规定预购棉花30 000元，按收购金额发放预购定金30%；分批交售时，收回预购定金9 000元。

（1）向银行办理并取得预购定金借款9 000元时，做如下会计分录：

借：银行存款 9 000
　　贷：短期借款——预购定金借款 9 000

（2）向胜利村专业户发放预购定金9 000元时，做如下会计分录：

借：预付账款——胜利村专业户 9 000
　　贷：银行存款 9 000

（3）胜利村专业户交付第一批棉花，收购金额20 000元，其中9%作为进项税额，做如下会计分录：

借：在途物资——胜利村专业户 18 200

　　　　应交税费——应交增值税（进项税额）　　　　　　　　　1 800
　　　　　贷：预付账款——胜利村专业户　　　　　　　　　　　　20 000

（4）扣回定金9 000元，签发现金支票11 000元，以清偿胜利村专业户第一批棉花货款，做如下会计分录：

　　　　借：预付账款——胜利村专业户　　　　　　　　　　　11 000
　　　　　贷：银行存款　　　　　　　　　　　　　　　　　　　　11 000

（5）收购的棉花采购完毕，结转其采购成本，做如下会计分录：

　　　　借：库存商品　　　　　　　　　　　　　　　　　　　18 200
　　　　　贷：在途物资——胜利村专业户　　　　　　　　　　　18 200

（6）归还银行9 000元预购定金借款时，做如下会计分录：

　　　　借：短期借款——预购定金借款　　　　　　　　　　　9 000
　　　　　贷：银行存款　　　　　　　　　　　　　　　　　　　9 000

第二节　商品挑选整理业务的核算

　　农副产品中的部分商品也属于鲜活商品，第五章第六节讲述的鲜活商品核算更多地侧重于鲜活商品的零售业务，采用的商品核算方法是进价金额核算法，而本章介绍的农副产品的购销核算业务是指批发企业的农副产品核算业务。这些商品的共同点是都具有季节性和易变质的特性，因此，农副商品和鲜活商品都会发生商品的挑选整理业务。

　　商品流通企业经营的一些产品，如干果、茶叶等农副产品，其规格较复杂，等级较多，而且往往在同一个品种中有不同的等级和规格。因此，企业需要对购进的商品进行挑选整理、分等分级、清除杂质，分别包装保管。挑选整理是指对商品进行分等、分级、清除杂质、包装整理，以提高质量，防止其变质，但不改变其外形和性质的工作。通过商品的挑选工作，可以对商品进行保管、运输和按质论价、分等销售。

一、商品挑选整理核算的原则

　　商品经过挑选整理后，清除杂质，其数量和等级就会发生变化，同时也会发生挑选整理费用。商品挑选整理在会计核算时应遵循以下几个原则：

（1）商品进行挑选整理时，作为企业内部移库处理。

（2）商品在挑选整理过程中发生的费用，可以列入"进货费用"或"销售费用"等账户，不计入商品的成本。

（3）在"库存商品"账户下设置"挑选整理"专户，以专门核算挑选中的商品。

（4）商品因挑选整理而发生的等级、规格和数量的变化，以及发生的商品损耗，均应调整商品的数量和单价，不改变其总金额。

（5）商品挑选整理过程中发生的事故损失，经批准后列入"营业外支出"账户，不计入商品的成本。如果属责任事故，则应及时查明原因，以分清责任，在报经领导批准后列入"其他应收款"账户。

二、商品挑选整理的账务处理

在进行商品挑选整理时，应指定专人负责管理。实物保管部门在拨出商品进行挑选整理时，应填制"商品内部调拨单"一式数联，实物保管部门自留一联，另两联送交仓库，仓库据以验收产品，并登记商品保管账，另外一联转交财务部门登记入账。

商品通过挑选整理后，可能会出现以下几种情况：

1. 挑选整理后发生数量变化

商品挑选整理后，由于清除水分和杂质，因而会发生数量的变化，应按挑选整理后的实际数量入账，并调整商品的单价，其计算公式为：

$$挑选整理后农副产品成本单价 = \frac{挑选整理前商品进价总额}{挑选整理后实际数量}$$

2. 挑选整理后由一种等级变为另一种等级

商品挑选整理后，由一种等级变为另一种等级，同时数量也发生变化，应以原来的成本总额作为新等级的成本总额，并调整等级、数量和单价，其计算公式为：

$$新等级农副产品单价 = \frac{挑选整理前商品进价总额}{挑选整理后新等级实际数量}$$

3. 挑选整理后由一个等级变为几个等级

商品挑选整理后，由一个等级变为几个等级的，应按各种等级的数量和售价的比例，分摊原成本总额。其计算公式为：

$$每种新等级农副产品售价总额 = 每种新等级农副产品数量 \times 每种新等级农副产品销售单价$$

$$每种新等级农副产品应分配的成本总额 = 每种新等级农副产品售价总额 \times \frac{挑选整理前商品进价总额}{全部新等级农副产品售价总额}$$

$$每种新等级农副产品成本单价 = \frac{每种新等级农副产品分配的成本总额}{每种新等级农副产品数量}$$

【例6-4】利达水果公司发生下列挑选整理业务：

（1）从仓库发出香蕉800kg，进价为6元/kg，交专人进行挑选整理。财务部门根据"商品内部调拨单"，做如下会计分录：

借：库存商品——挑选整理（香蕉）   4 800

　　　　贷：库存商品——香蕉　　　　　　　　　　　　　　　　　　　　　　4 800

（2）在商品挑选过程中，发生的人员工资和物料消耗费等各项费用200元，做如下会计分录：

　　　　借：销售费用　　　　　　　　　　　　　　　　　　　　　　　　　　200
　　　　　　贷：库存现金　　　　　　　　　　　　　　　　　　　　　　　　　　200

（3）该批800kg香蕉经过挑选，清除杂质30kg，挑出一级品770kg。财务部门根据"商品挑选整理单"，做如下会计分录：

　　　　借：库存商品——香蕉（770kg）　　　　　　　　　　　　　　　　　4 800
　　　　　　贷：库存商品——挑选整理（香蕉）（800kg）　　　　　　　　　　　4 800

按公式计算：

$$新等级商品进货单价 = \frac{4\,800}{770} = 6.23（元/kg）$$

> **提示**　如果企业采用售价金额核算法，例6-4中"库存商品"账户则需要按售价（含税）反映，并设置"商品进销差价"账户。

【例6-5】仍以上例资料，香蕉800kg在挑选整理后，选出一级品400kg，售价为7.60元/kg，二级品300kg，售价为6.00元/kg，三级品80kg，售价为4.00元/kg，清除杂质和损耗20kg。

（1）按售价计算的每种等级香蕉的金额：

　　　　一级品的售价总额=7.60×400=3 040（元）
　　　　二级品的售价总额=6.00×300=1 800（元）
　　　　三级品的售价总额=4.00×80=320（元）
　　　　合　　计　　　　　　　　　　5 160（元）

（2）计算每种等级香蕉应分配的进价：

$$一级品应分配的成本总额 = 3\,040 \times \frac{4\,800}{5\,160} = 2\,827.91（元）$$

$$二级品应分配的成本总额 = 1\,800 \times \frac{4\,800}{5\,160} = 1\,674.42（元）$$

$$三级品应分配的成本总额 = 320 \times \frac{4\,800}{5\,160} = 297.67（元）$$

（3）计算每种新等级香蕉成本单价：

　　　　一级品的成本单价=2 827.91/400=7.07（元/kg）
　　　　二级品的成本单价=1 674.42/300=5.58（元/kg）
　　　　三级品的成本单价=297.67/80=3.72（元/kg）

（4）财务部门将转来的"商品挑选整理单"复核无误后，做如下会计分录：

借：库存商品——香蕉一级品　　　　　　　　　　　　　2 827.91
　　　　　　——香蕉二级品　　　　　　　　　　　　　1 674.42
　　　　　　——香蕉三级品　　　　　　　　　　　　　　297.67
　　贷：库存商品——挑选整理（香蕉）　　　　　　　　4 800.00

> **提示**　如果采用售价金额核算法，对于第（4）笔经济业务做如下会计分录：
> 借：库存商品——香蕉一级品　　　　　　　　　　　　　3 040
> 　　　　　　——香蕉二级品　　　　　　　　　　　　　1 800
> 　　　　　　——香蕉三级品　　　　　　　　　　　　　　320
> 　　贷：库存商品——挑选整理（香蕉）　　　　　　　　4 800
> 　　　　商品进销差价——某柜组　　　　　　　　　　　　360

第三节　销售折扣和销售折让的核算

商品流通企业销售商品时，为了促销或提前收回货款，往往会采用一些优惠的方式。

一、销售折扣的核算

企业在赊销和商业信用的情况下，为了推销商品或尽早收回销售货款而给予购货方一定的折扣，即价格的优惠，包括商业折扣和现金折扣两种形式。

商业折扣和现金折扣的主要区别，如表6-4所示。

表6-4　商业折扣和现金折扣的主要区别

折扣方式	目　的	应收账款入账价值	发票价格	折扣金额处理
商业折扣	促销	折扣后的金额	扣除折扣额	不需要反映
现金折扣	尽早收款	折扣前的金额	包括折扣额	列入财务费用

（一）商业折扣

商业折扣是指销售单位为了鼓励购货方多购商品而给予的一定价格优惠，通常是在商品价目表的基础上给予折扣优惠，如购买商品500件给予5%的优惠，购买商品1 000件给予10%的优惠。通常情况下，商业折扣是在实现销售时发生的，如果销售额和折扣额在同一张发票上分别注明，可以按折扣后的余额作为销售额计算增值税，如果将销售额和折扣额分开发票,不论其在财务上如何处理,均不得从销售额中减除折扣额。

【例6-6】 源发公司销售500个音箱给益远公司,单价为400元/个,总售价200 000元,税款25 480元。由于益远公司是批量购买,给予2%的价格优惠。销售额和折扣额在同一张发票上分别注明。

(1)源发公司的会计处理:

借:银行存款 221 480
 贷:主营业务收入 196 000
  应交税费——应交增值税(销项税额) 25 480

(2)益远公司的会计处理:

1)根据增值税专用发票,做如下会计分录:

借:在途物资——源发公司 196 000
 应交税费——应交增值税(进项税额) 25 480
 贷:应付账款——源发公司 221 480

2)商品到达,验收入库。

借:库存商品——音箱 196 000
 贷:在途物资——源发公司 196 000

3)签发转账支票支付货款。

借:应付账款——源发公司 221 480
 贷:银行存款 221 480

(二)现金折扣

现金折扣是指销货方为了鼓励购货方提前付款,在一定的还款期限内给予购货方价格上的优惠。现金折扣发生在销货之后,实质上是一种融资性质的理财费用。现金折扣通常以分数形式反映,如2/10,1/20,N/30。其中,2/10表示10天内付款,货款折扣为2%;1/20表示20天内付款,货款折扣为1%;N/30表示30天内全价付款。

现金折扣实质是企业为了尽早收回销货款而采取的一种激励手段。它随时间的推延而变化,属于交易价格中的可变对价,在会计上通常作为对销售收入的调整。现金折扣实质是企业为了尽快收回销货款而采取的一种激励手段。它随时间的推延而变化,属于交易价格中的可变对价,在会计上通常作为对销售收入的调整。在销售实现确认收入时,现金折扣应记入负债进行会计处理不确认收入,即现金折扣冲减销售收入。现金折扣通常发生在以赊销方式销售货物及提供劳务的交易之中,核算时现金折扣应计入"预计负债"会计科目。

具体方法:应收账款一般按不扣除现金折扣的应收货款的金额进行初始计量,估计可能发生的现金折扣作为"预计负债"进行核算,并将销售价格扣除估计的极有可能发生的现金折扣后的余额记入"主营业务收入"。资产负债表日,重新估计可能收到的对价金额,如果实际收款时间晚于估计的收款时间,客户因此丧失的现金折扣额作为可变对价,调减"预计负债",并调增"主营业务收入";如果实际收款时间早于估计的收款时间,客户享受了比预计现金折扣更大的折扣额,则按实际享受的现金折扣大于估计的现金折扣的金额冲减应收账款和主营业务收入,同时全额冲减原估计的预计负债。

【例6–7】采乐印务厂销售50箱A4打印纸给丰华小学,给予的付款条件是"2/20,N/30"按含增值税的价款计算现金折扣。当日开出增值税专用发票,内列单价140元,价款7 000元,增值税税额910元,价税合计为7 910元。编制采乐印务厂的会计处理。

(1)采乐印务厂依据客户以往付款情况的经验及客户现实经营状况,估计客户很可能在20天内结清全部款项,并很有可能获得158.20元(7 910×2%)的现金折扣。

  借:应收账款——丰华小学   7 910
    贷:主营业务收入——A4打印纸   6 841.80
      应交税费——应交增值税(销项税额)   910
      预计负债   158.20

(2)客户20天内付款,采乐印务厂实际收到货款7 751.80元存入银行。

  借:银行存款   7 751.80
    预计负债   158.20
    贷:应收账款   7 910

(3)如果商品销售后20天内客户未能付款,则无法获取现金折扣。

  借:预计负债   158.20
    贷:主营业务收入   158.20

(4)如果30天内丰华小学仍未付款,则应将应收账款7 910元做逾期处理。

二、销售折让的核算

销售折让是指企业因售出的商品质量不合格等原因而在售价上给予购货方价格上的减让。销售折让是发生在商品销售之后,存在以下两种情况:①折让发生在企业确认收入前,这种情况按照商业折扣的办法处理;②折让发生在企业确认收入后,这种情况应在实际发生折让时冲减"主营业务收入"账户。开具纸质发票后,如果发生销售退回、开票有误、应税服务中止、销售折让等情形,需要开具红字发票的,应当收回原发票全部联次并注明"红冲"字样后开具红字发票。无法收回原发票全部联次的,应当取得对方有效证明后开具红字发票。

企业开具数字化电子发票后,发生开票有误、销货退回、服务中止、销售折让等情形,需要通过电子发票服务平台开具红字数字化电子发票的,按以下规定执行,如图6–1所示:

(1)购货方未进行用途确认时,由销货方通过电子发票服务平台发起"红字信息确认单"后全额开具红字数字化电子发票,无须购货方确认。

(2)购货方已进行用途确认时,可由购销双方任意一方在电子发票服务平台发起"红字信息确认单",经对方确认后全额或部分开具红字数字化电子发票。

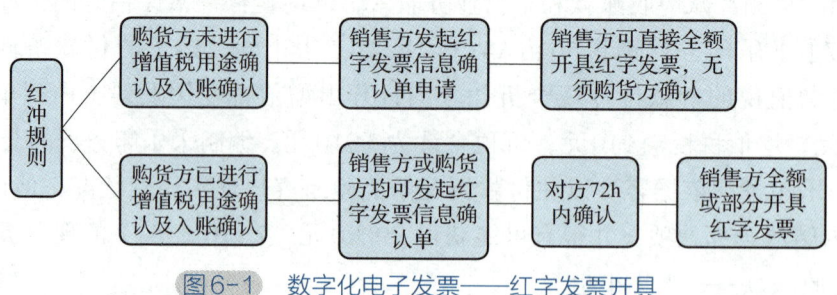

图6-1 数字化电子发票——红字发票开具

红字发票信息确认单如图6-2所示。

红字发票信息确认单

填开日期: 年 月 日

销售方	纳税人名称(销方)		购买方	纳税人名称(购方)		
	统一社会信用代码/纳税人识别号(销方)			统一社会信用代码/纳税人识别号(购方)		
开具红字发票确认信息内容	项目名称	数量	单价	金额	税率/征收率	税额
	合计	—	—		—	
	一、录入方身份: 1.销售方 □ 2. 购买方 □ 二、冲红原因: 1.开票有误 □ 2.销货退回 □ 3.服务中止 □ 4.销售折让 □ 三、对应蓝字发票抵扣增值税销项税额情况: 1.已抵扣 □ 2.未抵扣 □ 对应蓝字发票的代码:_____ 号码:_____ 四、是否涉及数量(仅限成品油、机动车等业务填写) 涉及销售数量 □ 仅涉及销售金额 □						
红字发票信息确认单编号						

图6-2 红字发票信息确认单

> **提示** 销售方开具的含有"普通发票"字样的数字化电子发票,购货方已进行用途确认或入账确认的,也需要通过电子发票服务平台填开"确认单"。

【例6-8】 5月9日悦华有限公司销售给太平通信公司50部手机,开出的增值税专用发票上注明的单价为2 500元,售价为125 000元,增值税税额为16 250元。

(1)商品已发出,并办妥托收手续。

悦华有限公司的会计处理:

借:应收账款——太平通信公司　　　　　　　　　　　　　141 250
　　贷:主营业务收入——手机　　　　　　　　　　　　　　125 000
　　　　应交税费——应交增值税(销项税额)　　　　　　　　16 250

太平通信公司的会计处理:

借:在途物资　　　　　　　　　　　　　　　　　　　　　125 000
　　应交税费——应交增值税(进项税额)　　　　　　　　　　16 250
　　贷:应付账款——悦华有限公司　　　　　　　　　　　　141 250

(2)5月14日接到太平通信公司通知,该批手机质量有问题,经协商后同意给予价格5%的折让。悦华有限公司收到对方开具的"红字信息确认单"后,开具红字增值税专用发票交予对方。

悦华有限公司的会计处理:

借:应收账款——太平通信公司　　　　　　　　　　　　　7 062.50
　　贷:主营业务收入　　　　　　　　　　　　　　　　　　6 250.00
　　　　应交税费——应交增值税(销项税额)　　　　　　　　　812.50

太平通信公司的会计处理:

借:在途物资　　　　　　　　　　　　　　　　　　　　　6 250.00
　　应交税费——应交增值税(进项税额)　　　　　　　　　　812.50
　　贷:应付账款——悦华有限公司　　　　　　　　　　　　7 062.50

(3)实际收到或支付款项。

悦华有限公司的会计处理:

借:银行存款　　　　　　　　　　　　　　　　　　　　　134 187.50
　　贷:应收账款——太平通信公司　　　　　　　　　　　　134 187.50

太平通信公司的会计处理:

借:应付账款——悦华有限公司　　　　　　　　　　　　　134 187.50
　　贷:银行存款　　　　　　　　　　　　　　　　　　　　134 187.50

> **思考**　在冲减销售收入和销项税额的同时，需要冲销商品销售成本吗？为什么？

【例6-9】 仍以上述资料为例，假定太平通信公司是零售企业，50部手机到达后，由货品组验收，单位售价为2 800元。

（1）发生采购手机业务。

借：在途物资　　　　　　　　　　　　　　　　　　　　　　　125 000
　　应交税费——应交增值税（进项税额）　　　　　　　　　　 16 250
　　　贷：应付账款——悦华有限公司　　　　　　　　　　　　141 250

（2）支付货款，商品到达入库。

借：库存商品——货品组　　　　　　　　　　　　　　　　　　140 000
　　　贷：商品进销差价——货品组　　　　　　　　　　　　　 15 000
　　　　　在途物资　　　　　　　　　　　　　　　　　　　　125 000

（3）发现手机质量有问题，经协商后同意给予价格5%的折让，收到红字增值税专用发票。

借：商品进销差价——货品组　　　　　　　　　　　　　　　　　　750
　　应付账款——悦华有限公司　　　　　　　　　　　　　　　7 062.50
　　应交税费——应交增值税（进项税额）　　　　　　　　　　 812.50
　　　贷：库存商品——货品组　　　　　　　　　　　　　　　 7 000

> **思考**　发生商业折扣、现金折扣或销售折让时，其账务处理有什么不同？是否都会影响"应交税费——应交增值税（销项税额）"账户的核算？

第四节　退货业务的核算

商品流通企业在商品购进和销售过程中，可能会由于商品质量或规格等问题，发生购货方将商品退回销货方的情况，即产生进货退出和销货退回。退货业务可能是把商品全部退回或部分退回，也可能是在提出商品退回的前提下进行折价处理。

一、退货业务概述

商品退货是指仓库按订单或合同将货物发出后，由于某种原因，客户将商品退回仓库。发生商品退货的原因较多，具体原因如图6-3所示。

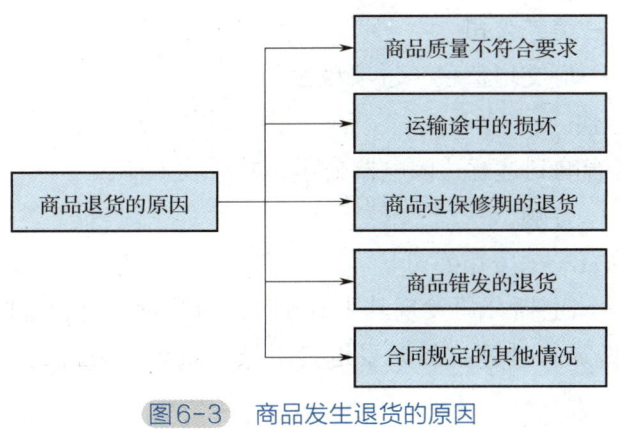

图6-3 商品发生退货的原因

同一笔退货业务同时会涉及购货方和销售方。对于购货方来讲，是进货退出；对销售方来讲，是销货退回。因此，退货业务有以下两种情况：

（1）进货退出。进货退出是指商品流通企业购进商品已验收入库，事后发现商品质量、品种或规格等问题，经与销售单位协商同意后，将商品退还销售单位。在进货退出业务中涉及的主要原始凭证有"红字信息确认单"，其程序和步骤同于销售折让业务。

（2）销货退回。销货退回是指商品流通企业售出的商品，由于质量、品种或规定不符合要求等原因而发生的退货。

二、进货退出的会计核算

商品流通企业对于原箱整件包装的商品，在验收时只做抽样检查，因此，在入库后复验商品时，往往会发现商品的数量、质量、品种、规格不符，所以，应及时与销售单位取得联系，调换或补回商品，或者做进货退出处理。进货退出处理的情况有以下两种：

（1）购货方尚未支付货款并未进行账务处理，此时发生退货，购货方无须进行账务处理，但需要将原取得的增值税专用发票退还给销售单位。

（2）购货方购进商品后已支付货款，或者未支付货款但已进行账务处理，原取得的增值税专用发票已随凭证入账，无法退回销售单位。这种情况下，购货方应通过电子发票服务平台发起"红字信息确认单"，送交销售单位，作为销售单位开具红字增值税专用发票的合法依据。同时，购货方的业务部门应填制红字"验收单"（进货退出单）通知仓库部门退货。财务部门根据销售单位提供的红字增值税专用发票及本企业的红字"验收单"进行相应的账务处理，冲减库存商品及进项税额，并向销售单位索取退货款。

【例6-10】 5月1日，意达园电器公司从美邦公司购进音响设备40套，单位售价8 000元，取得对方开具的增值税专用发票，列支价款320 000元，税款41 600元。

（1）商品尚未到达，款项已支付。

借：在途物资——美邦公司　　　　　　　　　　　　　320 000
　　　　应交税费——应交增值税（进项税额）　　　　　 41 600
　　　　　贷：银行存款　　　　　　　　　　　　　　　　　　　361 600

（2）7日，40套音响到达意达园电器公司，并验收入库。

　　借：库存商品——音响　　　　　　　　　　　　　　320 000
　　　　　贷：在途物资——美邦公司　　　　　　　　　　　　　320 000

（3）10日，意达园电器公司发现其中有6套音响质量不符合合同要求，经与美邦公司协商，对方同意做退货处理。已办妥退货手续，收到对方开具的红字增值税专用发票，退款尚未收到。

　　借：库存商品——音响　　　　　　　　　　　　　　 48 000
　　　　应交税费——应交增值税（进项税额）　　　　　 6 240
　　　　　贷：应收账款——美邦公司　　　　　　　　　　　　　 52 240

（4）15日，意达园电器公司收到银行转来的收账通知，列明收到美邦公司汇来的退货款。

　　借：银行存款　　　　　　　　　　　　　　　　　　 52 240
　　　　　贷：应收账款——美邦公司　　　　　　　　　　　　　 52 240

> **思考**　如果意达园电器公司在5月1日购进音响时未进行账务处理，待到7日音响到达验收时发现质量与合同不符，该如何进行账务处理？

三、销货退回的会计核算

　　购货方发生进货退出，相对销货方而言，就是销货退回。购货单位要求退货，经企业同意，可以办理退货手续。销货退回的会计核算通常有以下几种情况：

　　（1）如果购销双方均未进行账务处理，则销货方应收回原开出的增值税专用发票并注明"作废"字样。

　　（2）如果购货方尚未进行账务处理，而销货方已做账务处理，则销货方应收回购货方退回的增值税专用发票并注明"作废"字样，同时开具相同金额的红字发票，将作废的增值税专用发票粘贴在红字发票后面并进行账务处理。

　　（3）如果购货方已根据增值税专用发票进行账务处理，销货方无法收回时，销售方和购货方均可通过电子发票服务平台发起"红字发票信息确认单"，据此开具红字增值税专用发票，办理收回商品、退付货款等手续，并进行相应的账务处理。

　　对于情况（1），购货方没有确认收入，无须进行账务处理。

　　对于情况（2）和（3），如果是销货方已确认收入的销货退回，则企业一般应在发生销货退回时，冲减退回当期的销售收入，同时冲减退回当期的销售成本。

【例6-11】 5月5日，第一百货公司销售50个榨汁机给海德电子公司，单位售价为260元，增值税专用发票上注明：价款13 000元，税款1 690元。榨汁机单位成本为200元。

（1）商品已发出，款项已收到。

借：银行存款　　　　　　　　　　　　　　　　　　　　　　　14 690
　　贷：主营业务收入　　　　　　　　　　　　　　　　　　　　13 000
　　　　应交税费——应交增值税（销项税额）　　　　　　　　　　1 690

（2）月末结转已销产品成本。

借：主营业务成本——榨汁机　　　　　　　　　　　　　　　　　10 000
　　贷：库存商品——榨汁机　　　　　　　　　　　　　　　　　　10 000

（3）5月8日，因质量问题第一百货公司同意退回20个榨汁机，收到对方转来的"开具红字增值税专用发票通知单"后，开具红字增值税专用发票。退回商品并已验收入库，款项已退还。

借：银行存款　　　　　　　　　　　　　　　　　　　　　　　　5 876
　　贷：主营业务收入　　　　　　　　　　　　　　　　　　　　　5 200
　　　　应交税费——应交增值税（销项税额）　　　　　　　　　　　676

（4）若商品已结转成本，则同时用红字冲减退回的商品成本。

借：主营业务成本——榨汁机　　　　　　　　　　　　　　　　　　4 000
　　贷：库存商品——榨汁机　　　　　　　　　　　　　　　　　　　4 000

零售企业的商品销售业务，也可能会发生顾客因质量等问题要求退货的情况。其会计处理与批发企业大致相同，但是冲销的主营业务收入和主营业务成本都应该是含税售价。如果涉及含税销售收入分解为不含税销售收入以及已销商品进销差价的结转业务，再做相应冲销。

【例6-12】 6月7日，百源百货公司服装组收到省医院退回的6月2日购买的医用工作服10件，该工作服单位含税售价为120元。

（1）服装组已收回服装并已验收入库，款项已退回。

借：银行存款　　　　　　　　　　　　　　　　　　　　　　　　1 200
　　贷：主营业务收入　　　　　　　　　　　　　　　　　　　　　1 200

（2）同时冲减已结转的成本。

借：主营业务成本——服装组　　　　　　　　　　　　　　　　　　1 200
　　贷：库存商品——服装组　　　　　　　　　　　　　　　　　　　1 200

> **提示**　销货退回时，若该项销售已经发生现金折扣，则应在退回当月一并调整，若按规定允许冲减当期销项税额的，应予一并冲减。

【例6-13】 沈阳电器公司5月份销售给江北物业公司50部对讲机，单位售价为250元，单位进价为180元，增值税税率为13%。由于对方提前付款，给予不含税价款1%的现金折扣125元。5月25日，江北物业公司发现10部对讲机质量有问题，要求部分退货，经与沈阳电器公司协商后，同意做退货处理，现已办妥收货及退款手续。

（1）已收回商品，并验收入库，款项已退回。

借：银行存款　　　　　　　　　　　　　　　　　　　　　　　2 800
　　贷：主营业务收入　　　　　　　　　　　　　　　　　　　2 500
　　　　应交税费——应交增值税（销项税额）　　　　　　　　325
　　　　主营业务收入——现金折扣　　　　　　　　　　　　　25

（2）同时冲减相应的商品销售成本。

借：主营业务成本　　　　　　　　　　　　　　　　　　　　　1 800
　　贷：库存商品——对讲机　　　　　　　　　　　　　　　　1 800

> **思考**　如果销货退回业务发生在销售业务的次年，则调整账务处理有何不同？

第五节　商品退补价业务的核算

商品流通企业发生商品销售业务后，由于计价错误或销售价格未定等原因，多计或少计货款，产生实际售价与原结算售价的差异，需要办理退价和补价手续。退价业务是指实际销售价格低于已经结算货款的价格，销货单位应将多收的差额退还给购货单位。补价业务是指实际销售价格高于已经结算货款的价格，销货单位应向购货单位补收少算的差额。销售方发生的销售退补价核算示意图，如图6-4所示。

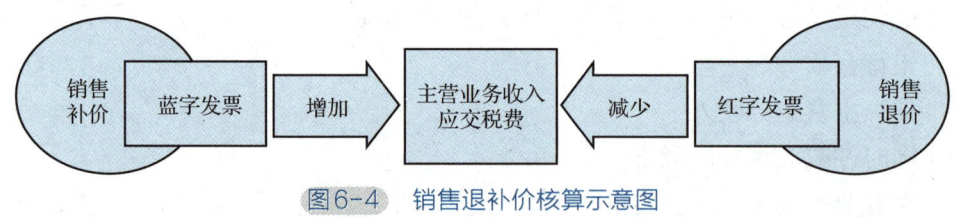

图6-4　销售退补价核算示意图

销售商品发生退补价时，先由销售单位的业务部门开具"红字电子发票"，同时填制"销货更正单"，财务部门审核无误后，据以办理收款或付款手续。"销货更正单"如表6-5所示。

表6-5 销货更正单

年   月   日   编号：

购货单位：   原发货单编号：   单位：元

项　目	规格、品名	单　位	数　量	单　价	金　额	税率（%）	税　额
原来							
更正							

| 应收 应付　人民币（大写） | | | | | 应收 应付 | |
| 更正原因 | | | | | | |

一、商品退价业务的核算

1. 销售商品退价业务

销售商品退价是指由于计价错误发生向购货单位退回多收的货款。

【例6-14】 三和服装公司销售给第一百货商厦100件男式西服，单价为350元/件，增值税税率为13%。后发现单价错开，该西服单价应为320元，开出红字增值税专用发票，应退对方货款3 000，增值税税额390元，款项已签发转账支票付讫。

借：银行存款　　　　　　　　　　　　　　　　　　　　　　　3 390
　　贷：主营业务收入　　　　　　　　　　　　　　　　　　　　3 000
　　　　应交税费——应交增值税（销项税额）　　　　　　　　　　390

2. 购进商品退价业务

购进商品退价业务是指原先结算货款的进价高于实际进价，销售单位应将高于实际进价的差额退还给购货单位。购进商品退价业务有两种核算情况：

（1）在退价商品尚未销售或虽已销售，但尚未结转销售成本的情况下，应调减"库存商品"和"应交税费"账户。

（2）退价商品已经售出并且已经结转销售成本的情况下，应调减"主营业务成本"和"应交税费"账户。

【例6-15】 三和服装公司向杭州针织厂购进全棉女式内衣1 000件，每件50元，钱货两清。后收到杭州针织厂开来红字更正发票，列明每件应为46元，应退货款4 000元，增值税税额520元，退货款项尚未收到。

（1）冲减商品采购额和增值税税额。

借：在途物资——杭州针织厂　　　　　　　　　　　　　　　　4 000
　　应交税费——应交增值税（进项税额）　　　　　　　　　　　520
　　　贷：应收账款——杭州针织厂　　　　　　　　　　　　　　　　4 520

（2）同时冲减库存商品的金额。

借：库存商品——全棉女式内衣　　　　　　　　　　　　　　　4 000

贷：在途物资——杭州针织厂　　　　　　　　　　　　　　　　　　　　　　4 000

零售企业购进商品发生退价业务时，有时会收到销售单位开来的更正发票，更正其开错的商品货款。当销售单位开来更正发票时，如果只更正购进价格，没有影响到商品的零售价格，则核算时只需调整"商品进销差价"账户，而不调整"库存商品"账户。若是销售单位退还货款，则应根据其红字增值税专用发票冲减商品采购额和进项税额，用红字借记"在途物资"账户和"应交税费"账户，贷记"应收账款"账户；同时还要增加商品的进销差价，用红字借记"商品进销差价"账户，贷记"在途物资"账户。

如果需要更正批发价和零售价时，除了应根据更正发票冲减商品采购额、进项税额和应收账款外，还要冲减库存商品的售价金额、进价成本和商品进销差价。

【例6-16】永平商厦从佳兴毛巾厂购进毛巾300条，每条进价20元，售价25元，商品已由百货组验收入库，现收到佳兴毛巾厂的更正发票，毛巾单价为18元/条，应退货款600元，增值税税额78元。

（1）冲减商品采购额和进项税额。

　　借：在途物资——佳兴毛巾厂　　　　　　　　　　　　　　　　　　　　　　600
　　　　应交税费——应交增值税（进项税额）　　　　　　　　　　　　　　　　　78
　　　　　贷：应收账款——佳兴毛巾厂　　　　　　　　　　　　　　　　　　　678

（2）同时调整商品进销差价。

　　借：商品进销差价——百货组　　　　　　　　　　　　　　　　　　　　　　600
　　　　　贷：在途物资——佳兴毛巾厂　　　　　　　　　　　　　　　　　　　600

二、商品补价业务的核算

1. 销售商品补价业务

销售商品补价是指由于计价错误而向购货单位补收少收的货款。发生销售商品补价时，应借记"银行存款"等账户；贷记"主营业务收入"账户和"应交税费"账户。

【例6-17】永平商业企业销售给平阳第一商店手纸500包，批发单价为20元/包，发票误写为15.50元，少收货款2 250元，增值税税额为292.50元。财务部门补开"增值税专用发票"和"销货更正单"，向购货单位补收货款。

（1）补价部分确认销售收入。

　　借：应收账款——平阳第一商店　　　　　　　　　　　　　　　　　　　2 542.50
　　　　　贷：主营业务收入　　　　　　　　　　　　　　　　　　　　　　2 250.00
　　　　　　　应交税费——应交增值税（销项税额）　　　　　　　　　　　　292.50

（2）收到补价款后，再冲销"应收账款"账户。

　　借：银行存款　　　　　　　　　　　　　　　　　　　　　　　　　　　2 542.50
　　　　　贷：应收账款——平阳第一商店　　　　　　　　　　　　　　　　2 542.50

2. 购进商品补价业务

购进商品补价是指原先结算货款的进价低于实际进价,应由购货单位将低于实际进价的差额补付给销售单位。

【例6-18】 永平商业企业向上海炉具厂购进天然气灶具100台,每台1 500元,款项已付清。后收到上海炉具厂补开的"增值税专用发票"和"销货更正单",列支每台应为1 600元,应补付货款10 000元,增值税税额1 300元。

(1)增加商品采购额和增值税税额。

借:在途物资——上海炉具厂　　　　　　　　　　　　　　　　　10 000
　　应交税费——应交增值税(进项税额)　　　　　　　　　　　　1 300
　　贷:应付账款——上海炉具厂　　　　　　　　　　　　　　　　11 300

(2)同时增加库存商品的价值。

借:库存商品——天然气灶具　　　　　　　　　　　　　　　　　10 000
　　贷:在途物资——上海炉具厂　　　　　　　　　　　　　　　　10 000

零售企业购进商品发生补价业务,当销售单位由于商品品种、等级的错误等原因而开错价格,事后开来更正发票需要更正批发价和零售价时,如果因更正价格而使销售单位应补收货款时,除了应根据其开来的更正发票增加商品采购额、进项税额和应收账款外,还要增加库存商品的售价金额、进价成本和商品进销差价。

【例6-19】 金安购物中心从延边公司购进干果1 000kg,进价为45元/kg,售价为60元/kg。由食品组验收时,发现该批干果系一级品,现收到延边公司的更正发票,进价为50元/kg,售价为70元/kg。

(1)增加商品采购额和增值税税额。

借:在途物资——延边公司　　　　　　　　　　　　　　　　　　5 000
　　应交税费——应交增值税(进项税额)　　　　　　　　　　　　650
　　贷:应付账款——延边公司　　　　　　　　　　　　　　　　　5 650

(2)同时增加库存商品的售价金额和进价成本。

借:库存商品——食品组　　　　　　　　　　　　　　　　　　　10 000
　　贷:在途物资——延边公司　　　　　　　　　　　　　　　　　5 000
　　　　商品进销差价——食品组　　　　　　　　　　　　　　　　5 000

第六节　拒收商品和拒付货款的核算

在商品流通企业采用发货制和托收承付结算方式销售商品的过程中,当商品发出,办妥托收货款手续后,往往会对商品做销售入账处理,但是由于质量、品种、规格、数量不符合合同规定,或因计价、发货差错等原因,都有可能会遇到购货方拒收全部或部分商品、拒付全部或部分货款的情况。如果发生此类业务,那么销售单位的业务部门应及时与购货单位取得联系,协商解决。待查明原因后,再根据不同情况分别进行处理。

一、拒收商品和拒付货款的手续

采用托收承付方式下,当购货方接到银行转来的托收承付结算凭证及有关发票账单时,应认真与合同核对。如果发现收到的商品数量、品种、规格与合同规定不符,或者验收商品时发现产品质量有问题,则可以全部或部分拒付货款,甚至可以拒收商品。

购货方拒付货款时,要在承付期内填制"拒付理由书",连同"托收结算凭证"(承付通知联)及有关发票账单一并送银行转交对方单位。拒收商品时要由仓库部门填制"代管商品物资验收单"将商品单独保管,并及时与销售方取得联系,协商重新发运商品、退回商品及货款等事宜。拒收商品和拒付货款的办理流程如图6-5所示。

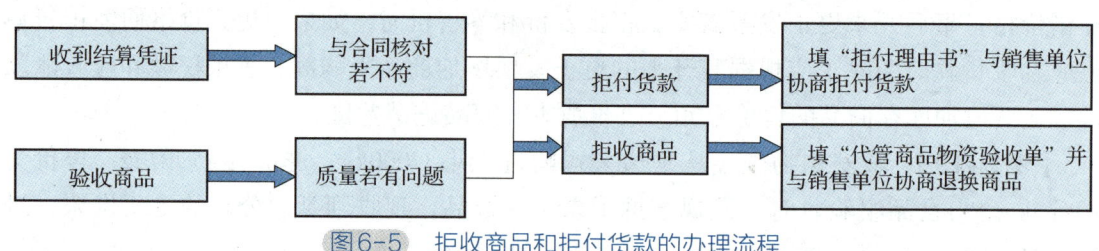

图6-5 拒收商品和拒付货款的办理流程

二、拒收商品和拒付货款的账务处理

(一)购货单位的账务处理

当收到托收凭证时,发现内附增值税专用发票开列的商品与合同不符,或者与收到的商品数量、品种、规格、质量不符等,就会发生购货单位拒付货款和拒收商品的情况。购货方拒收商品和拒付货款的情况,如表6-6所示。

表6-6 购货方拒付货款和拒收商品的情况

发生的情况	会计处理方法
1.先支付货款,后拒收商品	(1)提出拒收商品,登记"代管商品物资"账户 (2)将拒收商品的全部款项转入"应收账款"借方,予以追回
2.先拒收商品,后拒付货款	(1)提出拒收商品,登记"代管商品物资"账户 (2)待银行结算凭证到达后,填制"拒付理由书"送银行,拒付货款
3.先拒付货款,后拒收商品	(1)银行结算凭证到达后,填制"拒付理由书"送银行,拒付货款,不做账务处理 (2)商品到达后拒收商品,登记"代管商品物资"账户

"代管商品物资"账户属于表外账户,用以核算企业受托代管的各项商品、物资及借入的包装物等。收进时,记入借方,发出时,记入贷方。该账户只登记数量,不登记金额。"代管商品物资"账户不与其他账户发生对应关系,只做单式记录。

表6-6中,购货方购进商品后,发生拒收商品或拒付货款的情况1和情况2大致相同,只是拒收商品和拒付货款的顺序不同,因此,这种业务通常分以下两种情况:

1. 先支付货款,后拒收商品

购货方承付了商品货款,待商品到达并验收时,发现商品质量、规格等有问题或与合同不相符,应及时与销售方联系,要求其重新发运商品及协商拒收商品的处理。若销货方补发商品,则购货方在商品到达验收后再做入库处理;若销货方不再补发商品,则由销货方业务部门填制红字增值税专用发票,做进货退出处理。

【例6-20】 5月8日,瑞达公司向华山电子器材公司购进录音笔200支,单价为250元/支,采用托收承付的结算方式。瑞达公司现收到银行转来的托收承付结算凭证(承付通知联)及有关增值税专用发票账单和运费清单,列支录音笔总价款50 000元,税款6 500元,运费300元(不含税价),已取得运输部门开具的增值税专用发票。

(1)财务部门经审核无误后,同意付款。该批商品尚未到达。

借:在途物资——华山电子器材公司   50 273
    应交税费——应交增值税(进项税额)   6 527
  贷:银行存款   56 800

【解析】 运输部门开具的增值税专用发票上税率应为9%。

(2)5月12日,向华山电子器材公司购进的录音笔到达,仓库验收商品时发现其中150支符合合同规定,另有50支规格与合同规定不符,当即向销货方提出拒收部分商品的要求,并将拒收商品填制"代管商品物资验收单"进行代管与备查登记。

借:库存商品——录音笔   37 773
  贷:在途物资——华山电子器材公司   37 773

拒收50支规格与合同不符的录音笔,根据"代管商品物资验收单",借记"代管商品物资——华山电子器材公司"账户,无须考虑对应账户问题,退回时贷记该账户即可。

【解析】 运输部门开具的增值税专用发票上标明运费为300元,增值税为27元,暂定为运费在该业务中全部体现。

(3)5月17日,经与销货方联系,查明不合规格的50支录音笔是错发,错发商品由销货方运走,并运来同规格的录音笔50支。经仓库验收合格。财务部门据"商品验收单"和"送货单"做账务处理。

借:库存商品——录音笔   12 500
  贷:在途物资——华山电子器材公司   12 500

(4)假设与销货方协商后,查明不合规格的50支录音笔是错发,协商后双方同意将该批商品退回销货方，销货方退回该部分商品的价税款。华山电子器材公司现收到销货方开具的红字增值税专用发票及退回价税款。

借：银行存款　　　　　　　　　　　　　　　　　　　　　　　　14 125
　　应交税费——应交增值税（进项税额）　　　　　　　　　　　　1 625
　　贷：在途物资——华山电子器材公司　　　　　　　　　　　　　　　　12 500

2. 拒收商品，拒付货款

购货方购买商品，货款尚未支付，待收到商品时发现商品与合同不符，可以拒付全部或部分货款。如果拒付全部货款，则需要填制"全部拒付理由书"，连同结算凭证、发票账单送银行转交销货方，财务部门不需要做任何账务处理。如果因数量短缺或单价错误等原因，部分拒付货款，则需要填制"部分拒付理由书"送银行转交销货方，财务部门只按实际承付的金额反映购进付款业务。

【例6-21】5月10日，瑞达公司向意发电子公司购进200部对讲机，单价为480元/个，不含税价款96 000元；32G存储器100个，单价为100元/个，不含税价款10 000元。收到银行转来的托收凭证及发票联、结算联等单据，经审核，发现有20部对讲机质量有问题，填制"部分拒付理由书"拒付该部分货款；存储器存储量与合同不相符，填制"全部拒付理由书"拒付全部货款。商品已收到。

（1）承付180部对讲机款项，并已收到该业务增值税专用发票。

借：在途物资——意发电子公司　　　　　　　　　　　　　　　　86 400
　　应交税费——应交增值税（进项税额）　　　　　　　　　　　　11 232
　　贷：银行存款　　　　　　　　　　　　　　　　　　　　　　　　　97 632
借：库存商品——对讲机　　　　　　　　　　　　　　　　　　　　86 400
　　贷：在途物资——意发电子公司　　　　　　　　　　　　　　　　　86 400

（2）20部对讲机作代管商品保管。根据"代管商品物资验收单"借记"代管商品物资"账户，无须考虑对应账户问题，退回时贷记该账户即可。拒付全部存储器无须进行账务处理。

（3）5月16日，与意发电子公司协商后，对于损坏的20部对讲机做退货处理，对于与合同不符的存储器退回销售方，对方重新发运符合规格的存储器，存储器已收到并验收入库。

损坏的20部对讲机退回销售方，不需做任何账务处理，只需注销代管商品物资，即贷记"代管商品物资——意发电子公司"账户。

（4）收到符合合同规格的存储器，并已收到该业务增值税专用发票，款项通过银行转账结算。

借：在途物资——意发电子公司　　　　　　　　　　　　　　　　10 000
　　应交税费——应交增值税（进项税额）　　　　　　　　　　　　 1 300
　　贷：银行存款　　　　　　　　　　　　　　　　　　　　　　　　　11 300

借：库存商品——32G存储器　　　　　　　　　　　　　　　　10 000
　　贷：在途物资——意发电子公司　　　　　　　　　　　　　　　　10 000

（二）销货单位的账务处理

销货单位的财务部门收到开户银行转来的购货单位"拒付理由书"时，暂不做账务处理，应立即通知业务部门，及时查明原因，并尽快与购货单位联系进行协商，然后根据不同的情况做出处理。一般会有以下几种情况：

（1）对于商品少发的处理：如果补发商品，则在商品发运后，收到购货单位货款、增值税税额及垫付运费时，借记"银行存款"账户，贷记"应收账款"账户。如果不再补发商品，则由业务部门开具红字增值税专用发票，做销货退回处理。

（2）对于商品货款价格开错的情况，也应由业务部门开具红字增值税专用发票，财务部门据以做销售商品退价处理。

（3）对于因商品品种、规格发错或因商品质量不符等而退回时，应由储运部门验收入库，财务部门根据转来的红字增值税专用发票做销货退回处理，退回商品的运费列入"销售费用"账户。

（4）对于商品短缺的情况，应先冲减"主营业务收入""应交税费"和"应收账款"账户，再根据具体情况进行账务处理。如果属于本企业储运部门的责任，则应由其填制"财产损失报告单"，将商品的短缺金额转入"待处理财产损溢"账户，待领导批准后，再转入"营业外支出""管理费用"等账户。

（5）对于购货单位已支付部分款项，但拒付另外部分款项的情况，应将收到的款项借记"银行存款"账户，对于尚未收到的款项，则仍保留在"应收账款"账户内，在与对方协商解决后，再予以转销。

【例6-22】5月21日，大连手表厂销售给宁远表行50只手表，单价为1 500元/只，计价款75 000元，税款9 750元，代垫运费200元，商品已发运，并办妥委托银行收款手续。28日，接到银行转来购货单位"拒绝承付理由书"，购货方拒付全部货款及运费，经查明原因，系企业错发商品造成。与购货方协商，要求就地销售，10天内付款并给予对方5%的现金折扣。对方同意后，立即承付货款。

（1）以现金支付代垫运费。

借：应收账款——代垫运费　　　　　　　　　　　　　　　　　　200
　　贷：库存现金　　　　　　　　　　　　　　　　　　　　　　　　200

（2）财务部门根据"托收凭证"回单联和增值税专用发票做销售入账。

借：应收账款——宁远表行　　　　　　　　　　　　　　　　　84 950
　　贷：主营业务收入　　　　　　　　　　　　　　　　　　　　75 000
　　　　应交税费——应交增值税（销项税额）　　　　　　　　　 9 750
　　　　应收账款——代垫运费　　　　　　　　　　　　　　　　　 200

（3）购货方同意就地销售后，当即承付货款。

借：银行存款　　　　　　　　　　　　　　　　　　　80 712.50
　　贷：应收账款——宁远表行　　　　　　　　　　　　　　84 950.00
　　　　主营业务收入　　　　　　　　　　　　　　　　　　 4 237.50

（4）假设购货方无法就地处理，企业同意将商品退回，做退货处理。收到商品后冲销原销货收入及销售数量，代垫运费转入"销售费用"账户。

借：应收账款——宁远表行　　　　　　　　　　　　　84 750
　　贷：主营业务收入　　　　　　　　　　　　　　　　　　75 000
　　　　应交税费——应交增值税（销项税额）　　　　　　　 9 750

借：销售费用　　　　　　　　　　　　　　　　　　　　 200
　　贷：应收账款——宁远表行　　　　　　　　　　　　　　 200

（5）假设上笔退货业务已结转商品销售成本，进价成本为1 200元/只，则还要冲减"主营业务成本"账户，做增加"库存商品"处理。

借：主营业务成本　　　　　　　　　　　　　　　　　60 000
　　贷：库存商品　　　　　　　　　　　　　　　　　　　　60 000

【例6-23】仍用上例资料，收到银行转来的入账通知单和部分拒绝承付理由书，承付货款62 150元，拒付货款22 600元，原因待查。

（1）承付部分货款，款项已收到。

借：银行存款　　　　　　　　　　　　　　　　　　　62 150
　　贷：应收账款——宁远表行　　　　　　　　　　　　　　62 150

（2）经查明原因，购货方拒付货款22 600元，系因部分商品质量不符合要求。同意拒付，冲销原销货收入20 000元和税额2 600元，开具红字增值税专用发票，剩余款项购货方已补齐。

借：银行存款　　　　　　　　　　　　　　　　　　　　 200
　　应收账款——宁远表行　　　　　　　　　　　　　　22 800
　　贷：主营业务收入　　　　　　　　　　　　　　　　　　20 000
　　　　应交税费——应交增值税（销项税额）　　　　　　　 2 600

视频

6.1 增值税、消费税分别与附加税费申报表整合

第七节　直运商品销售业务的核算

一、直运商品销售业务程序

通常情况下，商品流通企业发生购进商品业务后，都会将商品验收入库，待销售时再从本企业仓库发运给购货单位，但也有一些企业采用直运商品销售方式。直运商品销售是指批发企业购进商品后，不运回本企业仓库储备，而是直接从销售单位发运给另外一家购货单位的一种销售方式。直运商品销售涉及批发企业、销售单位和购货单位三方，并且三方不在同一地点。采用直运商品销售方式，可以节省仓库的占用，减少商品出入库手续，有利于加速商品流转，节约商品流通费用。

直运商品销售业务的程序为：批发企业的直运商品销售，一般是批发企业委托销售单位代办商品发运、垫付运费和代向购货单位结算货款。通常，批发企业要派驻采购员去销售单位，当销售单位根据购销合同发运商品时，由派驻采购员填制增值税专用发票一式数联，其中发票联随货同行，作为购货单位的收货凭证，其余各联寄回批发企业，另外需填制"直运商品收发货单"作为附件送交销售单位。销售单位在代批发企业办妥商品发运和托收货款手续后，将托收凭证回单联、代垫运费清单、发运证明及发票等一并通过银行向批发企业办理货款结算，批发企业据以承付货款和办理托收销货入账手续。在这种情况下，批发企业的购销业务几乎同时发生，批发企业支付货款后，反映为商品的购进业务。批发企业凭采购员寄回的增值税专用发票再向购货单位收取货款，反映为商品的销售业务。直运商品销售业务程序如图6-6所示。

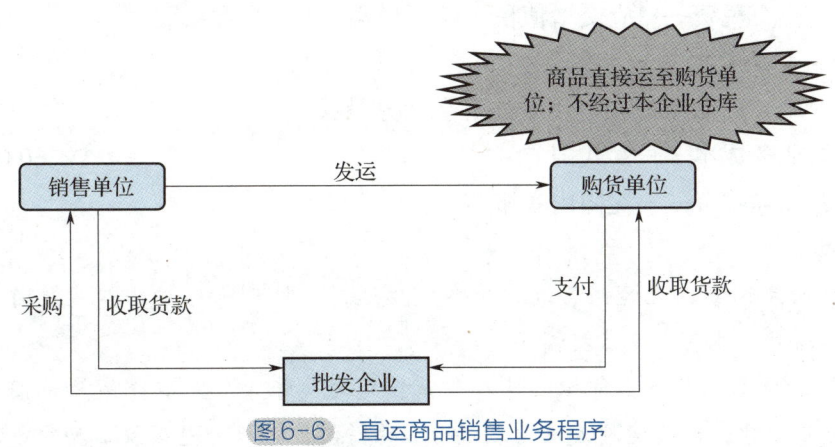

图6-6　直运商品销售业务程序

采用直运商品销售，其业务具有以下几个特点：①商品的购销业务同时发生；②由于商品不经过批发企业仓库的储存环节，因此，购销业务不通过"库存商品"核算，直接通过"在途物资"核算；③由于直运商品购进和销售的增值税专用发票上已经列明商品的购进金额和销售金额，因此，商品销售成本可以按照实际进价成本，按销售批次随时进行结转。

二、直运商品销售业务的会计核算

直运商品销售在会计核算上不使用"库存商品"账户。批发企业向销售单位承付货款时，作为商品的购进业务，通过"在途物资"账户核算。批发企业向购货单位托收货款时，作为商品的销售实现，通过"主营业务收入"和"主营业务成本"账户核算。

【例6-24】 浙江朵蕾内衣服饰公司向沈阳内衣服装厂购进女式内衣500件，每件120元，共计价款60 000元，进项税额7 800元，按合同规定将商品直运给杭州某服装公司，供应价每件130元，共计价款65 000元，销项税额8 450元。

（1）根据银行转来的沈阳内衣服装厂的托收凭证，内附增值税专用发票，开列女式内衣货款60 000元，增值税税额7 800元，运费凭证500元，经审核无误，当即承付。

借：在途物资——沈阳内衣服装厂　　　　　　　　　　　　　　60 000
　　应交税费——应交增值税（进项税额）　　　　　　　　　　　7 800
　　应收账款——代垫运费　　　　　　　　　　　　　　　　　　　500
　　贷：银行存款　　　　　　　　　　　　　　　　　　　　　　68 300

（2）直运销售女式内衣500件，每件130元，货款为65 000元，增值税税额为8 450元，连同垫付的运费500元，一并向杭州某服装公司托收，根据增值税专用发票的记账联及托收凭证的回单联，做如下会计分录：

借：应收账款——杭州某服装公司　　　　　　　　　　　　　　73 950
　　贷：主营业务收入——女式内衣　　　　　　　　　　　　　　65 000
　　　　应交税费——应交增值税（销项税额）　　　　　　　　　8 450
　　　　应收账款——代垫运费　　　　　　　　　　　　　　　　　500

（3）同时结转商品销售成本，做如下会计分录：

借：主营业务成本——女式内衣　　　　　　　　　　　　　　　60 000
　　贷：在途物资——沈阳内衣服装厂　　　　　　　　　　　　　60 000

> **提示**　直运商品销售在直运销售过程中会发生运费，处理一般按由双方签订的协议确定，其核算主要有以下三种情况：
> （1）运费由批发企业负担，计入"销售费用"账户，若取得运输部门开具的增值税专用发票，可将运输发票价款的9%的增值税率作为进项税抵扣。
> （2）运费由购货单位负担，则批发企业在支付销售单位货款时也支付运费，然后连同销货款一并办理托收手续。
> （3）运费由双方共同负担，则必须按双方负担的比例进行相应的计算处理，这种情况较少见。

【例6-25】 同利商务公司与广亿公司及新江桥百货公司签订直运商品销售合同。合同规定，同利商务公司从广亿公司购买高压锅100台，由广亿公司直运给新江桥百货公司，运杂费由同利商务公司承担。

（1）5月5日，广亿公司委托银行收款：高压锅100台，单价为1 500元/台，计货款150 000元，增值税税额19 500元，运杂费2 500元。同利商务公司收到银行转来的托收承付通知、增值税专用发票和运输发票，审核无误后，当即承付。

借：在途物资——广亿公司　　　　　　　　　　　　　　　　150 000
　　应交税费——应交增值税（进项税额）　　　　　　　　　19 500
　　销售费用——运杂费　　　　　　　　　　　　　　　　　2 500
　贷：银行存款　　　　　　　　　　　　　　　　　　　　　172 000

（2）5月16日，根据上述直运商品销售合同及发运证明，同利商务公司委托银行向新江桥百货公司收取款项：高压锅100台，每台售价1 800元，计货款180 000元，增值税税额23 400元。

借：应收账款——新江桥百货公司　　　　　　　　　　　　　203 400
　贷：主营业务收入　　　　　　　　　　　　　　　　　　　180 000
　　　应交税费——应交增值税（销项税额）　　　　　　　　23 400

（3）5月24日，收到银行转来的托收凭证收账通知，新江桥百货公司的货款和税款已收妥。

借：银行存款　　　　　　　　　　　　　　　　　　　　　　203 400
　贷：应收账款——新江桥百货公司　　　　　　　　　　　　203 400

视频

增值税、消费税分别与附加税费申报表整合

本章小结

知识点1：商品流通企业向农村经济组织和个人收购农副产品的交易是商品流转的主要组成部分。农副产品的收购业务可分为直接购进、委托代购和预购三种方式。直接购进通常采用报账付款方法，由商品流通企业先拨付一定数额农副产品收购的铺底资金给收购单位，收购单位使用后，向商品流通企业报送"农副产品收购汇总表"，企业据以补足其收购的铺底资金。委托代购是指商品流通企业在未设收购网点的地区，委托其他企业代购的一种收购农副产品的方式。农副产品预购是国家为了支持一些主要农副产品的生产,以保证收购计划的完成,对一些重要农副产品实行预购的形式,商品流通企业作为收购企业,与生产单位或个人签订预购合同,明确规定预购农副产品的品种、等级、数量、价格、发放定金的时间和金额、交货和收回定金的时间等。

知识点2:商品流通企业经营商品,由于其规格较复杂,等级较多,因此,需要对购进的商品进行挑选整理工作,对商品进行分等、分级、清除杂质、包装整理,以提高质量,防止其变质。商品通过挑选整理后,可能会出现以下三种情况:①挑选整理后发生数量变化;②挑选整理后由一种等级变为另一种等级;③挑选整理后由一个等级变为几个等级。

知识点3:商品流通企业销售商品时,为了促销或提前收回货款,往往会采用一些优惠的方式,包括销售折扣和销售折让两种形式,其中销售折扣又分为商业折扣和现金折扣。商业折扣是指销售单位为了鼓励购货方多购商品而给予一定的价格优惠,通常是在商品价目表基础上给予的折扣优惠。现金折扣是指销货方为了鼓励购货方提前付款,在一定的还款期限内给予购货方价格上的优惠。不同的优惠促销方式,对企业利润的影响是不同的。

知识点4:商品流通企业在商品购进和销售过程中,可能会由于商品质量或规格等问题,发生购货方将商品退回销货方的情况,即产生进货退出和销货退回。退货业务可能是把商品全部退回或部分退回,也可能是在提出商品退回的前提下进行折价处理。

知识点5:商品流通企业发生商品销售业务后,由于计价错误或销售价格未定等原因,造成多计或少计货款,发生实际售价与原结算售价的差异,需要办理退价和补价手续。退价业务是指实际销售价格低于已经结算货款的价格,销货单位应将多收的差额退还给购货单位。补价业务是指实际销售价格高于已经结算货款的货物的价格,销货单位应向购货单位补收少算的差额。

知识点6:商品流通企业采用发货制和托收承付结算方式销售商品过程中,当商品发出办妥托收货款手续后,往往会对商品做销售入账处理,但是由于质量、品种、规格、数量不符合合同规定,或因计价、发货差错等原因,都有可能会遇到购货方拒收全部或部分商品、拒付全部或部分货款的情况。

知识点7:商品流通企业也会发生直运商品销售业务。直运商品销售业务是指批发企业购进商品后,不运回本企业仓库储备,而是直接从销售单位发运给另外一家购货单位的一种销售方式。直运商品销售涉及批发企业、销售单位和购货单位三方,并且三方不在同一地点。采用直运商品销售方式,可以节省仓库的占用,减少商品出入库手续,有利于加速商品流转,节约商品流通费用。

思 考 题

1. 简述农副产品收购的一般程序。
2. 农副产品收购与工业产品购进在核算上有何不同?
3. 简述送货制销售农副产品的一般程序。
4. 商品挑选整理核算的原则是什么?
5. 商品通过挑选整理后,可能会出现哪几种情况?该如何处理?
6. 什么是现金折扣?总价法下该如何处理?
7. 分析引起商品退货的原因。退货业务可能出现哪几种情况?
8. 销货退回的会计核算通常会出现哪几种情况?
9. 简述拒收商品和拒付货款的流程。
10. 什么是直运商品销售?如何进行核算?

一、名词解释

农副产品直接购进　报账付款　委托代购　代购费用包干　代购费用实报实销　农副产品预购　挑选整理　商业折扣　现金折扣　销售折让　进货退出　销货退回　退价业务　直运商品销售

二、判断题

1. 农副产品在挑选整理过程中发生的自然损耗可以列入"进货费用"账户。（　　）
2. 商品在挑选整理过程中,可在"库存商品"账户下设置"挑选整理"专户,以专门核算挑选中的商品。（　　）
3. 商业折扣是指销货方为了鼓励购货方提前付款,在一定的还款期限内给予购货方价格上的优惠。（　　）
4. 商业折让是指企业因售出的商品质量不合格等原因而在售价上给予购货方价格上的减让。（　　）
5. 总价法是将未减去现金折扣前的金额作为实际售价,记作应收账款的入账价值。（　　）
6. 销售折让应在实际发生时直接从当期发生的销售成本中扣减。（　　）
7. 已确认收入的销售商品退回,一般应直接冲减退回当月的销售收入和销售成本等。（　　）
8. 企业发生进货退出时,应取得业务部门开具的"开具红字增值税专用发票通知单",送交销货方凭以开具红字增值税专用发票作为扣减进项税额的凭证。（　　）

9. 直运商品销售的突出特点是没有商品储存环节，在会计核算上可以不使用"库存商品"账户。   （   ）

10. 仓库商品销售和直运商品销售都属于商品销售，在核算上没有什么不同。（   ）

三、单项选择题

1. 企业发放预购定金是通过（   ）科目借记核算的。
   A. "应收账款"   B. "预付账款"   C. "银行存款"   D. "预收账款"

2. 某收购站向张大力专业户收购免税农产品，收购价款为 20 万元，则该商品的采购成本为（   ）。
   A. 20 万元   B. 23.4 万元   C. 18.2 万元   D. 17.4 万元

3. 达美公司为加快资金的回笼，采用的现金折扣方式为 3/10、2/20、N/30。5 月 21 日收到货款 1 000 万元（货物是 5 月 3 日出售的），则达美公司实际支付的现金折扣为（   ）。
   A. 10 万元   B. 20 万元   C. 30 万元   D. 15 万元

4. 在现金折扣销售商品的情况下，增值税专用发票是以（   ）开具的。
   A. 每月月末   B. 折扣后
   C. 折扣前后均可以   D. 折扣前

5. 某企业 2024 年 5 月售出的产品在 2024 年 6 月被退回时，其冲减的销售收入应在退回当期记入（   ）科目的借方。
   A. "以前年度损益调整"   B. "营业外支出"
   C. "利润分配"   D. "主营业务收入"

6. 发生进货退出时，购买方需通过电子发票服务平台发起（   ），作为销售方开具红字发票的依据。
   A. "红字信息确认单"   B. 普通发票
   C. 增值税专用发票   D. 以上均可

7. 退价商品尚未销售或虽已销售，但尚未结转销售成本的情况下，应调减（   ）和"应交税费"账户。
   A. "库存商品"   B. "在途物资"
   C. "主营业务成本"   D. "主营业务收入"

8. 购货方拒收商品时，可暂时将拒收的商品在（   ）账户登记。
   A. "代管商品物资"   B. "库存商品"
   C. "在途物资"   D. 以上均可

9. 拒收商品和拒付货款的核算业务中，对于购货单位已支付部分款项，但拒付另外部分款项的情况，如果尚未收到另外部分的款项，则仍保留在（   ）账户内，在与对方协商解决后，再予以转销。
   A. "其他应收款"   B. "应收账款"   C. "其他应付款"   D. 以上均可

10. 采用直运商品销售方式的企业，不需要通过（　　）账户核算。
   A．"在途物资"　　　　　　　　B．"库存商品"
   C．"主营业务收入"　　　　　　D．"主营业务成本"

四、多项选择题

1. 商品流通企业收购农副产品时，需由收购人员填制（　　），作为农副产品验收入库和交售农副产品的依据。
   A．农副产品收购凭证　　　　　B．农副产品收购计数单
   C．销售发票　　　　　　　　　D．农副产品出库单

2. 农副产品的购进业务按收购方式的不同，可分为（　　）三种方式。
   A．直接购进　　B．间接购进　　C．委托代购　　D．预购

3. 商品流通企业在未设收购网点的地区，委托其他企业代购农副产品时，其代购费用有（　　）两种方式。
   A．包干　　　　B．自行处理　　C．实报实销　　D．以上均可

4. 批发企业销售农副产品在采取送货制销售时，一般要经过（　　）三个环节。
   A．送货　　　　B．提货　　　　C．验收　　　　D．结算货款

5. 商品挑选整理时，下列应遵循的原则中，正确的有（　　）。
   A．商品进行挑选整理时，作为企业内部移库处理
   B．商品在挑选整理过程中发生的费用，列入"进货费用"账户
   C．在"库存商品"账户下设置"挑选整理"专户
   D．发生等级、规格和数量的变化，均应调整商品的数量和单价

6. 下列关于销售折扣、销售折让的说法中，正确的有（　　）。
   A．商业折扣是企业为促进商品销售而在商品标价上给予的价格扣除，企业应按折扣后的金额确定收入
   B．现金折扣是在销售商品收入金额确定的情况下，债权人为鼓励债务人在规定的期限内付款而向债务人提供的债务扣除
   C．现金折扣实际发生时，购货方应冲减企业原确认的营业收入
   D．对于销售折让，一般销售行为在先，购货方希望售价减让在后，销售折让发生时，应当直接冲减当期销售商品收入

7. 一般发生销货折让的原因有（　　）。
   A．销售的产品质量有问题　　　B．销售的产品规格不符合要求
   C．购买方提前付款　　　　　　D．购买方购买的数量较大

8. 销售方发生销货退回时，若已确认收入并结转成本，则应冲销（　　）。
   A．主营业务收入　B．销项税额　C．库存商品　D．主营业务成本

9. 直运商品销售的业务具有（　　）的特点。
   A．商品的购销业务同时发生

B. 商品不通过批发企业仓库的储存环节

C. 销售成本可以按照实际成本结转

D. 销售成本可以按销售批次随时结转

10. 在直运商品销售的方式下，运费可由本企业或购货方负担，则运费可计入（ ）。

A."销售费用"　　　B."应收账款"　　　C. 商品成本　　　D. 不需反映

五、练习题

习题一

【目的】练习农副产品购进的核算。

【资料】华日公司为独立核算单位，下设 A 收购站和 B 收购站，采用报账付款方法，5 月份发生下列经济业务：

（1）1 日，签发现金支票 45 000 元拨付备用金，其中 A 收购站为 25 000 元，B 收购站为 20 000 元。

（2）9 日，A 收购站报来农副产品收购汇总表，计收购棉花金额 20 000 元，其中 9% 作为进项税额，当即签发转账支票，以补足其铺底资金。

（3）10 日，棉花采购完毕，结转其采购成本。

（4）14 日，B 收购站报来农副产品收购汇总表，计收购棉花金额 18 000 元，其中 9% 作为进项税额，当即签发转账发票，以补足其铺底资金。

（5）15 日，棉花采购完毕，结转其采购成本。

（6）25 日，委托某购销站代购羊肉 2 500kg，合同规定收购价为 14 元 /kg，其中 9% 作为进项税额，代购包干费用率为 5%，代购手续费率为 7%，商品已送到。当即将款项全部汇付对方。

（7）26 日，昨日购进的羊肉已由甲仓库全部验收入库，结转羊肉的采购成本。

【要求】根据资料编制会计分录。

习题二

【目的】练习农副产品挑选整理的核算。

【资料】健达药材公司 4 月份发生下列有关挑选整理的经济业务：

（1）1 日，所属 A 收购站开出商品内部调拨单将收购的药材当归 1 000kg，售价为 50 元 /kg，计 50 000 元，拨付挑选组进行挑选整理。

（2）3 日，签发转账支票一张，计金额 3 000 元，购置挑选整理用器具 10 个，每个 30 元，并由挑选组领用。

（3）30 日，药材当归经挑选整理完毕，分为一级品 800kg，售价为 60 元 /kg；二级品 150kg，售价为 40 元 /kg；三级品 45kg，售价为 30 元 /kg。全部交由仓库验收保管。

【要求】根据资料编制农副产品挑选整理单，并编制会计分录。

习题三

【目的】练习销售折扣和销售折让的核算。

【资料】乐云百货公司5月份发生下列有关的经济业务：

（1）1日，向大华体育器材厂购进篮球500个，每个80元，计货款40 000元、增值税税额5 200元。厂方给予的付款条件为：2/10，1/20，N/30。款项尚未支付，篮球已验收入库。

（2）3日，向毛毛自行车厂购进儿童自行车，附来增值税专用发票，列明儿童自行车100辆，每辆260元，计货款26 000元，增值税税额3 380元。厂方给予的付款条件为：2/20，N/30。款项尚未支付，自行车已验收入库。

（3）5日，向童乐玩具厂购进电动玩具汽车200辆，每辆40元，计货款8 000元，增值税税额1 040元，当即签发转账支票付讫。

（4）10日，童乐玩具厂运来电动玩具汽车200辆，验收时发现外观质量不符合要求。与厂方联系后，其同意给予总价款的5%的销售折让，当即收到厂方的销售折让发票，并收到对方退回的折让款400元，增值税税额52元。款项已存入银行，商品已验收入库。

（5）15日，签发转账支票一张，金额为44 748元，系支付大华体育器材厂500个篮球的全部款项。

（6）19日，银行转来毛毛自行车厂托收凭证，查验与合同相符，当即承付全部款项。

【要求】根据资料编制会计分录。

习题四

【目的】练习销货退回和销售商品退补价的核算。

【资料】家美电器公司5月份发生下列经济业务：

（1）1日，销售给百盛商厦吹风机200台，每台250元，计货款50 000元，增值税税额6 500元，当即收到转账支票存入银行。

（2）3日，百盛商厦发现前日购入的吹风机中有20台质量不符合要求，经联系后业务部门同意退货。商品已退回并验收入库，退货款5 000元，增值税税额650元，当即签发转账支票付讫。

（3）5日，销售给华联商厦洗衣机200台，每台2 700元，计货款540 000元，增值税税额70 200元，当即收到转账支票存入银行。

（4）10日，发现所售洗衣机，每台应为2 820元，当即开出增值税专用发票，应补收货款24 000元、增值税税额3 120元。

（5）15日，收到华联商厦付来补价货款28 080元，存入银行。

（6）16日，销售给华联商厦吸尘器200台，每台680元，计货款136 000元，增值税税额17680元，款项尚未收到。

（7）18日，发现16日所售吸尘器每台应为650元，当即开出更正发票，应退货款6 000元，增值税税额780元，款项从应收款项中抵扣。

【要求】根据资料编制会计分录。

习题五

【目的】练习购货单位拒付货款和拒收商品的核算。

【资料】广州三友服装公司5月份发生下列经济业务：

（1）2日，销售给南宁服装公司男式棉服500件，每件260元，计货款130 000元，增值税税额16 900元，连同代垫运费400元，一并向银行办妥托收手续。

（2）4日，销售给中山服装公司女式唐装700件，每件200元，计货款140 000元，增值税税额18 200元，货款尚未收到。

（3）10日，银行转来南宁服装公司承付款项的收账通知，支付450件男式棉服的价税款及全部运费，同时收到拒绝付款理由书，拒付50件男式棉服的价税款。

（4）15日，银行转来中山服装公司承付货款的收账通知，支付600件女式唐装的价税款，同时收到拒绝付款理由书，拒付100件女式唐装的价税款。

（5）18日，经联系，查明南宁服装公司拒付账款的50件男式棉服系质量不好，商品已退回，业务部门转来红字增值税专用发票，做销货退回处理。

（6）31日，经联系，中山服装公司拒付100件女式唐装账款原因已查明，对方开具红色专用发票做退货处理。

【要求】根据资料编制会计分录。

习题六

【目的】练习商品销售和直运商品销售的核算。

【资料】郑州服装公司3月份发生下列经济业务：

（1）1日，销售给郑州第一商厦西服100套，每套400元，计货款40 000元，增值税税额5 200元，款项尚未收到。

（2）3日，销售给郑州第二商厦衬衫120件，每套380元，计货款45 600元，增值税税额5 928元，款项已收到并存入银行。

（3）8日，向华阳服装公司购进牛仔裤200条，每条120元，计货款24 000元，增值税税额3 120元，签发转账支票承付货款，商品存放于华阳服装公司。

（4）12日，该批牛仔裤商品已直接由铁路运给北京阿福服装公司，随货附增值税专用发票，列明牛仔裤200件，每件220元，计货款44 000元，增值税税额5 720元，北京阿福服装公司经审核与合同相符，当即承付货款。

（5）18日，银行转来郑州第一商厦支付货款的收账通知。

【要求】根据资料编制会计分录。

6.2 自测题参考答案

第七章
商品流通企业核算方法的其他业务应用

> **学习目标**
>
> 1. 掌握委托加工商品的核算业务。
> 2. 了解委托代销业务的原始凭证和账户。
> 3. 掌握企业委托代销和受托代销业务的核算。
> 4. 掌握视同买断方式下委托代销商品的核算业务。
> 5. 理解出租商品核算业务。

第一节　委托加工商品业务的核算

一、委托加工商品概述

委托加工是指企业与外单位签订委托加工合同，由外单位代为加工，支付加工费用的一种加工方式。

商品流通企业为了适应市场变化的趋势，增加商品花色品种，扩大货源，增强企业的市场竞争力，发扬经营特色，除积极进行商品购销业务外，还可以根据自身经营需要，采取定点定牌的方式，将初级库存商品委托其他单位进行加工，或者根据市场的需求，将不适销的库存商品，委托其他企业进行加工改造。当加工商品收回后，按照规定的加工计费标准，支付加工费用和增值税税额等。加工商品的方式一般有委托其他单位加工和自行加工两种。

商品流通企业在委托加工前，应先与接受加工的单位签订"委托加工商品合同"，列明加工商品的品种、规格、型号、数量、质量要求、交货期限、耗用定额、加工计费标准等。

商品委托加工的业务程序一般有发出库存商品、支付加工费用及收回加工商品等三个环节。

1. 发出库存商品

委托加工商品业务发出商品时,应根据委托加工商品加工方式的不同,由业务部门根据"委托加工商品合同"规定填制一式数联的"加工商品发料单"或"发出商品委托加工单",该凭证经收发双方签章后,各自留下一联,加工单位作为收到商品的凭证,发料部门作为发出商品的依据;一联送交财务部门,财务部门复核无误后,据以借记"委托加工物资"账户,贷记"库存商品"账户。"加工商品发料单"如表7-1所示。

表7-1 加工商品发料单

发料部门　　　　　　　　　　　年　月　日　　　　　　　　　　　　No.

加工单位						加工合同号		
货号	品名规格	单位	应发数量	实发数量	单价	金额	发料日期
合　计							

有关人员签章:

2. 支付加工费用

商品流通企业一般在收回加工成品时,按"委托加工商品合同"的规定,支付加工企业加工费用,并要交纳增值税税额,借记"委托加工物资"账户和"应交税费"账户,贷记"银行存款"账户。

3. 收回加工商品

商品流通企业在收回加工成品时,由业务部门填制"加工商品收货单",由有关部门负责验收,验收完毕后,由交接双方分别在"加工商品收货单"上签章,加工单位留下一联,作为交货凭证;收货部门自留另一联,作为收货凭证;此外一联送交财务部门,复核无误后,据以入账。同时,应根据加工商品的实际成本,借记"库存商品"账户,贷记"委托加工物资"账户。"加工商品收货单"如表7-2所示。

表7-2 加工商品收货单

收货部门　　　　　　　　　　　年　月　日　　　　　　　　　　　　No.

加工单位						加工合同号码			
货号	品名规格	单位	数量	加工费		增值税税额	成品成本	
				单位金额	总金额		单位成本	总成本
收货日期				年　月　日			附单据	

有关人员签章:

二、委托加工商品的账务处理

委托加工业务的核算是通过"委托加工物资"账户进行的。该账户属于资产类账户，用以核算企业委托外单位加工的各种商品实际成本，包括发出商品的进货原价、加工费用、加工过程应负担的运费、加工税金及附加等。若委托加工的商品属于应税消费品，则其实际成本还应包括应纳消费税税额。

"委托加工物资"账户借方登记发生的加工物资的各种耗费；贷方登记加工物资完工验收入库，结转其加工成本；期末余额在借方，表示期末尚未完工加工物资的实际成本，如图7-1所示。

如果收回成品未达到合同规定的数量或质量要求，则应根据合同的有关规定，要求加工单位赔偿损失，以维护企业的经济利益。

委托加工物资

借方	贷方
发出商品、加工费用和应缴纳的税金及附加的发生数	加工商品完工验收入库，结转其加工成本
期末余额：表示企业委托外单位加工但尚未完工的加工商品的实际成本	

图7-1 "委托加工物资"账户

> **思考**
> 假如委托加工的商品属于应税消费品，其实际成本应如何确定？

【例7-1】 美达毛织商店将库存布料500m用来委托其他单位加工车用套垫200件。库存布料进价为20元/m。

（1）发出库存布料500m，财务部门根据加工商品发料单转账。

借：委托加工物资——车用套垫　　　　　　　　　　　　　　10 000
　　贷：库存商品——布料　　　　　　　　　　　　　　　　　　　　10 000

（2）以银行存款支付加工费用，按每件20元计算，共计4 000元，增值税税率为13%。

借：委托加工物资——车用套垫　　　　　　　　　　　　　　4 000
　　应交税费——应交增值税（进项税额）　　　　　　　　　520
　　贷：银行存款　　　　　　　　　　　　　　　　　　　　　　　　4 520

（3）收回加工商品时，应由业务部门填制"加工商品收货单"一式数联，转送相关部门。收货部门凭以验收入库，财务部门据以计算加工商品的总成本及单位成本转账。

车用套垫总成本=10 000 + 4 000=14 000（元）

车用套垫单位成本=14 000÷200=70（元）

借：库存商品——车用套垫　　　　　　　　　　　　　　　　　14 000
　　贷：委托加工物资——车用套垫　　　　　　　　　　　　　　14 000

提示

受托方需要缴纳的流转税金及计算公式：

（1）非应税消费品：按加工费（含代垫的辅料成本）计算增值税。计算公式为：

$$增值税 = （加工费 + 代垫的辅料成本）× 增值税税率$$

（2）应税消费品：除按加工费（含代垫的辅料成本）计算增值税外，还应由受托方在向委托方交货时代收代缴消费税。消费税的计算顺序和公式为：

1）按照受托方的同类消费品的销售价格计算纳税。
2）没有同类消费品销售价格的，按照组成计税价格纳税：

$$组成计税价格 = （材料成本 + 加工费）÷ （1 - 消费税比例税率）$$

视频

7.1 委托加工应税消费品应纳税额的计算

第二节　委托代销商品业务的核算

商品流通企业除了自行销售商品外，还可以委托其他企业代销商品。委托代销商品业务既可以减少委托方的商品积压以加速资金周转，又可以减少受托方的资金占用以降低商品经营风险，因此，在商品流通企业中得到了广泛运用。

一、委托代销商品概述

委托代销商品是指委托方与受托方签订代销合同，由委托方交付商品给受托方代为销售的一种商业活动。代销商品与自营销售不同的是，委托方将商品交给受托方时，受托方不用垫付资金，商品所有权的风险和报酬尚未转移。委托代销商品的特点是委托方向受托方发出代销商品时，并不转移商品的所有权，也不做商品销售处理，直到代销商品销售后才确认商品销售成立。当企业接受其他单位委托代销商品时，即成为受托方，当企业委托其他单位代销本企业的商品时,即成为委托方。因此,委托代销商品业务涉及委托方和受托方两个方面,其代销方式有视同买断和收取手续费两种,如表7-3所示。

表7-3 委托代销商品的销售方式

代销方式	含义
视同买断方式	由委托方和受托方签订协议,委托方按协议价收取委托代销商的货款,实际售价可由受托方自定,实际售价与协议价之间的差额归受托方所有的销售方式
收取手续费方式	委托方和受托方签订合同或协议,委托方根据合同或协议约定向受托方计算支付代销手续费,受托方按照合同或协议规定的价格销售代销商品的销售方式

二、委托代销业务涉及的主要原始凭证和账户

采用委托代销方式销售商品时,委托方或受托方将根据发票、代销商品清单和成本计算单等原始凭证,通过"委托代销商品""受托代销商品""代销商品款"等账户进行会计核算。

1. 涉及的主要原始凭证

(1)"代销商品清单",如表7-4所示。

表7-4 代销商品清单

委托方:
受托方: 年 月 日 代销字第 号

品名	规格	单位	数量		代销价		增值税额	手续费	
			来货	已销	单价	金额		比例	金额
合 计									

制表人: 受托方签章:

(2)"委托代销商品成本计算单",如表7-5所示。

表7-5 委托代销商品成本计算单
年 月 日

品名	单位	发出数量	进价		备注
			单价	金额	
合 计					

制表人:

2. 涉及的主要账户

（1）"委托代销商品"账户。该账户属于资产类账户，用于核算企业委托其他单位代销的商品，如图7-2所示。"委托代销商品"账户应按受托单位进行明细分类核算。

委托代销商品

借方	贷方
企业将商品交付受托单位代销	企业收到受托单位已售代销商品清单时，确认销售收入转销其成本
期末余额：企业尚有委托代销商品的数额	

图7-2 "委托代销商品"账户

（2）"受托代销商品"账户。该账户属于资产类账户，用于核算受托方接受其他单位委托代销商品的接收价（受托方用），如图7-3所示。"受托代销商品"账户应按委托单位名称设置明细账。

委托代销商品

借方	贷方
期初余额 受托方收到委托方代销商品时，按接收价反映	售出受托代销商品时，按接收价反映
期末余额：尚未销售的受托代销商品的接收价	

图7-3 "受托代销商品"账户

（3）"受托代销商品款"账户。该账户属于负债类账户，用于核算受托方接受代销商品的价款，如图7-4所示。"受托代销商品款"账户应按委托单位名称设置明细账。

委托代销商品款

借方	贷方
售出代销商品时，按接收价反映	期初余额 受托方收到受托代销商品时，按接收价反映
	期末余额：尚未出售的受托代销商品的价款

图7-4 "受托代销商品款"账户

三、批发企业委托代销业务的核算

批发企业根据其经营特点，商品流转通常采用数量进价金额核算法。在发生委托代销业务时，其核算主要有视同买断和收取手续费两种方式，如图7-5所示。

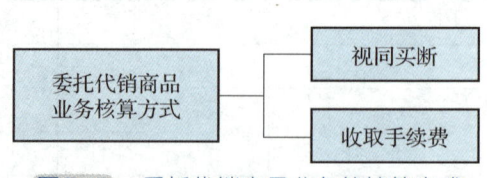

图7-5 委托代销商品业务的核算方式

1. 视同买断方式

批发企业采取视同买断方式代销商品，作为委托方的批发企业与受托方签订"商品委托代销合同"。合同上注明委托代销商品的协议价、销售价、货款清偿时间、结算方式、商品保管的要求以及双方承担的责任等。

委托代销商品的业务程序一般是：由委托方业务部门根据"商品委托代销合同"，填制"委托代销商品发货单"；然后由储运部门将商品发运给受托方。委托方将商品交付给受托方时，由于商品所有权上的风险和报酬并未转移给受托方，因此不能确认销售收入，应按成本价通过"委托代销商品"账户来反映商品的发出。委托方待收到受托方交来已售代销商品的"代销商品清单"，并填制增值税专用发票交付受托方时，才能确认销售收入并结转销售成本。

受托方收到受托代销商品时，不能做商品购进处理，应按协议价在"受托代销商品"和"受托代销商品款"账户中同时反映，并不确认收入。受托方待受托代销商品出售后，才按实际售价确认收入，并结转成本；然后开具商品的"代销商品清单"给委托方，并按协议价支付受托代销商品的价税款给委托方。视同买断方式代销商品业务的核算过程如图7-6所示。

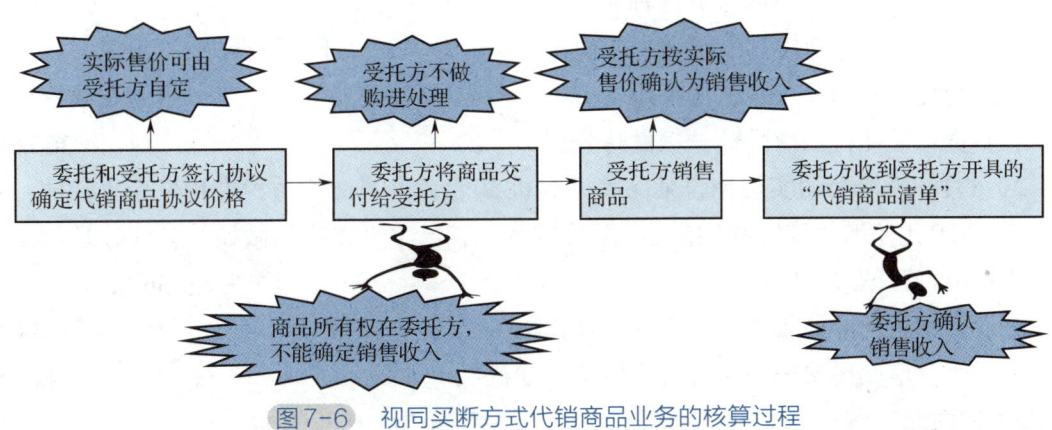

图7-6　视同买断方式代销商品业务的核算过程

【例7-2】　悦达公司是从事电子产品批发业务的一家公司，5月2日与凯峰公司签订委托代销合同，采用视同买断方式委托其销售某品牌组装计算机50台，协议单价为6 000元/台，该商品成本价为5 500元。6月30日，悦达公司收到凯峰公司开来的代销商品清单后，开具增值税专用发票，发票标明售价300 000元，增值税税额39 000元，款项尚未收到。凯峰公司实际销售商品售价350 000元，增值税税额45 500元。10月1日，收到凯峰公司交来的全部款项，存入银行。

（1）委托方悦达公司的账务处理

1）5月2日，发运商品开出"委托代销商品发货单"时，做如下会计分录：

借：委托代销商品——凯峰公司　　　　　　　　　　　　　　　275 000

  贷：库存商品——某品牌计算机   275 000

  2）6月30日，悦达公司收到凯峰公司开来的代销商品清单时，填制增值税专用发票，做如下会计分录：

  借：应收账款——凯峰公司   339 000

    贷：主营业务收入——某品牌计算机   300 000

      应交税费——应交增值税（销项税额）   39 000

  【解析】 委托其他纳税人代销货物，为收到供销单位的供销清单或者收到全部或者部分货款的当天。未收到代销清单及货款的，为发出代销货物满180天的当天。

  3）同时结转已售委托代销商品的销售成本275 000元，

  借：主营业务成本   275 000

    贷：委托代销商品——凯峰公司   275 000

  4）10月1日，收到凯峰公司支付50台计算机货款的转账支票一张，金额为339 000元，存入银行，做如下会计分录：

  借：银行存款   339 000

    贷：应收账款——凯峰公司   339 000

  （2）受托方凯峰公司的账务处理

  1）5月2日，收到悦达公司交来的受托代销商品，做如下会计分录：

  借：受托代销商品——悦达公司   300 000

    贷：受托代销商品款——悦达公司   300 000

  2）6月，凯峰公司实际销售某品牌计算机50台，开具的增值税专用发票上注明：每台售价6 500元，增值税税额845元，总价款及税款已收妥入账，做如下会计分录：

  借：银行存款   367 250

    贷：主营业务收入——某品牌计算机   325 000

      应交税费——应交增值税（销项税额）   42 250

  3）同时结转销售成本300 000元，做如下会计分录：

  借：主营业务成本   300 000

    贷：受托代销商品——悦达公司   300 000

  4）6月30日，确认应支付给悦达公司的款项，开具代销商品清单，做如下会计分录：

  借：受托代销商品款——悦达公司   300 000

    应交税费——应交增值税（进项税额）   39 000

    贷：应付账款——悦达公司   339 000

  【解析】 该笔分录需取得悦达公司开具的增值税专用发票后，才能确认增值税的进项税额抵扣。

  5）10月1日，开出转账支票支付受托代销商品的价税款，做如下会计分录：

  借：应付账款——悦达公司   339 000

　　　　贷：银行存款　　　　　　　　　　　　　　　　　　　　　　　　339 000

2. 收取手续费方式

批发企业采取收取手续费方式代销商品，委托方批发企业的业务程序和核算方法，与视同买断方式基本相同。所不同的是，由于受托方是商品购销双方的中介人，委托方要根据合同的规定，按销售额的一定比例，支付受托方代销手续费，借记"销售费用"账户。

受托方收到委托方代销商品的处理与视同买断方式基本相同。在受托代销商品出售后，不能确认为受托方的收入，而是按出售的价款和税款转销受托代销商品款，最后按合同或协议约定收取的手续费确认劳务收入，或直接将手续费从销售货款中扣除，余额归还给委托方。作为受托方的批发企业，采取收取代销手续费方式与视同买断方式相比，其主要特点是受托方应按照委托方规定的价格销售代销商品，不得随意变动。收取手续费方式代销商品业务的核算过程如图7-7所示。

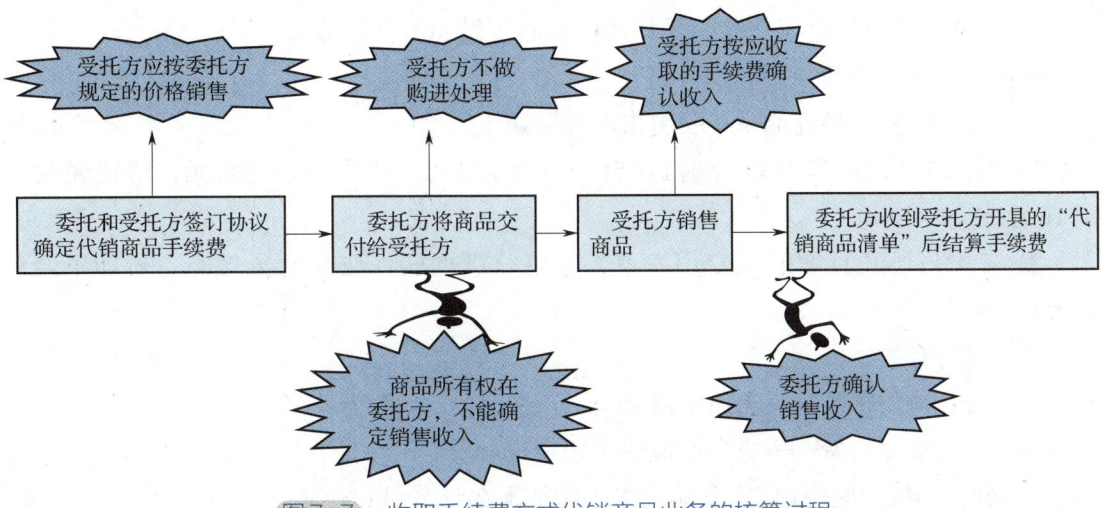

图7-7　收取手续费方式代销商品业务的核算过程

【例7-3】　美田电器公司将200台立式台扇委托三洋公司代销，该台扇购进单价为90元/台，合同规定销售单价为120元，增值税税率为13%，每月月末受托方向委托方开具代销商品清单，据以结算货款，代销手续费率为10%。

（1）委托方美田电器公司的账务处理

1）5月1日，将台扇交付三洋公司时，做如下会计分录：

　　借：委托代销商品——三洋公司　　　　　　　　　　　　　　　　18 000
　　　　贷：库存商品——立式台扇　　　　　　　　　　　　　　　　　18 000

2）5月31日，三洋公司转来代销商品清单，据以填制增值税专用发票，列明立式台扇110台，每台120元，计货款13 200元，增值税税额1 716元，做如下会计分录：

　　借：应收账款——三洋公司　　　　　　　　　　　　　　　　　　14 916

     贷：主营业务收入——立式台扇　　　　　　　　　　　　　　　　　　　13 200
         应交税费——应交增值税（销项税额）　　　　　　　　　　　　　　1 716

3）同时结转已售委托代销商品成本，做如下会计分录：

　　借：主营业务成本——立式台扇　　　　　　　　　　　　　　　　　　　18 000
　　　　贷：委托代销商品——三洋公司　　　　　　　　　　　　　　　　　　18 000

4）结算代销手续费，做如下会计分录：

　　借：销售费用——手续费　　　　　　　　　　　　　　　　　　　　　　1 320
　　　　贷：应收账款——三洋公司　　　　　　　　　　　　　　　　　　　　1 320

5）5月31日，三洋公司扣除代销手续费1 320元后，付来已售代销的110台立式台扇的货款及增值税税额，存入银行，做如下会计分录：

　　借：银行存款　　　　　　　　　　　　　　　　　　　　　　　　　　　13 596
　　　　贷：应收账款——三洋公司　　　　　　　　　　　　　　　　　　　　13 596

（2）受托方三洋公司的账务处理

1）收到美田电器公司交来的受托代销商品，做如下会计分录：

　　借：受托代销商品——立式台扇　　　　　　　　　　　　　　　　　　　24 000
　　　　贷：受托代销商品款——美田电器公司　　　　　　　　　　　　　　　24 000

2）5月25日，销售立式台扇110台，每台120元，计货款13 200元，增值税税额1 716元。

① 三洋公司开具增值税专用发票，并将收到的转账支票存入银行，做如下会计分录：

　　借：银行存款　　　　　　　　　　　　　　　　　　　　　　　　　　　14 916
　　　　贷：应付账款——美田电器公司　　　　　　　　　　　　　　　　　　13 200
　　　　　　应交税费——应交增值税（销项税额）　　　　　　　　　　　　　1 716

② 同时结转已售受托代销商品成本，做如下会计分录：

　　借：受托代销商品款——美田电器公司　　　　　　　　　　　　　　　　13 200
　　　　贷：受托代销商品——立式台扇　　　　　　　　　　　　　　　　　　13 200

3）5月31日，开出代销手续费发票，做如下会计分录：

　　借：应付账款——美田电器公司　　　　　　　　　　　　　　　　　　　1 320
　　　　贷：其他业务收入　　　　　　　　　　　　　　　　　　　　　　　　1 245.28
　　　　　　应交税费——应交增值税（销项税额）　　　　　　　　　　　　　74.72

【解析】 该笔分录中1 320元为代销手续费，手续费按现代服务行业计征增值税，税率为6%，价税分离后计入其他业务收入的金额为1 245.28元。

4）5月31日，收到美田电器公司转来的增值税专用发票，扣除手续费后，签发转账支票13 424.40元，支付美田电器公司已售代销商品货款及增值税，做如下会计分录：

　　借：应付账款——美田电器公司　　　　　　　　　　　　　　　　　　　11 880

应交税费——应交增值税（进项税额）　　　　　　　　1 544.40
　　　贷：银行存款　　　　　　　　　　　　　　　　　　　13 424.40

> **提示**　代销货物，并按销售额的一定比例向委托方收取代销手续费，对这一经营行为，代销货物视同销售行为，但价外费用是销售时向购买方收取的，并非向委托方收取，不属于价外费用。按国税函〔1996〕611号理解，"营改增"前，虽是向供货方收取，但也不属于平销返利行为，"营改增"后，仍不属于平销返利销售，"营改增"前为兼营行为，"营改增"后仍应为兼营行为。手续费按现代服务行业计征增值税，税率为6%。

视频

7.2 委托代销业务增值税的核算

四、零售企业委托代销业务的核算

零售企业为了扩大商品销售，可以委托其他单位或个人为企业代销商品，也可以受托为其他单位代销商品。零售企业代销商品的核算和批发企业基本相似，也有视同买断和收取手续费两种方式。

由于零售企业是按售价进行核算的，因此"库存商品""委托代销商品"和"受托代销商品"等账户均按售价核算，平时的收入和成本也均按售价核算，并且在月末需从含税收入中分解出销售税额，并分摊已销商品中应分摊的商品进销差价。

1. 视同买断方式

视同买断方式是指委托方和受托方之间的协议明确表明，受托方在取得代销商品后，无论是否能够卖出和获利，均与委托方无关。因此，视同买断方式下，委托代销方式交易实质上就等于委托方直接将商品交给受托方销售。零售企业委托代销业务中的委托方业务为批发企业委托代销，上面已阐述，此处不再赘述，这里只介绍受托方代销业务。

【例7-4】华邑眼镜店受大光眼镜公司的委托，代销100副隐形眼镜。每副协议价为300元，单位含税售价为500元。合同规定每月月末结算一次货款。

（1）2月5日，第一小组收到100副隐形眼镜，已验收入库。

　　借：受托代销商品——大光眼镜公司　　　　　　　　　　50 000

　　　　贷：受托代销商品款——大光眼镜公司　　　　　　　　　　　　　30 000
　　　　　　商品进销差价——第一小组　　　　　　　　　　　　　　　　20 000
　（2）2月20日，第一小组销售隐形眼镜50副，收到销货款，已送存银行。
　　　　借：银行存款　　　　　　　　　　　　　　　　　　　　　　　25 000
　　　　　贷：主营业务收入——第一小组　　　　　　　　　　　　　　25 000
　　同时结转销售成本：
　　　　借：主营业务成本——第一小组　　　　　　　　　　　　　　　25 000
　　　　　贷：受托代销商品——大光眼镜公司　　　　　　　　　　　　25 000
　（3）2月28日，华邑眼镜店开出代销商品清单交委托方，收到对方开来的增值税专用发票，标明已销隐形眼镜50副，价款为每副300元，增值税税率为13%。
　　　　借：受托代销商品款——大光眼镜公司　　　　　　　　　　　　15 000
　　　　　　应交税费——应交增值税（进项税额）　　　　　　　　　　 1 950
　　　　　贷：应付账款——大光眼镜公司　　　　　　　　　　　　　　16 950
　（4）3月1日，开出转账支票支付代销的50副隐形眼镜的价税款。
　　　　借：应付账款——大光眼镜公司　　　　　　　　　　　　　　　16 950
　　　　　贷：银行存款　　　　　　　　　　　　　　　　　　　　　　16 950
　【解析】　该笔业务中，月末零售企业的销项税额的计算与商品销售收入的调整、已销商品进销差价的计算与商品销售成本的调整，这两个分录忽略不计。

2. 收取手续费方式

　　收取手续费方式是指受托方根据所代销的商品数量向委托方收取手续费的销售方式。该代销方式下，委托方应在受托方将商品销售后，并向委托方开具代销商品清单时，确认收入。受托方则在商品销售后，按应收取的手续费确认收入。

　【例7-5】　华日建材商店接受钢材总公司委托，代销钢制角架200个，双方签订委托代销协议，华日建材商店以每件含税售价600元对外销售，按不含税售价的8%收取代销手续费，每月月末结算一次货款。

　（1）4月4日，华日建材商店收到钢材总公司发来的200个钢制角架，由销售一组验收。
　　　　借：受托代销商品——钢材总公司　　　　　　　　　　　　　120 000
　　　　　贷：受托代销商品款——钢材总公司　　　　　　　　　　　120 000
　（2）4月15日，销售一组销售钢制角架50个，销货款已送存银行。
　　　　借：银行存款　　　　　　　　　　　　　　　　　　　　　　30 000
　　　　　贷：应付账款——钢材总公司　　　　　　　　　　　　　　26 548.67
　　　　　　应交税费——应交增值税（销项税额）　　　　　　　　　 3 451.33
　　同时结转受托代销商品成本。
　　　　借：受托代销商品款——钢材总公司　　　　　　　　　　　　30 000

　　　　贷：受托代销商品——钢材总公司　　　　　　　　　　　　　　30 000

（3）4月30日，华日建材商店开出代销商品清单及代销手续费发票，开列手续费2 123.89元，手续费产生的增值税忽略不计。

　　　　借：应付账款——钢材总公司　　　　　　　　　　　　　　　2 123.89
　　　　　　贷：其他业务收入——代销手续费　　　　　　　　　　　　2 123.89

（4）5月1日，华日建材商店开出代销商品清单交钢材总公司后，收到对方开来的增值税专用发票，标明销售钢制角架50个，价款26 548.67元，增值税税额3 451.33元。扣除代销手续费后，签发转账支票27 876.11元，支付给钢材总公司。

　　　　借：应付账款——钢材总公司　　　　　　　　　　　　　　　24 424.78
　　　　　　应交税费——应交增值税（进项税额）　　　　　　　　　　3 451.33
　　　　　　贷：银行存款　　　　　　　　　　　　　　　　　　　　27 876.11

> **思考**　在委托代销商品核算业务中，委托方和受托方在账务处理上有什么不同？

第三节　出租商品业务的核算

商品流通企业为了扩大经营，稳定客户源，经常会采用销售与出租结合的方式来经营。出租商品业务是将商品出租，收取租金以取得租赁收入的业务。商品流通企业出租商品时，应与承租企业或个人签订协议，或由承租人签字确认。若有必要还应签订合同，同时收取押金。收回出租商品时，商品流通企业要计入租金收入，同时退还押金。对收回的出租商品，业务员应进行验收，若发现损坏，应由承租人赔偿。

一、出租商品时的核算

出租商品应与销售商品分别核算，出租商品其所有权并未转移。为加强出租商品的管理，应设"库存商品——出租商品"账户进行核算，并按出租商品的品名、规格设置明细账或备查簿，以反映出租及收回情况。出租商品应按进价入账。

【例7-6】乐松百货商场皮包组兼营皮箱出租业务，本月由仓库拨出拉杆皮箱100个作为出租使用。该拉杆皮箱的单位进价为350元，零售价为420元。

财务部门根据"商品内部调拨单"等凭证编制会计分录。

　　　　借：库存商品——出租商品　　　　　　　　　　　　　　　　35 000
　　　　　　商品进销差价——皮包组　　　　　　　　　　　　　　　 7 000

　　　　贷：库存商品——皮包组　　　　　　　　　　　　　　　　　　　　　　　　42 000

二、出租商品押金的核算

商品流通企业出租商品时，应向租户收取押金，商品收回时退还押金。押金的收取或退还，通过"其他应付款"账户处理。所收取的租金在"其他业务收入"账户核算。

【例7-7】 承上例，根据租赁协议规定，每个拉杆皮箱收取押金300元，押金总额30 000元，款项已收并存入银行。

　　借：银行存款　　　　　　　　　　　　　　　　　　　　　　　　　　　30 000
　　　　贷：其他应付款　　　　　　　　　　　　　　　　　　　　　　　　　30 000

三、出租商品租金的核算

商品流通企业收到出租商品的租金收入时，借记"银行存款"或"应收账款"账户，贷记"其他业务收入"账户。"其他业务收入"账户核算商品流通企业除商品销售以外的其他销售或业务收入，如材料物资及包装物销售、无形资产转让、固定资产出租、商品出租、包装物出租、运输和废旧物资出售等。该账户的贷方登记收入的增加，借方登记收入的减少；将收入结转"本年利润"账户后，本账户无余额。其明细账应按其他业务种类设置。

【例7-8】仍沿用【例7-6】资料，收到出租拉杆皮箱的租金收入6 000元，款项已收并存入银行，增值税税额忽略不计。

　　借：银行存款　　　　　　　　　　　　　　　　　　　　　　　　　　　6 000
　　　　贷：其他业务收入　　　　　　　　　　　　　　　　　　　　　　　　6 000

四、出租商品摊销的核算

出租商品在使用过程中，其价值因磨损而不断减少。因此，商品流通企业应对出租商品进行摊销，摊销价值将从当期收入中得到补偿，即记入"其他业务成本"账户等成本费用类账户。出租商品摊销额的计算可采用分期（次）摊销法，即按出租商品的类别或品种，分别估计其使用期限（或次数）和预计残值，将其原进价与预计残值的差额分期（次）平均摊销。出租商品除摊销外，也可能会发生修理、废弃等业务，这些业务也会通过"其他业务成本"账户核算。

【例7-9】资料承【例7-6】乐松百货商场出租拉杆皮箱的成本按5个月进行分摊，每月的摊销额为6 000元（30 000÷5）。

　　借：其他业务成本　　　　　　　　　　　　　　　　　　　　　　　　　6 000
　　　　贷：库存商品——出租商品（皮包组）　　　　　　　　　　　　　　　6 000

思考 出租商品取得租金收入，是否会涉及应交税费？

【例7-10】 五福婚纱商店为一般纳税人，从库存商品中调出白色婚纱50件用以出租，每件进价1 008元，售价1 800元，该商店采用售价金额核算法（城市维护建设税和教育费附加忽略不计）。

（1）根据内部商品调拨单，编制会计分录。

借：库存商品——出租商品（白色婚纱） 50 400
    商品进销差价 39 600
    贷：库存商品——白色婚纱 90 000

（2）月内收到出租商品租金5 000元。

借：库存现金 5 000
    贷：其他业务收入 4 424.78
        应交税费——应交增值税（销项税额） 575.22

（3）假设摊销期为1年，月末进行摊销。

借：其他业务成本 4 200
    贷：库存商品——出租商品摊销 4 200

（4）出租时收取押金5 000元。

借：库存现金 5 000
    贷：其他应付款——押金 5 000

（5）退回出租商品的押金5 000元。

借：其他应付款——押金 5 000
    贷：库存现金 5 000

【解析】 有形动产租赁服务业务应该交增值税，增值税税率为13%。

提示 增值税是指单位和个人在国内销售货物或者提供加工、修理修配劳务、交通运输业、邮政业、部分现代服务业以及进口货物应当缴纳的流转税金。其中，部分现代服务业包括研发和技术服务、信息技术服务、文化创意服务、物流辅助服务、有形动产租赁服务、鉴证咨询服务和广播影视服务。

本章小结

知识点1：商品流通企业为了适应市场变化的趋势，除积极进行商品购销业务外，还可根据自身经营需要，自行或委托其他企业进行加工改造。委托加工是指企业与外单位双方签订委托加工合同，由外单位代为加工，支付加工费用的一种加工方式。加工商品的方式一般有委托其他单位加工和自行加工两种。委托加工业务的核算是通过"委托加工物资"账户进行的。

知识点2：商品流通企业除自行销售商品外，还可以委托其他企业代销产品。委托代销商品是指委托方与受托方签订代销合同，由委托方交付商品给受托方代为销售的一种商业活动。委托代销商品业务涉及委托方和受托方两个方面，其销售方式有视同买断和收取手续费两种。采用委托代销方式销售商品时，委托方或受托方将根据发票、代销商品清单和成本计算单等原始凭证，通过"委托代销商品""受托代销商品""受托代销商品款"等账户进行会计核算。

知识点3：商品流通企业为了扩大经营，经常会采用销售与出租相结合的方式经营。出租商品业务是将商品出租，收取租金以取得租赁收入的业务。出租商品时，应设"库存商品——出租商品"账户进行核算。出租商品押金的收取或退还，通过"其他应付款"账户处理。所收取的租金在"其他业务收入"账户中核算。出租商品在使用过程中，应对出租商品进行摊销，摊销价值将从当期收入中得到补偿，即记入"其他业务成本"账户等成本费用类账户。

思 考 题

1. 简述委托加工商品业务的一般程序。
2. 什么是委托代销商品？其突出的特点是什么？
3. 委托代销商品和受托代销商品销售时有哪两种不同的处理方法？它们在核算上有何不同？
4. 简述批发企业采取视同买断方式代销商品时，委托代销商品的业务程序。
5. 批发企业采取收取手续费方式代销商品时，与视同买断方式有哪些不同点？
6. 委托代销商品业务采用收取手续费方式核算时，委托方和受托方分别如何进行账务处理？
7. 简述视同买断方式下，零售企业与批发企业的委托代销业务的不同处理方式。
8. 简述收取手续费方式下，零售企业与批发企业的委托代销业务的不同处理方式。
9. 什么是出租商品核算？出租商品核算时应如何处理？
10. 如何对出租商品押金和租金的核算业务进行处理？

自 测 题

一、名词解释

委托加工　委托代销商品　视同买断方式　收取手续费方式　出租商品业务

二、判断题

1. 委托加工是指企业与外单位双方签订委托加工合同，由外单位代为加工，支付加工费用的一种加工方式。（　　）
2. 视同买断方式的受托代销商品，在商品销售的同时转销受托代销商品，并将受托代销商品款确认为应付账款。（　　）
3. 委托代销商品的特点是委托方向受托方发出代销商品时，并不转移商品的所有权，也不做商品销售处理，直到代销商品销售后才确认商品销售成立。（　　）
4. 代销商品采用收取手续费方式处理时，受托方通常应按照委托方规定的价格销售，不得自行改变售价。（　　）
5. 商品流通企业收到出租商品的租金收入时，借记"银行存款"或"应收账款"账户，贷记"其他业务收入"账户。（　　）

三、单项选择题

1. 直运商品、委托代销商品销售成本的计算应采用（　　）。
   A. 个别计价法　　B. 月末加权平均法　　C. 移动加权平均法　　D. 先进先出法
2. 采用视同买断方式代销商品，委托方在（　　）才确认收入。
   A. 发出委托代销商品时　　　　　　B. 受托方销售代销商品时
   C. 收到受托方交来的代销商品清单时　D. 与受托方进行款项结算时
3. 商品流通企业一般在收回加工成品时，将支付给加工企业的加工费用，记入（　　）账户。
   A. "委托加工物资"　　　　　　B. "银行存款"
   C. "应收账款"　　　　　　　　D. "应付账款"
4. 下列账户中属于负债类账户的是（　　）。
   A. "受托代销商品款"　　　　　B. "委托加工物资"
   C. "受托代销商品"　　　　　　D. "委托代销商品"
5. 批发企业采取收取手续费方式代销商品时，委托方要根据合同的规定，按销售额的一定比例，支付受托方代销手续费，借记（　　）账户。
   A. "财务费用"　　B. "管理费用"　　C. "销售费用"　　D. "主营业务成本"

四、多项选择题

1. 商品流通企业加工商品的方式一般包括（　　）两种。
   A. 委托其他单位加工　　　　　B. 自行加工
   C. 专门单位加工　　　　　　　D. 专门市场加工

2. 委托代销业务包括（　　　）两个方式。
   A. 视同买断　　　B. 分期收款　　　C. 收取手续费　　　D. 视同销售
3. 委托代销商品时，零售企业在月末需从"主营业务收入"和"库存商品"账户中分解出（　　　）。
   A. 进项税额　　　B. 销项税额　　　C. 销售成本　　　D. 商品进销差价
4. 委托代销业务涉及的主要原始凭证有（　　　）。
   A. 代销商品清单　　　　　　　　B. 加工商品清单
   C. 委托代销商品成本计算单　　　D. 委托加工商品收货单
5. 出租商品在使用过程中，通过"其他业务成本"账户核算的业务有（　　　）。
   A. 对出租商品进行摊销　　　　　B. 出租商品发生的修理业务
   C. 购买出租商品　　　　　　　　D. 出租商品发生的废弃业务

五、练习题

习题一

【目的】练习商品委托加工的核算。

【资料】大明服装公司4月份发生下列经济业务：

（1）2日，仓库根据合同发给彩汇服装厂毛料700m，单价80元/m，计货款56 000元，委托其加工50件男西服。

（2）6日，仓库根据合同发给远东服装厂毛呢500m，单价60元/m，计货款30 000元，委托其加工40件女西服。

（3）7日，彩汇服装厂送来加工完毕的50件男西服，加工费为5 000元，增值税税额为650元，当即签发转账支票付讫。

（4）18日，50套男西服全部验收入库，结转加工商品成本。

（5）28日，远东服装厂送来加工完毕的40件女西服，加工费为4 000元，增值税税额为520元，当即签发转账支票付讫。

（6）30日，40件女西服全部验收入库，结转加工商品成本。

【要求】

（1）根据资料编制会计分录。

（2）开设并登记"委托加工物资"总账账户和明细账户。

习题二

【目的】练习批发企业委托代销商品收取手续费方式的核算。

【资料】清风批发公司属于增值税一般纳税人，增值税税率为13%。2024年5月份与博安代理商发生委托代销商品的业务。与其签订代销A商品300件的委托代销协议。协议列明：委托代销方式为收取手续费，规定的单位售价为200元，总售价为60 000元。支付委托代销的手续费率为5%。A商品的单位进价为150元。发生如下代销活动的经济业务：

（1）4日，向博安代理商拨付A商品300件。博安代理商当日将300件A商品按委托方规定的售价计算，如数验收入库。

（2）28日，博安代理商已将300件A商品按委托方规定的售价全部出售，实际收到价款60 000元及销项税额7 800元，存入银行。

（3）28日，博安代理商将上项已完成的代销业务开具代销商品清单送达清风批发公司收讫。

（4）28日，博安代理商开出转账支票将300件A商品的代销款项支付给委托方并从中扣收手续费3 000元，实际付款64 800元。手续费开具增值税发票，清风批发公司当日收讫货款并存入银行。

【要求】根据资料，分别按照委托方和受托方编制会计分录。

习题三

【目的】掌握批发业务和零售业务下委托代销商品视同买断方式的核算。

【资料】如意公司是增值税一般纳税人，从事食品批发业务兼营零售业务，零售部下设饮料组。2024年5月发生如下经济业务：

（1）如意公司与第一商场签订委托代销合同，批发部采用视同买断方式委托代销商品。

1）1日，委托第一商场代销袋装红肠，合同规定月末结算货款。现发出红肠200袋，每袋进价为120元，每袋协议价为140元。

2）28日，银行转来第一商场的代销商品清单和银行收账通知，列明实际销售红肠150袋，货款21 000元，增值税税额2 730元。如意公司开出增值税专用发票给第一商场。

（2）如意公司与可口可乐公司签订委托代销合同，零售部采用视同买断方式受托代销商品。

1）3日，与可口可乐公司签订代销合同，受托代销可口可乐200箱，每箱协议价120元，含税售价每箱140元。饮料组验收商品。

2）15日，饮料组销售给滨江市场可口可乐200箱，每箱售价140元，计货款28 000元，收到现金存入银行，并结转代销商品成本和受托代销商品款。

3）20日，向可口可乐公司开出代销商品清单及转账支票，支付200箱已售可口可乐货款24 000元，增值税税额3 120元。当日收到可口可乐公司开具的增值税专用发票。

【要求】根据资料编制如意公司会计分录。

7.3 自测题参考答案

第八章
商场的管理与核算

学习目标

1. 熟悉商场的会计核算特点。
2. 掌握商品流通的单品进价核算制。
3. 熟悉商场的信息管理系统。
4. 掌握超市自营经营的核算特点。
5. 掌握超市自营经营的业务核算。
6. 掌握商场与供应商货款结算的核算。
7. 掌握平销返利不同返利方式的具体核算方法。
8. 掌握商场各种促销活动的核算。
9. 掌握商场向供应商收取费用的核算。

第一节　商场经营管理概述

目前，在我国人民生活水平普遍提高的情况下，商场与广大消费者的联系更加紧密。商场在促进市场经济发展，活跃商品流动，丰富人民物质文化生活方面，发挥着重要的作用。

一、商场的含义

商场是指有较好的外部结构和内部装修，有丰富的各类商品，建在繁华路段或居民稠密地区，规模较大，专门为广大消费者提供购物服务的社会开放场所。商场是商品和货币集中、流通的地方，是物资集散、交流的场所。商场有广义和狭义之分，广义的商场主要是指百货商店、商厦、贸易中心等规模较大的商业服务场所。狭义的商场是指超市、大商场、便利店和连锁店等。

二、商场的经营特征

商场与传统商品零售业比较，具有以下经营特征：

1. 综合性商业服务场所

多数大中型商场都在向综合性服务发展，具有引人注目的建筑规模，新颖的外部结构，讲究的内部装潢，精美的商品陈列，多功能的服务内容等。舒适温馨的购物环境，更加符合现代人的购物心态和消费走向，商场的经营水平反映人民群众的消费水平。除了购物，商场还为消费者提供了娱乐、观赏、休息、餐饮等多种服务内容。

2. 商品种类齐全

商场商品种类繁多，门类齐全，商品丰富。消费者到商场购物，通常能一站式购物，将一段时间内日常生活所需要的物品选购齐全。既节省了购物时间，又提高了购物的效率。商场中的柜组部分，一般是品牌销售，能充分保证商品的质量。商场中的超市部分，集中批量进货，进价成本较低。多数商品是供应商先向超市供货，后向超市结算货款，超市可以减少自有流动资金的占用。

3. 促销方式灵活

商场可以充分利用自身的品牌效应，开展灵活多样的经营活动。在商品采购上，可要求供应商先供货后结算，可避免商品质量的风险，减少自有资金的投入。在销售方面，商场可以采用多种形式来经营商品，以达到吸引客流、扩大销售的目的，如买赠活动、满减活动、购物返券、打折促销、低价换购、发行购物卡、以旧换新和会员积分等。

4. 管理手段先进

目前，大中型商场基本实现了计算机管理系统和光电识别技术，商品的购销、采购管理、价格管理、客户管理等都实现了数据电子信息化。超市大量使用POS收银机、条码扫描器和打印机、盘点机、电子秤等工具。先进的现代化管理手段，既帮助商场管理节省了大量的人工成本，又提高了管理效率。

> **提示** POS是英文Point Of Sales的缩写，意为销售点终端。销售点终端通过网络与银行主机系统连接，工作时，将信用卡或购物卡在POS机上"刷卡"并输入有关业务信息（交易种类、交易金额、密码等），POS机将获得的信息通过网络送给银行主机进行相应处理后，向POS机返回处理结果，从而完成一笔交易。

三、商场的会计核算特点

一般情况下，商场采用计算机系统等先进管理工具，实行收银机的集中收款、统一开具发票和高度集中的核算。商场与传统的商品流通企业的会计核算相比有其明显的特点，具体包括：

1. 库存商品及销货款的管理

商场采用计算机系统管理库存商品明细账和类目账，可以随时了解具体商品的进销存动态，甚至某类商品的经营情况。免除了业务部门和财务部门之间的对账工作，实现了商品信息的共享。

商场采用计算机系统管理可及时准确地反映与供应商的货款结算额及结算期限。借助条码技术，使用与计算机管理系统相连的POS系统收取销货款，使商品的购进、销售、盘点、调拨、退货的记录变得快捷、准确，解决了库存商品明细账快速准确录入的问题，提高了收款的工作效率，明确了实物负责人的岗位责任。

2. 商品销售成本的计算

通常情况下，传统的零售企业和中小型超市的商品核算多采用售价金额核算法，而采用计算机系统核算的商品流通企业，一般采用进价数量金额核算法。目前，商场为了确保商品的安全和会计信息的可靠性，可以实行"单品进价核算制"。该核算方法比售价金额核算法和进价数量金额核算法更能准确客观地计算已售商品的成本，防止人为操控成本。

3. 财务系统与商场管理系统的管理

商场的会计电算化系统为会计核算提供了大量的商品购销、销售成本、销货款管理、与供应商往来明细、库存变动分析和商品价格管理等资料。有些商场管理系统还提供了以上信息接口，使之与会计电算化系统相对接，迅速提供会计核算所需的资料。

四、商品流通的单品进价核算制

商品流通企业可以根据各自的经营特点和管理要求，采用不同的库存商品核算方法。在采用计算机系统核算的商场，为了保证会计信息的准确性，一般对商品核算采用"单品进价核算制"。库存商品明细账反映的商品入库、商品储存和商品出库的全部情况均按单品反映，集中反映商品核算的信息。

（一）单品进价核算制的含义

"单品"的英文为"stock unit"，是商品流通企业库存管理的单位，即企业对商品进行科学经营管理的基本单位。单品管理包含一个商品在进、存、调、盘、销整个流转环节的全部管理和在此基础上的深入分析。

单品进价核算制是以商品的单品为核算对象，反映商品购进、销售、储存的数量、进价和金额等多种信息的商品核算方法。以单品为核算对象，即按照单品设置库存商品明细账，集中商品核算的信息。商品购进、销售以及在保管过程中出现的盘盈、盘亏、毁损、调价、退货等业务，必须按照单品反映，从而反映单品的动态信息。

（二）实行单品进价核算制的意义

利用计算机局域网，建立快捷的商品信息化的标准化管理，对商品实行单品进价管理，可以带动我国零售业的进一步发展。

1.计算机的应用为核算方式提供便利条件

在商品流通经营中，商品通常是按其使用价值属性进行分类的，而单品是商场根据经营管理的需要对商品进行分类。单品的分类更具灵活性，它需要计算机技术予以支持。目前，商场可以利用计算机强大的数据处理能力，具体实行"单品进价核算，实物负责"，通过计算机网络各系统接口，将商场的进销存各种数据自动链接过渡到账务处理等模块中，通过统计，随时可得到当月的商品进价成本、进项税额、销售成本、销项税额、销售利润和储存情况。商场管理者可以根据计算机所提供的进销存数据及时了解经营动态，调整经营策略，提高经济效益。

2.会计核算真实，成本计算准确

采用单品进价核算制是按照商品编码和品名等详细资料组织库存商品明细核算，使进货成本易查找，可以方便地计算即时的销售成本，无须登记差价账，也无须再求差价率，而可以直接求出确切的毛利。从本质上讲，单品核算即进价核算。其核算方式细化到每个品种，每日、每月随时都可以按实际进价结转成本，并且库存商品始终是进价库存金额，结转的毛利也是实际差价，使成本计算完全真实准确，真实客观地反映各种商品的实际成本，防止人为操控成本。

3.随时掌握商品进、销、存情况

商场在进货环节实行计算机系统管理，每批进货都要将商品的品种、数量、进价、售价、供货单位、进货厂商和商品的各种信息等内容输入计算机。可以避免盲目进货、负库存销售、进货不入账或不及时入账等问题的出现。在销售环节方面，每种商品的销售都要经过POS系统的复核，解决了过去大量出现的串号、错号和价格售错等现象，防止了销货款不入账、账外走款的出现。月末库存方面，计算机能及时准确地提供每种商品的库存情况，避免商品的库存积压，使各部门工作人员责任明确，克服盲目进货等问题。单品进价核算方式不仅控制了进、销、存各环节的金额，而且控制了商品数量，可以有效地防止商品的流失。

（三）单品进价核算制的内容

单品进价核算制是在计算机技术支持下实现的商品核算方法。它是建立在以POS系

统为代表的现代计算机信息管理技术的基础上,利用计算机强大的数据处理能力,通过商品编码、品名、规格、数量、单价等对库存商品进行的明细核算方法。其具体内容包括:

1. 库存商品明细账按单一商品品名设置

以单个商品作为核算对象,按单一商品品名在计算机系统内设置库存商品明细账。库存商品用进价金额记账。库存商品总账、类目账均只记进价金额,不记品种和数量。

2. 库存商品同时反映进价和数量

单品进价核算制反映了商品经营过程各环节的金额和数量的实际信息,反映了商品销售的毛利或利润水平。在对库存商品核算时,反映经营商品的进价金额信息包括商品购价、售价、结存价以及毛利或利润额等资料;数量信息包括商品采购、销售、退货、移库、损耗和结存等数量资料。

3. 逐一品种计算销售成本

单品进价核算制可通过计算机系统对每个商品逐一品种计算销售成本。计算销售成本的方法有"个别计价法""月末加权平均法""先进先出法"等。

本章所列举的例题,均采用单品进价核算制。

> **思考** "单品进价核算制"的优点有哪些?

第二节　商场的信息管理系统

实行单品进价核算制的前提是计算机技术的大力支持。商场要利用计算机强大的数据处理能力,充分应用计算机信息管理系统,实现计算机与网络各系统的对接。目前,市场上各种信息系统种类繁多,但基本功能大致相同。商场信息管理系统的基本功能如图8-1所示。

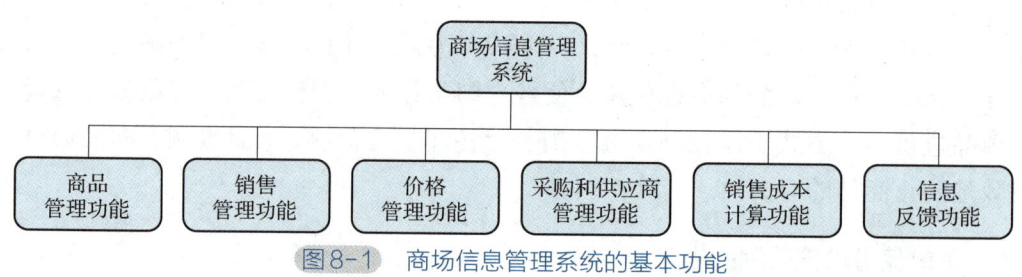

图8-1　商场信息管理系统的基本功能

一、商品管理功能

商品管理功能包括商品购进的管理，商品销售的管理，补货、退货、调货的管理，商品盘点的管理等。

商品购进的管理是指初次购进商品或发生经营业务后需要增加新商品时，要通过条码扫描器读取商品包装上的条码信息，将商品的信息输入系统，如品名、类别、规格、等级、数量、进价、售价、供应商、付款条件等。

如果以后发生补货业务，对已有的商品，可直接输入补货数量即可，其他信息不必填写。商品销售的管理是指将出售商品的信息输入系统，系统自动调减库存。系统还可以根据商品适销、滞销、脱销等情况，提供退货、调货单据功能。

商品盘点的管理是指系统具有自动对商品进行不停业盘点的功能，可以随时监控商品的盘盈和盘亏情况。

二、销售管理功能

销售管理功能包括销货款的管理、会员的管理及业绩考核管理。

商场采用集中收款方式，由收款员计算销货款并收取货款，打印货款小票。超市则由收款员通过收银机POS系统条码扫描器读取商品信息，收款员交接班时，通过收银机打印出当班应收货款清单。

会员的管理是指对加入会员者可以自动计算总消费金额、总积分、剩余积分，并可以办理发放会员卡及刷卡消费等工作。

业绩考核管理是指对员工提成的管理，信息系统支持销售额提成、销售量提成、销售毛利提成等多种提成方式，便于考核员工的工作业绩。

三、价格管理功能

商场的信息管理系统可以手动或自动地设置商品的售价。发生促销活动时，可以随时调整商品的售价，并能设置同一种商品的多种价格，如批发价、零售价、会员价等。

四、采购和供应商管理功能

商场的信息管理系统可以自动生成采购清单，对缺货商品可以生成补货单。在采购环节可以对供应商的信用程度进行管理，衡量其付款条件，及时做出付款期限的提示。

五、销售成本计算功能

计算销售成本的方法有"个别计价法""月末加权平均法""先进先出法"等。商场信息管理系统能按要求用指定的方法计算出各类已销商品成本,准确计算其进价成本。

六、信息反馈功能

商场信息管理系统能查询各种商品的销售量、累计销售额、毛利、商品库存、费用开支和往来款项结算等重要会计信息,并可以通过电子表格、图表、汇总表、统计报表等形式将会计信息打印出来。

> **提示** 商场管理会涉及不同经营模式的收入,无论哪种模式都需要缴纳增值税。
> 对于一般纳税人增值税应纳税额＝当期销项税额－当期可以抵扣的
> 进项税额－上期留抵的进项税额

第三节　超市自营经营的核算

超市自营经营模式是商场经营运作模式中最主要的模式。

一、超市自营经营概述

（一）超市自营经营的含义

自营经营是指超市向供应商买断商品所有权,进行自行经营和自负盈亏的一种经营模式。超市一般将最具有核心竞争力的产品作为自营经营来运作,该模式也是超市营业收入的主要来源。

超市采用自营经营模式在某种程度上会摆脱供应商的制约,使商品购进成本更加低廉,更具有同行业的市场竞争力。同时,超市也可以创建自有的品牌,凸显自己品牌的特点,取得消费者的信任,提升消费者对所购买商品的信任度。例如,家乐福超市有"家乐福"品牌的商品,而且价格低于同行业的同类商品。

（二）超市自营经营的核算特点

1. 单品进价核算制核算

根据自营经营的商品核算的特点以及计算机管理系统的普及应用,超市自营经营的核算一般采用"单品进价核算制"。该方法的采用实现了库存商品的精细管理。

2. 随时逐类结转销售成本

计算机管理系统具备库存商品盘点的强大功能,不再需要期末或停业时对库存商品进行盘点,而是可以不需要停业随时逐类进行商品盘点。

3. 加强储存环节的核算

由于超市采用开架售货的经营方式，容易出现商品残缺或损失的现象，甚至会出现人为的偷窃现象，因此超市需要进一步加强在储存和待售环节的管理与核算，以提高核算的准确性。

二、超市自营经营的业务核算

与一般商品流通企业一样，超市自营经营的商品核算包括商品购进、销售等环节的核算。超市自营经营核算的内容包括：

（一）商品购进的核算

自营经营根据取得商品的方式不同，主要分为直接购进和委托加工两种形式。

1. 直接购进的业务核算

直接购进是指超市自营经营购进商品时，直接向商品供应商买断经营商品的所有权并由自己承担商品经营风险的采购行为。

超市直接购进自营商品与零售企业商品购进的业务程序和核算内容基本相同。其会计核算包括以下内容：

（1）超市采用条码扫描器将购进商品的信息录入计算机管理系统后，计算机管理系统会自动产生"商品购进入库单"，提供购进商品的品名、型号、数量、单价、金额及供应商等信息。

（2）财务部门在"库存商品"账户下设"库存自营商品"明细账户，并按营业柜组或门市部进行核算，不再需要设置商品品种明细账。

（3）需要通过"应付账款"账户进行核算。由于超市自营经营购进商品时，经常是与供应商先签订协议，取得商品后，销售一段时间，才向供应商结算货款，因此，需要通过往来账户进行结算。

【例8-1】锦记超市采用超市计算机管理系统管理库存商品，采用"单品进价核算制"核算库存商品，该超市属于增值税一般纳税人。

该超市于2024年4月1日，购进并验收商品，收到增值税专用发票，货款尚未支付，计算机管理系统产生的商品购进汇总资料，如表8-1所示。

表8-1 锦记超市商品购进汇总表

2024年4月1日   单位：元

收货部门	进价金额	进项税额	合　计	供 应 商
食品柜组	42 000	5 460	47 460	付氏公司
家电柜组	102 000	13 260	115 260	创维公司
合　计	144 000	18 720	162 720	

财务部门做如下会计处理：

借：库存商品——库存自营商品（食品柜组） 42 000
　　　　　　——库存自营商品（家电柜组） 102 000
　　应交税费——应交增值税（进项税额） 18 720
　贷：应付账款——付氏公司 47 460
　　　　　　　——创维公司 115 260

【解析】 商品购进时，计算机管理系统提供商品购进汇总表，财务部门只登记库存商品进价金额，库存商品数量明细账用计算机管理系统的库存商品明细资料代替。

2. 委托加工的业务核算

超市委托加工业务是指超市通过委托生产企业生产加工具有一定特色或有自主品牌的产品而取得经营所需商品的行为。

超市的委托加工业务与零售企业商品的委托加工业务基本相同。超市将初级产品或不适销商品委托生产企业加工成适销商品。在委托加工前，超市应先与生产企业签订委托加工合同，作为双方履行合同的依据。合同须列明委托加工商品的品名、规格、型号、单位、数量、产品质量、交货日期、加工材料、加工费及结算方式等。超市的委托加工业务的一般程序如图 8-2 所示。

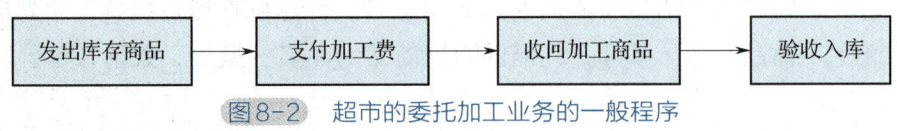

图 8-2　超市的委托加工业务的一般程序

委托加工商品成本包括加工过程中所耗用的原材料或半成品的实际成本、加工费用及往返运杂费和税金等。税金包括增值税和消费税。会计核算时需要注意以下几点：

（1）超市需要设置"委托加工物资"账户。该账户属于资产类账户，用于核算委托外单位加工的各种商品的实际成本。超市应按照加工合同和受托加工单位设置明细账，反映加工单位名称、加工合同号，发出加工物资的名称、数量、加工费用和运杂费，退回剩余物资的数量、实际成本，以及加工完成物资的实际成本等资料。

（2）如果超市是增值税一般纳税人，并取得增值税专用发票，收回的加工商品用于应交增值税项目的，增值税不计入成本。如果收回的加工商品用于非应交增值税项目或免税项目以及未取得增值税专用发票的一般纳税人，则增值税计入成本。

（3）如果超市收回的加工商品用于连续生产应税消费品的，支付的代收代缴的消费税不计入加工商品成本；若相反，则需要计入加工商品成本。

【例 8-2】 四川锦记超市委托江北糖厂加工袋装精品红糖 2 500 袋。该超市 2024 年 4 月发生下列经济业务：

（1）10 日，锦记超市根据合同约定向江北糖厂发出散装红糖 2 500 袋，单位进价为

3元,金额为7 500元。

  借:委托加工物资——江北糖厂   7 500
    贷:原材料——袋装精品红糖   7 500

(2)15日,锦记超市支付商品加工费,收到江北糖厂开来的增值税专用发票,列明价款1 000元,增值税进项税额130元,签发转账支票支付商品加工费。

  借:委托加工物资——江北糖厂   1 000
    应交税费——应交增值税(进项税额)   130
    贷:银行存款   1 130

(3)16日,锦记超市用现金支付往返运杂费400元。

  借:委托加工物资——江北糖厂   400
    贷:库存现金   400

(4)30日,锦记超市收回加工完毕的袋装精品红糖2 500袋,并办理验收入库手续。

【解析】委托加工商品的成本=7 500+1 000+400=8 900(元)

  借:库存商品——库存自营商品   8 900
    贷:委托加工物资——江北糖厂   8 900

(二)商品销售的核算

在商品销售方面,超市与一般的零售企业的业务程序基本相同。通常情况下,销货款的解缴方式有分散解缴和集中解缴两种方式。商品的销售都是以营业柜组等实物负责人为单位进行的,收入结算都是以收取现金或信用卡为主。

1. 超市自营经营商品销售的管理

通常情况下,超市采取集中收款的方式销售商品,先由顾客选好商品后,再到收款台统一交款。收银员用与POS机相连的条码扫描器快速读取商品信息后,计算出应收商品的金额。POS机屏幕上会显示顾客所购买商品的金额,并打印出购物小票。顾客按购物小票显示的金额交纳商品款。收银员收款后POS系统会自动登记销售商品的具体品种和数量金额的减少。收银员交班前在POS系统上打印出当天的"销货汇总清单",统计出当日的销货款总额,并计算出销项税额、已销商品进价成本等信息。超市一般不会主动给顾客开具发票,只是将POS机打出的小票交给顾客,如果顾客需要发票,可以凭小票到服务台开具。

2. 商品销售的业务核算

财务部门根据"销货汇总清单",确认当天的销售额,记作"主营业务收入"和"应交税费"账户,同时结转"主营业务成本"账户。超市也可以在"主营业务收入"账户下设置"自营经营收入"明细账户,并按营业柜组或门市部进行明细核算,以便核算自营经营业务的经营成果以及对营业柜组等实物负责人的工作业绩考核。

【例8-3】 四川锦记超市计算机管理系统统计当天销售额，销货价税款已送存银行。打印出4月30日的"商品销货汇总表"，如表8-2所示。

表8-2　锦记超市"商品销货汇总表"
2024年4月30日　　　　　　　　　　　　　　　　　　　　　　　单位：元

销货部门	含税销售额	销项税额	不含税销售额	商品销售成本
食品柜组	33 111	3 809.23	29 301.77	24 000
家电柜组	43 647	5 021.34	38 625.66	29 500
合　计	76 758	8 830.57	67 927.43	53 500

（1）财务部门确认销售收入。

借：银行存款　　　　　　　　　　　　　　　　　　　　　　　76 758
　　贷：主营业务收入——自营经营收入（食品柜组）　　　　　29 301.77
　　　　　　　　　　——自营经营收入（家电柜组）　　　　　38 625.66
　　　　应交税费——应交增值税（销项税额）　　　　　　　　 8 830.57

（2）同时结转销售成本。

借：主营业务成本——自营经营成本（食品柜组）　　　　　　　24 000
　　　　　　　　——自营经营成本（家电柜组）　　　　　　　29 500
　　贷：库存商品——库存自营商品（食品柜组）　　　　　　　24 000
　　　　　　　　——库存自营商品（家电柜组）　　　　　　　29 500

第四节　商场专柜经营的核算

一、商场专柜经营概述

（一）商场专柜经营的含义

专柜经营是指商场引进手工作坊或者特色商品，提供专门的场地专柜给供货企业销售其商品，并按营业额的一定比例获取回报的一种经营模式。大中型商场均会有专柜经营业务。

专柜经营的运作程序是商场与专柜供应商签订合同，规定专柜面积、专柜设计装修、销售任务额、销售人员安排和双方结算方式等。在供货方销售完成一定数量任务后，商场再与供货方结算货物的价款。供货方需要向商场支付一定比例的费用或给予一定的销售返点。商场在某种程度上具有一定的管理权力，如进入商场的品牌商品需经商场考核通过，售后服务需由商场协调监督解决、对违反商场规定的专柜要进行相应处罚等。这种情形在大型商场使用较多。专柜经营的运作程序如图8-3所示。

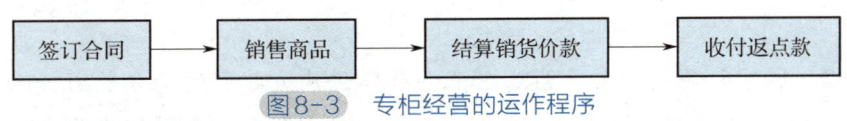

图8-3　专柜经营的运作程序

（二）商场专柜经营的意义

1. 减少商场资金的占用

商场采用专柜经营方式，只提供场地专柜给供货方，商场不需要占用自己的流动资金采购商品，可以减少资金的占用。

2. 降低商场商品滞销等风险

商场采用专柜经营方式，由供货方负责提供商品，按实际销售额与供货方结算货款，因此，降低了商场购货后存在的滞销、毁损、过期等风险。

3. 商场有充足的营业额和毛利额

供货方在一定时期内完成一定的销售额后，按固定的返点比例返给商场，这就保证了商场的营业额和毛利额。

（三）商场专柜经营的核算特点

商场专柜经营的主要任务是解决商品销售收入的确认、与供应商的货款结算和应缴增值税税额等问题。商场专柜经营的核算特点包括：

1. 商场与供应商的结算方式的选择

由于商场与供应商合作方式的多样化，其与供应商在货款结算方式上也有很多方式。主要的结算方式有"平销返利"和"扣点结算"两种方式。商场可以根据自身的特点，选择一种或两种结算方式。

2. 货款结算的时间确认

商场与供应商在货款结算的时间上，一般是在商品实现销售之后确认。因此，在核算时需要按规定时间确认收入的实现。为避免少计增值税，不可延后确认销售收入。

> **提示**　根据《中华人民共和国增值税暂行条例实施细则》第三十八条中"采取直接收款方式销售货物，不论货物是否发出，均为收到销售款或者取得索取销售款凭据的当天"的规定，对已经销售出去的货物，无论是否与供应商进行货款结算，都应该确认收入进行纳税申报。

3. 向供应商收取收入的多样化

商场向供应商收取的各种收入，在形式上可表现出多样化，如"返还收入""扣点收入"和"利润返还"等，而在实质上需要区分是否与商品销售量和销售额挂钩。如果以一定比例的金额或数量计算商场应收取的收入，则属于专柜经营核算的范畴。

> **提示** 根据《国家税务总局关于商业企业向货物供应方收取的部分费用征收流转税问题的通知》(国税发〔2004〕136号)规定,对商业企业向供货方收取的与商品销售量、销售额挂钩(如以一定比例、金额、数量计算)的各种返还收入,均应按照平销返利行为的有关规定冲减当期增值税进项税金。因此,只有与商品销售量、销售额挂钩的各种收入,才属于专柜经营商品销售收入。

二、商场专柜经营的业务核算

商场专柜经营与供应商货款的结算方式,主要采用"平销返利"和"扣点结算"两种。

(一)"平销返利"结算方式

1. "平销返利"的含义

平销返利是指商品供应商以商场的商品销售价或高于商品销售价的价格将商品出售给商场,商场再以进货成本或低于进货成本的价格对外销售。为弥补商场的进销差价,商品供货商对商场予以返还利润。通常情况下,返还的利润按其销售量确定,商场购货越多则返利越高。

在这种商业模式中,商业企业不能赚取正常的进销差价,因此只能通过获取供应商或生产企业的返利来弥补商业企业的损失。在平销活动中,供应商或生产企业往往通过以下几种方式来弥补商业企业的进销差价:

(1)供应商或生产企业通过返点,即返还资金的方式弥补商业企业的损失。例如,生产企业直接向商业企业返还利润或向商业企业进行投资。

(2)供应商或生产企业通过赠送实物产品来弥补商业企业的进销差价损失,商业企业再通过销售这些实物产品来赚取利润。

平销返利多半发生在生产企业和商业企业之间,但也有可能发生在生产企业与生产企业之间、商业企业与商业企业之间。

2. "平销返利"的核算内容

(1)商场对于供应商提供的经济利益补偿,不开具增值税专用发票,但需要按公式计算应冲减增值税进项税额。

应冲减进项税额的计算公式为:

$$当期应冲减进项税额 = \frac{当期取得的返还资金}{1 + 所购货物适用增值税税率} \times 所购货物适用增值税税率$$

(2)供应商销售给商场的商品一般没有商品进销差价,商品的进价与售价一般由商场与供应商在协议中事先约定。

（3）供应商可以提供给商场不同的经济利益补偿，如资金、实物或投资等。对供应商提供的不同经济利益，需要按具体情况进行相应的会计处理。如果取得的经济利益补偿是资金和实物，应视为进货成本的减少，会计处理时贷记"主营业务成本"账户。如果取得各项投资，包括资金或实物投资，会计处理时贷记"实收资本"账户，并视同销售收入计缴增值税。

> **提示** "视同销售收入"是指会计上没有核算计入收入，而税收上要求视为实现收入的转让财产、销售货物和提供劳务等行为。

另外，还应注意，商业企业向供货商收取的各种返还收入，一律不得开具增值税专用发票。纳税人销售货物并向购买方开具增值税电子专用发票后，由于购货方在一定时期内累计购买货物达到一定数量，或者由于市场价格下降等原因，销售方给予购货方相应的价格优惠或补偿等折扣、折让行为，销货方可开具红字增值税电子专用发票。那么，平销返利行为其实本质上属于销货方给予购货方相应的价格优惠或补偿的折扣性质。总之，对于购买方来说，无论如何都要按照平销返利的有关规定，冲减当期的增值税进项税额。

3."平销返利"的会计处理

"平销返利"的会计处理包括现金返利和实物返利两种方式。下面分别举例说明。

【例8-4】 沈阳成德商场与哈慈集团签订商场专柜经销合同，采用"平销返利"结算方式，以平价方式销售厂家商品。沈阳成德商场为增值税一般纳税人。5月份发生下列经济业务：

（1）1日，商场收到哈慈集团发来的一批磁化水杯，不含税价为80 000元，经验收合格并录入管理系统。

  借：库存商品——库存专柜商品（生活用品柜）   80 000
    应交税费——应交增值税（进项税额）   10 400
    贷：应付账款——哈慈集团   90 400

（2）31日，商场管理系统显示已销售出的磁化水杯，共取得货款不含税价70 000元，哈慈集团予以确认后双方结算货款。商场确认收入并结转成本。

  借：库存现金（或银行存款）   79 100
    贷：主营业务收入——专柜经营收入（生活用品柜）   70 000
      应交税费——应交增值税（销项税额）   9 100
  借：主营业务成本——专柜经营成本（生活用品柜）   70 000
    贷：库存商品——库存专柜商品（生活用品柜）   70 000
  借：应付账款——哈慈集团   79 100
    贷：银行存款   79 100

（3）31日，商场收到哈慈集团支付的以销售额20%计算的现金返利款14 000元。

当期应冲减进项税额=当期取得的返还资金÷（1+所购货物适用增值税税率）×所购货物适用增值税税率=14 000÷（1+13%）×13%=1 610.62（元）

借：银行存款　　　　　　　　　　　　　　　　　　　　　　　　14 000.00
　　贷：主营业务成本——专柜经营成本（生活用品柜）　　　　　12 389.38
　　　　应交税费——应交增值税（进项税额转出）　　　　　　　 1 610.62

【例8-5】 仍然沿用上例资料，5月31日，假设哈慈集团不采用支付现金返利款方式，而是奖励实物商品磁化水杯，含税价款为11 300元，沈阳成德商场收到实物并取得增值税专用发票。

计算奖励实物的价税款：

奖励实物的价款=11 300÷（1+13%）=10 000（元）

奖励实物的进项税额=10 000×13%=1 300（元）

借：库存商品——库存专柜商品（生活用品柜）　　　　　　　　　10 000
　　应交税费——应交增值税（进项税额）　　　　　　　　　　　 1 300
　　贷：主营业务成本——专柜经营成本（生活用品柜）　　　　　10 000
　　　　应交税费——应交增值税（进项税额转出）　　　　　　　 1 300

【解析】 实物返利的会计处理结果，一方面增加了库存商品10 000元，另一方面将库存商品按公允价值冲减"主营业务成本"10 000元，从而相应增加了企业利润并影响到应纳企业所得税税额的增加。另外，由于取得了增值税专用发票而增加了增值税进项税额1 300元，又冲减了增值税进项税额1 300元，但没有影响到当期的应交增值税税额，而只有在返利商品出售的时候才会影响到应交增值税税额。

> **思考** 如果商场取得的经济利益补偿是投资，应如何做账务处理？

（二）"扣点结算"结算方式

1．"扣点结算"的含义

"扣点结算"是指商场根据供应商提供的商品在商场中实际销售的数量和金额来确定对商品的购进行为，并定期由供应商按实际销售额扣除一定的点数（差价）后的金额，开具销售发票给商场，而商场有权要求供应商对无法销售或滞销的商品撤场。所谓的"扣点额"，是指商品在商场的售价与供应商开票价之间的差额，即商场所取得的销售毛利。

目前，"扣点结算"结算方式是商场所采用的比较普遍的一种方式。该方式类似"以销定进"形式，供应商对其所销售的商品是否可以销路畅通负有全责。

2．"扣点结算"的核算内容

（1）商场购进的商品数量和进价的确定，取决于期末与供应商结算货款时核定的实际销售数量与金额。

（2）商场销售的商品有进销差价，因此，商品入库时一般不取得增值税专用发票，只有在商品销售后与供应商结算货款时，供应商按实际销售额扣除一定的差价后，才会取得增值税专用发票。

（3）商场采取扣除销货款点数后的余款与供应商结算货款。与供应商结算货款是在货物销售之后，因此容易出现延迟确认收入和拖欠税款现象。

（4）对于无法销售或滞销的商品，商场有权利让供应商撤柜。对于那些撤柜的商品，商场应当不对这些商品进行确认。假设商场选择让供应商继续保留销售这些商品，商场采用的是"扣点结算"方式来确定商品购进成本，因此，月末在进行库存商品计价时应调整冲减"扣点"金额后确认。

3."扣点结算"的会计处理

【例8-6】 沈阳成德商场与白云食品厂签订商场专柜经销合同。合同规定沈阳成德商场提供专柜给白云食品厂销售其产品，每月月末根据销售情况确定商场的商品购进的品名、数量和价款。购进商品的价格按当月实际销售额扣除15%的点数后确定。沈阳成德商场为增值税一般纳税人，采用计算机管理系统。5月份发生如下经济业务：

（1）1日，收到白云食品厂发来一批奶粉，不含税价为50 000元，经验收后办理入库。

【解析】 商品入库时，虽然按其单品进价核算制录入管理系统，但商品采购的数量和进价需要在期末与供应商结算时才能确定，因此，需要将其看作尚未收到发票账单的"货到未付款"情形，暂不做账务处理。

（2）30日，管理系统显示商场共销售奶粉35 100元（不含税价），经双方确认后办理了货款结算，沈阳成德商场取得白云食品厂开出的购进商品时的增值税专用发票，列明不含税价29 835元，增值税税额3 878.55元。根据增值税专用发票，编制购进商品的会计分录。

借：库存商品——库存专柜商品（食品柜组） 29 835.00
　　应交税费——应交增值税（进项税额） 3 878.55
　　贷：应付账款——白云食品厂 33 713.55

（3）与大连白云食品厂结算货款。

借：应付账款——白云食品厂 33 713.55
　　贷：银行存款 33 713.55

（4）根据管理系统的销售情况，确认收入。

借：库存现金（或银行存款） 39 663
　　贷：主营业务收入——专柜经营收入（食品柜组） 35 100
　　　　应交税费——应交增值税（销项税额） 4 563

（5）结转商品销售成本。

借：主营业务成本——专柜经营成本（食品柜组）　　　　　29 835
　　贷：库存商品——库存专柜商品（食品柜组）　　　　　　　　29 835

（6）假设沈阳成德商场同意未售出的产品继续在商场销售，白云食品厂的"扣点"仍为15%。31日，为了反映真实库存情况，沈阳成德商场对同意继续销售但未结算的商品，根据双方约定的"扣点"条款暂估入账。

计算估算未售商品成本：

　　　本月未售商品金额=50 000-35 100=14 900（元）
　　　预计未售商品成本=14 900×（1-15%）=12 665（元）

对货到未付款部分的商品，暂估入账：

借：库存商品——库存专柜商品（食品柜组）　　　　　　　12 665
　　贷：应付账款——暂估应付账款　　　　　　　　　　　　　　12 665

【解析】 对于暂估入账的商品，下月月初需用红字冲回。

借：库存商品——库存专柜商品（食品柜）　　　　　　　　12 665
　　贷：应付账款——暂估应付账款　　　　　　　　　　　　　　12 665

思考
（1）如果不做业务（6）的账务处理，那么对商场的账务会有何影响？
（2）如果沈阳成德商场对没有售出的产品要求供应商撤出商场，应如何进行核算？

（三）"平销返利"与"扣点结算"的异同点

"平销返利"与"扣点结算"两种结算方式，既有相同点，又有不同点。"平销返利"与"扣点结算"的比较如表8-3所示。

表8-3　"平销返利"与"扣点结算"的比较

对比项目	相同点		不同点		
	经济利益与销售情况挂钩	货款结算时间	销售毛利	经济利益取得方式	调整增值税进项金额
平销返利	在向供货方收取的经济利益上，都与商品的销售量、销售额直接挂钩（如按金额或数量的一定比例计算返利或扣点）	在与供货方结算货款的时间上，都是在货物销售之后进行	在商品销售结转成本时不能直接体现销售毛利（或正的进销差价），即对外的销售价格等于或低于采购价格	通过供应商在销售收入之外再另行补偿一定的资金、实物或投资来实现	必须按规定对供应商补偿的资金、实物或投资单独进行会计处理，并调整增值税进项金额
扣点结算			在商品销售结转成本时必定有销售毛利，即对外的销售价格一定大于采购价格	通过与供应商结算购进货款时直接在营业款项中扣除	不存在调整增值税进项金额的问题

第五节　商场专柜出租的核算

一、商场专柜出租概述

商场专柜出租是商场经营运作模式中的经营模式之一。它同自营经营、专柜经营模式一样，对商场经营业绩起到了重要的作用。

（一）商场专柜出租的含义

专柜出租是指商场为了丰富商场商品的种类，增加商场销售收入，将商场内外的部分场地或柜台出租给其他商户并向其收取租赁费用的一种经营行为。商场专柜出租业务，没有涉及商品购销活动，因此不属于商场的主营业务范围，但是也有一些大商场采用此方法经营。

专柜出租的运作程序为商场与承租方签订场地或柜台租赁合同，约定出租的场地或柜台位置面积、设计装修、租赁期限、租金费用、场地管理和结算方式等。合同生效后，商场提供经营场地或柜台位置，并定期收取其场地租金，提供场地管理等服务。

商场一般只会定期向承租方收取固定租金，不承担承租方的任何经营风险。商场向承租方提供场地或专柜的同时需要对其进行相应管理，但一般不与承租方发生商品买卖关系。承租方必须具有营业执照，能够以独立法人的身份开展经营活动。承租方经营商品的品种需要满足商场的需求，并随时接受商场的检查。商场专柜出租的运作程序如图8-4所示。

图8-4　商场专柜出租的运作程序

（二）商场专柜出租的核算特点

1. 取得的租金收入与承租方的商品销售量、销售额没关系

商场将商场内外的部分场地或柜台出租而取得的租金收入，与承租方的商品销售量、销售额没有直接关系。

2. 商场收取租金的日期基本固定

通常情况下，商场向承租方收取租金的日期固定，每期收取的金额也相对稳定。商场如果一次性收取若干期的租金，则账务处理上需要考虑按权责发生制的原则在收益期分摊期内确认收入。

3. 商场收取押金部分需要退还承租方

商场出租场地专柜，需要向承租方收取一定的柜面押金款。期满后需要退还承租方。

4. 商场需缴纳各项税费

商场专柜出租的收入实际属于出租不动产行为，商场需缴纳各项税费。除需缴纳增值税及其附加税费外，对属于自有物业的，还需缴纳房产税等。对于收取承租方押金部分还要按其营业额缴纳增值税。发生退还押金时，可以从当期应纳增值税税额中减除。另外，商场在出租场地专柜时，一般都会提供一些服务，如提供场地物业管理和代收代缴水电费等，也会涉及收入的确认和有关税金问题。

> **提示** 房产税是以房屋为征税对象，按房屋的计税余值或租金收入为计税依据，向产权所有人征收的一种财产税。

二、商场专柜出租的业务核算

商场专柜出租与专柜经营是两种完全不同的经营模式。根据商场专柜出租的核算特点，其核算的主要任务是租金等收入的确认及计算各种税费问题。

（一）商场专柜出租的核算要点

1. 收入账户的设置

商场根据专柜出租的核算特点，以及对资产经济利益核算的需要，商场专柜出租收入应该在"租赁收入"账户下设置"专柜出租收入"二级明细账户，并按专柜具体名称进行明细核算。也可以在"其他业务收入"账户下设置"租赁收入"二级明细账户。对取得的提供物业管理等收入，应该在"其他业务收入"账户下设置"物业管理收入"等二级明细账户进行明细核算。

2. 税费账户的设置

经营业务应承担的增值税、消费税、资源税、土地增值税、城市维护建设税和教育费附加等，应在"税金及附加"账户进行核算与反映。房屋建筑物等不动产业务发生的房产税、城镇土地使用税和印花税等，应在"税金及附加"账户进行核算与反映。向承租方提供水、电等，并按实际使用量与承租方结算价款的行为，应视为转售货物，按规定征收增值税，应在"应交税费——应交增值税"账户进行核算。

对于经营租赁业务大体上分为经营租赁业务和融资租赁业务两大类。有形动产租赁服务的增值税税率如图8-5所示。

3. 根据业务的实质进行核算

商场专柜出租实质是由商场统一收款销售商品，这需要商场扣除各种应收款项后将其余款项结算给承租方。商场需要对商品买售行为负责，商场与承租方既有买卖关系，又提供了服务收取一定费用。商场需根据与承租方双方经济业务的实质，分别或组合采用"专柜经营""专柜出租"和"收进场费"等二级明细进行核算。

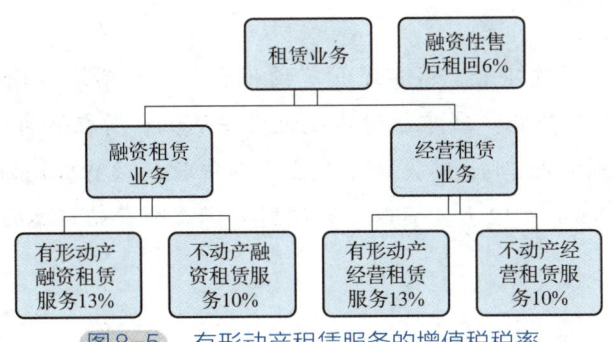

图8-5　有形动产租赁服务的增值税税率

（二）商场专柜出租的具体核算

【例8-7】 沈阳成德商场为增加收入，采取专柜出租的方式经营。其中，将属于自有物业的400m² 经营场地出租给依诺服饰品牌店。5月份发生下列经济业务：

（1）3日，收到依诺服饰品牌店交来不含税的租金80 000元。

计提增值税等各项税费：

$$应交增值税 = 80\,000 \times 10\% = 8\,000（元）$$

$$应交城市维护建设税 = 8\,000 \times 7\% = 560（元）$$

$$应交教育费附加 = 8\,000 \times 3\% = 240（元）$$

$$应交房产税 = 80\,000 \times 12\% \div 12 \times 8 = 6\,400（元）$$

（2）编制会计分录。

借：库存现金（或银行存款）	88 000
贷：其他业务收入——租赁收入	80 000
应交税费——应交增值税（销项税额）	8 000
借：税金及附加	800
贷：应交税费——应交城市维护建设税	560
——应交教育费附加	240
借：税金及附加——房产税	6 400
贷：应交税费——应交房产税	6 400

（3）30日，商场根据水电表读数为依诺服饰品牌店交付水电费1 700元，银行存款付讫。

借：管理费用——水电费	1 700
贷：银行存款	1 700

【解析】 该业务属于商场与品牌店事先达成协议，水电费由商场负担。如果商场物业公司代收水电气费且额外收取手续费，同时具备以下条件的，应按照提供代理服务就额外收取的手续费征收增值税：①商场物业公司不垫付资金；②自来水公司、电力公司、天然气公司等（简称"销货方"），将发票开具给客户，并由商场物业公司将该项发票转交给客户。

> **提示**
> 根据我国现行税政法规，城市维护建设税和教育费附加以增值税和消费税实际缴纳的税额为计征依据。城市维护建设税根据纳税人所在地为市区、县城（镇）和其他地区，分别按照7%、5%、1%三档税率征收，教育费附加目前统一按3%的比率征收。自2010年12月1日起，我国对外资企业开始征收城市维护建设税和教育费附加。

第六节　商场向供应商收取费用的核算

一、商场向供应商收取费用概述

1. 商场向供应商收取费用的含义

商场向供应商收取费用是指商场提供一定劳务后所获取的收入，包括管理费、进场费、广告促销费、展示费和上架费等。由于该费用与商品销售量、销售额没有直接联系，在会计处理上不能直接冲减期间费用或营业成本。

2. 商场向供应商收取费用业务的意义

商场在采取专柜经营和专柜出租方式下，作为统一管理单位需要采用各种促销和宣传手段对商场或柜面进行装潢和布置，从而会投入大量资金。商场为弥补费用开支和造成的利润损失，需要向供应商收取一定的费用，如进场费、广告促销费、上架费、展示费、管理费等。

在商场向供应商收取的各项费用中，最主要的是进场费，该费用已成为许多供应商与大型商场合作的基本条件。商场大量费用的投入，在一定程度上会遏止竞争对手的经营。同时，大型商场具有品牌销售的优势，也掌握着广泛的销售网络平台，这些便利条件都会成为供应商进入商场的筹码。

3. 向供应商收取费用的税收政策

从税收的角度看，商场向供应商收取的费用，应当根据《国家税务总局关于商业企业向货物供应方收取的部分费用征收流转税问题的通知》（国税发〔2004〕136号）的有关规定进行税务处理。该文件规定："对商业企业向供货方收取的与商品销售量、销售额无必然联系，且商业企业向供货方提供一定劳务的收入，例如进场费、广告促销费、上架费、展示费、管理费等，不属于平销返利，不冲减当期增值税进项税金，应按增值税的适用税目税率征收增值税。"

二、商场向供应商收取费用的业务核算

商场向供应商提供服务而收取的费用性收入,以及向供应商提供劳务而获得的收入,是其主营业务之外的其他经济活动获得的收入。关于账户的设置,根据向供应商收取费用的性质和特点,商场应在"其他业务收入"账户中核算有关收入,并可设置"进场费""广告促销费"等二级明细账户进行核算。

【例8-8】 沈阳成德商场2024年6月发生下列经济业务:

(1)22日,沈阳成德商场收到广州财贸有限公司上交的2024年下半年的广告促销费的增值税专用发票,标明不含税收入50 000元,税款6 500元。商场将在各项促销活动中,帮助广州财贸有限公司做好商品品牌宣传工作。

取得广告促销费收入时:

借:银行存款　　　　　　　　　　　　　　　　　　　　　　　　56 500
　　贷:其他业务收入——广告促销费　　　　　　　　　　　　　　50 000
　　　　应交税费——应交增值税(销项税额)　　　　　　　　　　 6 500

(2)计提各项税费:

应交城市维护建设税=6 500×7%=455(元)

应交教育费附加=6 500×3%=195(元)

【解析】 商场收到的该笔广告促销费与供应商的商品销售量、销售额没有直接联系,不属于平销返利,计入其他业务收入,如果开具增值税专用发票就应缴纳增值税。同时需要在增值税基础上缴纳7%的城市维护建设税和3%的教育费附加。

借:税金及附加　　　　　　　　　　　　　　　　　　　　　　　　650
　　贷:应交税费——应交城市维护建设税　　　　　　　　　　　　455
　　　　　　　　——应交教育费附加　　　　　　　　　　　　　　195

第七节　商场促销活动的核算

一、商场促销活动的核算

商场为扩大销售和刺激消费者的购买欲望,往往会通过一些促销手段来增加企业的销售利润,改善企业的经营状况。促销方式有很多,如商品打折销售,满多少减现金的满减活动,满多少送商品的买赠活动,满多少返券的返券活动,以及一些回赠现金、有奖销售、低价换购和会员积分等。商场主要的促销活动方式如图8-6所示。

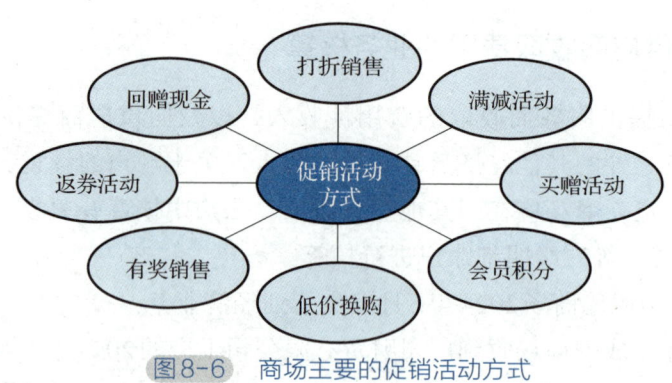

图8-6 商场主要的促销活动方式

(一) 打折销售

打折销售即商业折扣，是指商场在节假日等特定时期推出特价商品的促销活动。该种促销方式是商场最为常见的促销方式之一。商场打折销售时，应当按照商品的实际销售价格确认商品的销售收入。

【例8-9】 沈阳成德商场在元旦期间推出一系列促销活动，定于5月1日至20日为促销期，发生下列经济业务：

(1) 沈阳成德商场对商场全场服装类商品按标价八折销售。元旦当天共销售商品的不含税原价为470 000元。编制该日服装类商品应确认收入的会计分录。

计算商品销售收入及应交增值税：

商品销售收入 = 470 000 × 80% = 376 000 (元)

应交增值税 = 376 000 × 13% = 48 880 (元)

借：库存现金（或银行存款）　　　　　　　　　　424 880
　　贷：主营业务收入——自营经营收入（服装组）　　376 000
　　　　应交税费——应交增值税（销项税额）　　　　 48 880

(2) 同时结转成本（会计分录省略）。

(二) 满减活动

满减活动是指商场采取的当消费者购买商品消费金额达到规定额度时，商场给予其一定折扣的促销活动，如"满100减30""满300减100"等。该种促销方式也属于商业折扣，其会计处理同"打折销售"方式。

> 思考　发生"满减活动"时，应如何做账务处理？

(三) 回赠现金

回赠现金是指商场采取的直接馈赠现金给消费者的一种商品促销活动。商场发生回赠现金业务时，需注意的问题有：

(1)回赠现金的行为以促销为目的,其支出一般不会在销售发票上注明,不能直接冲销商品销售收入,而应作为"销售费用"处理。

(2)纳税人支付给购货方的"回赠现金"难以确认其真实性,因此,一般不得在企业所得税前扣除。

> **提示** 根据《国家税务总局关于折扣额抵减增值税应税销售额问题通知》(国税函〔2010〕56号)等文件规定,纳税人销售货物给购货方的销售折扣,如果销售额和折扣额在同一张销售发票上注明的,则可按折扣后的销售额计税;如果将折扣额另开发票,则不得从销售额中减除折扣额。

【例8-10】 沈阳成德商场对消费金额满500元的消费者,可凭小票在总服务台领取50元现金,当天有效。经计算机统计,元旦当天共发生200张满500元的小票,且总服务台也取得了200张小票和消费者签收的资料。编制该日回赠现金的会计处理。

回赠现金金额=50×200=10 000(元)

借:销售费用 10 000
　　贷:库存现金(或银行存款) 10 000

(四)买赠活动

买赠活动是指商场对购买某种促销商品的消费者,赠送某种实物的一种促销方式。赠送的实物可以分三种情况:

(1)赠品仍是所消费的商品。例如,消费者买五块巧克力赠送一块巧克力。

(2)赠品不是所消费的商品,而是商场专门外购用作赠品的商品。例如,消费者购买高压锅赠送毛巾。

(3)赠品由厂家提供。例如,消费者购买高压锅,赠送厂家提供的水杯等。根据不同的赠送情况,买赠活动的会计处理也不相同。

1.赠品仍是所消费商品的会计处理

赠品仍是所消费商品说明赠品属于商场的库存商品,其本身也是商品,其出售也是以营利为目的的。

商场做会计处理时,应该对促销商品和赠品按适当的方法分摊收入,并相应结转成本。《国家税务总局关于确认企业所得税收入若干问题的通知》(国税函〔2008〕875号)第三条规定:"企业以买一赠一等方式组合销售本企业商品的,不属于捐赠,应将总的销售金额按各项商品的公允价值的比例来分摊确认各项的销售收入"。

【例8-11】 沈阳成德商场采用"买一送一"方式组合销售,将零售价为90元的6L装橄榄油和零售价为30元的1L装豆油捆绑在一起销售,组合销售价为85.41元/组。橄榄油的进价为60元,豆油的进价为15元。元旦当天共销售组合商品10 000组。

（1）计算及分摊商品销售收入，计算应交增值税。

商品销售收入 =85.41÷（1+13%）×10 000=755 840（元）

应交增值税 =755 840×13%=98 260（元）

6L装橄榄油应分摊的收入 =90÷（90+30）×755 840=566 880（元）

1L装豆油应分摊的收入 =30÷（90+30）×755 840=188 960（元）

（2）确认销售收入。

借：库存现金（或银行存款等） 854 100
  贷：主营业务收入——自营经营收入（食品柜组） 566 880
     ——自营经营收入（食品柜组） 188 960
   应交税费——应交增值税（销项税额） 98 260

（3）同时结转成本。

借：主营业务成本——自营经营成本（食品柜组） 600 000
  贷：库存商品——库存自营商品（食品柜组） 600 000
借：主营业务成本——自营经营成本（食品柜组） 150 000
  贷：库存商品——库存自营商品（食品柜组） 150 000

2. 赠品不是所消费的商品的会计处理

商场用于送给客户或消费者的赠品不属于商场的库存商品，赠品往往通过商场外购或定制完成。其目的是在销售商品过程中开展业务宣传和促销活动，赠品应属于企业的期间费用。

商场做会计处理时，赠品应作为"销售费用"处理。根据《中华人民共和国增值税暂行条例》及其实施细则规定，将自产、委托加工或者购进的货物无偿赠送其他单位或者个人视同销售货物的行为，征收增值税。因此，在具体核算时，对赠品以成本价加增值税销项税额，借记"销售费用"账户，同时贷记"库存商品"账户和"应交税费——应交增值税（销项税额）"账户。

【例8-12】仍用上例资料，商场采用买赠活动的促销方式。凡购买两桶6L装橄榄油的消费者，赠送其成本价为10元的一把雨伞。元旦当天共销售6L装橄榄油2 000桶。

（1）计算商品销售收入及应交增值税。

商品销售收入 =90÷（1+13%）×2 000=159 292.04（元）

应交增值税 =159 292.04×13%=20 707.96（元）

计算赠品的成本及应交增值税：

赠品成本 =10×2 000÷2=10 000（元）

应交增值税 =10 000×13%=1 300（元）

（2）销售6L装橄榄油确认收入。

借：库存现金（或银行存款） 180 000

　　　　贷：主营业务收入——自营经营收入（食品柜组）　　　　　159 292.04
　　　　　　应交税费——应交增值税（销项税额）　　　　　　　 20 707.96
　（3）同时结转成本。
　　借：主营业务成本——自营经营成本（食品柜组）　　　　　120 000
　　　　贷：库存商品——库存自营商品（食品柜组）　　　　　　 120 000
　（4）赠送雨伞的会计分录。
　　借：销售费用——赠品雨伞　　　　　　　　　　　　　　　 11 300
　　　　贷：库存商品——赠品雨伞　　　　　　　　　　　　　　　10 000
　　　　　　应交税费——应交增值税（销项税额）　　　　　　　　1 300

3. 赠品由厂家提供的会计处理

商场收到由厂家提供的相关赠品，因为不符合存货确认条件，所以不需要进行会计处理。但商场应该将赠品的相关信息登入备查簿，并随商品入库或销售办理进出库手续。

（五）返券活动

返券活动是指商场在消费者购买了一定数量或金额的商品时，赠送购物券的一种促销方式。例如，"满200元送50元购物券""买300元送100元购物券"等活动。这种促销方式可以刺激消费者连续购物的欲望，也可以增加商场的销售收入，但是也会增加商场的税收负担。

按照稳健性原则，商场可以直接将销售商品时派送的购物券确认为费用，借记"销售费用"账户，同时，贷记"预计负债"账户。当消费者使用购物券时，借记"预计负债"账户，贷记"主营业务收入"账户和"应交税费——应交增值税（销项税额）"等账户，同时结转商品销售成本。如果消费者逾期未使用购物券，则要将原确认的费用作相反分录，借记"预计负债"账户，贷记"销售费用"账户。

【例8-13】　沈阳成德商场定于在元旦期间在本商场购物"满100元送100元购物券"，赠送的购物券于2月底前使用。5月20日销售商品回笼现金780 000元，经计算机计算，当天共送出购物券740 000元，当天实际使用购物券350 000元。

（1）计算商品销售收入及应交增值税。

商品销售收入=（取得现金的销售收入+收回购物券的销售收入）÷（1+13%）
　　　　　　=（780 000+350 000）÷（1+13%）
　　　　　　=1 000 000（元）

应交增值税=1 000 000×13%=130 000（元）

（2）当日送出购物券时的会计分录如下。

　　借：销售费用　　　　　　　　　　　　　　　　　　　　　740 000
　　　　贷：预计负债　　　　　　　　　　　　　　　　　　　　 740 000

（3）当天取得现金收入和收回购物券时的会计分录如下：

借：库存现金　　　　　　　　　　　　　　　　　　　　780 000
　　预计负债　　　　　　　　　　　　　　　　　　　　350 000
　　　贷：主营业务收入　　　　　　　　　　　　　　　　　　1 000 000
　　　　　应交税费——应交增值税（销项税额）　　　　　　　　130 000

（4）同时结转成本（会计分录省略）。

（5）假设促销期结束，购物券4 500元未使用。

借：预计负债　　　　　　　　　　　　　　　　　　　　4 500
　　　贷：销售费用　　　　　　　　　　　　　　　　　　　　　4 500

思考　返券活动增加商场纳税负担的原因是什么？应如何避免？

（六）有奖销售

有奖销售是指商场对消费者购物后可以凭购物凭证进行抽奖的一种促销方式。奖品一般为实物类赠品，如玩具、肥皂、毛巾和茶杯等。这种促销方式有两种情形。

（1）赠品随商品销售而派送，在会计处理上基本与"买赠活动"方式相同。

（2）在有些有奖销售活动中，消费者购物后满足一定条件才会派送赠品，如集齐一定数额的图案等即送某商品。

根据稳健性原则，商场应该在实现商品销售收入后，提前预计可能会送出的赠品数量和金额，并贷记"预计负债"账户，这种情形的会计处理方法与"返券活动"方式基本相同。

（七）低价换购

低价换购是指商场规定消费者在购买一定数额或金额的商品后，可以用较低廉的价格换购某种商品的一种促销方式，如购满200元某品牌化妆品后，加50元可换购一支同品牌的口红。

低价换购促销方式的会计处理要考虑消费者购买商品和商场换购商品两部分的账务处理。对消费者正常购买商品的业务，要按正常的会计处理方法处理，即按正常售价确认收入，同时结转成本。对低价换购商品的业务，要按换购价格确认该商品的收入，同时按照历史成本结转其相应的成本。

【例8-14】沈阳成德商场定为凡在元旦当天化妆品专柜消费满200元的顾客，可以凭小票加52元换购，成本价为40元的一支睫毛膏。经管理信息系统统计，元旦当天化妆品柜组销货和换购睫毛膏情况如表8-4所示。

表8-4 化妆品柜组销货和换购睫毛膏情况表

2024年5月1日　　　　　　　　　　　　　　　　　　　　　　　　　单位：元

销货部门	品名	数量	含税销售额	销项税额	不含税销售额	销售成本
化妆品柜组	润肤霜等	130	4972	572	4 400	3 700
化妆品柜组	睫毛膏	18	936	107.68	828.32	720
合 计	—	—	5876	676	5 200	4 420

（1）确认化妆品柜组的商品销售收入。

借：库存现金　　　　　　　　　　　　　　　　　　　　　　　　4 972
　　贷：主营业务收入——自营经营收入（化妆品柜组）　　　　　4 400
　　　　应交税费——应交增值税（销项税额）　　　　　　　　　572

（2）同时结转成本。

借：主营业务成本——自营经营成本（化妆品柜组）　　　　　　　3 700
　　贷：库存商品——库存自营商品（化妆品柜组）　　　　　　　3 700

（3）确认化妆品柜组赠品的商品销售收入。

借：库存现金　　　　　　　　　　　　　　　　　　　　　　　　936
　　贷：主营业务收入——自营经营收入（化妆品柜组）　　　　　828.32
　　　　应交税费——应交增值税（销项税额）　　　　　　　　　107.68

（4）同时按照历史成本结转成本。

借：主营业务成本——自营经营成本（化妆品柜组）　　　　　　　720
　　贷：库存商品——库存自营商品（化妆品柜组）　　　　　　　720

二、商业折扣等促销形式对税收利润的影响

无论是何种促销方式，在某种程度上都会对企业的纳税情况有一定的影响。即使消费者购买同样一件价值相等的商品，企业选择不同的促销方式，也会对其应纳税情况及利润情况产生不同的影响。究竟何种促销方式更适合企业，这需要站在企业的总体经济利益角度，衡量其对企业的利润和税收政策的情况而定。现通过实例，分别进行计算分析。

（一）商业折扣形式对税收利润的影响

【例8-15】万千商场是增值税一般纳税人，商品销售利润率为30%，即每销售100元商品，其成本为70元，商场购货均取得增值税专用发票。为迎接"五一"节，商场决定采用商品八折销售的促销方式销售商品（计算时城市维护建设税和教育费附加暂不考虑，下同）。

该种促销方式下，商品以八折销售，即价值1 000元的商品含税售价为800元。

（1）相关账务处理：

1）万千商场购进该批商品，含税进价为700元，取得增值税专用发票，款项已付并验收入库。

借：在途物资　　　　　　　　　　　　　　　　　　　619.47
　　应交税费——应交增值税（进项税额）　　　　　　 80.53
　　　贷：银行存款　　　　　　　　　　　　　　　　　　　700

借：库存商品　　　　　　　　　　　　　　　　　　　619.47
　　　贷：在途物资　　　　　　　　　　　　　　　　　　619.47

2）该批商品以八折销售，并开具增值税专用发票，款项已收到。

借：银行存款　　　　　　　　　　　　　　　　　　　 800
　　　贷：主营业务收入　　　　　　　　　　　　　　　 707.96
　　　　　应交税费——应交增值税（进项税额）　　　　 92.04

3）同时，结转主营业务成本。

借：主营业务成本　　　　　　　　　　　　　　　　　619.47
　　　贷：库存商品　　　　　　　　　　　　　　　　　　619.47

【解析】　万千商场属于零售商品销售业务，如果需要也可以采用售价金额核算法，设置"商品进销差价"账户。

（2）相关税费计算（暂且忽略小微企业的税收优惠政策）：

应纳增值税 $=800 \div (1+13\%) \times 13\% - 700 \div (1+13\%) \times 13\% = 92.04 - 80.53 = 11.51$（元）

利润额 $=800 \div (1+13\%) - 619.47 = 88.49$（元）

应纳所得税 $=88.49 \times 25\% = 22.12$（元）

税后净利润 $=88.49 - 22.12 = 66.37$（元）

【例8-16】　万千商场为促进产品销售，规定凡购买其产品1 000件以上的，给予价格折扣20%。该产品单价为10元，则折扣后价格为8元。分析折扣前后的纳税情况。

折扣前应纳增值税 $=1\,000 \times 10 \times 13\% = 1\,300$（元）

折扣后应纳增值税 $=1\,000 \times 8 \times 13\% = 1\,040$（元）

折扣前后应纳增值税的差异 $=1\,300 - 1\,040 = 260$（元）

【解析】　税法为纳税人提供了260元的节税空间，即企业提供的折扣或折让在260元以下时，企业就会享受到税收筹划的好处。

> **提示**
>
> 小型微利企业是指从事国家非限制和禁止行业，且同时符合年度应纳税所得额不超过300万元、从业人数不超过300人、资产总额不超过5 000万元等三个条件的企业。
>
> 对小型微利企业减按25%计算应纳税所得额，按20%的税率缴纳企业所得税。

(二)"满100元赠送50元购物券"形式对税收利润的影响

【例8-17】 万千商场开展"买100元商品(含增值税)赠送50元购物券"的促销活动,活动期限1个月,某客户第一次购物100元,获得50元购物券。若持购物券再次购物80元,只要支付现金30元。该促销活动全部由商家承担。该商场为增值税一般纳税人,适用的增值税税率为13%,每销售100元商品,其成本为70元。

(1)相关账务处理:

1)发放返券时:

借:库存现金　　　　　　　　　　　　　　　　　　　　　　　　　100
　　贷:主营业务收入 [50÷(1+13%)]　　　　　　　　　　　　　　44.25
　　　　应交税费——应交增值税(销项税额)[100÷(1+13%)×13%]　11.50
　　　　递延收益　[50÷(1+13%)]　　　　　　　　　　　　　　　　44.25

【解析】 记入主营业务收入的50元为去除掉50元购物券的不含税收入,而记入递延收益的50元为获得50元购物券的不含税收益。

2)顾客实际使用返券时:

借:递延收益　　　　　　　　　　　　　　　　　　　　　　　　　44.25
　　库存现金　　　　　　　　　　　　　　　　　　　　　　　　　30
　　贷:主营业务收入 [44.25+30÷1.13]　　　　　　　　　　　　　70.80
　　　　应交税费——应交增值税(销项税额)[30÷1.13×13%]　　　3.45

(2)相关税费计算。销售100元商品和顾客实际使用返券时,应纳增值税为:

应纳增值税=50÷(1+13%)×13%+50÷(1+13%)×13%+3.45-70÷(1+13%)×13%=6.90(元)

> **提示** 返券活动一般情况下可分成两个阶段:
> (1)发放购物券时,不能确认收益,当期只能将其作为递延收益处理,应记入"递延收益"账户,相当于顾客提前支付了将来买货的货款,于将来实际发生时做收入处理。
> (2)顾客使用返券时,冲减递延收益,确认收入。

(三)赠送商品的销售方式

【例8-18】 华联商厦举行八周年店庆,与厂家联合推出一系列促销活动。其中,凡购买一台某品牌高压锅赠送该品牌奶锅一台,两种产品实际对外售价分别为188元和36元(均为含税价)。该商厦的具体操作为:对客户出具的发票上面填写高压锅一台,价格为188元,同时以赠料单的形式(主要起签字备查的作用)领出奶锅一台,客户付款为188元。

（1）相关账务处理。销售商品及赠送样品处理如下：

1）假设销售商品为某品牌高压锅一台，开具增值税专用发票，列支售价为188元，款项已收到。

借：银行存款　　　　　　　　　　　　　　　　　　188
　　贷：主营业务收入　　　　　　　　　　　　　　　　166.37
　　　　应交税费——应交增值税（销项税额）　　　　　21.63

2）销售商品同时赠送样品奶锅一台，开具增值税专用发票，列支售价36元。

借：销售费用　　　　　　　　　　　　　　　　　　36
　　贷：库存商品　　　　　　　　　　　　　　　　　　31.86
　　　　应交税费——应交增值税（销项税额）　　　　　4.14

> **提示**　根据《中华人民共和国增值税暂行条例实施细则》的规定：将自产、委托加工或购进的货物无偿赠送他人，应视同销售计算缴纳增值税。

（2）相关税费计算。在账务处理上其销售收入为166.37元，增值税销项税额为21.63元。对于赠送的奶锅视同销售，应该征收增值税4.14元。

$$应纳增值税 = 21.63 + 4.14 = 25.77（元）$$

> **思考**　商品流通企业在赠送商品的销售方式下，应如何处理以减少企业的税负？

对商品流通企业而言，赠送商品本身是为了借让利活动来吸引顾客，提高市场占有率，结果却加重了企业的税负，进而增大了企业资金的流出，降低了企业的效益。企业可以进行以下的处理以减轻税收负担：将赠送货物按正常销售来处理，同时把赠送商品的价值以折扣的形式返给客户。即在发票上填写高压锅一台，价格为188元，同时填写奶锅一台，价格为36元，以折扣的形式将36元体现在票面上，直接返还给客户，发票上净额为188元，即客户付款为188元。这样既可以达到赠送促销的目的，也可以减少企业的税负。折扣额36元能够冲减企业的销售收入，即此项活动的销售收入为166.37元，增值税销项税额为21.63元，减少了增值税销项税额4.14元。

需要注意的是，采取折扣方式销售货物，如果销售额和折扣额是在同一张发票上分别注明的，可按折扣后的销售额征收增值税；如果将折扣额另开发票，则不论其在财务上如何处理，均不得从销售额中减除折扣额。因此，如果上述业务按折扣处理，则需要将销售商品与赠送商品开具在同一张发票上。

> **提示**
>
> "递延收益"科目属于负债类的会计科目。递延收益是指尚待确认的收入或收益,即暂时未确认的收益,它是权责发生制在收益确认上的运用。递延收益的主要账务处理:
>
> (1)企业与资产相关的政府补助,按应收或收到的金额,借记"其他应收款""银行存款"科目,贷记"递延收益"科目。在相关的资产的使用寿命内分配递延收益时,借记"递延收益"科目,贷记"营业外收入""管理费用"等科目。
>
> (2)与收益相关的政府补助,按应收或收到的金额,借记"其他应收款""银行存款"等科目,贷记"递延收益"科目。在以后期间确认相关费用时,按应予以补偿的金额,借记"递延收益"科目,贷记"营业外收入"科目;用于补偿已发生的相关费用或损失的,借记"递延收益"科目,贷记"营业外收入""管理费用"等科目。
>
> (3)返还政府补助时,按应返还的金额,借记"递延收益""营业外支出"科目,贷记"银行存款""其他应付款"等科目。

三、商场发行购物卡的核算

随着我国市场经济和商品流通行业的快速发展,购物卡作为商场促销手段外的一种营销方式已被广泛使用。目前,购物卡的形式已不再停留在以前的纸质提货卡或提货单的形式,已演变成现在的由企业发行的自制电子购物卡,甚至发展到企业与银行联合制作的银联消费卡等。如果采用的是银联消费卡方式,则银行制作银联消费卡需要向商家收取制作费,消费者刷卡时银行还会向商家收取手续费。

1.购物卡的含义

购物卡又称提货卡或消费卡,是指商场对特定客户或消费者发放的具有一定面值的储蓄卡。消费者购买购物卡时,需要在商场的管理系统中建立档案资料。购物卡的卡面记载有卡片的属性、类别、金额、有效期等信息,购物卡可以转让他人使用。购物卡的持有者或转让者消费时,在消费期内于前台收银机上刷卡即可。购物卡的发行加速了商场资金回笼的速度,也刺激了消费者的购物欲望。

购物卡不同于会员卡,会员卡自身不含金额,不能单独使用,只起到积分的作用。而购物卡通常含有一定数量的资金,可以单独使用,也可以与会员卡一起使用。

商场发行购物卡可以提前回笼资金,等于预收商品的销货款,加速了资金的周转。发行购物卡可以减少现金的流通,降低商场的经营风险,还可以避免消费者使用现金不便的情况,方便消费者的购物行为,起到一定的促销作用。

2.购物卡的核算

商场在销售购物卡时,一部分消费者支付购卡款后,也会要求商场开具销售发票,并且消费者在购物卡有效期内，可以随时持卡购物消费。但由于消费者购买货物行为具有不确定性，如购货时间和购货品种不确定、货品供应商不确定以及最终购货金额不确定等，相关的成本不能可靠地计量。因此，商场在销售购物卡取得收入时，不能确认收入，应贷记"预收账款"账户，并设"购物卡款"二级明细账户核算。

> **提示** 根据《企业会计准则第14号——收入》对销售商品收入确认的条件的规定，商场在销售购物卡时，不能确认商品销售收入，只有在消费者使用购物卡购货时，才能确认商品销售收入。

【例8-19】 沈阳成德商场在2025年5月1日开始发行一批自制电子购物卡，购物卡有效期至当年12月31日。发生下列有关购物卡的经济业务：

（1）5月1日，共发行购物卡200 000元，收取现金。

借：库存现金　　　　　　　　　　　　　　　　　　　　　　　200 000
　　贷：预收账款——购物卡款　　　　　　　　　　　　　　　　　　200 000

【解析】 根据《中华人民共和国增值税暂行条例实施细则》第三十八条第四点规定，采取预收货款方式销售货物，为货物发出的当天。故此业务不能确认为收入。

（2）6月28日，使用购物卡购物。

借：预收账款——购物卡款　　　　　　　　　　　　　　　　　　11 300
　　贷：主营业务收入　　　　　　　　　　　　　　　　　　　　　　10 000
　　　　应交税费——应交增值税（销项税额）　　　　　　　　　　　　1 300

（3）同时结转成本（会计分录省略）。

（4）12月31日，营业时间结束后经计算机系统计算仍有购物卡余额10 000元未使用（税费略）。

借：预收账款——购物卡款　　　　　　　　　　　　　　　　　　10 000
　　贷：营业外收入——购物卡过期　　　　　　　　　　　　　　　　10 000

> **思考** 假如消费者使用的是银联消费卡，应如何核算？

> **视频**
>
> 　　　　　　　　
>
> 8.1 增值税纳税人的分类及管理　　　8.2 一般纳税人增值税应纳税款计算

本章小结

知识点1：商业新业态——商场的会计核算，应该适应商场经营特点，利用传统零售业所不具备的信息管理系统和现代管理手段来进行科学的核算。

知识点2：为了确保商品更加安全和会计信息更加可靠，采用信息管理系统和现代管理手段的商场，可采用"单品进价核算制"对商品进行核算。该方法以单品为核算对象，按照单品设置库存商品明细账，能及时反映单品的进、销、存金额和数量信息，以及其销售毛利和经营利润等多种信息。

知识点3：商场经营运作模式主要有自营经营、专柜经营和专柜出租等，取得的收入性质多样化。对向供应商收取的与商品销售量、销售额挂钩的各种返还收入，应冲减"主营业务成本"和转出当期增值税进项税额；对向供应商收取的与商品销售量、销售额无必然联系，且商业企业向供货方提供一定劳务的收入，如进场费、广告促销费、上架费、展示费、管理费等，应作"其他业务收入"核算并按增值税的适用税目税率征税；对向供应商采用按实际销售额扣除一定的点数后作为采购结算价而取得销售毛利的，按类似"以销定进"的形式核算；对取得的租金收入，应作"租赁收入"核算并按增值税的适用税目税率征税。

知识点4：商场的商品促销活动，主要采用销售购物卡、打折销售、满减活动、回赠现金、买赠活动、返券活动、有奖销售、低价换购和会员积分等方式。

思 考 题

1. 商场与传统商品零售业比较，具有什么经营特征？
2. 什么是单品进价核算制？商品流通企业实行单品进价核算制有何意义？
3. 单品进价核算制包括哪些核算内容？
4. 超市自营经营包括哪些核算特点？
5. 简述商场专柜经营的结算方式。
6. 简述"平销返利"与"扣点结算"的异同点。
7. 简述商场的促销活动的方式。
8. 简述购物卡的含义及核算内容。
9. 商场专柜出租的含义是什么？具有哪些核算特点？
10. 简述商场向供应商收取费用的含义及税收政策对该业务的规定。

自 测 题

一、名词解释

单品进价核算制　自营经营　专柜经营　平销返利　扣点结算　购物卡　专柜出租　向供应商收取的费用　满减活动　回赠现金　买赠活动　有奖销售　低价换购

二、判断题

1. 商场是商品和货币集中、流通的地方，是物资集散、交流的场所，表现形式为超市。　（　　）
2. 单品进价核算制是以商品的单品为核算对象，反映商品购进、销售、储存的数量、进价、金额等多种信息的商品核算方法。　（　　）
3. 采用单品进价核算制是按照商品编码和品名等详细资料组织库存商品明细核算，使进货成本易查找，可以方便地计算即时的销售成本，不需要登记差价账。　（　　）
4. 计算机管理系统具备库存商品盘点功能，对库存商品的盘点已不再局限于期末或停业时盘点，而是可以不需要停业随时逐类进行盘点。　（　　）
5. 超市卖场一般不主动给消费者开具发票，只有在消费者需要时凭POS机打出的小票到服务台开具发票。　（　　）
6. 在专柜经营模式下，超市卖场与供应商结算货款一般是在商品实现销售之前进行。　（　　）
7. 商场向供货方收取的广告促销费与供应商的商品销售量、销售额没有直接联系，属于平销返利，应按增值税的适用税目税率征收增值税。　（　　）
8. 如果商场取得的平销返利是各项投资，会计处理时应贷记"实收资本"账户，并视同销售收入计缴增值税。　（　　）
9. 对商场向供货方收取的与商品销售量、销售额挂钩的各种返还收入，均应按照平销返利行为的有关规定冲减当期增值税进项税额。　（　　）
10. 由于纳税人支付给购货方的"回赠现金"难以确认其真实性，因此，一般不得在企业所得税前扣除。　（　　）

三、单项选择题

1. 为了确保商品更加安全和会计信息更加可靠，在采用信息管理系统和现代管理手段的超市卖场，可采用（　　）对商品进行核算。
   A. 单品进价核算制　　　　　　　　B. 售价金额核算制
   C. 进价数量金额核算制　　　　　　D. 进价金额核算制

2. 超市卖场自营经营购进商品时，往往是通过协议，先取得商品，在一定期间后才向供应商结算货款，因此，需要通过（　　）账户进行核算。
   A. "应付票据"　　B. "应付账款"　　C. "应收账款"　　D. "其他应付款"

3. 商场经营业务应承担的增值税、消费税、城市维护建设税、资源税、土地增值税和教育费附加等，在（　　）账户进行核算与反映。

   A."其他业务成本"　　　　　　　　B."营业外支出"

   C."税金及附加"　　　　　　　　　D."管理费用"

4. 商场房屋建筑物等不动产业务发生的房产税和城镇土地使用税以及印花税，在（　　）账户进行核算与反映。

   A."其他业务成本"　　　　　　　　B."管理费用"

   C."税金及附加"　　　　　　　　　D."营业外支出"

5. 打折销售是指商场在特定时期推出特价商品的促销活动。该商业促销方式，如同《企业会计准则》所说的（　　）。

   A.商业折让　　　　　　　　　　　B.汇兑损益

   C.现金折扣　　　　　　　　　　　D.商业折扣

6. 商场在销售购物卡取得收入时，应该做（　　）处理，并设"购物卡款"明细账户核算。

   A."其他业务收入"　　　　　　　　B."主营业务收入"

   C."或有收益"　　　　　　　　　　D."预收账款"

7. 商场采取"回赠现金"的促销方式时，其支出一般不会在销售发票上注明，而应作为（　　）处理。

   A.直接冲销商品销售收入　　　　　B.管理费用

   C.销售费用　　　　　　　　　　　D.营业外支出

8. 根据稳健性原则，凡是可以预见的损失和费用都应予以记录和确认，超市卖场应将在"返券活动"中派发出去的购物券确认为费用，借记"销售费用"，同时贷记（　　）。

   A."预计负债"　　　　　　　　　　B."预提费用"

   C."其他应付款"　　　　　　　　　D."或有负债"

9. 超市卖场向供货方收取的与商品销售量和销售额没有必然联系的劳务收入，主要包括（　　）。

   A.进场费、广告促销费、场租费、展示费、管理费等

   B.进场费、广告促销费、上架费、展示费、管理费等

   C.进场费、广告促销费、上架费、扣点额、管理费等

   D.进场费、返还利润额、上架费、展示费、管理费等

10. 根据超市卖场向供应商收取的费用性质和特点，应在（　　）账户中核算有关收入，并可设置"进场费"等二级明细账户进行核算。

    A."其他业务收入"　　　　　　　　B."主营业务收入"

    C."租赁收入"　　　　　　　　　　D."预收账款"

四、多项选择题

1. 超级市场的经营特征有（　　）。
   A. 综合性商业服务场所　　　　　　B. 促销方式灵活
   C. 商品种类齐全　　　　　　　　　D. 管理手段先进

2. 商场采用单品进价核算制，可以（　　）。
   A. 反映商品经营环节金额和数量的实际信息
   B. 反映商品销售的毛利或利润水平
   C. 反映单品的动态信息
   D. 满足现代商业管理和商品控制的需要

3. 商场在利用计算机管理系统逐个品种计算销售成本时，计算销售成本的方法可以设定为（　　）等方法。
   A. 个别计价法　　　　　　　　　　B. 月末加权平均法
   C. 先进先出法　　　　　　　　　　D. 后进先出法

4. 商场信息管理系统的基本功能包括（　　）。
   A. 销售管理功能　　　　　　　　　B. 商品管理功能
   C. 采购和供应商管理功能　　　　　D. 信息反馈功能
   E. 销售成本计算功能　　　　　　　F. 价格管理功能

5. 商场专柜经营的作用有（　　）。
   A. 减少商场资金的占用　　　　　　B. 降低商场商品滞销等风险
   C. 商场有充足的营业额和毛利额　　D. 防止出现舞弊

6. 商场专柜经营与供应商货款的结算方式，主要采用（　　）两种。
   A. 平销返利　　　　　　　　　　　B. 扣点结算
   C. 返点　　　　　　　　　　　　　D. 向供应商收取费用

7. 济南市家福超市是一家外商投资企业，其出租自有物业取得的租赁收入需要缴纳（　　）。
   A. 城市维护建设税　B. 房产税　　C. 增值税　　D. 教育费附加

8. 商场的主要促销活动方式包括（　　）。
   A. 回赠现金　　　　B. 低价换购　　C. 会员积分
   D. 买赠活动　　　　E. 有奖销售　　F. 返券活动

9. 在"平销返利"结算时，现金返利的会计处理结果会引起（　　）。
   A. 减少主营业务成本　　　　　　　B. 增加企业利润
   C. 影响到应纳企业所得税税额的增加　D. 影响到当期应交增值税税额

10. 商场采取买赠活动过程中，赠送的实物可以分（　　）情况。
    A. 赠品不是所消费的商品　　　　　B. 赠品是所消费的商品
    C. 赠品是接受其他单位捐赠　　　　D. 赠品由厂家提供

五、练习题

习题一

【目的】掌握超市自营经营商品直接购进与销售的核算。

【资料】广源超市是一家内资商业企业,使用计算机管理系统管理库存商品,采用单品进价核算制核算库存商品。该超市属于增值税一般纳税人。2024年4月,计算机管理系统陆续产生商品购进汇总表和商品销售汇总表分别如表8-5和表8-6所示。

表8-5　商品购进汇总表

2024年4月10日　　　　　　　　　　　　　　　　　　　　单位:元

收货部门	进价金额	进项税额	合　计	供　应　商
服装柜组	42 500	5 525	48 025	中联公司
百货柜组	13 600	1 768	15 368	德利公司
合　计	56 100	7 293	63 393	

表8-6　商品销售汇总表

2024年4月31日　　　　　　　　　　　　　　　　　　　　单位:元

销货部门	含税销售额	销项税额	不含税销售额	商品销售成本
服装柜组	22 600	2 600	20 000	16 000
百货柜组	11 300	1 300	10 000	7 800
合　计	33 900	3 900	30 000	23 800

(1) 10日,财务部门收到商品购进汇总表、商品验收报告及增值税专用发票,价税款未付。

(2) 31日,财务部门收到商品销售汇总表,已取得销货价税款入账单,并将销货价税款存入银行。

【要求】根据资料编制会计分录。

习题二

【目的】掌握商场专柜经营"平销返利"不同返利方式的核算。

【资料】黎华商场为与承德塑料厂建立稳定的合作关系,于签订2024年度经销合同时约定商场平价销售塑料产品,销货款结算采用"平销返利"方式,每季度结算一次,返利方式、返利比例与产品销售额挂钩。双方均为增值税一般纳税人。具体挂钩情况如表8-7所示。

表8-7　产品销售与结算方式挂钩情况表

不含税销售额	返利比率	返利方式	备　注
10 000元以内	10%	现金返利	
10 000~50 000元	15%	现金返利	
超过50 000元	20%	产品返利	返同类同质商品

（1）第一季度，黎华商场购进、销售承德塑料厂提供的塑料产品情况如表8-8所示。货款已结算并办理现金返利。

表8-8 第一季度商品进销存明细表

单位：元

项目	金额	增值税税额	合计
购进	25 000	3 250	28 250
销售	18 000	2 340	20 340
结存	12 000	1 560	13 560

（2）根据约定，销售额在 10 000~50 000 元按 15% 现金返利，收到现金 2 700 元（18 000×15%）。

【要求】根据（1）编制购进商品办理入库的会计分录。

根据（1）编制确认销售收入的会计分录。

根据（1）编制结算退付销货款的会计分录。

根据（2）编制收到现金返利的会计分录。

习题三

【目的】掌握商场专柜经营"扣点结算"的核算。

【资料】馨苑超市与维棉袜业签订 2024 年专柜经销合同。合同规定，馨苑超市提供专柜由维棉袜业销售其维棉牌袜子等产品，月末根据销售情况结算超市的商品购、销款项，购进商品结算价格按当月实际销售额扣除 15% 的点数确定。双方均为增值税一般纳税人。5 月份发生下列经济业务：

（1）4 日，馨苑超市收到厂家发来的一批袜子，不含税价为 50 000 元，经清点后录入计算机管理系统。

（2）31 日，计算机管理系统显示超市共卖出该品牌的袜子不含税价 18 000 元，经双方确认后办理了货款结算，超市取得维棉袜业扣点后的增值税专用发票。

（3）31 日，超市认为该批袜子销量不佳，只同意留下货价为 10 000 元的商品继续在超市销售，其余未售部分由厂家撤回。超市对同意继续销售但未结算的商品，根据双方约定的"扣点"条款暂估入账。

【要求】根据资料对期末商品进行确认，并编制会计分录。

习题四

【目的】掌握商场专柜出租的核算。

【资料】馨苑超市营业场地属自有物业，一家钟表维修店租用商场中约 100m^2 的场地。馨苑超市要求一次性收取全年租金，每月租金为 200 元/m^2，双方协商后达成协议。馨苑超市收到维修店交来租金共计 240 000 元，另再收取押金 25 000 元。

【要求】
（1）根据权责发生制原则，计算当年应确认的收入和应交增值税等各项税费。
（2）根据资料并结合（1）编制会计分录。

习题五

【目的】掌握商场向供应商收取费用的核算。

【资料】馨苑超市要求供应商出资开展商场节假日的宣传。2024年5月发生下列经济业务：

（1）5日，馨苑超市收到转来的柜位统一布展费20 000元。
（2）30日，馨苑超市收到美华公司转来的广告分摊费5 000元。

【要求】计算商场向供应商收取费用应缴纳的各项税费，并编制相关会计分录。

习题六

【目的】掌握商场主要促销活动的核算。

【资料】华联商场是一家大型商场，属于增值税一般纳税人。2024年4月决定"五一"节期间实行促销优惠活动，时间定于2024年5月1日至2024年5月15日，凡在商场选购商品的客户，当日均有机会参加抽奖活动，抽奖时间定于5月16日。"五一"节期间促销优惠活动明细如表8-9所示。

表8-9 "五一"节期间促销优惠活动明细表

奖项等级	奖品内容	获奖数量
一等奖	奖品为价值500元商场购物券	10个
二等奖	奖品为实物价值600元的MP4	20个
三等奖	奖品为一张价值200元的音乐会门票	50个

说明：本次活动本商场拥有解释权

5月16日进行公开抽奖，由公证处监督并当场将奖品全部送出。

（1）对一等奖送出商场购物券，属于"有奖销售"的"返券活动"。
（2）对二等奖送出实物品牌MP4，属于"有奖销售"的"买赠活动"，且赠品属于库存商品。
（3）对三等奖送出一张音乐会门票，属于"有奖销售"的"买赠活动"。

【要求】结合"有奖销售""买赠活动"与"返券活动"等促销方式，根据相关经济业务，编制会计分录。

8.3 自测题参考答案

第九章 连锁经营业务的核算

学习目标

1. 了解连锁经营的特征及其形式。
2. 理解连锁经营的商品流转核算方法及业务流程。
3. 理解直营连锁经营的管理方式。
4. 掌握"总部—分店"管理方式的核算。
5. 掌握"总部—地区总部—分店"管理方式的核算。
6. 掌握自愿连锁经营和特许连锁经营的核算。

第一节 连锁经营概述

连锁经营是一种商业组织形式和经营制度,是一种经营模式。目前,连锁作为一种企业组织形式在我国发展迅猛,尤其是以食品、零售、餐饮等行业最具代表性。

一、连锁经营的特征

连锁经营是指经营同类商品或服务的若干个企业,以一定的形式组成一个联合体,在整体规划下进行专业化分工,并在分工基础上实施集中化管理,把独立的经营活动组合成整体的规模经营,从而实现规模效益。

1. 多门店经营规模化

我国于2000年3月发布的国家行业标准《连锁超级市场、便利店管理通用要求——术语规范》对连锁经营的定义中规定,连锁经营(便利店)公司由10个以上门店组成。

2007年5月1日开始施行的《商业特许经营管理条例》中规定:"特许人从事特许经营活动应当拥有至少2个直营店,并且经营时间超过1年。"因此,多门店的经营规模化是连锁经营的基本特征。经营规模化也是连锁经营最吸引人的优势。为实现规模效益,分店的设置,既要重数量,也要重质量,在适当的地方开设适当数量的分店,扩大企业的知名度,增大产品的销售量,从而提高产品的市场占有率。

2. 管理方式规范化

为了优化资源配置,连锁经营企业大多实施统一经营、统一管理的经营方式。统一包括:统一店名、统一进货、统一配送、统一价格、统一服务、统一广告、统一管理和统一核算。例如,店名、商标、商品陈列、广告宣传、员工服装等标准化。这些方面的标准化与一致性使得连锁企业将经营管理方面的各要素互相协调,既节约费用,又避免资源浪费,提高了工作效率和效益。例如,连锁店在对外采购时采用集中采购方式,可以减少采购人员,减少进货环节,降低采购成本。

3. 分工专业化

连锁经营企业由总部、门店和配送中心组成。连锁经营将流通过程中的各种商业职能细化分解成各个相互独立的体系,并有机地组合在一起,形成一个高度集中的经营体系,实现购货、库存、配送、销售、广告、策划、培训、决策等专业分工及连锁公司和连锁店的功能分工,提高了流通领域的专业化程度和经营效率。分工专业化程度的提高,使得各个岗位的工作简单化,使每个岗位的员工易于操作,提高了工作效率,从而降低了人工成本,提高了每个子系统的专业化水平。

4. 信息传递电子化

由于连锁经营具有规模化和分散经营的特点,为了提高经营效率,不同部门和人员之间进行的快速信息传递成为管理的关键。因此,电子信息技术的广泛应用为连锁经营信息传递电子化提供了强有力的技术支持。连锁经营企业运用现代信息技术及时掌握和控制各个子系统的经营动态,包括连锁公司从选择供应商、订货、运输、配送、储存、上架、销售到统计、汇总、计算、分析,使复杂的经营和管理事务得以迅速、快捷地处理。

二、连锁经营的形式

连锁经营企业是指采用连锁经营模式的商品流通企业。该类企业是由总部通过独资、控股或吞并、兼并等途径开设门店,发展壮大自身实力和规模的一种形式。目前,连锁经营已经成为现代企业经营的主要经营模式之一,尤其是在零售业,连锁经营(连锁商店)最为广泛,如便利店、专卖店、快餐店和超级市场等。连锁经营包括三种形式:直营连锁、自愿连锁和特许经营。三种形式可以在一个连锁企业中相互交叉存在。

1. 直营连锁

直营连锁又称正规连锁，是指各连锁店由总部全资或控股开设，同属一个投资主体，经营的商品相同，进货、规格、配送等方面实行统一管理，总部对各连锁分店拥有全部的所有权和经营权，并实行统一核算，统负盈亏。本节中的三、四、五主要指连锁经营中的直营连锁。

2. 自愿连锁

自愿连锁又称自由连锁，是指各门店均为独立法人，各自的资产所有权关系不变，在总部的指导下共同经营，总部和门店之间是协商、服务关系，总部统一订货和送货，统一制定销售策略，统一使用物流及信息设施。各门店独立核算，自负盈亏，有较大的经营自主权。

3. 特许连锁

特许连锁又称加盟连锁，是指总部同加盟店签订合同，授权加盟店在规定区域内使用自己的商标、商号、经营技术及销售总部开发商品的特许权，销售总店开发的产品，在同样的形象下进行销售。总部对加盟店（门店）拥有经营权和管理权，加盟店（门店）具有法人资格，实行独立核算，自负盈亏。

三 连锁经营的商品流转核算方法

在直营连锁经营模式下，由总店、各门店组成的经营联合体是会计核算主体，其会计核算采用何种核算方法，应根据整个联合体的经营特点确定。自愿连锁和特许连锁的各个门店均实行独立核算，其实质是独立的经营主体，因此，也是独立的会计核算主体，即每一个门店就是一个商品流通企业，其会计核算采用何种核算方法，需要根据门店自身的经营特点决定。

以直营连锁经营为例，连锁商店在商品采购和商品配送环节都为大批量，具有批发企业的经营特征，而门店销售则属于零售，连锁商店的商品流通业务实现了批发、零售一体化。因此，应当考虑其业务特点，恰当地选择会计核算方法。对采购和配送环节的商品一般选择"数量进价金额核算法"。对门店的商品，应考虑门店所经营商品的特点，以确定最佳的核算方法。一般来讲，门店可选择的核算方法有：

（1）售价金额核算法。对于经营商品种类繁多的门店，应当采用"售价金额核算法"。

（2）数量进价金额核算法和数量售价金额核算法。经营商品的专业性较强，商品种类、规格较少，或者经营贵重商品的门店，一般采用"数量进价金额核算法"或"数量售价金额核算法"。

（3）进价金额核算法。经营鲜活商品的门店，应采用"进价金额核算法"。

四、连锁经营企业的业务流程

连锁经营企业的经营特征决定了其商品流通业务流程。连锁经营企业由总部、门店和配送中心构成。总部、门店和配送中心的职能如下：

（1）总部的职能。总部是连锁经营企业管理的核心，必须具备采购配送、财务管理、质量管理、经营指导、市场调研、商品开发、促销策划、教育培训等职能。

（2）门店的职能。门店是连锁店的基础，主要职责是按照总部的指示和服务规范要求，承担日常销售业务。

（3）配送中心的职能。配送中心是连锁店的物流机构，主要为本连锁经营企业服务，也可面向社会其他企业，承担着各门店所需商品的进货、库存、分货、加工、集配、运输、送货等任务。

一般通过总部设置的采购部门统一采购，由配送中心向各门店统一配送商品，而各门店负责销售。连锁经营企业的业务流程如图9-1所示。

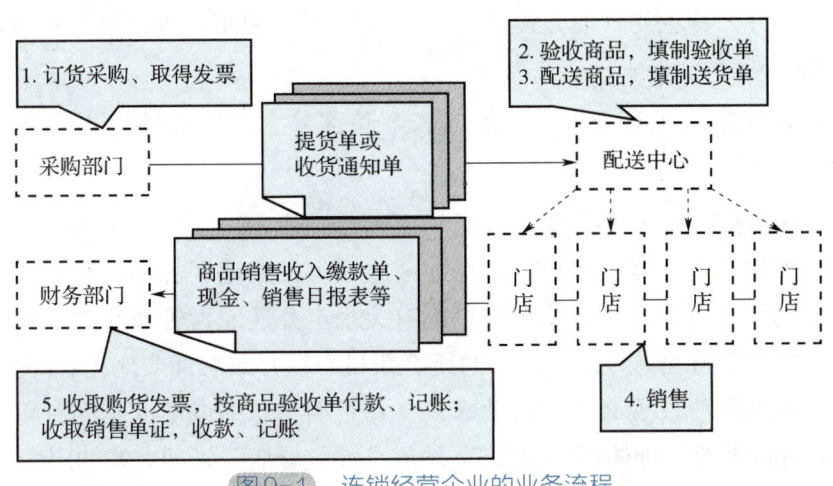

图9-1 连锁经营企业的业务流程

连锁经营企业的业务流程包括三项内容：

（1）采购商品。由采购部门统一为所有门店的销售进行采购，每次采购批量较大。采购部门首先根据批准的订单订货采购，取得发票后交与财务部门结算；配送中心根据提货单提货，或者根据收货通知单验收，商品验收后填制"验收单"一式数联，将其中一联送交财务部门记账。

（2）配送商品。由配送中心根据各门店的需要配送商品，填制"送货单"一式数联，送货并由门店收货签字后，其中一联上交财务部门，配送中心每次发送的商品成批量。

（3）销售商品。由各门店销售商品，销售对象为消费者个人，属于零售。各门店一般需要设核算员，在每日营业终了，由其根据销售情况和实收销货款填制"商品销售收入缴款单""销售日报表"，并将"商品销售收入缴款单""销售日报表"等连同销货款一并送交财务部门。财务部门人员当面点收无误后，由出纳人员在"商品销售收入缴款单"上签收，并加盖收讫章，最后将各门店交来的销售款汇总，全部解存银行。

在实际工作中，一般在每日营业终了，由门店核算员（或另设收银岗位）将门店收入的现金直接解存银行，获取现金缴款单回单，然后将现金缴款单回单连同"商品销售收入缴款单""销售日报表"送交财务部门。

第二节　直营连锁经营的核算

一、直营连锁经营的管理方式

直营连锁的各连锁店同属一个投资主体，经营同类商品，或提供同样服务，实行进货、价格、配送、管理、形象等方面的统一，总部对分店拥有全部所有权和经营权，统一核算，统负盈亏。其主要管理方式有"总部—分店""总部—地区总部—分店"两种。

1．"总部—分店"管理方式

同一地区或城市的连锁企业，一般实行"总部—分店"管理模式。"总部—分店"管理方式如图9-2所示。

2．"总部—地区总部—分店"管理方式

跨地区的连锁企业，可在非总部所在地区或城市设置地区总部，实行"总部—地区总部—分店"的管理方式。地区总部按总部有关规定开展经营管理活动，并受总部的严格监督。地区总部实行独立核算，门店的所有账目必须并入总部或地区总部账目，同时，门店应根据管理的需要设置必要的辅助账目，并定期与总部或地区总部对账。从而形成总部和地区总部的两级管理体制。"总部—地区总部—分店"管理方式如图9-3所示。

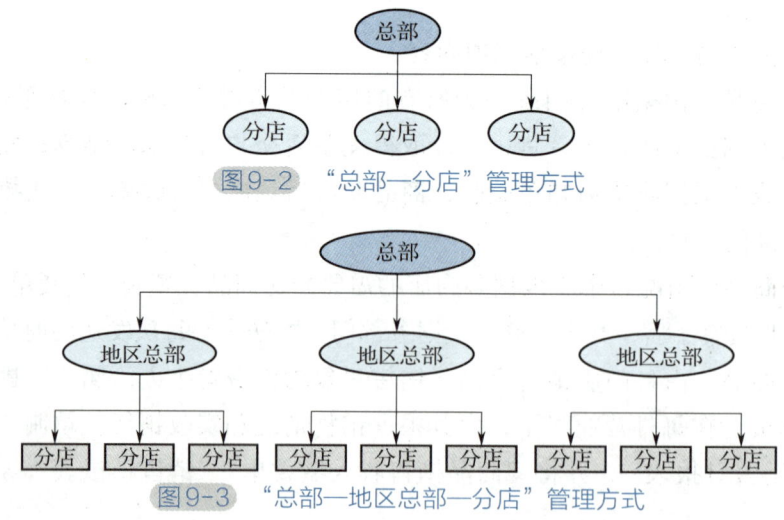

图9-2　"总部—分店"管理方式

图9-3　"总部—地区总部—分店"管理方式

二、实行"总部—分店"管理方式的核算

实行"总部—分店"管理方式,总部应设置会计机构,对各分店的经营过程实行会计核算,考核其经营成果,确定员工劳动报酬。根据经营需要为各分店建立备用金,用作日常费用开支。分店实行报账制,不设会计人员,只设核算员,负责上缴经营收入、核算本部门的经营费用、发放人员工资、保管本部门使用的备用金等。

1. 实行"总部—分店"管理方式的核算要点

实行"总部—分店"管理方式,其核算要点如表9-1所示。

表9-1 "总部—分店"管理方式的核算要点

项 目	处理方法
库存商品核算方法（一般情况下）	总部（配送中心）库存商品实行"数量进价金额核算法",分店库存商品实行"售价金额核算法",鲜活商品实行"进价金额核算法"
库存商品核算方法（计算机联网管理情况下）	总部和分店可同时采用"单品进价核算制"
总部向分店配送商品时	总部不做销售,分店不做购进,只做内部移库处理
分店出售商品时	分店将销售收入全部上交总部,总部做销售收入的账务处理
分店的日常费用开支	采用"定额备用金制",由分店的核算员用定额备用金支付,定期向总部报账,但分店不能坐支销货款

2. 总部与分店均采用"单品进价核算制"核算业务

【例9-1】 会展购物中心是连锁零售企业,由总部、配送中心及太平、香坊、珠江路三个分店组成。总部、配送中心及分店实行计算机联网,配送中心、分店的库存商品采用"单品进价核算制"核算。总部、配送中心和分店之间通过计算机网络传递信息,对商品进、销、存进行计算机信息管理系统管理,提供商品销售收入、销售成本、库存商品结存明细指标等数据。

会展购物中心2024年5月发生下列经济业务：

（1）4日,配送中心集中采购商品,购进商品510 000元,增值税66 300元。价税款用银行存款支付。

借：在途物资　　　　　　　　　　　　　　　　　　　　　510 000
　　应交税费——应交增值税（进项税额）　　　　　　　　 66 300
　　贷：银行存款　　　　　　　　　　　　　　　　　　　　　 576 300

同时商品已验收入库。

借：库存商品——配送中心　　　　　　　　　　　　　　　510 000
　　贷：在途物资　　　　　　　　　　　　　　　　　　　　　 510 000

【解析】 由于计算机管理系统已详细记录商品明细资料,"库存商品"账户按配送中心和分店开设明细账即可。

（2）5日，配送中心向各分店配送商品，其中，太平分店230 000元，香坊分店120 000元、珠江路分店110 000元。

  借：库存商品——太平分店   230 000
       ——香坊分店   120 000
       ——珠江路分店   110 000
    贷：库存商品——配送中心   460 000

（3）6日，各分店销售商品，销货款已存入银行。通过计算机网络传回总部财务部门的销售收入和销售成本相关资料汇总如表9-2所示。

表9-2 销售收入和销售成本相关资料汇总表   单位：元

分店名称	含税销售收入	销项税额	不含税销售收入	销售成本
太平分店	31 640	3 640	28 000	27 000
香坊分店	36 160	4 160	32 000	34 000
珠江路分店	61 020	7 020	54 000	54 000
合　计	128 820	14 820	114 000	115 000

总部财务部门确认销售收入。

  借：银行存款   128 820
    贷：主营业务收入——太平分店   28 000
         ——香坊分店   32 000
         ——珠江路分店   54 000
      应交税费——应交增值税（销项税额）   14 820

同时结转销售成本。

  借：主营业务成本——太平分店   27 000
        ——香坊分店   34 000
        ——珠江路分店   54 000
    贷：库存商品——太平分店   27 000
        ——香坊分店   34 000
        ——珠江路分店   54 000

3. 总部采用"进价数量金额核算法"或"单品进价核算制"，分店采用"售价金额核算法"核算业务

由于总部与分店对商品的核算方法不同，因此，其记录库存商品的价格也不同，从而总部向分店配送商品时会产生商品差价，该差价则通过"商品进销差价"账户核算，期末按分柜组差价率法计算各分店的差价率和已销商品实现的进销差价。

【例9-2】 兴华毛皮销售店是一家连锁零售企业，由总部、配送中心及大兴、万达、丽都三个分店组成。配送中心库存商品采用计算机管理系统管理，实行"单品进价核算制",分店采用"售价金额核算法"。

兴华毛皮销售店2024年5月发生下列经济业务：

（1）2日，配送中心集中采购商品，购进商品890 000元，增值税115 700元。货款已通过银行存款支付。

  借：在途物资   890 000
    应交税费——应交增值税（进项税额） 115 700
    贷：银行存款   1 005 700

同时商品已验收入库。

  借：库存商品——配送中心   890 000
    贷：在途物资   890 000

（2）5日，配送中心向各分店送货，送货汇总表如表9-3所示。

表9-3 送货汇总表   单位：元

各分店	进价金额	售价金额	商品进销差价
大兴分店	420 000	680 000	260 000
万达分店	367 000	430 000	63 000
丽都分店	310 000	410 000	100 000
合 计	1 097 000	1 520 000	423 000

编制会计分录如下：

  借：库存商品——大兴分店   680 000
      ——万达分店   430 000
      ——丽都分店   410 000
    贷：库存商品——配送中心   1 097 000
      商品进销差价——大兴分店   260 000
          ——万达分店   63 000
          ——丽都分店   100 000

（3）各分店销售商品，销货款已存入银行，报回总店销售收入汇总表，如表9-4所示。

表9-4 销售收入汇总表   单位：元

销售分店	销售收入
大兴分店	450 000
万达分店	270 000
丽都分店	320 000
合 计	1 040 000

编制会计分录如下：

借：银行存款　　　　　　　　　　　　　　　　　　　　1 040 000
　　贷：主营业务收入——大兴分店　　　　　　　　　　　　450 000
　　　　　　　　　　——万达分店　　　　　　　　　　　　270 000
　　　　　　　　　　——丽都分店　　　　　　　　　　　　320 000

同时用售价结转各分店销售成本。

借：主营业务成本——大兴分店　　　　　　　　　　　　　450 000
　　　　　　　　——万达分店　　　　　　　　　　　　　270 000
　　　　　　　　——丽都分店　　　　　　　　　　　　　320 000
　　贷：库存商品——大兴分店　　　　　　　　　　　　　　450 000
　　　　　　　　——万达分店　　　　　　　　　　　　　　270 000
　　　　　　　　——丽都分店　　　　　　　　　　　　　　320 000

> **提示**　期末，财务部门还需计算并结转含税销售收入中的销项税额。计算各分店实现的进销差价，并做出相关的会计分录。

4. 分店费用的核算

连锁经营企业的总部与分店在地理方位上可能存在一定距离，如果分店的日常开支都由总部财务部门负责，则会给部门和分店造成不便。因此，连锁经营企业对所属分店日常开支的费用，可采用"定额备用金制"管理方法。"定额备用金制"管理的要点包括：

（1）总部要确定每个分店日常支付费用的范围和权限。

（2）根据每个分店日常费用开支的每天平均数及报账时间的长短，核定其备用金定额。总部财务部门按定额将备用金拨付给各分店，各分店设专职核算员保管、使用定额备用金。会计核算时，总部通过"其他应收款"账户核算拨付给各分店的定额备用金。

（3）分店发生的费用需由核算员按规定用定额备用金支付，并保管好相关原始凭证。

（4）分店核算员定期整理费用凭证，向总部财务部门报账。总部财务部门在审核原始凭证后，即向分店支付款项，补足分店的备用金。

【例9-3】大商集团总部给洛北分店核定定额备用金65 000元，2024年5月发生下列经济业务：

（1）1日，开出现金支票，按定额将款项拨付洛北分店。

借：其他应收款——洛北分店　　　　　　　　　　　　　　65 000
　　贷：银行存款　　　　　　　　　　　　　　　　　　　　　65 000

（2）15日，洛北分店核算员报来有关费用凭证，列明修理费1 000元、搬运费

7 600元。经审核无误,即以现金补足定额备用金。

  借:管理费用——修理费   1 000
      ——搬运费   7 600
    贷:库存现金   8 600

三、实行"总部—地区总部—分店"管理方式的核算

跨地区的连锁经营企业,可在总部所在地区或城市以外设置地区总部,实行"总部—地区总部—门店"的管理方式,地区总部在总部监督下严格按总部有关规定开展经营管理活动,并进行独立核算,从而形成总部和地区总部两级管理体制。

1. 实行"总部—地区总部—门店"管理方式的核算要点

实行"总部—地区总部—门店"管理方式,其核算要点如表9-5所示。

表9-5 "总部—地区总部—门店"管理方式的核算要点

项 目	处 理 方 法
会计机构设置	总部和地区总部均设置会计机构,配备会计人员,独立设账,独立计算盈亏。地区总部管辖所属的门店,所属门店是地区总部的报账单位
商品采购及配送	总部统一采购商品,然后向地区总部所属门店配送商品。所配送的商品,总部做商品销售处理,地区总部做商品购进处理,其结算价格可以采取成本加一定费用计价法、成本加一定比例的毛利计价法和协议计价法等
商品出售	地区总部所属门店出售商品后,作为地区总部的销售收入。期末地区总部按规定结转盈亏

2. 实行"总部—地区总部—门店"管理方式的业务核算

【例9-4】 佳华家电实行"总部—地区总部—门店"管理方式,总部下设北京、大连、沈阳三个地区总部,地区总部下设若干门店。由总部统一进货,向各门店直接配送商品。配送中心及地区总部所属的门店均用计算机系统管理,库存商品采用单品进价核算制。

佳华家电2024年5月发生下列经济业务:

(1)总部购进商品,商品已由配送中心验收,货款已用银行存款支付。进货清单如表9-6所示。

表9-6 进货清单

销售单位:佳华家电   单位:元

商品货号	品　名	规格型号	单　位	数　量	进价单价	进价金额	增值税
AH210	长虹液晶	42in	台	100	4 000	400 000	52 000
AH230	长虹液晶	44in	台	150	4 800	720 000	93 600
AH231	长虹液晶	46in	台	200	6 100	1 220 000	158 600
合　计						2 340 000	304 200

总部财务部门的会计分录：

借：在途物资 2 340 000
　　应交税费——应交增值税（进项税额） 304 200
　　贷：银行存款 2 644 200

同时商品已验收入库。

借：库存商品——配送中心 2 340 000
　　贷：在途物资 2 340 000

（2）总部配送中心向北京地区总部的泰安店、金安店配送商品，货款尚未结算。商品的配送数量、价格及成本如表9-7~表9-9所示。

表9-7　商品配送单（一）

收货单位：北京泰安店　　发货单位：佳华家电配送中心　　单位：元

商品货号	品　名	规格型号	单　位	数　量	进价单价	进价金额	增值税
AH210	长虹液晶	42in	台	30	4 800	144 000	18 720
AH230	长虹液晶	44 in	台	50	5 200	260 000	33 800
AH231	长虹液晶	46 in	台	40	6 600	264 000	34 320
合　计						668 000	86 840

表9-8　商品配送单（二）

收货单位：北京金安店　　发货单位：佳华家电配送中心　　单位：元

商品货号	品　名	规格型号	单　位	数　量	进价单价	进价金额	增值税
AH210	长虹液晶	42in	台	40	4 800	192 000	24 960
AH230	长虹液晶	44in	台	50	5 200	260 000	33 800
AH231	长虹液晶	46 in	台	30	6 600	198 000	25 740
合　计						650 000	84 500

表9-9　商品配送进价成本清单

收货单位：北京泰安店、金安店　　发货单位：佳华家电配送中心　　单位：元

商品货号	品　名	规格型号	单　位	数　量	进价单价	进价金额	增值税
AH210	长虹液晶	42in	台	70	4 800	336 000	43 680
AH230	长虹液晶	44in	台	100	5 200	520 000	67 600
AH231	长虹液晶	46in	台	70	6 600	462 000	60 060
合　计						1 318 000	171 340

总部财务部门确认销售收入的会计分录如下：

借：应收账款——北京地区总部 1 489 340
　　贷：主营业务收入 1 318 000
　　　　应交税费——应交增值税（销项税额） 171 340

同时结转销售成本。

借：主营业务成本 1 318 000
　　贷：库存商品——配送中心 1 318 000

北京地区总部做商品购进的会计分录如下：

借：在途物资 1 318 000
　　应交税费——应交增值税（进项税额） 171 340
　　贷：应付账款——佳华总部 1 489 340

同时商品已验收入库。

借：库存商品——泰安店 668 000
　　　　　　　——金安店 650 000
　　贷：在途物资 1 318 000

> **提示** 总部向地区总部所属的门店配送商品，实际上是直运商品业务。

（3）泰安店和金安店销售商品，货款已存入北京地区总部开户银行账户。销货清单如表9-10和表9-11所示。

表9-10　商品销货清单（一）

销货单位：北京泰安店　　　　　　　　　　　　　　　　　　　　　　单位：元

商品货号	品名	规格型号	数量/台	零售单价	销售收入	销项税额	销售成本
AH210	长虹液晶	42in	20	5 300	106 000	13 780	96 000
AH230	长虹液晶	44in	30	5 600	168 000	21 840	156 000
AH231	长虹液晶	46in	25	7 000	175 000	22 750	165 000
合计					449 000	58 370	417 000

表9-11　商品销货清单（二）

销货单位：北京金安店　　　　　　　　　　　　　　　　　　　　　　单位：元

商品货号	品名	规格型号	数量/台	零售单价	销售收入	销项税额	销售成本
AH210	长虹液晶	42in	25	5 300	132 500	17 225	120 000
AH230	长虹液晶	44in	41	5 600	229 600	29 848	213 200
AH231	长虹液晶	46in	30	7 000	210 000	27 300	198 000
合计					572 100	74 373	531 200

北京地区总部确认商品销售收入的会计分录如下：

借：银行存款 1 153 843
　　贷：主营业务收入——泰安店 449 000
　　　　　　　　　　——金安店 572 100

| | 应交税费——应交增值税（进项税额） | 132 743 |

同时结转销售成本。

借：主营业务成本——泰安店　　　　　　　　　　　　　417 000
　　　　　　　　——金安店　　　　　　　　　　　　　531 200
　　贷：库存商品——泰安店　　　　　　　　　　　　　417 000
　　　　　　　　——金安店　　　　　　　　　　　　　531 200

从以上举例可知，商品销售差价分别在两级实现。以AH210-42in的长虹液晶为例，总部与地区总部进销差价实现测算如表9-12所示。

表9-12　总部与地区总部进销差价实现测算表　　　　　　　　　单位：元

项目	测算项目：AH210-42in的长虹液晶		测算单位：台
	测算过程		
	进价	售价	差价
总进销差价	4 000	5 300	1 300
总部实现的差价	4 000	4 800	800
地区总部实现的差价	4 800	5 300	500

第三节　自愿连锁经营和特许连锁经营的核算

一、自愿连锁经营的核算

自愿连锁可将原来各自分散经营的小企业联合起来，在短期内形成统一的连锁经营品牌。

1. 自愿连锁的特点

自愿连锁是指各门店在保留单个资本所有权的基础上实行联合，总部和门店之间是协商、服务关系。其具有以下特点：

（1）总部统一订货和送货，统一制定销售策略，统一使用物流及信息设施。
（2）总部和各门店独立核算，自负盈亏，人事自主，且有很大的经营自主权。
（3）总部向门店配送商品做商品销售处理。
（4）各门店按规定可向总部支付一定的与生产经营有关的服务费。
（5）总部的税后利润，可部分返还给各门店。

2. 自愿连锁的业务核算

总部向门店配送商品时做销售处理，总店与各门店建立连锁关系时，应签订协议，规定门店定期向总部缴纳一定的服务费。其管理与核算要点如表9-13所示。

表9-13　自愿连锁的管理与核算要点

项　　目	处　理　方　法
商品采购方式	由总部统一采购商品
总部向门店配送商品时	总部做商品销售，门店做商品购进
门店向总部支付服务费时	总部做"其他业务收入"，门店做"管理费用"

思考　　总部收到门店所支付的服务费时，应该缴纳哪些税费？

【例9-5】　和兴百货属于内资企业，采用自愿连锁方式经营，由总部和若干门店组成，其中和兴第一百货是其门店之一。规定每月各门店按销售额的2%向总部支付服务费。

和兴百货2024年发生下列经济业务：

（1）4月30日，和兴第一百货本月商品销售额3 000 000元。按规定向和兴百货总部支付服务费60 000元。和兴第一百货支付服务费时做如下会计分录：

借：管理费用　　　　　　　　　　　　　　　　　　　　60 000
　　贷：银行存款　　　　　　　　　　　　　　　　　　　　60 000

总部收到服务费时，开具增值税专用发票，做如下会计分录：

借：银行存款　　　　　　　　　　　　　　　　　　　　60 000
　　贷：其他业务收入　　　　　　　　　　　　　　　　56 603.77
　　　　应交税费——应交增值税（销项税额）　　　　　3 396.23

（2）按总部收到服务费缴纳的增值税税额的7%和3%分别计提城市建设维护税和教育费附加（地方教育费附加忽略）。

借：税金及附加　　　　　　　　　　　　　　　　　　　306.63
　　贷：应交税费——应交城市维护建设税　　　　　　　237.74
　　　　　　　　——应交教育费附加　　　　　　　　　 68.89

视频

9.1 附加税家族的故事

二、特许连锁经营的核算

根据特许连锁企业经营的特点，总店与加盟店各自单独核算。加盟费、特许权使用费、返点等应根据具体情况通过"其他业务收入""管理费用""其他应付（收）款"等账户进行会计核算。

（一）特许连锁的特点

（1）总部与加盟店签订合同，加盟店经授权后，在规定的区域内使用总部的商标、服务标记、商号、经营技术和销售总店开发的产品，在同样的形象下进行销售及提供劳务。

（2）总部对加盟店拥有经营权和管理权，加盟店具备法人资格，实行独立核算。

（3）总部按协议规定可向加盟店收取加盟费、特许权使用费。

（4）总部可按加盟店的销售业绩对加盟店进行奖励，将部分利益返还给加盟店。

（二）特许连锁加盟费和特许权使用费的核算

1. 特许连锁加盟费的核算

加盟费是一种独特的商业经营形式，它是品牌持有人将企业品牌的无形资产，如知识产权（包括发明、专利、商标、版权）、组织管理资产、市场资产和人力资产等以合同的形式授予加盟商使用，加盟商按合同规定，在统一的经营模式下从事业务活动，并向品牌持有人支付一定的费用。特许连锁加盟费是指总部与加盟店签订加盟协议后，加盟店支付给总部的保证金。加盟费有以下两种处理模式：

（1）加盟费作为加盟代价。总部收取加盟店的加盟费后，不做退回处理，加盟费作为加盟方为取得授权而付出的成本支出。总部收到加盟费时，做"其他业务收入"处理，加盟店支付加盟费时，借记"管理费用"账户。

（2）加盟费作为一种押金。在约定的加盟年限到期后，总部退还所收取的加盟费。总部收到加盟费时，贷记"其他应付款"账户，加盟店支付加盟费时，借记"其他应收款"账户。

2. 特许权使用费的核算

加盟店支付给总部的特许权使用费，加盟别人的品牌就是利用别人的品牌得到别人的商誉，借记"无形资产"账户，贷记"现金"或"银行存款"账户。在加盟期限内进行摊销，借记"管理费用"账户，贷记"无形资产"账户。总部对于加盟费则作为"其他业务收入"处理，并按"现代服务业"缴纳6%的增值税。

【例9-6】雅达宽城店加盟雅达总公司，按加盟协议规定，宽城店向总部支付加盟费40 000元，另每月支付特许权使用费3 000元。

雅达公司2024年5月发生下列经济业务：

（1）5日，宽城店向雅达总公司支付加盟费40 000元，雅达总公司开具增值税专用发票。

雅达总公司收到加盟费时：
借：银行存款　　　　　　　　　　　　　　　　　　　　40 000
　　贷：其他业务收入　　　　　　　　　　　　　　　　　　37 735.85
　　　　应交税费——应交增值税（销项税额）　　　　　　　2 264.15

宽城店支付加盟费时：
借：管理费用　　　　　　　　　　　　　　　　　　　　40 000
　　贷：银行存款　　　　　　　　　　　　　　　　　　　　40 000

（2）雅达总公司按加盟费收入缴纳的增值税税额分别计提7%和3%的城市维护建设税和教育费附加。

借：税金及附加　　　　　　　　　　　　　　　　　　　　224.49
　　贷：应交税费——应交城市维护建设税　　　　　　　　　158.49
　　　　　　　　——应交教育费附加　　　　　　　　　　　66

（3）宽城店开业后第一个月，向雅达总公司支付特许权使用费3 000元。

雅达总公司收到特许权使用费时：
借：银行存款　　　　　　　　　　　　　　　　　　　　3 000
　　贷：其他业务收入　　　　　　　　　　　　　　　　　　2 830.19
　　　　应交税费——应交增值税（销项税额）　　　　　　　169.81

宽城店支付特许权使用费时：
借：管理费用　　　　　　　　　　　　　　　　　　　　3 000
　　贷：银行存款　　　　　　　　　　　　　　　　　　　　3 000

（4）雅达总公司按特许权使用费收入缴纳的增值税分别计提7%和3%的城市维护建设税和教育费附加。

借：税金及附加　　　　　　　　　　　　　　　　　　　　16.08
　　贷：应交税费——应交城市维护建设税　　　　　　　　　11.89
　　　　　　　　——应交教育费附加　　　　　　　　　　　4.19

3. 总部向加盟店返还收入的核算

某些品牌产品的特许连锁经营，总部作为供应商，加盟店作为经销商，由总部向加盟店供应其品牌产品。加盟协议规定，加盟店可向总部以按商品销售量或销售额的一定比例收取返还收入，俗称"返点"。收取比例也可以按金额、数量计算。总部支付给加盟店的各种与销售量或销售额挂钩的返还，总部应视同销售折让，冲减销售收入和增值税销项税额，加盟店视同进货退价，分离出返还款中的增值税作为进项税额的减少。

> **提示**　《国家税务总局关于商业企业向货物供应方收取的部分费用征收流转税问题的通知》（国税发〔2004〕136号）规定："对商业企业向供货方收取的与商品销售量、销售额挂钩（如以一定比例、金额、数量计算）的各种返还收入，均应按照平销返利行为的有关规定冲减当期增值税进项税金"。

【例9-7】麦乐道里店与麦乐集团总部签订加盟连锁协议，由总部向麦乐道里店供应商品，麦乐道里店向总部进货500 000元或500 000元以上，总部按销售额的3%给予返利。

2024年年末，麦乐道里店进货额达2 500 000元，总部返利75 000元给麦乐道里店，增值税税率为13%。

（1）麦乐道里店收到总部返利的处理办法。收到的利润要按规定冲减本期的增值税进项税额。其计算公式为：

$$当期应冲减的进项税额 = \frac{当期取得的返还资金}{1+ 所购货物适用增值税税率} \times 所购货物适用增值税税率$$

返还金额冲减增值税进项税额后的差额记为"主营业务成本"。加盟店向总部（供应商）收取的各种收入，一律不得开具增值税专用发票。

（2）麦乐道里店的会计处理。

$$当期应冲减的进项税额 = \frac{75\ 000}{1+13\%} \times 13\% = 8\ 628.32（元）$$

借：银行存款　　　　　　　　　　　　　　　　　　　　　　　75 000
　　贷：主营业务成本　　　　　　　　　　　　　　　　　　　66 371.68
　　　　应交税费——应交增值税（进项税额转出）　　　　　　8 628.32

【解析】麦乐道里店将收到的返还视同进货价格的减少，从而调减进项税额。

（3）总部应将返还给加盟店的支出75 000元视同销货折让。

总部根据开出的红字发票冲销销售收入，同时冲减增值税销项税额。

借：银行存款　　　　　　　　　　　　　　　　　　　　　　　75 000
　　贷：主营业务收入　　　　　　　　　　　　　　　　　　　66 371.68
　　　　应交税费——应交增值税（销项税额）　　　　　　　　8 628.32

【解析】根据《国家税务总局关于纳税人折扣折让行为开具红字增值税专用发票问题的通知》（国税函〔2006〕1279号），销货方可以开具红字增值税电子专用发票。

本章小结

知识点1：连锁经营是将若干个门店以统一进货、统一配送、信息共享的方式结合起来，在统一的企业形象下进行经营和服务，以取得规模效益的商业业态。连锁经营分为直营连锁、自愿连锁和特许连锁三种形式。

知识点2：直营连锁分为"总部—分店"和"总部—地区总部—分店"两种管理方式。实行"总部—分店"管理方式时，由总部统一集中核算，分店只是一个报账单位。当总部向分店配送商品时，不做销售，只做内部移库处理。如果总部商品采用进价记账，而分店商品采用售价记账，内部移库时产生的价差记入"商品进销差价"账户。实行"总部—地区总部—分店"管理方式时，总部和地区总部二级核算。当总部向地区总部的分店配送商品时，总部做商品销售，地区总部做商品购进，总部与地区总部之间的商品结算价可以采取成本加一定费用计价法、成本加一定比例的毛利计价法和协议计价法等。

知识点3：采用自愿连锁形式时，总店与各门店应签订连锁关系协议，规定各门店定期向总店交纳一定的服务费。当总店收到服务费时，记入"其他业务收入"，并按规定缴纳应交增值税等税费。各门店支付服务费时，记入"管理费用"。

知识点4：采用特许连锁形式时，总部对加盟店拥有经营管理权，加盟店具备法人资格，实行独立核算。总部按协议规定可向加盟店收取加盟费和特许权使用费。总部可按加盟店销售额的一定比例对其进行奖励，将部分利益返还给加盟店。总部收取的加盟费和特许权使用费一般做"其他业务收入"，加盟店支付的加盟费和特许权使用费做"管理费用"。

思 考 题

1. 简述连锁经营的经营特征。
2. 简述连锁经营的几种形式。
3. 连锁经营企业的业务流程包括哪几项内容？
4. 连锁经营企业如何设置账簿？
5. 分店费用的核算处理采用"定额备用金制"管理的要点包括哪些内容？
6. 简述自愿连锁的特点。
7. 简述自愿连锁的核算要点。
8. 简述特许连锁的特点。
9. 简述特许连锁加盟费的核算要点。
10. 总部向加盟店返还收入时应如何核算？

自 测 题

一、名词解释

连锁经营　直营连锁　自愿连锁　特许连锁　配送中心　特许连锁加盟费　特许权使用费　返点

二、判断题

1. 连锁经营是一种商业组织形式和经营制度，具有独特的集中统配采购、分散经营等特点。（　　）
2. 连锁经营企业由总部、门店和配送中心组成。其门店的主要职责是市场调研和促销策划。（　　）
3. 采用直营连锁形式的连锁企业，其门店需要由总部全资开设。（　　）
4. 如果总部实行进价金额核算法，分店实行售价金额核算法，在总部向分店配送商品时，产生的价差记入"商品进销差价"科目。（　　）
5. 采用自愿连锁形式的连锁企业，总部向门店配送商品时，总部做商品销售处理，门店做商品购进处理。（　　）
6. 采用自愿连锁形式的连锁企业，门店向总部支付服务费时，总部做"其他业务收入"处理，门店做"管理费用"处理。（　　）
7. 采用特许连锁形式，总部对加盟店拥有经营权和管理权，但加盟店不具备法人资格，不能实行独立核算。（　　）
8. 采用特许连锁形式，加盟店支付给总部的加盟费，加盟店做"其他业务支出"处理。（　　）
9. 加盟店向总部收取与商品销售量或销售额挂钩的返还收入，应征收增值税。（　　）
10. 加盟店支付给总部的特许权使用费，加盟店作为"管理费用"，总部做"其他业务收入"处理。（　　）

三、单项选择题

1. 下列不属于连锁经营企业总部职能的是（　　）。
   A. 财务与质量管理　　B. 市场调研　　C. 日常销售　　D. 促销策划
2. 连锁店的门店均为独立法人，各自的资产所有权关系不变，在总部的指导下共同经营的连锁形式属于（　　）。
   A. 自愿连锁　　B. 直营连锁　　C. 特许连锁　　D. 加盟连锁
3. 直营连锁经营企业应当考虑其业务特点，恰当地选择会计核算方法，对于经营鲜活商品的门店，应当采用（　　）核算法。
   A. 进价金额　　B. 售价金额　　C. 数量售价金额　　D. 数量进价金额
4. 实行"总部—地区总部—门店"管理方式的直营连锁企业，总部向地区总部的门店配送商品时，下列说法中不正确的是（　　）。

A. 总部做商品销售处理

B. 地区总部做商品购进处理

C. 总部和门店应按商定的价格结算商品货款

D. 地区总部的门店应做商品购进处理

5. 采用自愿连锁形式时,分店定期向总部缴纳服务费,当总部收到服务费时记作（　　）。

　　A. "营业外收入"　　　　　　　　B. "其他业务收入"

　　C. "主营业务收入"　　　　　　　　D. "投资收益"

6. 采用特许连锁形式时,当加盟店向总部支付加盟费时,加盟店记作（　　）。

　　A. "财务费用"　　　　　　　　　　B. "其他业务支出"

　　C. "管理费用"　　　　　　　　　　D. "营业外支出"

7. 如果加盟费为押金形式,那么当总部收到加盟费时,贷记（　　）账户。

　　A. "其他应收款"　　　　　　　　　B. "其他业务支出"

　　C. "管理费用"　　　　　　　　　　D. "其他应付款"

8. 加盟店向总部收取与商品销售量或销售额挂钩的返还收入时,加盟店应（　　）。

　　A. 不用计征任何税　　　　　　　　B. 冲减当期增值税进项税额

　　C. 冲减当期增值税销项税　　　　　D. 计征增值税

9. 总部支付给加盟店的各种与销售量或销售额挂钩的返还,总部应视同（　　）处理。

　　A. 进货退价　　　B. 现金折让　　　C. 销售折让　　　D. 销售退回

10. 采用总部向加盟店返还收入的核算时,若总部向分店供应商品50 000元,总部按销售额的3%给予返利,则分店收到返利收入应冲减的本期增值税进项税额是（　　）元。

　　A. 173　　　　　B. 50　　　　　　C. 128　　　　　D. 150

四、多项选择题

1. 连锁经营企业的主要形式有（　　）。

　　A. 直营连锁　　　B. 自愿连锁　　　C. 自营连锁　　　D. 特许连锁

2. 下列属于连锁经营特征的是（　　）。

　　A. 多门店经营规模化　　　　　　　B. 管理方式规范化

　　C. 信息传递电子化　　　　　　　　D. 分工专业化

3. 连锁经营由（　　）组成。

　　A. 总部　　　　　B. 配送中心　　　C. 门店　　　　　D. 供应商及客户

4. 直营连锁经营的管理方式主要有（　　）。

　　A. "总部—分店"管理方式　　　　　B. "地区总部—分店"管理方式

　　C. "分店—分店"管理方式　　　　　D. "总部—地区总部—分店"管理方式

5. 直营连锁的"总部—分店"管理方式下,当总部向分店配送商品时,下列说法中正确的有(   )。

   A. 总部做商品内部移库处理　　　　　B. 分店做商品购进处理

   C. 分店不做商品购进处理　　　　　　D. 总部不做商品销售处理

6. 直营连锁企业对分店的日常费用开支采用"定额备用金制"管理时,使用(   )方法进行管理。

   A. 规定备用金的使用范围

   B. 根据费用每天平均数及报账时间长短,核定备用金需要量

   C. 分店设核算员专门保管备用金

   D. 分店核算员开支费用后,定期整理费用凭证,向总部财务部门报账

7. 自愿连锁经营具有(   )的特点。

   A. 总部统一定货和送货

   B. 总部和各门店独立核算,自负盈亏

   C. 门店按规定可向总部支付一定的服务费

   D. 总部向门店配送商品做商品销售处理

8. 特许连锁经营具有(   )特点。

   A. 加盟店具备法人资格,实行独立核算

   B. 总部按协议规定可向加盟店收取加盟费

   C. 总部向加盟店配送商品做内部移库处理

   D. 总部按协议规定可向加盟店收取特许权使用费

9. 采用自愿连锁形式,分店向总部支付的服务费,(   )处理。

   A. 总店收到后做"主营业务收入"　　　B. 总店收到后做"其他业务收入"

   C. 分店支付时做"管理费用"　　　　　D. 分店支付时做"销售费用"

10. 特许连锁加盟费有(   )两种处理模式。

    A. 加盟费不退回　　　　　　　　　　B. 加盟费作为入股资金

    C. 加盟费作为一种押金　　　　　　　D. 加盟费作为预借款

五、练习题

习题一

【目的】掌握在"总部—地区总部—分店"管理方式下自营连锁经营的核算。

【资料】福建维利集团公司是以经营儿童玩具为主的连锁经营企业,采用"总部—地区总部—分店"的管理方式。总部下设福州和泉州两个地区总部,各地区总部开设若干分店。实行总部、地区总部的两级核算。总部、地区总部及分店均使用计算机系统网络管理,采用"单品进价核算制",均为增值税一般纳税人,增值税税率为13%。

总部的配送中心统一进货,并向地区总部所属分店配送商品。配送商品时,总部做商品销售处理,地区总部做商品购进处理。2024年5月发生下列经济业务:

（1）5日，总部向广源儿童玩具厂购进一批玩具，货款已通过银行存款支付，商品由总部配送中心验收，资料如表9-14所示。

表9-14　福建维利集团公司进货汇总单

收货单位：配送中心　　　　　　2024年5月5日　　　　　　　　　　　　单位：元

品　名	单　价	数量/个	进价金额	进项税额	价税合计
AB-12玩具	35.00	2 000	70 000	9 100	79 100
AB-13玩具	15.00	1 000	15 000	1 950	16 950
合　　计		3 000	85 000	11 050	96 050

（2）8日，总部向泉州地区总部宝利店、婴利店配送商品，货款日后结算。商品配送清单如表9-15和表9-16所示，商品配送成本计算清单如表9-17所示。

表9-15　福建维利集团公司商品配送清单（一）

收货单位：维利泉州宝利店　　　　2024年5月8日　　　　　　　　　　　单位：元

品　名	结算单价	数量/个	金　额	增值税税额
AB-12玩具	40.00	500	20 000	2 600
AB-13玩具	18.00	400	7 200	936
合　　计		900	27 200	3 536

送货单位：维利配送中心

表9-16　福建维利集团公司商品配送清单（二）

收货单位：维利泉州婴利店　　　　2024年5月8日　　　　　　　　　　　单位：元

品　名	结算单价	数量/个	金　额	增值税税额
AB-12玩具	40.00	600	24 000	3 120
AB-13玩具	18.00	300	5 400	702
合　　计		900	29 400	3 822

送货单位：维利配送中心

表9-17　福建维利集团公司商品配送成本计算清单

2024年5月8日　　　　　　　　　　　　　　　　　　　　　　单位：元

品　名	数量/个	成本单价	销售成本
AB-12玩具	1 100	35.00	38 500
AB-13玩具	700	15.00	10 500
合　　计	1 800		49 000

（3）20日，泉州地区总部所属分店销售商品，货款已存入银行，并收到宝利店、婴利店销货清单如表9-18和表9-19所示。

表 9-18　福建维利泉州宝利店销货清单

2024 年 5 月 8 日　　　　　　　　　　　　　　　　　　　　单位：元

品　名	数量/个	零售单价	销售收入	销项税额	销售成本
AB-12玩具	270	50.00	13 500	1 755.0	10 800
AB-13玩具	360	28.00	10 080	1 310.4	6 480
合　计	630		23 580	3 065.4	17 280

表 9-19　福建维利泉州婴利店销货清单

2024 年 5 月 8 日　　　　　　　　　　　　　　　　　　　　单位：元

品　名	数量/个	零售单价	销售收入	销项税额	销售成本
AB-12玩具	500	50.00	25 000	3 250.0	20 000
AB-13玩具	220	28.00	6 160	800.8	3 960
合　计	720		31 160	4 050.8	23 960

【要求】根据资料（1）编制总部的会计分录。

根据资料（2）分别编制总部和泉州地区总部的会计分录。

根据资料（3）编制泉州地区总部的会计分录。

习题二

【目的】掌握特许连锁经营的核算。

【资料】浪屿集团公司生产"红叶牌"商标美容系列产品，采用特许连锁方式与美芳公司签订加盟连锁协议。协议规定：加盟期为 5 年，美芳公司向浪屿集团公司支付加盟费 20 000 元，日后不退还，美芳公司在加盟期内使用浪屿集团公司"红叶牌"商标，每月支付 1 000 元特许权使用费。美芳公司经销浪屿集团公司"红叶牌"商标美容系列产品，每年进货额达 100 000 元（含 100 000 元）以上时，浪屿集团公司按进货额的 5% 向美芳公司返还利润。发生下列经济业务：

（1）美芳公司用银行存款支付加盟费 20 000 元。

（2）开业后第一个月，美芳公司向浪屿集团公司支付特许权使用费 1 000 元。

（3）年末，美芳公司向浪屿集团公司年度进货额达 400 000 元，按规定浪屿集团公司向美芳公司返还利润 20 000 元。浪屿集团公司已向美芳公司开具红字增值税专用发票。

【要求】根据资料（1）分别编制浪屿集团公司和美芳公司的会计分录。

根据资料（2）分别编制浪屿集团公司和美芳公司的会计分录。

根据资料（3）分别编制浪屿集团公司和美芳公司的会计分录。

9.2 自测题参考答案

第十章
进出口贸易业务的核算

学习目标

1. 了解进出口贸易业务的种类及进口贸易的程序。
2. 掌握自营进口商品购进与销售的核算。
3. 掌握代理进口业务的核算。
4. 掌握自营出口销售业务的核算。
5. 掌握代理出口销售业务的核算。
6. 掌握出口商品退税的核算。

第一节　进出口贸易业务概述

　　进口贸易业务与出口贸易业务相辅相成，构成商品流通企业的一项重要业务。自2004年《中华人民共和国对外贸易法》出台后，国家对企业申请进出口权的政策已完全放开，并无注册资金及年进出口额的限制，只要企业营业执照等基本证件齐全、一致即可申请，民营企业与个体工商户也可以申请进出口权。因此，企业可以委托外贸企业进行进出口贸易，也可以自行进行。

　　通过进口贸易业务可以引进先进技术、生产设备、国内紧缺的原材料和燃料，提升我国的科技水平、生产能力和国际竞争力。通过出口贸易可以增加我国外汇收入，有利于平衡国际收支，减少国际贸易摩擦。促进我国进出口贸易业务的增长，可以扩大我国与世界各国的经济交往，达到共同发展的目的。

一、进口贸易业务的种类

进口贸易业务是指企业用外汇在国际市场上采购商品,通过进口贸易进行商品交换,满足那些国内无法完全满足的需求,以满足国内生产和人民生活的需要。

进口贸易业务按其经营性质的不同,主要可分为自营进口业务和代理进口业务两种。

1. 自营进口业务

自营进口业务是指企业自己经营进口贸易并自己负担进口盈亏的业务。

2. 代理进口业务

代理进口业务是指外贸企业代理国内委托单位与外商签订进口贸易合同,并负责对外履行合同的业务。代理进口业务时,外贸企业只收取一定比例的手续费。

二、进口贸易业务的程序

进口贸易有进口贸易前的准备工作、签订进口贸易合同、履行进口贸易合同以及对内销售与结算四个业务程序。进口贸易业务的程序如图10-1所示。

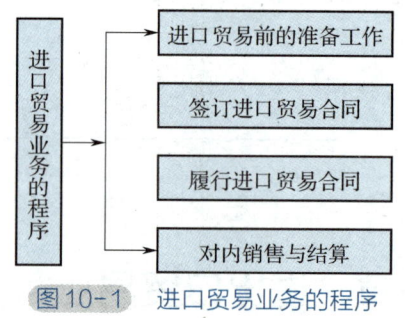

图10-1 进口贸易业务的程序

1. 进口贸易前的准备工作

外贸企业应根据国内市场的需求情况和国际市场上商品的价格、供应商的资信情况等来确定进口贸易业务。对于国家规定必须申请许可证的进口商品,外贸企业必须按规定申请领取许可证,然后与国内客户签订供货合同,明确进口商品的名称、规格、质量、价格、交货日期、结算方式等内容,做到以销定进。

2. 签订进口贸易合同

外贸企业在与国内客户协商签订供货合同的同时,与国外出口商通过询盘、发盘、还盘与反还盘和接受四个环节进行磋商,在磋商成功的基础上与国外出口商签订进口贸易合同。

3. 履行进口贸易合同

企业履行进口贸易合同可分为以下五个环节:

（1）开立信用证。企业根据进口贸易合同上规定的日期，向其所在地的外汇银行申请开立信用证，信用证的内容必须与进口贸易合同的条款相一致。

（2）督促对方及时发货和办理必要的手续。企业开立信用证后，在合同规定交货期前，应督促国外出口商及时备货，按时装船。若以FOB价格成交的合同，则应由企业负责办理租船定舱工作，并委托外轮运输公司办理，及时将船名、船期等通知出口商。若以FOB价格或CFR价格成交的合同，企业还应在收到出口商的装船通知后，立即将船名、开船日期、提单号数、商品名称、数量、装运港、目的港等通知保险公司，据以办理货运保险。

（3）审核单据和付款赎单。企业收到银行转来的国外出口商的全套结算单据后，应对照信用证，核对单据的种类、份数和内容。只有在"单证相符，单单相符"的情况下，才能凭全套结算单据向开证行办理进口付款赎单手续，如发现单证不符，则应及时通知开证行全部或部分拒付。

（4）海关报关和货物接运。进口商品到达港口后，应及时办理海关报关和货物接运工作，计算交纳税款和港口费用。

（5）商品检验和索赔。企业应及时请商检部门对进口商品进行检验，对发现商品数量、品种、质量、包装等与合同或信用证不符的，出具商品检验证明书，据以在合同规定的索赔期限内，根据损失的原因和程度向出口商、运输公司或保险公司进行索赔。

4. 对内销售与结算

企业收到运输公司船舶到港通知及相关单据后，应根据合同向国内客户开出发票，办理结算。

> **提示**
>
> FOB（Free On Board）又称"离岸价"，即船上交货（指定装运港），习惯称为装运港船上交货。按FOB价格成交，由买方负责派船接运货物，卖方应在合同规定的装运港和规定的期限内，将货物装上买方指定的船只，并及时通知买方。货物在装船时越过船舷，风险即由卖方转移至买方。实践中的使用通常为"FOB……港（出发地）"。
>
> CIF（Cost Insurance And Freight）又称"到岸价"，即成本加保险费加运费，是指当货物在装运港越过船舷时（实际为装运船舱内），卖方即完成交货。货物自装运港到目的港的运费、保险费等由卖方支付，但货物装船后发生的损坏及灭失的风险由买方承担。
>
> CFR（Cost and Freight）即成本加运费，是指卖方在装运港将货物越过船舷，并支付将货物运至指定目的港所需的运费，就算完成交货任务，而买方则承担交货后货物灭失或损坏的风险，以及由各种事件造成的任何额外费用。

三、出口贸易业务的种类

出口贸易业务按其经营的性质不同，可分为自营出口业务、代理出口业务和加工补偿出口业务等。

1. 自营出口业务

自营出口业务是指企业自己经营出口贸易，并自己负责出口贸易盈亏的业务。企业在取得出口销售收入，享受出口退税的同时，要承担出口商品的进价成本以及与出口贸易业务有关的一切国内外费用、佣金支出，并且还要对索赔、理赔、罚款等事项加以处理。

2. 代理出口业务

代理出口业务是指外贸企业代理国内委托方办理对外洽谈、签约、托运、交单和结汇等全过程的出口贸易业务，或者仅代理对外销售、交单和结汇的出口贸易业务。代理企业仅收取一定比例的手续费。

3. 加工补偿出口业务

加工补偿出口业务又称"三来一补"业务，即来料加工、来件装配、来样生产和补偿贸易业务。"三来"业务是指外商提供一定的原材料、零部件、元器件，必要时提供某些设备，由我方按对方的要求进行加工或装配成产品交给对方销售，我方收取外汇加工费的业务。

四、进出口贸易业务涉及的单据

在国际贸易中，主要采取信用证结算方式。进出口贸易涉及的单据主要有发票和提单。发票和提单由出口商开具，而进口商则凭单付款。进口商审核单据时应注意以下问题：

1. 发票的审核

发票是指进口商取得的出口商开出的商品价值的清单。发票是交易双方收付款的依据，既是交易双方记账的原始凭证，也是出口商在出口地和进口商在进口地报关交税的计算依据。审核发票的内容，必须与进口贸易合同及信用证的条款内容相符；发票中有关项目的内容必须与其他有关的单据核对相符；发票上的总金额不得超过信用证规定的最大限额。

2. 提单的审核

提单是指承运单位签发的承运商品收据，即商品装入船舱后签发的提单。它是出口商发货的证明，也是进口商提货的依据。如果是收讫备运提单，就应进一步审核是否有承运单位加注的"已装船"字样，否则不能轻易接受；核对提单上所列商品的毛重、净重与发票及重量单上所列的内容是否相符，有关唛头、装运港、目的港、运费支付情况与进口贸易合同及信用证的规定是否相符等。

第二节　自营进口业务的核算

一、自营进口商品成本的构成

自营进口商品的采购成本由国外进价和进口税金两部分组成。

1. 国外进价

进口商品的进价一律以CIF价格为基础，若与出口商以FOB价格或CFR价格成交，则商品离开对方口岸后，应由企业负担的国外运费和保险费均应作为商品的国外进价入账。企业收到的能够直接认定的进口商品佣金，应冲减商品的国外进价。对于难以按商品直接认定的佣金，如累计佣金，则冲减"销售费用"账户。

2. 进口税金

进口税金是指进口商品在进口环节应缴纳的计入进口商品成本的各种税金。它包括海关征收的关税和消费税。关税包括从价计征和从量计征两种。商品进口环节缴纳的增值税是价外税，它不是进口商品采购成本的构成部分，应将其列入"应交税费"账户。各项税费的计算公式为：

（1）从价税关税税额＝关税完税价格×关税税率

＝应税进口货物数量×单位完税价格×关税税率

从量税关税税额＝应税进口货物数量×单位货物关税税额

（2）应交消费税＝组成计税价格×消费税税率

其中：

组成计税价格＝（关税完税价格＋关税）÷（1－消费税税率）

（3）应交增值税＝组成计税价格×增值税税率

其中：

组成计税价格＝关税完税价格＋关税＋消费税

从公式中可以看出，应交增值税和消费税的组成计税价格是相同的。

二、自营进口商品购进的核算

企业采购国外商品主要采用信用证结算方式。当收到银行转来的国外全套结算单据时，将其与信用证及合同条款核对相符后，才能付款赎单。同时，借记"在途物资"账户，贷记"银行存款"账户。当支付国外运费和保险费时，应借记"在途物资"账户，贷记"银行存款"账户。

进口商品运抵我国口岸后，企业向海关申报进口关税、消费税和增值税时，应根据进口关税和消费税的合计数,借记"在途物资"账户,贷记"应交税费"账户。企业收到出口商付的佣金时,借记"银行存款"账户,贷记"在途物资"账户。如果是难以按商品直接认定的佣金,如累计佣金,则借记"银行存款"账户,贷记"销售费用"账户。

当进口商品采购完毕,验收入库,结转其采购成本时,借记"库存商品"账户,贷记"在途物资"账户。企业支付进口商品的关税、消费税和增值税时,借记"应交税费"账户,贷记"银行存款"账户。

【例10-1】 龙滨烟酒进出口公司根据进口贸易合同从美国华利公司进口白酒一批,采用信用证结算方式结算。假设关税税率为20%,消费税税率为10%,海关完税凭证注明增值税税率为13%。

(1) 5月4日,接到银行转来国外全套结算单据,开列白酒500箱,每箱158美元(FOB价格),计货款79 000美元,审核无误后,购汇予以支付,当日美元汇率卖出价为1美元=7.13元人民币。

借:在途物资——白酒　　　　　　　　　　　　　　　　　563 270
　　贷:银行存款　　　　　　　　　　　　　　　　　　　　563 270

(2) 5月5日,购汇支付进口白酒国外运费1 868美元,保险费132美元,当日美元汇率卖出价为1美元=7.13元人民币。

借:在途物资——白酒　　　　　　　　　　　　　　　　　14 260
　　贷:银行存款　　　　　　　　　　　　　　　　　　　　14 260

(3) 5月6日,白酒运达我国口岸,向海关申报白酒应交进口关税100 440元,应交消费税150 660元,应交增值税97 929元。

借:在途物资——白酒　　　　　　　　　　　　　　　　　251 100
　　贷:应交税费——应交进口关税　　　　　　　　　　　　100 440
　　　　　　　　——应交消费税　　　　　　　　　　　　　150 660

【解析】 关税完税价格=(79 000+1 868+132)×7.13=577 530(元)
关税=577 530×20%=115 506(元)
消费税完税价格=577 530×(1+20%)÷(1-20%)=866 295(元)
消费税=866 295×20%=173 259(元)
增值税=866 295×13%=112 618.35(元)

该笔进口增值税的分录可以与(1)、(2)和增值税抵扣业务合为一起,依据海关完税单据,认证后可以抵扣增值税进项税额。会计分录为:

借:在途物资[采购价+关税+消费税]
　　应交税费——应交增值税(进项税额)
　　贷:银行存款

（4）5月16日，美国华利公司付来佣金1 500美元，当日美元汇率买入价为1美元=7.03元人民币，收到银行转来结汇单。

  借：银行存款   10 545

    贷：在途物资——白酒   10 545

（5）5月18日，500箱进口白酒验收入库，结转其采购成本。

  借：库存商品——库存进口商品   818 085

    贷：在途物资——白酒   818 085

【解析】563 270+14 260+251 100−10 545=818 085（元）

（6）5月24日，以银行存款支付进口白酒的进口关税、消费税和增值税。

  借：应交税费——应交进口关税   100 440

      ——应交消费税   150 660

      ——应交增值税（进项税额）   97 929

    贷：银行存款   349 029

【解析】增值税=（563 270+14 260+100 440+150 660）×13%=107 721.9（元）

> **提示** 商品流通企业在购销结算中，既有人民币资金的收付业务，又有外币资金的收付业务。根据我国外汇管理的有关规定，商品流通企业的出口业务实现的销售收入，既可以保留现汇，也可以在国家指定的专业银行结汇。商品流通企业的进口业务所需要的外汇，有现汇的企业，可以直接用现汇支付；没有现汇或现汇不足的企业，可以按照相关规定在国家的外汇指定银行购汇支付。

三、自营进口商品销售的核算

（一）自营进口商品销售的确认

  企业自营的进口商品要销售给国内企业或个人，应以开出进口结算凭证向国内客户办理货款结算的时间作为商品销售收入确认的时间。进口商品的结算时间有单到结算、货到结算和出库结算三种。采取何种结算时间，需要企业与国内客户协商决定，并签订合同。

（二）自营进口商品销售的业务核算

  若自营进口商品采取单到结算的方式时，企业取得银行转来的国外全套结算单据后，就可以向国内客户办理货款结算。通常情况下，商品没有入库就进行销售。因此，进口商品采购的核算与销售的核算可以同时进行。进口商品的采购成本归集完毕，就结转商品销售成本，将归集的商品采购成本直接从"在途物资"账户转入"自营进口销成本"⊖账户。

【例10-2】 康达进出口公司根据合同从日本华都公司进口钢锭200箱，采用信用证结算，并采取单到结算方式销售给沈阳通达公司。

（1）5月5日，接到银行转来的国外全套结算单据，列支钢锭200箱，每箱420美元（CIF价格），计货款84 000美元。关税税率为20%，海关完税凭证注明增值税税率为13%。当日汇率为1美元=7.13元人民币。经审核无误，购汇支付货款。

  借：在途物资——钢锭   718 704
    应交税费——应交增值税（进项税额）   93 431.52
    贷：银行存款   717 595.20

【解析】 关税=84 000×7.13×20%=119 784（元）
     增值税=84 000×7.13×（1+20%）×13%=93 431.52（元）

（2）5月7日，接到业务部门转来增值税专用发票，列支钢锭200箱，每箱3 100元，货款620 000元，增值税80 600元。沈阳通达公司以转账支票的形式支付款项，款项已存入银行。

  借：银行存款   700 600
    贷：自营进口销售收入⊖   620 000
      应交税费——应交增值税（销项税额）   80 600

（3）5月14日，进口钢锭采购完毕，结转其销售成本。

  借：自营进口销售成本   718 704
    贷：在途物资——钢锭   718 704

> **提示**
>
> 信用证是目前国际贸易中最主要、最常用的支付方式。
>
> 信用证（Letter of Credit，L/C），是指开证银行应申请人的要求并按其指示向第三方开立的载有一定金额的、在一定的期限内凭符合规定的单据付款的书面保证文件。
>
> 信用证是银行（即开证行）依照进口商（即开证申请人）的要求和指示，对出口商（即受益人）发出的、授权出口商签发以银行或进口商为付款人的汇票，保证在交来符合信用证条款规定的汇票和单据时，必定承兑和付款的保证文件。

⊖ 该账户是"主营业务成本"的明细账户，企业可以根据核算需要，将该账户升为一级账户。
⊖ 该账户是"主营业务收入"的明细账户，企业可以根据核算需要，将该账户升为一级账户。

第三节 代理进口业务的核算

一、代理进口业务概述

外贸企业经营代理进口业务时,需要根据进口商品金额(CIF价格),按规定的代理手续费率向委托单位收取代理手续费。委托单位必须预付采购进口商品的资金,企业只有在向委托单位收妥款项后,才能与进口商签订进口合同。企业不垫付进口商品的资金,不负担进口商品的国内外直接费用,也不承担进口业务的盈亏。委托单位负担因代理业务所发生的国内外直接费用和进口商品所产生的各项税收,并承担进口业务的盈亏。

二、代理进口业务的确认时间及内容

1. 代理进口业务的确认时间

外贸企业代理进口业务,应在开出进口结算单,向国内委托单位办理货款结算的时间确认销售收入的实现。

外贸企业经营代理进口业务前,已与委托单位签订了代理进口合同或协议,就代理进口商品的名称、运输方式、价款条件、费用负担、手续费率、风险责任等有关内容做出了详细的规定,以明确双方的权利和责任。因此,当银行转来国外全套结算单据,经审核与合同无误后,就可以支付进口商品的货款,并向国内委托单位办理货款结算,确认代理进口商品的销售实现。

2. 代理进口业务的确认内容

由于外贸企业在代理进口时不垫付资金,不负担盈亏,应由委托单位自行负责。委托单位在收到代理单位办理货款结算的同时,作为进口商品购进业务处理。与代理商结算进口商品的内容包括:

(1)国外货款,即按进口合同成交的进口商品货款。

(2)国外运保费,即以FOB价格(装运港船上交货价)成交的进口商品,按合同规定支付的国外运保费。

(3)进口税金,即进口商品应支付的进口关税、增值税、消费税等。

(4)银行财务费用,即在银行办理进口商品国际结算时收取的费用。

(5)外运劳务费,即外运公司办理商品国外运输的代办手续费。

(6)代理商手续费,即外贸企业办理进口业务收取的手续费。一般比例为CIF价格(成本加保险费和运费)的3%~5%。

在代理进口业务中,一律由代理方负责对外付汇和办理有关进口核销手续,进口货款由委托方及时向代理方支付。

三、代理进口业务的会计处理

外贸企业代理进口业务通常要求委托单位预付货款，在收到委托单位的预付货款时，借记"银行存款"账户，贷记"预收账款"账户。收到银行转来国外全套结算单据时，将其与信用证或合同条款核对无误后，通过银行向国外出口商承付款项时，借记"预收账款"账户，贷记"银行存款"账户。同时，外贸企业业务部门根据代理进口商品金额（CIF价格）的一定比例开具收取代理手续费的发票，财务部门根据业务部门转来的发票确认代理进口业务销售收入的实现，并借记"预收账款"账户，贷记"其他业务收入"账户。

【例10-3】 平湖进出口公司为世纪公司代理进口法国格兰西公司香水业务，以FOB价格成交，假设该批化妆品的进口关税税率为10%，消费税税率为10%，增值税税率为13%。

（1）5月1日，收到世纪公司预付代理进口法国格兰西公司香水款1 274 000元。

借：银行存款　　　　　　　　　　　　　　　　　　　　　　1 274 000
　　贷：预收账款——世纪公司　　　　　　　　　　　　　　　　　1 274 000

（2）5月10日，购汇支付法国格兰西公司香水的国外运费1 280美元，保险费200美元，当日美元汇率卖出价为1美元=6.90元人民币。

借：预收账款——世纪公司　　　　　　　　　　　　　　　　　10 212
　　贷：银行存款　　　　　　　　　　　　　　　　　　　　　　10 212

（3）5月11日，收到银行转来法国格兰西公司全套结算单据，列支香水200箱，每箱FOB价格为500美元，计货款100 000美元，佣金2 000美元。审核无误，扣除佣金后支付货款，当日美元汇率卖出价为1美元=6.90元人民币。

借：预收账款——世纪公司　　　　　　　　　　　　　　　　　676 200
　　贷：银行存款　　　　　　　　　　　　　　　　　　　　　　676 200

（4）5月11日，按代理进口香水货款CIF价格的3%向世纪公司收取代理手续费3 044.4美元，当日美元汇率中间价为1美元=6.80元人民币。

借：预收账款——世纪公司　　　　　　　　　　　　　　　　　20 701.92
　　贷：其他业务收入　　　　　　　　　　　　　　　　　　　　19 530.11
　　　　应交税费——应交增值税（销项税额）　　　　　　　　　　1 171.81

【解析】 进口香水货款CIF价格=（1 280+200+100 000）×6.8=690 064（元）
　　　　　代理手续费=690 064×3%=20 701.92（元）

（5）5月22日，法国香水运达我国口岸，向海关申报应交进口关税69 006.40元，消费税84 341.16元和增值税109 643.50元。

借：预收账款——世纪公司　　　　　　　　　　　　　　　　　262 991.06
　　贷：应交税费——应交进口关税　　　　　　　　　　　　　　69 006.40

——应交消费税	84 341.16
——应交增值税（进项税额）	109 643.50

【解析】进口关税 =690 064 × 10%=69 006.40（元）

消费税的完税价格=690 064 ×（1+10%）÷（1–10%）=843 411.56（元）

消费税 =843 411.56 × 10%=84 341.16（元）

增值税 =（690 064 + 69 006.40 + 84 341.16）× 13% = 843 411.56 × 13%
=109 643.50（元）

> **提示** 物流辅助服务包括航空服务、港口码头服务、货运客运场站服务、打捞救助服务、货物运输代理服务和代理报送服务。代理报关服务，是指接受进出口货物的收、发货人委托代为办理相关手续的业务活动，如代理客户向海关申报进出口货物的相关手续。

第四节　自营出口销售业务的核算

一、自营出口销售业务概述

自营出口销售是指企业自行经营出口销售，并自负出口销售盈亏的业务。它是企业销售商品、出口创汇的主要来源。

（一）自营出口销售业务的程序

自营出口销售业务的程序有出口贸易前的准备工作、出口贸易的磋商、签订出口贸易合同和履行出口贸易合同四个步骤，如图10-2所示。

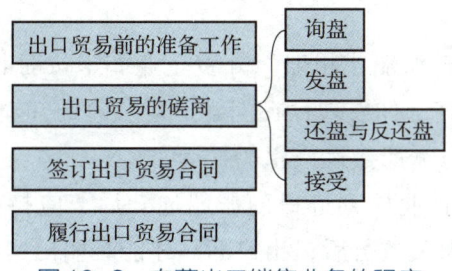

图10-2　自营出口销售业务的程序

1. 出口贸易前的准备工作

企业为了使出口贸易顺利地进行，应进行调查研究，充分了解国外市场的情况。主要包括了解进口商所在国的自然条件、进出口贸易的规模、外贸政策、贸易管制状况、关税措施、贸易惯例、运输条件等。了解进口商的资信情况、经营范围和经营能力。了解并研究国外市场的供求关系和市场价格的变化情况等。

2. 出口贸易的磋商

企业在确定出口贸易对象后应进行磋商。一笔交易的磋商过程通常分为询盘、发盘、还盘与反还盘、接受四个环节。

（1）询盘。询盘是指交易的一方要购买或出售某种商品，而向另一方发出探询买卖该种商品有关交易条件的一种表示。其内容包括商品的品种、规格、性能、价格条件、交货日期和付款条件等。

（2）发盘。发盘是指发盘人向受盘人提出一定的交易条件，并愿意按照这些条件成交订约的表示。

（3）还盘与反还盘。还盘是指受盘人对发盘内容提出不同意见，或要求修改某些条件的表示。反还盘是指发盘人对还盘人再提出新的意见。一笔交易往往要经过多次的还盘和反还盘的过程才能成立。

（4）接受。接受是指受盘人在发盘的有效期内无条件地同意发盘中所提出的交易条件，愿意订立贸易合同的一种表示。

3. 签订出口贸易合同

企业与进口商磋商成功后，签订贸易合同。贸易合同是指贸易双方通过磋商根据某一项具体业务确定各方的权利和义务，并取得一致意见的书面协议。贸易合同通常由出口商填制，经双方核对无误并签字后，各执正本一份。

4. 履行出口贸易合同

企业履行出口贸易合同可分为以下五个环节：

（1）组织出口货源。企业应根据贸易合同或信用证的规定准备好出口商品。出口商品的品种、质量、数量、包装及交货期等都必须与合同相符，以免遭受买方的拒收或索赔。需要由检验机构检验的商品，则应申请检验，以取得由检验机构填发的商品检验证书。

（2）催证、审证及通知派船或租船。外贸企业如未按时收到信用证，应及时催证，并对收到的信用证进行审查，如发现存在问题，应及时通知对方修改。审查或修改无误后，根据合同规定通知对方派船接运或租船托运。

（3）办理托运手续。企业接到进口商派船通知后，应持全套出口单据办理托运手续，并向海关申报出口。海关放行后，出口商品才能装船出运。

（4）交单收汇。企业办妥出口商品装运手续，取得正本提单或运单后，应立即持全套出口单据交银行审单收汇，并应向进口商发出装船通知。

（5）索赔与理赔。如果进口商未按合同规定履约，从而造成经济损失，则企业应向进口商提出索赔；反之，如果进口商验收商品，发现有违反合同规定而提出索赔的，则应根据其提供的合法证明，按照合同的条款进行处理。若属于企业责任的，企业应予以解决。对于不属于企业责任范围的，或不符合合同规定的索赔，应拒绝理赔。

（二）自营出口销售收入的计价

自营出口贸易有 FOB、CIF 和 CFR 等多种价格条件。外贸企业可以根据 FOB 价格扣除佣金后计价，如以 CIF 价格或 CFR 价格成交的，还应扣除运费和保险费或运费进行计价。

二、自营出口销售的会计处理

（一）商品托运及出口销售收入的核算

企业出口销售通常采用信用证结算，业务部门根据贸易合同和信用证的规定，开具一式数联的出库单，由储运部门据以向运输单位办理托运，然后将出库单转给财务部门，财务部门根据出库单借记"发出商品"账户，贷记"库存商品"账户。业务部门待出口商品装船，取得全套货运单据，持出口发票正本向银行交单办理收汇手续，取得银行回单，财务部门取得业务部门转来的发票副本及银行回单时，借记"应收外汇账款"[一]账户，贷记"自营出口销售收入"[二]账户。然后将储运部门转来的出库单所列商品的品名、规格、数量与发票副本核对相符后，据以结转商品销售成本，借记"自营出口销售成本"[三]账户，贷记"发出商品"账户。收到货款时，借记"银行存款"账户，贷记"应收外汇账款"账户。

【例10-4】 龙滨酒水进出口公司采用信用证结算方式，根据出口贸易合同，销售给新加坡酒业公司白酒 1 000 箱。

（1）5 月 1 日，收到储运部门转来出库单的记账联，列支出库白酒 1 000 箱，每箱 350 元，予以转账。

  借：发出商品——白酒   350 000
    贷：库存商品——库存出口商品   350 000

（2）5 月 5 日，收到业务部门转来销售白酒的发票副本和银行回单，发票列支白酒 1 000 箱，CIF 价格为每箱 70 美元，共计货款 70 000 美元，当日美元汇率中间价为 1 美元 = 6.60 元人民币。

  借：应收外汇账款——新加坡酒业公司 [$70 000×6.60]   462 000
    贷：自营出口销售收入   462 000

[一] 该账户是"应收账款"的明细账户，企业可以根据核算的需要，将该账户升为一级账户。
[二] 该账户是"主营业务收入"的明细账户，企业可以根据核算的需要，将该账户升为一级账户。
[三] 该账户是"主营业务成本"的明细账户，企业可以根据核算的需要，将该账户升为一级账户。

【解析】 这笔分录可根据出口商品的类型，确认是否有增值税的销项税额，通常会出现自营出口销售业务不仅不需要开增值税，不需要交税，而且还会根据产品退税率不同，退相应比例的税。退税为免，抵，退，即免，就是出口免税，抵，就是出口退税，可以用来抵国内贸易中开出去的增值税，退，抵完国内贸易中应该交纳的增值税以后，剩余的退税部分退税。这笔业务中忽略退税业务。

（3）5月5日，同时根据出库单的转账联，结转出口白酒销售成本。

借：自营出口销售成本　　　　　　　　　　　　　　　　　350 000
　　贷：发出商品——白酒　　　　　　　　　　　　　　　　350 000

（4）5月14日，收到银行收汇通知，70 000美元已收汇。银行扣除150美元手续费后已将其余部分存入外汇存款账户，当日美元汇率中间价为1美元=6.59元人民币。

借：银行存款——外币存款［$69 850 × 6.59］　　　　　　460 311.5
　　财务费用——手续费［$150 × 6.59］　　　　　　　　　　988.5
　　汇兑损益　　　　　　　　　　　　　　　　　　　　　　700.0
　　贷：应收外汇账款［$70 000 × 6.60］　　　　　　　　462 000.00

（二）支付国内费用的核算

企业在商品出口贸易过程中，商品自所在地发运至边境、口岸的各项运杂费、装船费等费用，均应列入"销售费用"或"进货费用"等账户。

【例10-5】 5月4日，龙滨酒水进出口公司签发转账支票支付沈阳运输公司将白酒运送至港口的运杂费4 000元，并电汇给港口白酒的装船费1 500元。

借：销售费用——运杂费　　　　　　　　　　　　　　　　4 000
　　　　　　——装卸费　　　　　　　　　　　　　　　　1 500
　　贷：银行存款　　　　　　　　　　　　　　　　　　　　5 500

（三）支付国外费用的核算

国外费用主要包括运费、保险费和国外佣金三项。

1. 支付国外运费和保险费的核算

企业出口贸易有多种不同的价格条件，不同的价格条件所负担的费用是不同的。如果以FOB价格成交，企业就不用承担国外运费和保险费。如果以CFR价格成交，则企业只承担国外运费。如果以CIF价格成交，企业将承担国外运费和保险费。

国外运费是指国际贸易价格条件所规定的、应由出口商支付并负担的、从装运港到目的港的运输费用。企业收到运输单位送来的运费凭证，应核对出口发票号码、运输等级、计费重量、运费金额等，审核无误后，支付运费。关于国外运费是否可以抵扣的问题，如果是中国境内的企业，例如，在中国境内注册的FedEx联邦快递开具9%的增值税，可以抵扣。如果是一些小的物流，以及所有不在中国境内注册的企业根本就不属于中国国税管理的，进项税额就无法抵扣。

保险费是指企业为转移商品在运输途中的风险，并在遭受损失时能得到必要的补偿，向保险公司投保并负担支付的费用。保险费的计算公式为：

$$保险费 = 出口商品的 CIF 价格 \times 110\% \times 保险费率$$

自营出口商品销售收入是按FOB价格扣除佣金后计价的，因此，企业负担的国外运费和保险费应冲减"自营出口销售收入"账户。

【例10-6】 龙滨酒水进出口公司出口销售给美国加州酒业公司白酒1 000箱，发生国外运费和保险费。

（1）5月2日，收到外轮运输公司发票，金额为1 500美元，系1 000箱白酒的运费，当即从外币账户汇付对方，当日美元汇率中间价为1美元=6.60元人民币。

借：自营出口销售收入——运费　　　　　　　　　　　　　　　　9 900
　　贷：银行存款——外币存款［$1 500 × 6.60］　　　　　　　　　9 900

（2）5月3日，按白酒销售发票金额70 000美元的110%向保险公司投保，保险费率为2‰，签发转账支票从外币账户支付，当日美元汇率中间价为1美元=6.60元人民币。

借：自营出口销售收入——保险费　　　　　　　　　　　　　　　1 016.4
　　贷：银行存款——外币存款　　　　　　　　　　　　　　　　　1 016.4

【解析】 保险费=（70 000 × 6.60）× 110% × 2‰=1 016.4（元）

2. 支付国外佣金的核算

佣金是指价格条件或合同规定应支付给中间商的推销报酬。佣金有明佣、暗佣和累计佣金三种支付方式。

（1）明佣。明佣又称发票内佣金，是指在贸易价格条件中规定的佣金。采取明佣支付方式，出口商在销售发票上不但列明销售金额，而且还列明佣金率、佣金，以及扣除佣金后的销售净额。企业在向银行办理交单收汇时，应根据发票中列明的销售净额收取货款，不再另行支付佣金，并根据银行回单和销售发票中的销售净额借记"应收外汇账款"账户，根据佣金金额借记"自营出口销售收入——佣金"账户，根据销售金额贷记"自营出口销售收入"账户。

（2）暗佣。暗佣又称发票外佣金，是指在贸易价格条件中未做规定，但在贸易合同中规定的佣金。采取暗佣支付方式，出口商在销售发票上只列明销售金额。企业在向银行办理交单收汇时，应根据发票中列明的销售金额收取货款，根据银行回单和销售发票借记"应收外汇账款"账户，贷记"自营出口销售收入"账户。同时，根据贸易合同中列明的佣金金额，借记"自营出口销售收入"账户，贷记"应付外汇账款"⊖账户。收到货款汇付佣金时，借记"应付外汇账款"账户，贷记"银行存款"账户。

（3）累计佣金。累计佣金是指出口商与国外包销商、代理商订立协议，规定在一

⊖ 该账户是"应付账款"的明细账户，企业可以根据核算的需要，将该账户升为一级账户。

定时期内按累计销售金额及相应的佣金率定期计付的佣金。佣金率通常是累进计算，在到期汇付时入账。如果累计佣金能直接认定到具体出口商品，其核算方法与其他佣金一样，应直接冲减"自营出口销售收入"账户。

【例10-7】 龙滨酒水进出口公司向美国加州酒业公司出口1 000箱白酒，共计货款70 000美元，采取暗佣支付方式，佣金率为3%。

（1）5月5日，根据出口白酒3%的佣金率，将应付客户暗佣入账，当日美元汇率中间价为1美元=6.60元人民币。

借：自营出口销售收入——佣金　　　　　　　　　　　　　　　　13 860
　　贷：应付外汇账款——美国加州酒业公司［$2 100×6.60］　　　　13 860

（2）5月16日，货款已收到，现将白酒佣金汇付给美国加州酒业公司，当日美元汇率中间价为1美元=6.60元人民币。

借：应付外汇账款——美国加州酒业公司［$2 100×6.60］　　　　13 860
　　贷：银行存款——外币存款［$2 100×6.60］　　　　　　　　　13 860

> **提示** 暗佣也可以在出口后向银行议付信用证时，由银行按规定的佣金率，将佣金在结汇款中扣除。按销售净额借记"银行存款"账户，按扣除的佣金金额借记"应付外汇账款"账户，按销售金额贷记"应收外汇账款"账户。

（四）预估国外费用的核算

企业出口贸易业务销售收入确认的时间与支付国外运费、保险费和佣金的时间往往不一致。为了正确核算会计期间的经营成果，在会计期末对于已做自营出口销售收入入账，而尚未支付的国外费用应预估入账，冲减收入，借记"自营出口销售收入"账户，贷记"应付外汇账款"账户。下期期初实际支付时，再借记"应付外汇账款"账户，贷记"银行存款"账户。当实际支付金额与预估金额有差异时，其差额列入"自营出口销售收入"账户。

【例10-8】 福建土产进出口公司销给纽约华日公司干货一批，已入账。

（1）12月31日，预估干货国外运费2 000美元，保险费200美元，当日美元汇率中间价为1美元=6.60元人民币。

借：自营出口销售收入——运费　　　　　　　　　　　　　　　13 200
　　　　　　　　　　——保险费　　　　　　　　　　　　　　 1 320
　　贷：应付外汇账款——预估国外费用［$2 200×6.60］　　　　　14 520

（2）次年5月5日，签发转账支票支付运输公司国外运费1 900美元，支付保险公司保险费150美元，当日美元汇率中间价为1美元=6.60元人民币。

借：应付外汇账款——预估国外费用［$2 200×6.60］　　　　　　14 520

  贷：自营出口销售收入——运费   990
    银行存款——外币存款［$2 050 × 6.60］   13 530

第五节　代理出口销售业务的核算

一、代理出口销售业务概述

  代理出口销售业务是指外贸企业代替国内委托单位办理对外销售、托运、交单和结汇等全过程的出口销售业务，或者仅代替办理对外销售、交单和结汇的出口销售业务。如果只代替办理部分出口销售业务，而未代替办理交单、结汇业务，则只能称为代办出口销售业务。

（一）代理出口销售业务的原则

  外贸企业经营代理出口销售业务应遵循不垫付商品资金，不负担国内外直接费用，不承担出口销售业务盈亏的原则。外贸企业只按照出口销售发票金额及规定的代理手续费率，向委托单位收取外汇手续费。因此，委托单位必须提供出口货源，负担一切国内外直接费用，并承担出口销售业务的盈亏。

  代理出口销售业务发生的国内外直接费用，均应由委托单位负担，费用的结算可以由受托的外贸企业垫付，然后向委托单位收取，也可以由委托单位预付，再进行清算。外贸企业经营代理出口销售业务之前，应与委托单位签订代理出口合同或协议，根据经营商品、代理范围、商品交接、保管运输、费用负担、货款结算方式、手续费率、外汇划拨、索赔处理等内容，做出详细的规定，以明确各方的权利和责任。为了便于识别，代理出口商品使用的凭证均应加盖"代理业务"戳记。

（二）代理出口销售外汇货款结算的方法

  外贸企业代理出口销售外汇货款结算方法有异地收（结）汇法和全额收（结）汇法两种。

  1. 异地收（结）汇法

  异地收（结）汇法是指受托外贸企业在商品出口销售向银行办理交单收汇时，办妥必要的手续，由银行在收到外汇货款时，向代理出口销售业务的受托外贸企业和委托单位分割收（结）汇的方法。采取该方法时，银行在收到外汇时，如含有佣金的，在扣除应付佣金后，将外贸企业代垫的国内外直接费用和应收取的代理手续费向受托外贸企业办理收（结）汇，同时将外汇余额直接划拨委托单位。

2. 全额收（结）汇法

全额收（结）汇法是指银行在收到外汇时，全额向受托外贸企业办理收（结）汇的方法。采取该方法时，受托外贸企业收汇后，扣除垫付的国内外直接费用和应收取的代理手续费后，将外汇余额通过银行转付委托单位。

二、代理出口销售业务的会计处理

1. 代理出口商品收发的核算

外贸企业根据合同规定收到委托单位发来代理出口商品时，应根据储运部门转来的代理业务入库单上所列的金额，借记"受托代销商品"账户，贷记"受托代销商品款"账户。代理商品出库后，应根据储运部门转来的代理业务出库单上所列的金额，借记"发出商品——受托代销商品"账户，贷记"受托代销商品"账户。

【例10-9】大华贸易公司受农家乐公司委托代理出口小麦400吨业务，小麦已运到。

（1）5月2日，收到储运部门转来的代理业务入库单，列明小麦400吨，2 000元/吨。

借：受托代销商品——农家乐公司　　　　　　　　　　800 000
　　贷：受托代销商品款——农家乐公司　　　　　　　　　　800 000

（2）5月5日，收到储运部门转来的代理业务出库单，列明小麦400吨，2 000元/吨。

借：发出商品——受托代销商品　　　　　　　　　　　800 000
　　贷：受托代销商品——农家乐公司　　　　　　　　　　　800 000

2. 代理出口商品销售收入的核算

代理出口商品交单办理收汇手续，取得银行回单时，可以确认委托单位的销售实现，通过"应付账款"账户核算。根据代理出口商品的销售金额，借记"应收外汇账款"账户，贷记"应付账款"账户。同时，结转代理出口商品的销售成本，根据代理出口商品的出库金额，借记"受托代销商品款"账户，贷记"发出商品"账户。

【例10-10】仍以上例资料，大华贸易公司根据代理出口合同将该批小麦销售给新加坡德誉公司。

（1）5月6日，收到业务部门转来的代理销售小麦的发票副本和银行回单，发票开列小麦400吨，CIF价格共计货款183 000美元，当日美元汇率中间价为1美元=6.50元人民币。

借：应收外汇账款——新加坡德誉公司[$183 000×6.50$]　　1 189 500
　　贷：应付账款——农家乐公司　　　　　　　　　　　　　　1 189 500

（2）5月6日，根据代理业务出库单（转账联）结转代理出口小麦销售成本。

借：受托代销商品款——农家乐公司　　　　　　　　　800 000
　　贷：发出商品——受托代销商品　　　　　　　　　　　　800 000

3. 垫付国内外直接费用的核算

外贸企业在垫付国内外直接费用时，应借记"应付账款"账户，贷记"银行存款"账户。

【例10-11】仍以上例资料，大华贸易公司代理销售小麦发生国内外直接费用。

（1）5月8日，汇付给运输公司将小麦运送至港口的运杂费2 050元，汇付给港口小麦的装船费600元。

  借：应付账款——农家乐公司   2 650
    贷：银行存款   2 650

（2）5月9日，汇付外轮运输公司的运费608美元，支付保险公司的保险费140美元，当日美元汇率中间价为1美元=6.60元人民币。

  借：应付账款——农家乐公司   4 936.8
    贷：银行存款——外币存款［$748×6.60］   4 936.8

4. 代理出口销售收汇的核算

外贸企业代理出口销售收汇时，如果采取异地收（结）汇法，那么当收到银行转来的垫付代理出口商品的国内外直接费用和代理手续费时，根据收到的金额，借记"银行存款"账户，贷记"应收外汇账款"账户。根据业务部门转来的按代理出口销售收入金额的一定比例收取代理手续费发票的金额，借记"应付账款"账户，贷记"其他业务收入"账户。同时根据银行划拨给委托单位的金额，借记"应付账款"账户，贷记"应收外汇账款"账户。

【例10-12】尚都贸易进出口公司采取异地结汇法受农家乐公司委托代理销售黄豆给新加坡德誉公司。代理业务的手续费率为3.5%，发生收汇业务。

（1）5月20日，收到银行转来分割收结汇的收账通知，金额为3 198美元，其中代理业务代垫国内运费1 042元，装船费700元；代垫国外运费700美元，保险费130美元；代理手续费2 100美元，款项全部存入外币存款户。当日美元汇率中间价为1美元=6.50元人民币。

  借：银行存款——外币存款［$3 198×6.50］   20 787
    贷：应收外汇账款——新加坡德誉公司［$3 198×6.50］ 20 787

（2）5月20日，根据代理业务收取代理手续费2 100美元。

  借：应付账款——农家乐公司［$2 100×6.50］   13 650
    贷：其他业务收入   12 877.36
      应交税费——应交增值税（销项税额）   772.64

（3）5月20日，根据银行转来分割结汇通知，划拨农家乐公司收汇余额179 802美元，当日美元汇率中间价为1美元=6.50元人民币。

  借：应付账款——农家乐公司   1 168 713
    贷：应收外汇账款——新加坡德誉公司［$179 802×6.50］ 1 168 713

> **提示** 外贸企业代理出口销售业务如采取全额收（结）汇法，当收到银行转来收汇通知收取全部款项时，借记"银行存款——外币存款"账户，贷记"应收外汇账款"账户。然后由业务部门按代理出口销售收入的一定比例开具收取代理手续费的发票，其中发票的记账联送交财务部门扣款。财务部门根据代理出口销售收入金额减去垫付的国内外费用后的差额借记"应付账款"账户。根据业务部门转来的代理手续费发票记账联贷记"其他业务收入"账户，将两者之间的差额汇付委托单位，根据汇款回单，贷记"银行存款"账户。

第六节 出口商品退税的核算

一、出口商品退税的政策

为增强商品在国际市场的竞争力，我国对出口商品增值税，实行零税率，不计算商品销售收入应交纳的增值税，并实行出口退税的政策。出口退税是指对出口商品已征收的国内税部分或全部退还给出口商的一种措施。《中华人民共和国增值税暂行条例》规定，纳税人出口商品的增值税税率为零，对于出口商品，不但在出口环节不征税，而且税务机关还要退还该商品在国内生产、流通环节已负担的税款，使出口商品以不含税的价格进入国际市场。出口产品销售示意图如图10-3所示。

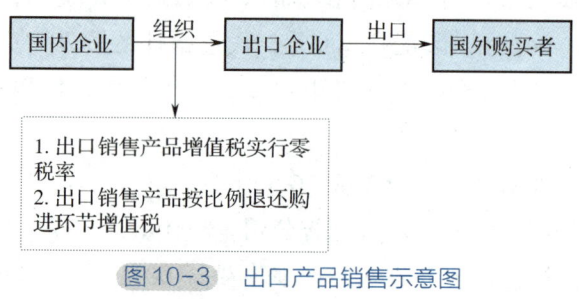

图10-3 出口产品销售示意图

《中华人民共和国增值税暂行条例》规定，企业产品出口后，再向海关办理报关出口手续，凭销售发票副本、出口报关单等有关凭证，向企业所在地的税务机关申报办理该项商品的进项税额的退税，即出口退税手续。通过出口退税，将企业购进商品时所支付的进项税额退还给企业。企业出口货物退还增值税应依据购进货物的增值税专用发票所注明的进项金额和出口货物对应的退税率计算。

> **思考**　如果调低出口退税率，对出口商和企业利润有何影响？

二、出口商品退税的业务核算

增值税在申报退税后，根据应退的增值税税额借记"应收出口退税"⊖账户。根据出口商品购进时支付的增值税额贷记"应交税费"账户，两者的差额，也就是国家不予退税的金额，应列入"自营出口销售成本"账户的借方。消费税在申报退税时，借记"应收出口退税"账户，贷记"自营出口销售成本"账户。在收到增值税和消费税退税款时，再借记"银行存款"账户，贷记"应收出口退税"账户。实际工作中，也可以不设"应收出口退税"账户，设置"应收账款——出口退税"账户。具体核算方法可分为全额退税和部分退税。

1. 全额退税

全额退税是指退还企业购进商品时所支付的全部进项税额。

【例10-13】昆明市酒业进出口公司出口商品一批，按FOB价格成交，合同规定销售收入为30 000美元，该批商品的进价成本为150 000元。当日美元汇率为1美元=6.50元人民币。

（1）业务部门开出商品出库凭证，连同出口"发票"等通过储运部门向外运公司办妥托运手续，并向银行办理交单，货物已发出。

借：应收账款　　　　　　　　　　　　　　　　　　　195 000
　　贷：主营业务收入　　　　　　　　　　　　　　　　195 000

（2）结转出口商品销售成本。

借：自营出口销售成本　　　　　　　　　　　　　　　150 000
　　贷：库存商品——库存出口商品　　　　　　　　　　150 000

（3）假定退税率为13%，按规定向税务部门申请办理上述出口商品增值税的退税业务。

应退增值税=150 000×13%=19 500（元）

借：应收出口退税　　　　　　　　　　　　　　　　　19 500
　　贷：应交税费——应交增值税（出口退税）　　　　　19 500

（4）收到出口退税款。

借：银行存款　　　　　　　　　　　　　　　　　　　19 500
　　贷：应收出口退税　　　　　　　　　　　　　　　　19 500

（5）收到银行转来的出口商品的销售结汇单，货款30 000美元已按当日汇率1美元=6.50元人民币结汇，收妥入账。

⊖　该账户是"其他应收款"的明细账户，企业可以根据核算的需要，将该账户升为一级账户。

借：银行存款　　　　　　　　　　　　　　　　　　　　195 000
　　　　贷：应收账款　　　　　　　　　　　　　　　　　　　　　195 000

【解析】 出口商品收取的外汇应按国家规定结汇售给银行。

$$30\ 000 \times 6.5 = 195\ 000（元）$$

> **思考** 昆明市酒业进出口公司国内购进该批商品时的账务处理是怎样的？

2. 部分退税

部分退税是指退还企业购进商品时所支付的部分进项税额。

【例10-14】 昆明市酒业进出口公司出口商品一批，按FOB价格成交，合同规定销售收入为20 000美元，该批商品的进价成本为100 000元，增值税税率为13%，假设退税率为9%。当日美元汇率为1美元=6.50元人民币。

（1）出口发出商品。

　　借：应收账款　　　　　　　　　　　　　　　　　　　　130 000
　　　　贷：主营业务收入　　　　　　　　　　　　　　　　　　　130 000

【解析】 出口商品收取的外汇应按国家规定结汇售给银行。

$$20\ 000 \times 6.50 = 130\ 000（元）$$

（2）结转成本。

　　借：自营出口销售成本　　　　　　　　　　　　　　　　100 000
　　　　贷：库存商品——库存出口商品　　　　　　　　　　　　　100 000

（3）申办出口退税。

　　借：应收出口退税　　　　　　　　　　　　　　　　　　　9 000
　　　　贷：应交税费——应交增值税（出口退税）　　　　　　　　　9 000

（4）差额结转成本。

　　借：自营出口销售成本　　　　　　　　　　　　　　　　　4 000
　　　　贷：应交税费——应交增值税（进项税额转出）　　　　　　　4 000

（5）收到退税款。

　　借：银行存款　　　　　　　　　　　　　　　　　　　　　9 000
　　　　贷：应收出口退税　　　　　　　　　　　　　　　　　　　9 000

> **提示** 根据《财政部税务总局海关总署关于深化增值税改革有关政策的公告》（财政部 税务总局 海关总署公告2019年第39号）规定：
>
> 从2019年4月1日起，原适用16%税率且出口退税率为16%的出口货物劳务，出口退税率调整为13%；原适用10%税率且出口退税率为10%的出口货物、跨境应税行为，出口退税率调整为9%。

本章小结

知识点1：进口贸易业务是指企业用外汇在国际市场上采购商品，通过进口贸易进行商品交换，满足那些国内无法完全满足的需求，以满足国内生产和人民生活的需要。

知识点2：进口贸易业务按其经营性质不同，主要可分为自营进口业务和代理进口业务两种。自营进口商品的采购成本由国外进价和进口税金两部分组成。外贸企业经营代理进口业务时，需要根据进口商品金额（CIF价格），按规定的代理手续费率向委托单位收取代理手续费。

知识点3：出口贸易业务按其经营性质不同，可分为自营出口业务、代理出口业务和加工补偿出口业务等。自营出口销售是指企业自行经营出口销售，并自负出口销售盈亏的业务。它是企业销售商品、出口创汇的主要来源。代理出口销售是指外贸企业代替国内委托单位办理对外销售、托运、交单和结汇等全过程的出口销售业务，或者仅代替办理对外销售、交单和结汇的出口销售业务。

知识点4：我国对出口商品增值税，实行零税率，不计算商品销售收入应交纳的增值税，并实行出口退税的政策，核算方法可分为全额退税和部分退税。

思 考 题

1. 什么是进口贸易业务？进口贸易业务具有哪些意义？
2. 简述进口贸易业务的程序。
3. 企业发生进口贸易时，应如何对进口单据进行严格的审核？
4. 简述自营进口商品采购成本的构成。
5. 外贸企业代理进口业务时，与代理商结算进口商品的内容包括哪些？
6. 简述自营出口销售业务的程序。
7. 简述代理出口销售业务时应遵循的原则。
8. 简述代理出口销售外汇货款结算的方法。
9. 企业代理出口销售业务时会涉及哪些税费？
10. 简述我国出口退税政策的作用及内容。

自 测 题

一、名词解释

进口贸易业务　自营进口业务　代理进口业务　自营出口业务　代理出口业务　加工补偿出口业务　进口税金　提单　单到结算　出库结算　自营出口销售　询盘　代理出口

销售　异地收（结）汇法　全额收（结）汇法

二、判断题

1. 外贸企业收到银行转来的国外出口商品全套结算单据，应与信用证对照，只有在"单证相符"的情况下，才能向开证行办理付款赎单的手续。（　）
2. 进口贸易审核的单据主要有发票和提单。（　）
3. 自营进口商品采取单到结算方式时，企业取得银行转来的国外全套结算单据后，就可以向国外客户办理货款结算。（　）
4. 外贸企业根据代理进口商品金额（FOB价格）的一定比例收取代理手续费。（　）
5. 一个国家的出口贸易和进口贸易是相辅相成的，没有出口贸易，也就没有进口贸易。（　）
6. "三来"业务是指外商提供一定的原材料、零部件、元器件，必要时提供某些设备，由外贸企业按对方的要求进行加工生产，然后用生产的产品分期归还外商的业务。（　）
7. 国外运费是指国际贸易价格条件所规定的、应由出口商支付并负担的、从装运港到目的港的运输费用。（　）
8. 企业自营出口发生的明佣和暗佣均冲减"自营出口销售收入"账户，而发生的累计佣金则列入"销售费用"账户。（　）
9. 出口退税是对出口商品已征收的国内税部分退还给出口商的一种措施。（　）
10. 代理出口销售外汇货款结算方法有异地收（结）汇法和全额收（结）汇法两种。（　）

三、单项选择题

1. 自营进口商品的国外进价一律以（　）为基础。
   A. 成本加运费、保险费价格　　B. 成本加运费价格
   C. 船上交货价格　　D. 成交价格
2. 自营进口商品销售采取（　）时，进口商品采购的核算与销售的核算几乎同时进行。
   A. 货到结算　　B. 单到结算　　C. 单货同到结算　　D. 出库结算
3. 企业进口商品的国外进价一律以（　）。
   A. 离岸价格为基础　　B. 到岸价格为基础
   C. 公司价格为基础　　D. 国内价格为基础
4. 外贸企业经营代理业务，负担（　）。
   A. 国内直接费用　　B. 国外运费
   C. 国外保险费　　D. 国内外间接费用

5. 外贸企业自营出口销售不论以什么价格成交,均以( )扣除佣金后计价。
   A. 成本加运费价格
   B. 成本加运费、保险费价格
   C. 船上交货价格
   D. 成交价格

6. 外贸企业发生的( )应列入销售费用。
   A. 国内费用　　B. 国外运费　　C. 国外保险费　　D. 明佣

7. 出口商品时如按到岸价对外成交,则其离岸后支付的运保费直接冲减( )账户。
   A. "自营出口销售成本"
   B. "自营出口销售收入"
   C. "销售费用"
   D. "管理费用"

8. 外贸企业代理出口销售业务发生的费用( )。
   A. 由委托单位负担
   B. 由外贸企业负担
   C. 国内费用由外贸企业负担,国外费用由委托单位负担
   D. 间接费用由外贸企业负担,直接费用由委托单位负担

9. 外贸企业代理出口销售的出口退税手续由( )办理,出口退税款归( )所有。
   A. 外贸企业　外贸企业
   B. 委托单位　外贸企业
   C. 外贸企业　委托单位
   D. 委托单位　委托单位

10. 出口商品时进项税额与退税额的差额应结转到( )账户。
    A. "主营业务成本"
    B. "主营业务收入"
    C. "库存商品"
    D. "营业外支出"

四、多项选择题

1. 进口贸易业务按其经营性质不同,主要可分为( )两种。
   A. 自营进口业务
   B. 代理进口业务
   C. 委托进口业务
   D. 受托进口业务

2. 自营进口商品常用的结算时间有( )。
   A. 出库结算　　B. 货到结算　　C. 单到结算　　D. 签订合同

3. 采用信用证结算对发票的内容进行审核时要求( )。
   A. 发票的内容必须与进口贸易合同的内容相一致
   B. 发票上的总金额不得超过信用证规定的最大限额
   C. 发票中有关项目的内容必须与其他有关的单据核对相符
   D. 发票的内容必须与信用证的条款内容相一致

4. 以CFR价格成交的,商品的采购成本应当包括( )。
   A. 国外运费　　B. 国外保险费　　C. 进口关税　　D. 消费税

5. 自营出口销售业务的程序有( )。
   A. 签订出口贸易合同
   B. 出口贸易的磋商

C. 出口贸易前的准备工作　　　　　D. 履行出口贸易合同

6. 外贸企业以CIF价格成交的出口业务发生的（　　），应冲减"自营出口销售收入"账户。

　　A. 国外运费　　　B. 国外保险费　　　C. 明佣　　　D. 暗佣

7. 自营进口商品的结算时间有（　　）三种。

　　A. 单到结算　　　B. 入库结算　　　C. 货到结算　　　D. 出库结算

8. 企业在自营出口商品销售时，确定出口贸易对象后应进行磋商工作，通常分为（　　）的环节。

　　A. 询盘　　　B. 发盘　　　C. 还盘与反还盘　　　D. 接受

9. 佣金是指价格条件或合同规定应支付给中间商的推销报酬，有（　　）三种支付方式。

　　A. 明佣　　　B. 暗佣　　　C. 累计佣金　　　D. 一次佣金

10. 我国的出口商品退税的具体核算方法可分为（　　）。

　　A. 全额退税　　　B. 部分退税　　　C. 差额退税　　　D. 局部退税

五、练习题

习题一

【目的】练习自营进口商品购进和销售的核算。

【资料】抚顺烟酒进出口公司采用信用证结算方式向加拿大德克公司进口卷烟一批，商品销售采取出库结算方式。假设关税税率为20%，消费税税率为10%，海关完税凭证注明增值税税率为13%。5月份发生下列经济业务：

（1）4日，接到银行转来的加拿大德克公司全套结算单据，列明卷烟400箱，每箱FOB价格为80美元，共计货款32 000美元，经审核无误，购汇予以支付。当日美元汇率卖出价为1美元=6.30元人民币。

（2）5日，购汇支付进口卷烟国外运费1 200美元，保险费110美元，当日美元汇率卖出价为1美元=6.30元人民币。

（3）15日，卷烟运到我国口岸，向海关申报应纳进口关税41 970.6元，消费税34 625.75元，增值税40 921.34元。

（4）21日，加拿大德克公司汇来佣金1 300美元，当日美元汇率买入价为1美元=6.20元人民币，予以结汇。

（5）22日，从加拿大德克公司运来的400箱卷烟已验收入库，结转其采购成本。

（6）24日，以银行存款支付进口卷烟的进口关税、消费税和增值税。

（7）29日，销售给安达酒品公司本月22日入库的进口卷烟200箱，每箱1 500元，计货款300 000元，增值税税额39 000元。收到转账支票，货款已存入银行。

（8）30日，结转200箱进口卷烟的销售成本。

【要求】根据资料编制会计分录。

习题二

【目的】练习代理进口商品业务的核算。

【资料】华福烟酒进出口公司受平远烟酒公司委托代理进口菲律宾公司卷烟。5月份发生下列经济业务：

（1）5日，收到平远烟酒公司预付代理进口卷烟款项600 000元，存入银行。

（2）12日，购汇支付菲律宾公司卷烟的国外运费1 200美元，保险费130美元，当日美元汇率卖出价为1美元=6.30元人民币。

（3）15日，收到银行转来的菲律宾公司全套结算单据，开列卷烟600箱，每箱FOB价格为110美元，共计货款66 000美元，佣金1 500美元，经审核无误，扣除佣金后购汇支付货款，当日美元卖出价为1美元=6.30元人民币。

（4）15日，按代理进口卷烟货款（CIF价格）的3%向平远烟酒公司结算代理手续费，当日美元汇率中间价为1美元=6.30元人民币。

（5）25日，从菲律宾公司运来的卷烟运达我国口岸，向海关申报卷烟应交进口关税、消费税和增值税，其中，关税税率为20%，消费税税率为10%，增值税税率为13%。

（6）29日，以银行存款支付代理进口卷烟的进口关税、消费税和增值税。

（7）31日，签发转账支票，将代理业务的余款退还平远烟酒公司。

【要求】根据资料编制会计分录。

习题三

【目的】练习自营出口销售的核算。

【资料】山东龙口烟酒进出口公司根据进出口贸易合同，销售给美国法尔利公司龙滨酒300箱，采用信用证结算，5月份发生下列经济业务：

（1）1日，收到储运部门转来的出库单，列明出库龙滨酒300箱，每箱成本为1 600元，予以转账。

（2）2日，签发转账支票支付山东运输公司将龙滨酒运送至港口的运杂费1 500元，并电汇给港口龙滨酒的装船费800元。

（3）5日，收到外轮运输公司的发票，系300箱龙滨酒的运费，金额为1 200美元，当即从外币账户汇付对方。当日美元汇率中间价为1美元=6.30元人民币。

（4）6日，按龙滨酒销售发票金额105 000美元的110%向保险公司投保，保险费率为2‰。签发转账支票从外币账户支付，当日美元汇率中间价为1美元=6.30元人民币。

（5）7日，收到业务部门转来的销售龙滨酒的发票副本和银行回单。发票列明龙滨酒300箱，每箱CIF价格为350美元，共计货款105 000美元。当日美元汇率中间价为1美元=6.30元人民币。同时根据出库单结转出库龙滨酒的销售成本。

（6）12日，根据出口龙滨酒的4%佣金率支付客户暗佣。

（7）18日，收到银行转来收汇通知，银行扣除100美元手续费后已将其余部分存入外币存款账户，当日汇率为1美元=6.30元人民币。

（8）22日，将应付的暗佣汇付给美国法尔利公司，当日美元汇率中间价为1美元=6.30元人民币。

【要求】根据资料编制会计分录。

习题四

【目的】练习代理出口销售业务的核算。

【资料】天津市贸易公司受华润化工厂委托代理出口油漆，代理手续费率为5%，采取异地收（结）汇法。6月份发生下列经济业务：

（1）1日，收到储运部门转来的代理业务入库单，列明油漆1 000桶，每桶40元。

（2）3日，收到储运部门转来的代理业务出库单，列明油漆1 000桶，每桶40元。

（3）6日，收到业务部门转来的代理销售油漆给日本天皇公司的发票副本和银行回单。发票列明油漆1 000桶，每桶CIF价格为10美元，共计货款10 000美元，当日美元汇率中间价为1美元=6.30元人民币，并结转代理出口油漆成本。

（4）8日，签发转账支票两张，分别支付天运运输公司将油漆运送至港口的运杂费500元及港口装船费300元。

（5）11日，签发转账支票两张，分别支付外轮运输公司的国外运费800美元，保险费110美元，当日美元汇率中间价为1美元=6.30元人民币。

（6）22日，收到银行转来分割收汇的收账通知，金额为1 710美元，款项全部存入外币存款户，当日美元汇率中间价为1美元=6.30元人民币。

（7）22日，将代理业务的手续费收入500美元入账。

（8）22日，收到银行转来分割结汇通知，划拨华润化工厂收汇余额。

【要求】根据资料编制会计分录。

10. 自测题参考答案

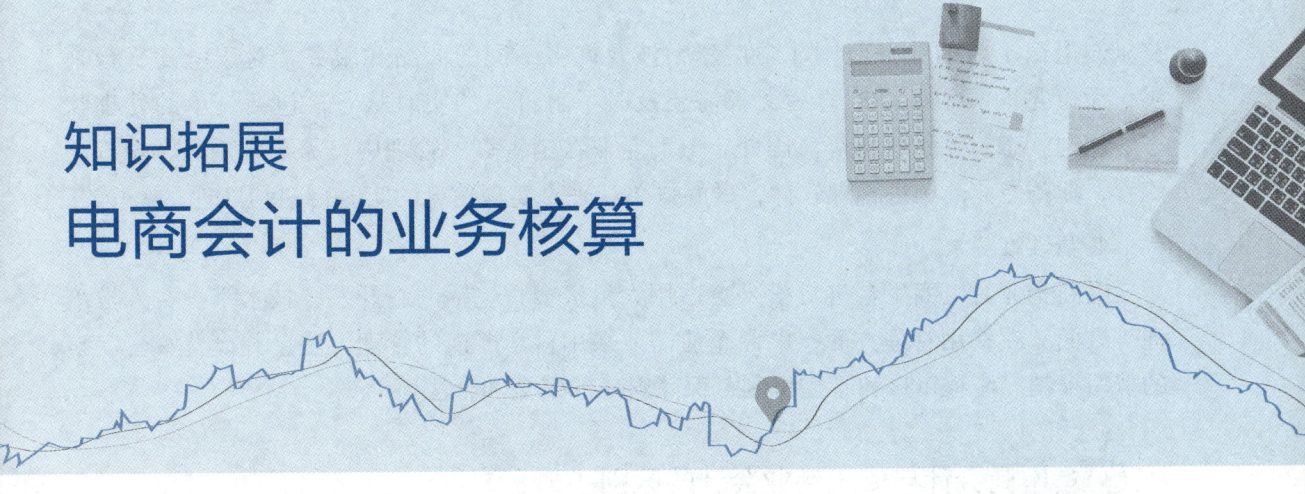

知识拓展
电商会计的业务核算

大数据时代下,随着消费习惯的转变,越来越多的消费者通过线上方式进行商品采购,全球电商渗透率逐年上升。我国的电商行业也处于高速发展阶段,多渠道精细化经营将成为未来电商发展的主旋律,电商会计也应运而生。电商平台也在持续深化和优化自身的服务生态,为卖家提供更加全面和高效的服务,为买家提供更加优质和便捷的购物体验。随着电商行业的迅速变化,电商会计也需要具备快速适应变化的能力。

一、电商会计的含义及特点

电商会计,即电子商务会计,是指在电商行业从事会计工作的人员,在互联网环境下,对虚拟的网络交易进行交易确认,对远程报表、财务等进行核算的会计信息系统。电商会计是企业无纸化会计的一种表现形式,也是电子商务与传统会计的结合体。具有以下特点:

1. 行业特定性

电商会计专门服务于电子商务行业,与传统会计相比,其工作背景和环境具有独特性。电商平台交易过程中会产生各种特有的费用,例如,网络推广费、平台使用费、淘宝客推广费、代扣返点积分等。这些费用在核算时需要特别注意,因为它们可能无法直接取得原始发票,而需要将电子交易记录等作为原始单据。

2. 技术依赖性

由于电子商务的运作高度依赖计算机技术和网络技术,电商会计需要熟练掌握相关财务软件和办公软件,如ERP系统、财务软件、Excel、Word等。电商平台的经营包括许多复杂的流程,如支付、退换货等,需要将所有收支情况的数据记录下来,并设置一套完整的收支流程,对于支付和退款等工作,需要严格审核并制定相应的规范。

3. 数据敏感性

电商会计需要处理大量的交易数据和财务信息,对数据的准确性和及时性有较高的要求。电商平台的业务范围非常广泛，涉及许多不同的商品和服务。对于电商平台来讲，无论是购买者还是销售者，都需要及时了解订单的实时状态，包括订单的处理状态、配送状态、支付状态等。因此，电商企业在销售订单管理中，需要采用科学合理的流程，配备专业的销售管理软件，做好订单管理，实现信息的实时传递和处理。

4. 管理难度大

电商企业对电商平台进行投入会占用大量资金，包括网站开发、技术维护、人员培训等方面。在费用管理方面，电商企业需要采用科学严谨的管理方法，并设置一套完整的费用报销、流程审核和管控机制，保障财务的安全和合法。

二、电商会计与传统商业会计的区别

（1）工作内容：传统商业会计更侧重于记账、算账和报账，而电商会计更注重数据分析与决策支持。

（2）技术应用：传统会计使用纸质凭证和手工记账，而电商会计则大量使用自动化工具。

（3）服务对象：传统会计主要服务于投资者和债权人，而电商会计则需要满足企业内部管理者的需求。

三、电商会计的工作流程

1. 订单处理

（1）接收订单。电商会计需及时接收并记录客户订单，确保订单信息准确无误。

（2）审核订单。对订单进行审核，确认客户信息、商品信息、支付方式等无误。

（3）处理退货。对于退货订单，需进行退货原因调查，并进行相应处理。

2. 收入确认

（1）确认线上收入。电商会计导出上月的电商平台"月结算账单、网银钱包或平台交易订单报表"等，分类筛选后确认线上的收入与费用等，根据订单处理结果，确认电商平台的收入，编制相关分录。

（2）确认线下收入。电商会计导出上月银行收支流水（从网银中导出），并与报销单、收入凭证等仔细核对，确认线下的收入与费用。检查本月的现金收据开具情况，对没有报销凭证与收据的收支，查清后补办相关手续并进行相应的账务处理。

（3）核对金额，发票开具。核对交易订单金额与实际收款金额是否一致。为客户开具发票，确保发票信息准确无误。

3. 成本核算

（1）采购成本：核算商品采购成本，包括商品成本、运费等。

（2）运营成本：核算电商平台运营过程中产生的各项费用，如广告费、仓储费等。

（3）销售成本：核算电商平台运营销售商品时，商品出库成本、赠送、报废、盘差、样品出库等，检查相关出库财务手续是否齐备。

（4）人工成本：核算电商平台员工的工资、福利等人工成本。

4. 库存管理

（1）入库管理。对入库商品进行验收、登记，确保商品数量、质量无误。

（2）出库管理。根据电商平台仓库的"进销存月报表"或"出入库单汇总表"，以及商品订单需求，进行商品出库、发货登记，确认销售商品出库时的账务处理。

（3）库存盘点。定期对库存商品进行盘点，确保库存商品数据的准确无误。

四、电商会计账务处理方法与会计分录

1. 正常交易：有第三方担保

网店订单→在线付款至担保方→发货→确认收货→担保方清算货款（先付款后发货、有第三方担保、正常交易），如表A-1所示。

表A-1 正常交易（有第三方担保）账务处理方法

交易步骤	网店账务处理方法
提交网店订单	初次提交订单时无需做账务处理
在线付款至担保方	该笔款项未能确定最终是否流入企业，此时不做账务处理
发货	1.发货仍未确定能否成交，不能确认收入和成本，先从库存商品转为发出商品 　借：发出商品 　　　贷：库存商品 2.由物流公司送货时发生物流费用 　借：销售费用 　　　贷：应付账款（或现金等）
★确认收货	1.交易成功可以确认收入和成本，确认收入 　借：应收账款 　　　贷：主营业务收入 　　　　　应交税费——应交增值税（销项税额） 2.结转销售成本 　借：主营业务成本 　　　贷：发出商品
担保方清算货款	收到经第三方已扣手续费的货款 　借：银行存款（或其他科目） 　　　财务费用 　　　贷：应收账款

2. 拒收重发：有第三方担保

网店订单→在线付款至担保方→发货→拒收退回→重新发货→确认收货→担保方清算货款（先付款后发货、有第三方担保、因拒收需重新发货的交易）。

表A-2　拒收重发（有第三方担保）账务处理方法

交易步骤	网店账务处理方法
提交网店订单	初次提交订单时无须做账务处理
在线付款至担保方	该笔款项未能确定最终是否流入企业，此时不做账务处理
发货	1.发货仍未能确定能否成交，不能确认收入和成本，先从库存商品转为发出商品 借：发出商品 　　贷：库存商品 2.由物流公司送货时发生物流费用 借：销售费用 　　贷：应付账款(或现金等)
拒收退回	将退回货品从发出商品转回库存商品 借：发出商品（红字） 　　贷：库存商品（红字）
★重新发货	1.再次发货仍未能确定能否成交，不能确认收入和成本，先从库存商品转为发出商品 借：发出商品 　　贷：库存商品 2.由物流公司送货时发生物流费用 借：销售费用 　　贷：应付账款（或现金等）
确认收货	1.交易成功可以确认收入和成本，确认收入 借：应收账款 　　贷：主营业务收入 　　　　应交税费——应交增值税（销项税额） 2.结转销售成本 借：主营业务成本 　　贷：发出商品
担保方清算货款	收到经第三方已扣手续费的货款 借：银行存款（或其他科目） 　　财务费用 　　贷：应收账款

3. 拒收退货：有第三方担保

网店订单→在线付款至担保方→发货→拒收退回→担保方退款（先付款后发货、有第三方担保、被拒收并取消交易）。

表A-3　拒收退货（有第三方担保）账务处理方法

交易步骤	网店账务处理方法
提交网店订单	初次提交订单时无须做账务处理
在线付款至担保方	该笔款项未能确定最终是否流入企业，此时不做账务处理
发货	1.发货仍未能确定能否成交，不能确认收入和成本，先从库存商品转为发出商品 借：发出商品 　　贷：库存商品

(续)

交易步骤	网店账务处理方法
发货	2.由物流公司送货时发生物流费用 借：销售费用 　　贷：应付账款(或现金等)
★拒收退回	将退回货品从发出商品转回库存商品 借：发出商品(红字) 　　贷：库存商品(红字)
担保方退款	款项未流入企业，无需做账务处理

4. 订单未完成：有第三方担保

网店订单→在线付款至担保方→担保方退款(先付款后发货、有第三方担保、付款后反悔而取消交易)。

表A-4　订单未完成（有第三方担保）账务处理方法

交易步骤	网店账务处理方法
提交网店订单	初次提交订单时无须做账务处理
在线付款至担保方	该笔款项未能确定最终是否流入企业，此时不做账务处理
★担保方退款	款项未流入企业，无须做账务处理

5. 正常交易：无第三方担保

网店订单→在线付款直接到账→发货→确认收货(先付款后发货、无第三方担保、正常交易)

表A-5　正常交易（无第三方担保）账务处理方法

交易步骤	网店账务处理方法
提交网店订单	初次提交订单时无须做账务处理
在线付款至担保方	款项已流入企业先做预收处理，有结算手续费时做费用处理 借：银行存款（或其他科目） 　　财务费用 　　贷：预收账款
发货	1.发货仍未能确定能否成交，不能确认收入和成本，先从库存商品转为发出商品 借：发出商品 　　贷：库存商品 2.由物流公司送货时发生物流费用 借：销售费用 　　贷：应付账款（或现金等）
★确认收货	1.交易成功可以确认收入和成本，将预收款转为收入 借：预收账款 　　贷：主营业务收入 　　　　应交税费——应交增值税（销项税额）

(续)

交易步骤	网店账务处理方法
★确认收货	2.结转销售成本 借：主营业务成本 　　贷：发出商品

6. 拒收重发：无第三方担保

网店订单→在线付款直接到账→发货→拒收退回→重新发货→确认收货(先付款后发货、无第三方担保、因拒收需重新发货的交易)。

表A-6　拒收重发（无第三方担保）账务处理方法

交易步骤	网店账务处理方法
提交网店订单	初次提交订单时无须做账务处理
在线付款直接到账	款项已流入企业先做预收处理，有结算手续费时做费用处理 借：银行存款（或其他科目） 　　财务费用 　　贷：预收账款
发货	1.发货仍未能确定能否成交，不能确认收入和成本，先从库存商品转为发出商品 借：发出商品 　　贷：库存商品 2.由物流公司送货时发生物流费用 借：销售费用 　　贷：应付账款（或现金等）
★拒收退回	将退回货品从发出商品转回库存商品 借：发出商品(红字) 　　贷：库存商品(红字)
重新发货	1.与发货处理相同 借：发出商品 　　贷：库存商品 2.由物流公司送货时发生物流费用 借：销售费用 　　贷：应付账款（或现金等）
★确认收货	1.交易成功可以确认收入和成本，将预收款转为收入 借：预收账款 　　贷：主营业务收入 　　　　应交税费——应交增值税（销项税额） 2.结转销售成本 借：主营业务成本 　　贷：发出商品

7. 拒收并取消交易：无第三方担保

网店订单→在线付款直接到账→发货→拒收退回→退款（先付款后发货、无第三方担保、被拒收并取消交易）。

表A-7 拒收并取消交易（无第三方担保）账务处理方法

交易步骤	网店账务处理方法
提交网店订单	初次提交订单时无须做账务处理
在线付款直接到账	款项已流入企业先做预收处理，有结算手续费时做费用处理 借：银行存款（或其他科目） 　　财务费用 　贷：预收账款
发货	1.发货仍未能确定能否成交，不能确认收入和成本，先从库存商品转为发出商品 借：发出商品 　贷：库存商品 2.由物流公司送货时发生物流费用 借：销售费用 　贷：应付账款（或现金等）
拒收退回	将退回货品从发出商品转回库存商品 借：发出商品（红字） 　贷：库存商品（红字）
退款	取消交易退回货款 借：预收账款 　贷：银行存款（或其他科目）

8. 付款后取消交易：无第三方担保

网店订单→在线付款直接到账→退款（先付款后发货、无第三方担保、付款后即反悔取消交易）。

表A-8 付款后取消交易（无第三方担保）账务处理方法

交易步骤	网店账务处理方法
提交网店订单	初次提交订单时无须做账务处理
在线付款直接到账	款项已流入企业先做预收处理，有结算手续费时做费用处理 借：银行存款（或其他货币资金） 　　财务费用 　贷：预收账款
退款	取消交易退回货款 借：预收账款 　贷：银行存款（或其他货币资金）

9. 正常交易：先发货后付款

网店订单→发货→确认收货和收款（先发货后付款、正常交易）。

表A-9 正常交易账务处理方法

交易步骤	网店账务处理方法
提交网店订单	初次提交订单时无须做账务处理

（续）

交易步骤	网店账务处理方法
发货	1.货到付款先发货时，不能确认交易是否成功，先将货品成本转至发出商品 借：发出商品 　　贷：库存商品 2.由物流公司送货时发生物流费用 借：销售费用 　　贷：应付账款（或现金等）
确认收货和收款	1.买方收货并支付货款,确认收入 借：现金（或银行存款） 　　贷：主营业务收入 　　　　应交税费——应交增值税（销项税额） 2.结转销售成本 借：主营业务成本 　　贷：发出商品

10. 拒收重发：先发货后付款

网店订单→发货→拒收退回→重新发货→确认收货和收款（先发货后付款、因拒收需重新发货的交易）。

表A-10　拒收重发的账务处理方法

交易步骤	网店账务处理方法
提交网店订单	初次提交订单时无须做账务处理
发货	1.货到付款先发货时,不能确认交易是否成功,先将货品成本转至发出商品 借：发出商品 　　贷：库存商品 2.由物流公司送货时发生物流费用 借：销售费用 　　贷：应付账款（或现金等）
拒收退回	将退回货品从发出商品转回库存商品 借：发出商品（红字） 　　贷：库存商品（红字）
重新发货	1.与发货处理相同 借：发出商品 　　贷：库存商品 2.由物流公司送货时发生物流费用 借：销售费用 　　贷：应付账款（或现金等）
确认收货和收款	1.买方收货并支付货款，确认收入 借：现金或银行存款 　　贷：主营业务收入 2.应交增值税销项税，结转销售成本 借：主营业务成本 　　贷：发出商品

11. 拒收并取消交易：先发货后付款

网店订单→发货→拒收退回取消交易(先发货后付款、被拒收并取消交易)。

表A-11　拒收并取消交易的账务处理

交易步骤	网店账务处理方法
提交网店订单	初次提交订单时无须做账务处理
发货	1.货到付款先发货时，不能确认交易是否成功，先将货品成本转至发出商品 借：发出商品 　　贷：库存商品 2.由物流公司送货时发生物流费用 借：销售费用 　　贷：应付账款（或现金等）
拒收退回取消交易	取消交易将退回货品从发出商品转回库存商品 借：发出商品（红字） 　　贷：库存商品（红字）

12. 已收退换货

已成交后退回货品→换货发货（受理已成交后的换货）。

表A-12　已收退换货账务处理

交易步骤	网店账务处理方法
★已成交后退回货品	1.成交后要求换货收到退货时，冲减收入 借：应收账款（红字） 　　贷：主营业务收入（红字） 　　　　应交税费——应交增值税（销项税额）（红字） 2.冲减成本 借：主营业务成本（红字） 　　贷：库存商品（红字）
★换货发货	1.按原退货金额确认换货收入 借：应付账款（或应收账款） 　　贷：主营业务收入 　　　　应交税费——应交增值税（销项税额） 2.按换出货品结转销售成本 借：主营业务成本 　　贷：库存商品 3.由物流公司送货时发生物流费用 借：销售费用 　　贷：应付账款（或现金等）

13. 已成交退货

已成交后退回货品→退款（受理已成交后的退货并退款）。

表A-13 已成交后退货的账务处理

交易步骤	网店账务处理方法
已成交后退回货品	1.成交后要求退货收到退回货品时，冲减收入 借：应收账款（红字） 　　贷：主营业务收入（红字） 　　　　应交税费——应交增值税（销项税额）（红字） 2.冲减成本 借：主营业务成本（红字） 　　贷：库存商品（红字）
退款	收到退货后退款时 借：应收账款 　　贷：银行存款（或其他科目）

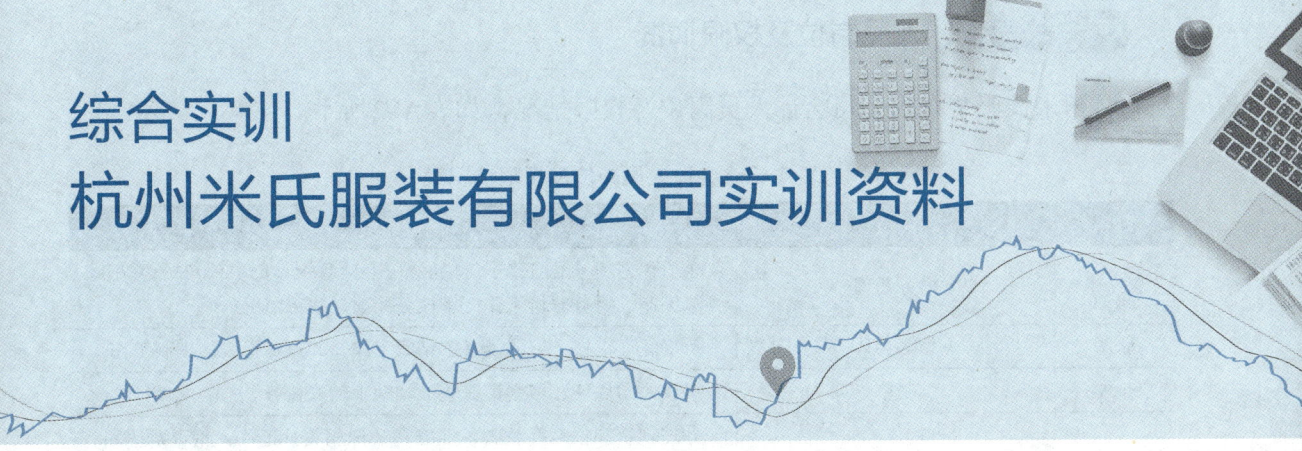

综合实训
杭州米氏服装有限公司实训资料

一、杭州米氏服装有限公司概况

杭州米氏服装有限公司基本信息如表A-1所示。

表A-1 杭州米氏服装有限公司基本信息表

项 目	具体明细
公司名称	杭州米氏服装有限公司
公司类型	有限责任公司
地址及电话	杭州市吴山路20号 0571-88282××
法定代表人	李义
开户行及账号	中国银行吴山支行 837293755912
纳税识别号	9724H23078EJ30238U
经营范围	各类服装等商品批发
员工情况	职工共25人，其中：管理及财务人员8人；业务部门人员8人；仓储部门人员9人

二、会计核算原则与会计处理程序

（一）会计核算原则

1. 会计年度：自公历1月1日至12月31日。
2. 记账本位币：人民币。
3. 记账基础和记账方法：以权责发生制为基础进行会计确认、计量和报告，采用借贷记账法记账。
4. 会计要素计量原则：一般采用历史成本计量，如果需要采用重置成本、现值、可变现净值和公允价值计量的，那么必须保证会计要素金额能够取得并可靠计量。

（二）会计处理程序

采用"科目汇总表会计处理程序"，每10天编制科目汇总表，登记总账。

三、公司会计人员岗位及权限情况

杭州米氏服装有限公司会计人员岗位及权限情况，如表A-2所示。

表A-2　会计人员岗位及权限情况表

姓名	岗位	岗位职责
付小米	财务经理	主管财务部全面工作，制定公司会计政策，负责公司资金调度，预算编制、财务分析工作，审核公司财务执行情况
张华	总账会计	负责凭证审核、记账及月末结账工作，并负责报表的编制工作
王丽	制单	审核原始凭证、填制记账凭证及期末转账业务
刘田	出纳员	办理现金和银行存款收付业务，登记相关日记账，负责票据和有价证券的保管工作
李玉	库存商品、成本、收入及费用	审核商品收发凭证，组织成本核算，负责登记库存商品、成本、收入及费用明细账
宫红娟	往来账、工资、固定资产等	负责职工薪酬的核算，登记往来款项及固定资产明细账

本实训资料所有计算结果保留两位小数，分配率保留四位小数。

四、米氏公司2024年5月份发生的部分经济业务取得的单证

1. 5月1日，米氏公司向杭州利邦服装公司采购服装一批，商品已到达入库，款项已支付。取得增值税专用发票及单证，如图A-1~图A-3所示。

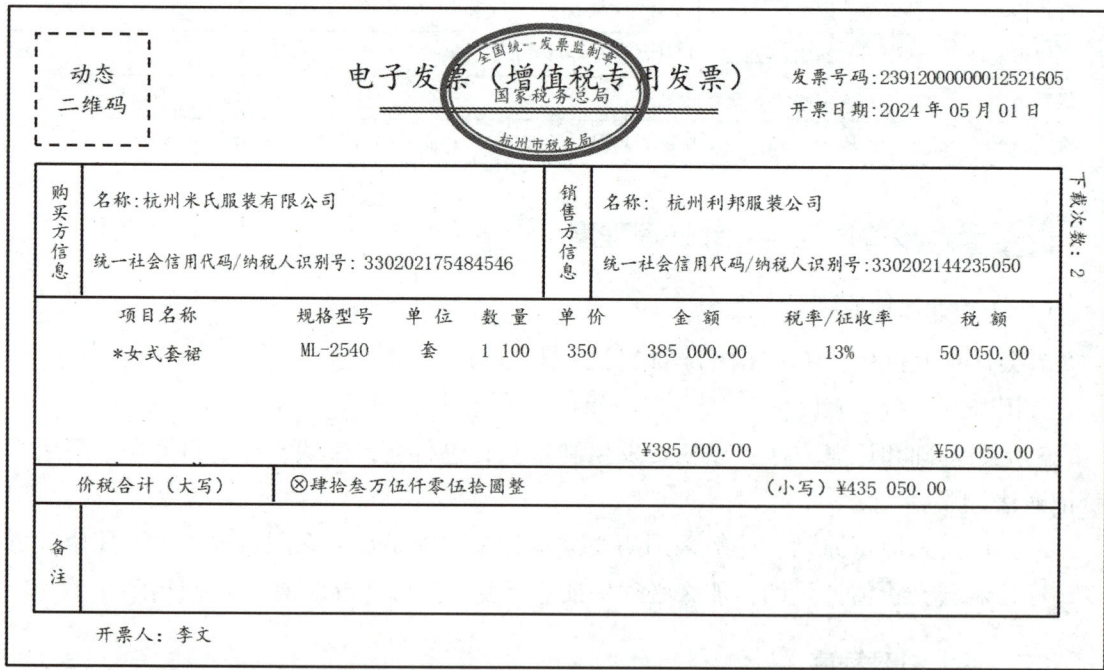

图A-1　增值税专用发票发票联及抵扣联

中国银行（浙）
转账支票存根

支票号码：25466800
科　　目：
对方科目：
签发日期：2024 年 05 月 01 日
收 款 人：杭州利邦服装公司
金　　额：¥435 050.00
用　　途：购服装款
备　　注：

单位主管　　　会计
　复核　　　　记账

图 A-2　中国银行转账支票存根

商品验收单

验收仓库：2 号库
发票号码：13687609
供货单位：杭州利邦服装公司　　2024 年 05 月 01 日　　　　　　No.005220

| 项目 | 型号 | 单位 | 数量 | | 实际成本（进价） | | | | | |
| | | | 应收 | 实收 | 买价 | | 运杂费 | 其他 | 合计 | 单位成本 |
					单价	金额				
女式套裙	ML-2540	套	1 100	1 100	350	385 000				
合计						385 000				

复核：刘芳　　　　　　　收货人：李文璐　　　　　　　制单人：田大宽

图 A-3　商品验收单

2. 5 月 2 日，米氏公司向上海通恒服装公司购进男式西服一批，按合同规定采用预付货款形式，取得单证如图 A-4 所示。

中国银行电汇凭证（回单）

2024 年 05 月 02 日

付款人	委托收款	邮划　　电划	收款人	√托收承付	邮划　　电划	此联是汇出行给汇款人的回单
	全称	杭州米氏服装有限公司		全称	上海通恒服装公司	
	账号或地址	837293755912		账号或地址	408237503217	
	开户银行	中国银行吴山支行		开户银行	中国工商银行上海支行	

汇款金额	人民币（大写）	肆拾陆万捌仟圆整	千	百	十	万	千	百	十	元	角	分
				¥	4	6	8	0	0	0	0	0

汇出行签章	中国银行浙江省分行 杭州吴山支行 2024.05.02 转讫	支付密码：
		汇款用途：预付货款
		复核　　　记账

图 A-4　中国银行电汇凭证

3. 5月2日，米氏公司向山东发展服饰公司采购针织衫一批，收到银行转来的托收承付凭证的单证，支付货款（承付货款的方式采用验单付款）。单证如图 A-5 所示。

托收承付凭证（付款通知）

2024 年 05 月 02 日

付款人	全称	杭州米氏服装有限公司	收款人	全称	山东发展服饰公司	此联是付款人开户行给收款人的付款通知
	账号或地址	837293755912		账号或地址	490345325342	
	开户银行	中国银行吴山支行		开户银行	中国工商银行平城支行	

托收金额	人民币（大写）	叁拾万零肆仟柒佰肆拾圆整	千	百	十	万	千	百	十	元	角	分
						¥	3	0	4	7	4	0	0

商品发运情况：已经发运	合同名称号码：
款项收妥日期：　2024 年　5 月　2 日	收款人开户银行签章
备注：	中国工商银行平城支行 2024.05.02

图 A-5　托收承付凭证

4. 5月5日，米氏公司收到山东发展服饰公司的商品，并办理入库，款项尚未支付。取得增值税专用发票及单证，如图 A-6 ~ 图 A-7 所示。

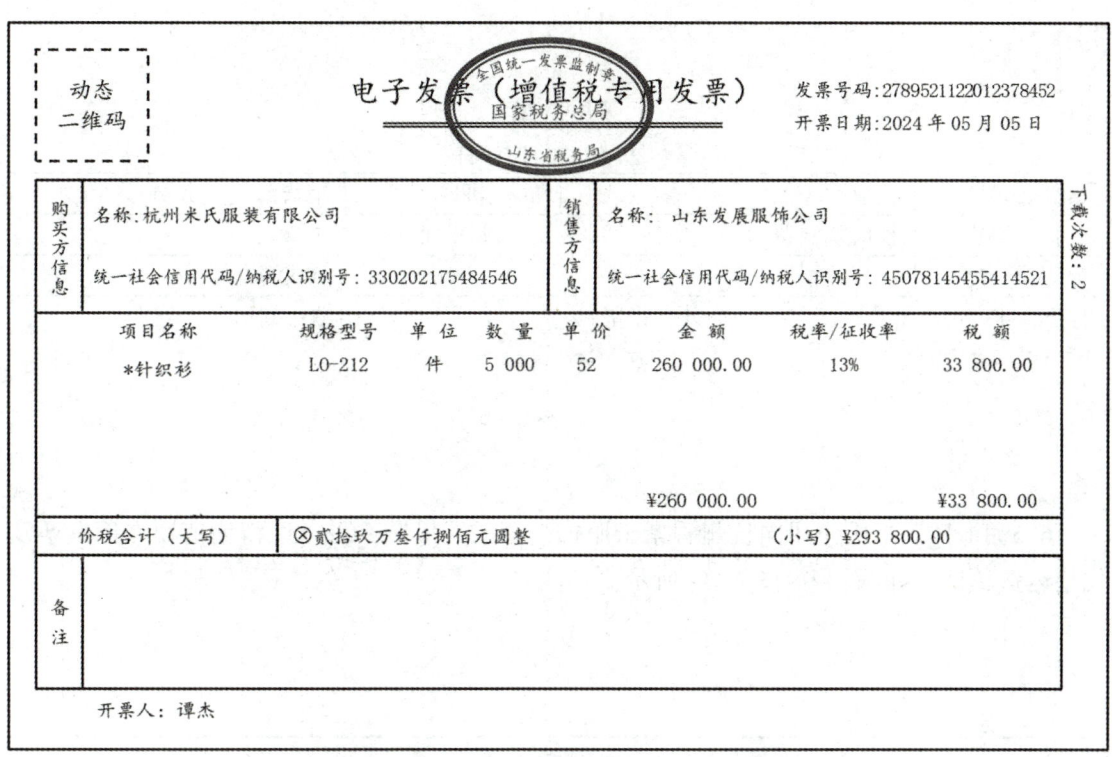

图 A-6 增值税专用发票发票联及抵扣联

商品验收单

验收仓库：2号库
发票号码：13687714
供货单位：山东发展服饰公司　　　　2024 年 05 月 05 日　　　　No.005221

项目	型号	单位	数量		实际成本（进价）		运杂费	其他	合计	单位成本
			应收	实收	买价					
					单价	金额				
针织衫	LO-212	套	5 000	5 000	52	260 000				
合计						260 000				

复核：刘芳　　　　收货人：李文璐　　　　制单人：田大宽

图 A-7 商品验收单

5. 5月5日，销售人员王成预借差旅费，取得借据，如图 A-8 所示。

借款单

2024 年 05 月 05 日

借款人姓名	王成	职务	销售部门业务员
借款事由	预借差旅费	目的地	长沙
人民币（大写）	叁仟圆整	（小写）¥3 000.00	

财务经理：付小米　　　　会计：张华　　　　出纳：刘田

图 A-8　借款单

6. 5月6日，米氏公司向杭州香紫云服饰公司采购服装一批，取得增值税专用发票及代垫运费单证，如图 A-9~图 A-11 所示。

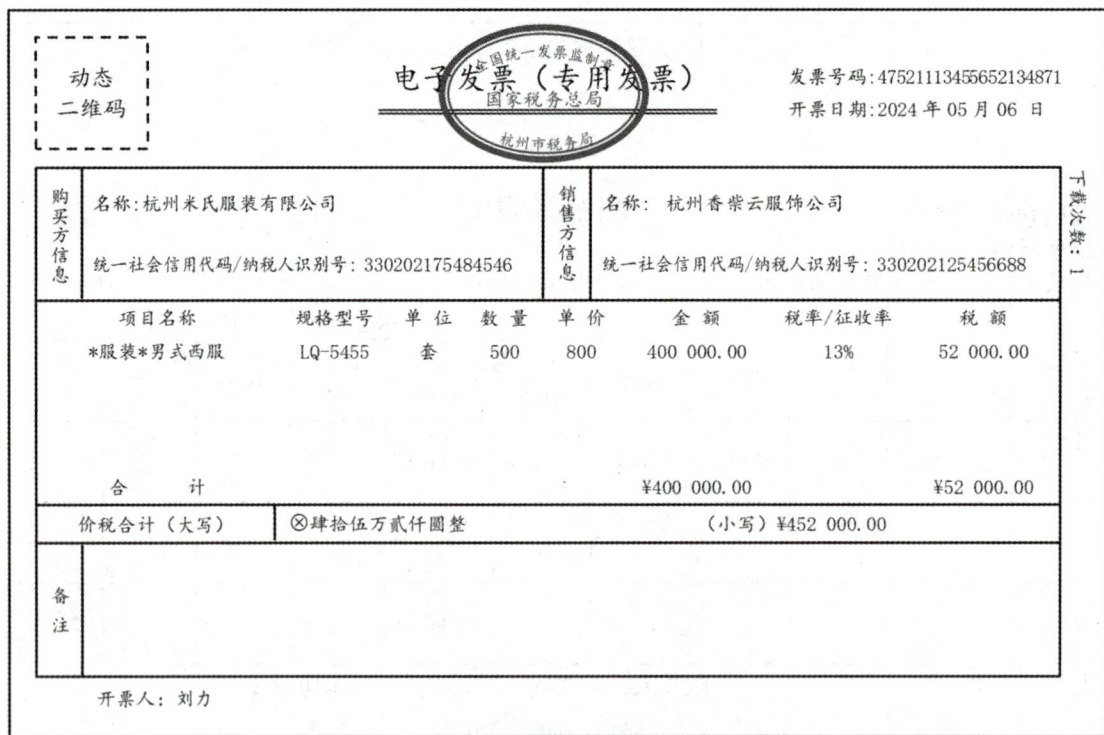

图 A-9　增值税专用发票发票联及抵扣联

中国银行（浙） 转账支票存根	中国银行（浙） 转账支票存根
支票号码：25467194 科　　目： 对方科目： 签发日期：2024 年 05 月 06 日 收 款 人：杭州利邦服装公司 金　　额：¥452 000.00 用　　途：购服装款 备　　注： 单位主管　　会计 复核　　记账	支票号码：25467195 科　　目： 对方科目： 签发日期：2024 年 05 月 06 日 收 款 人：杭州神舟物流公司 金　　额：¥1 200.00 用　　途：运费 备　　注： 单位主管　　会计 复核　　记账
图 A-10　中国银行转账支票存根（一）	图 A-11　中国银行转账支票存根（二）

7. 5月6日，接到银行通知，从银行取得单证，款项已达入账，相关单证如图 A-12~图 A-13示。

中国银行支付系统收付款凭证

日期：2024 年 05 月 06 日
流水号：9902341738047813
汇款人账号：302947610463
汇款人名称：苏州唐婉服装公司
汇款人地址：苏州西环路 58 号
收款人账号：837293755912
收款人名称：杭州米氏服装有限公司
收款人地址：杭州市吴山路 20 号
金额：¥500 000.00
备注：支付前欠货款

图 A-12　中国银行支付系统收付款凭证

中国银行支付系统收付款凭证

日期：2024 年 05 月 06 日
流水号：9902341738047879
汇款人账号：382619403518
汇款人名称：苏州利宁服装公司
汇款人地址：苏州东城区 95 号
收款人账号：837293755912
收款人名称：杭州米氏服装有限公司
收款人地址：杭州市吴山路 20 号
金额：￥100 000.00
备注：支付前欠货款

图 A-13　中国银行支付系统收付款凭证

8. 5月7日，米氏公司签发现金支票，提取现金，现金支票存根留存记账，如图 A-14 所示。

中国银行（浙）
转账支票存根

支票号码：25467220
科　　目：
对方科目：
签发日期：2024 年 05 月 07 日
收　款　人：杭州米氏服装有限公司
金　　额：￥2 000.00
用　　途：提取现金备用
备　　注：

单位主管　　　会计
　复核　　　　记账

图 A-14　银行现金支票

9. 5月9日，米氏公司向杭州香紫云服饰公司采购服装到达，收到储运部门交来的商品验收单，如表 A-15~表 A-16 所示。

商品验收单

验收仓库：2号库
发票号码：13692202
供货单位：杭州香紫云服饰公司　　2024年05月09日　　　　　　　　　No.005222

项目	型号	单位	数量 应收	数量 实收	实际成本（进价）买价 单价	实际成本（进价）买价 金额	运杂费	其他	合计	单位成本
男式西服	LQ-5455	套	500	450	800	360 000				
合计						360 000				

复核：刘芳　　　　　　　收货人：李文璐　　　　　　制单人：田大宽

图A-15　商品验收单

商品溢缺报告单

验收仓库：2号库
发票号码：13692202
供货单位：杭州香紫云服饰公司　　2024年05月09日　　　　　　　　　No.000408

项目	型号	单位	应收数量	实收数量	溢余（短缺）数量	溢余（短缺）单价	溢余（短缺）金额	运杂费	进项税
男式西服	LQ-5455	套	500	450	50	800	40 000		
原因	属于供货单位少发货								
处理意见	同意补发货			财务部门意见：属实			经办人意见：属实		

复核：刘芳　　　　　　　收货人：李文璐　　　　　　制单人：田大宽

图A-16　商品溢缺报告单

10. 5月12日，米氏公司向杭州香紫云服饰公司采购服装时，短缺的50套男式西服到达，收到储运部门交来的商品验收单，如图A-17所示。

商品验收单

验收仓库：2号库
发票号码：13692202
供货单位：杭州香紫云服饰公司 2024 年 05 月 12 日

No.005223

项目	型号	单位	数量		实际成本（进价）					单位成本
			应收	实收	买价		运杂费	其他	合计	
					单价	金额				
男式西服	LQ-5455	套	50	50	800	40 000				
合计						40 000				

复核：刘芳　　　　　收货人：李文璐　　　　　制单人：田大宽

图A-17　商品验收单

11. 5月15日，收到杭州乐美服装有限公司5月13日交来的转账支票，偿付前欠货款，款项已入账，如图A-18~图A-19所示。

中国银行 转账支票

No.00054224

出票日期（大写）：贰零贰肆年伍月壹拾伍日　　　付款行：中国银行永平支行

收款人：杭州米氏服装有限公司	出票人账号：836103846818								
人民币（大写）　玖拾万圆整	千	百	十	万	千	百	十	元	角	分
	¥	9	0	0	0	0	0	0	0	0
用途： 上列款项请从我账户内支付 出票人盖章　【杭州乐美服装有限公司财务专用章】　【张志和印】	科目（借）： 对方科目（贷）： 付讫日期： 复核：　　　记账：

图A-18　转账支票

中国银行进账单（回单）

2024 年 05 月 15 日

付款人	全称	杭州乐美服装有限公司	收款人	全称	杭州米氏服装有限公司									
	账号或地址	836103846818		账号或地址	837293755912									
	开户银行	中国银行永平支行		开户银行	中国银行吴山支行									
托收金额	人民币（大写）	玖拾万圆整	千	百	十	万	千	百	十	元	角	分
			¥	9	0	0	0	0	0	0	0	0
票据种类：转账支票	受理银行签章　【中国银行浙江省分行 杭州吴山支行 2024.05.15 转讫】
票据张数：1	
备注：	

此联是受理行给送票人的回单

图A-19　中国银行进账回单

12. 5月15日，取得招待伊春客户招待费的费用报销单证（后附业务招待费发票省略），如图A-20示。

费用报销单
2024 年 05 月 15 日

项目	类别	金额	部门负责人	伍春红
招待客户费用	业务招待费	700.00		
			审查意见	同意报销 李义
报销合计		700.00	报销人	左安
核实金额（大写）：柒佰圆整				

财务经理：付小米　　　　会计：张华　　　　　　出纳：刘田

图A-20　费用报销单

13. 5月17日，销售人员王成出差报销旅费，如图A-21示。

差旅费报销单
2024 年 05 月 17 日

部门：销售部门		报销人：王成		出差事由：业务项目			
起止日期		起止地点	交通工具	票据张数	车船费	途中补贴	住宿费	其他费
05.05	05.07	杭州　金华			280		350	520
		合计			280		350	520
报销金额：¥1 150.00		预支旅费：¥3 000.00		补偿不足：¥0.00		归还多余：¥1 850.00		

财务经理：付小米　　　　会计：张华　　　　　　出纳：刘田

图A-21　差旅费报销单

14. 5月20日，金华市达美公司支付给米氏公司的银行承兑汇票到期，米氏公司委托银行收款，收到银行受理回单，如图A-22所示。

托收凭证（受理回单）

2024 年 05 月 20 日

付款人	√委托收款	邮划　　电划	收款人	托收承付	邮划　　电划
	全称	中国工商银行上河支行		全称	杭州米氏服装有限公司
	账号或地址	456002936481		账号或地址	837293755912
	开户银行			开户银行	中国银行吴山支行
汇款金额	人民币（大写）	陆拾万圆整	千 百 十 万 千 百 十 元 角 分 ¥ 6 0 0 0 0 0 0 0		
	款项内容	货款	托收凭证名称	银行承兑汇票	
	商品发运情况	已经发运	合同名称号码		
	款项收妥日期	2024 年 05 月 20 日	收款人开户银行签章	中国银行浙江省分行 杭州吴山支行 2024.05.20 转讫	
备注：					

此联是付款人开户行给收款人的付款通知

图 A-22　托收凭证（受理回单）

15. 5月22日，米氏公司向上海通恒服装公司购进男式西服一批，款项已于5月2日预付468 000元，余款已通过电汇支付。单证如图 A-23~图 A-24 所示。

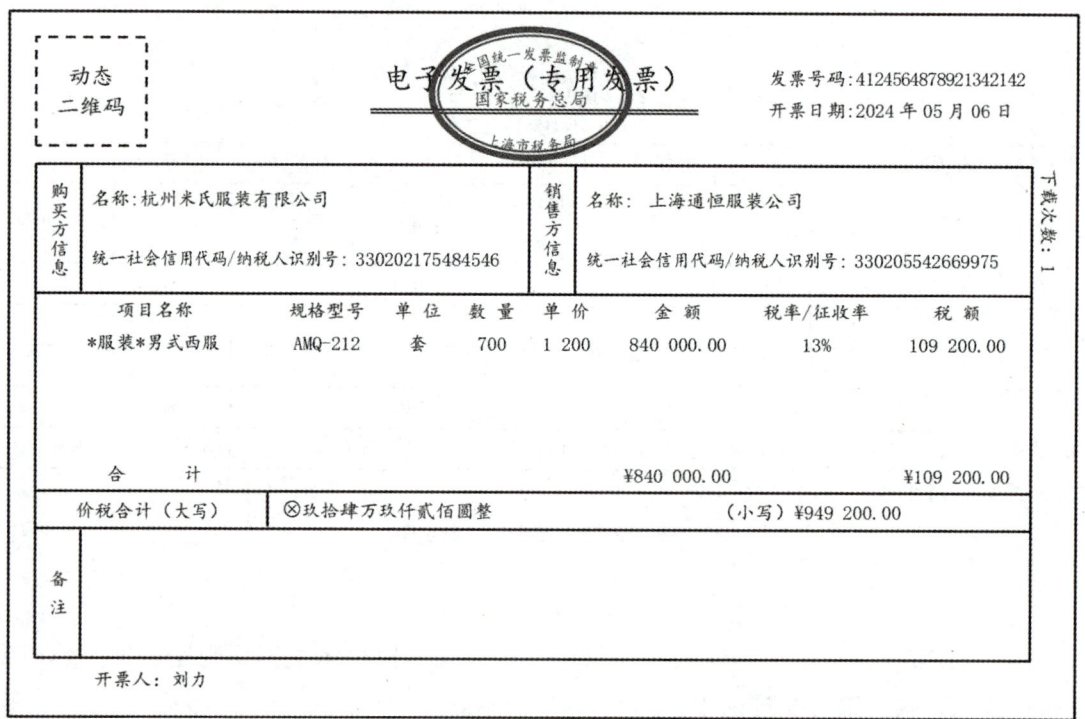

图 A-23　增值税专用发票发票联及抵扣联

中国银行电汇凭证（回单）

2024 年 05 月 22 日

付款人	委托收款	邮划 □ 电划 □	收款人	√托收承付	邮划 □ 电划 □	此联是汇出行给汇款人的回单
	全称	杭州米氏服装有限公司		全称	上海通恒服装公司	
	账号或地址	837293755912		账号或地址	408237503217	
	开户银行	中国银行吴山支行		开户银行	中国工商银行上海支行	

汇款金额	人民币（大写）	肆拾捌万壹仟贰佰圆整	千	百	十	万	千	百	十	元	角	分
				¥	4	8	1	2	0	0	0	0

汇出行签章	中国银行浙江省分行 杭州吴山支行 2024.05.22 转讫	支付密码：	
		汇款用途：预付货款	
		复核	记账

图 A-24　中国银行电汇凭证（回单）

16．5 月 24 日，米氏公司向上海通恒服装公司购进的男式西服 600 套已到达入库，凭证如图 A-25 所示。

商品验收单

验收仓库：2 号库
发票号码：13695551
供货单位：上海通恒服装公司　　　2024 年 05 月 24 日　　　No.005224

项目	型号	单位	数量		实际成本（进价）		运杂费	其他	合计	单位成本
			应收	实收	买价					
					单价	金额				
男式西服	AMQ-212	套	700	600	1 200	720 000				
合计						720 000				

复核：刘芳　　　　　　　收货人：李文璐　　　　　　　制单人：田大宽

图 A-25　商品验收单

17．5 月 24 日，米氏公司向上海通恒服装公司购进的男式西服中，部分商品有质量有问题，将其作为代管商品处理，如图 A-26~图 A-28 所示。

代管商品收货单

发票号码：13695551
代管单位：杭州米氏服装公司
供货单位：上海通恒服装公司　　2024 年 05 月 24 日　　No.000122

项目	型号	数量	备注
男式西服	AMQ-212	100	质量不符，欲退货
合计		100	

复核：刘芳　　　　　　收货人：李文璐　　　　　　制单人：田大宽

图A-26　代管商品收货单

开具红字发票信息确认单

2024 年 5 月 24 日　　No.02885645

销售方	名称	上海通恒服装公司	购买方	名称	杭州米氏服装有限公司
	税务登记代码	9105T75301P68881F3		税务登记代码	9724H23078EJ30238U

开具红字发票内容	货物（劳务）名称	单价	数量	金额	税额
	合计	1 200	100	120 000	15 600

说明	需要作进项税额转出□ 不需要作进项税额转出□ 　　纳税人识别号不符□ 　　专用发票代码、号码认证不符□ 　　对应蓝字专用发票密码区内打印的代码：_____ 　　　　　　　　　　　　　　　　　　号码：_____ 开具红字专用发票理由：质量不符合合同规定，予以退货

经办人：孟乐　　　　负责人：付小米　　　　主管税务机关名称（印章）

图A-27　开具红字发票信息确认单

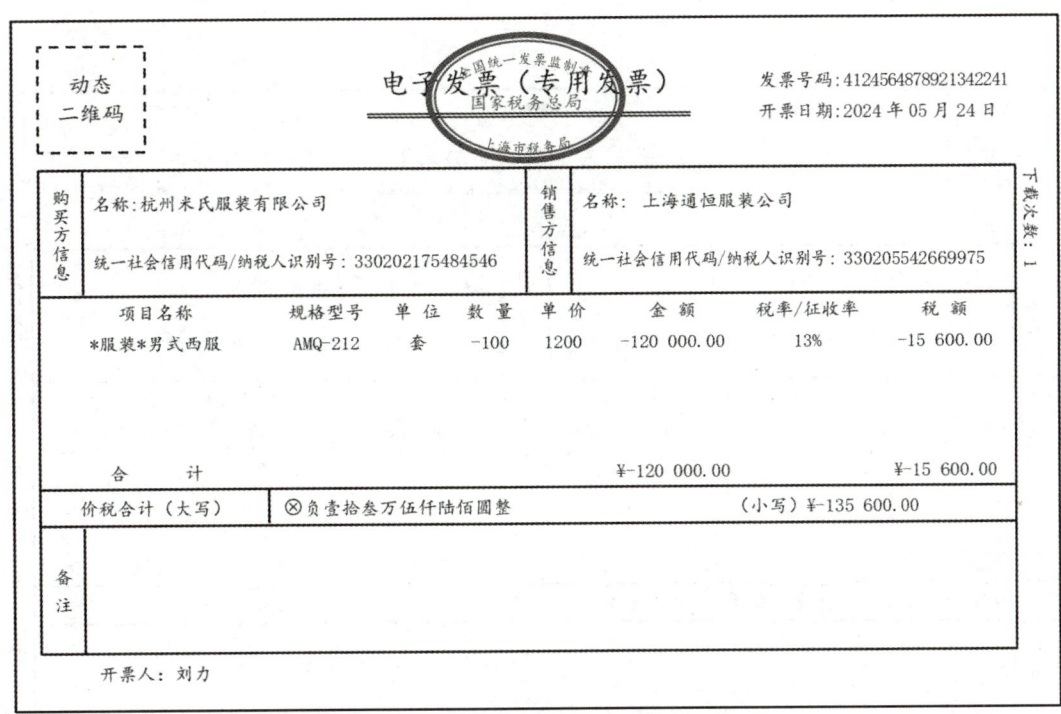

图A-28　增值税专用发票发票联及抵扣联

18. 5月25日，办公室人员购买办公用品前来报销，取得单证如图A-29所示。

费用报销单
2024 年 05 月 25 日

项目	类别	金额	部门负责人	伍春红
购买办公用品	办公费	387.00		
			审查意见	同意报销 李义
报销合计		387.00	报销人	左安

核实金额（大写）：叁佰捌拾柒圆整

财务经理：付小米　　　　会计：张华　　　　　　　　出纳：刘田

图A-29　费用报销单

19. 5月25日，米氏公司向杭州杰邦服装公司销售一批男式西服，收到相关部门交来企业销售商品的单证（编制分录中成本结转暂略），如图A-30～图A-33所示。

325

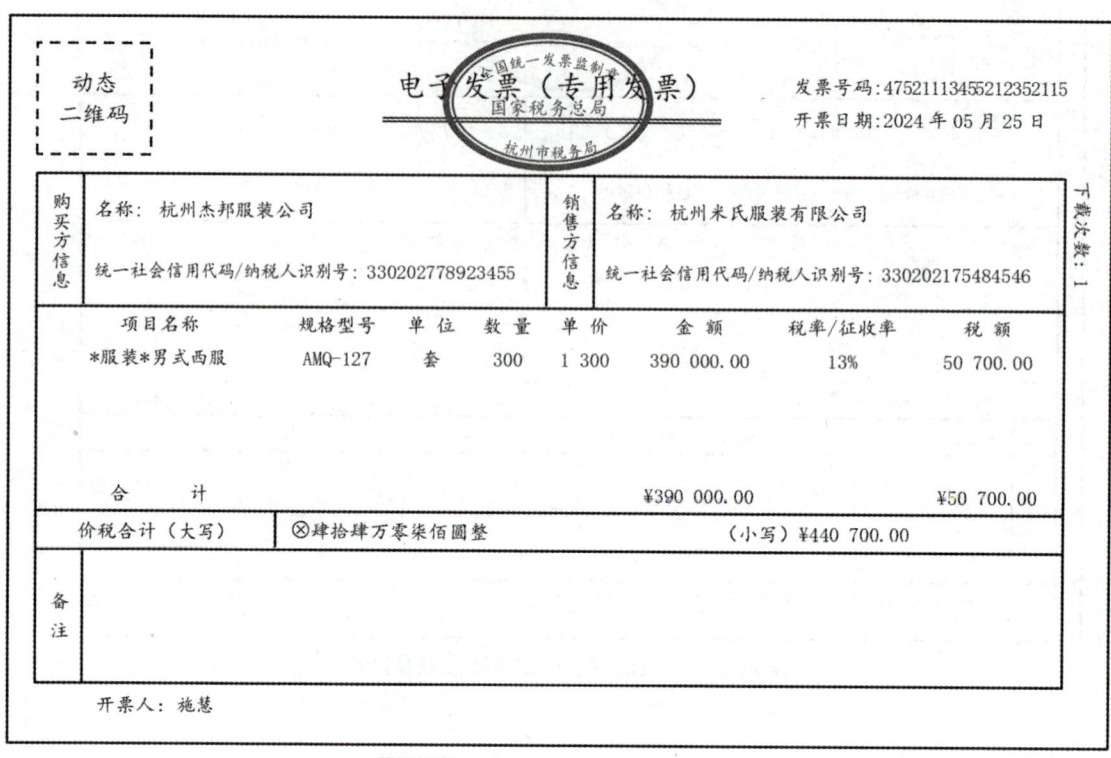

图A-30　增值税专用发票记账联

商品发货单

验收仓库：2号库
发票号码：13697001
购货单位：杭州杰邦服装公司　　2024年05月25日　　No.008820

项目	型号	单位	数量		单位成本	实际成本	附注
			实发	应发			
男式西服	AMQ-127	套	300	300	1 300	390 000	
合计			300	300	1 300	390 000	

复核：刘芳　　　　　收货人：李文璐　　　　制单人：田大宽

图A-31　商品发货单

中国银行 转账支票

No.00056680

出票日期（大写）：贰零贰肆年伍月贰拾伍日　　付款行：中国银行华远支行

收款人：杭州米氏服装有限公司	出票人账号：821983740518

人民币（大写）	肆拾肆万柒佰圆整	千	百	十	万	千	百	十	元	角	分
			¥	4	4	0	7	0	0	0	0

用途： 上列款项请从 我账户内支付 出票人盖章	杭州杰邦服装公司财务专用章　张之华印	科目（借）： 对方科目（贷）： 付讫日期：　　复核：　　记账：

图 A-32　中国银行转账支票

中国银行进账单（回单）

日期：2024 年 05 月 27 日

付款人	全称	杭州杰邦服装公司	收款人	全称	杭州米氏服装有限公司	此联是受理行给送票人的回单
	账号或地址	821983740518		账号或地址	837293755912	
	开户银行	中国银行华远支行		开户银行	中国银行吴山支行	

托收金额	人民币（大写）	肆拾肆万零柒佰圆整	千	百	十	万	千	百	十	元	角	分
						¥ 4	4	0	7	0	0	0

票据种类：转账支票	受理银行签章 中国银行浙江省分行 杭州吴山支行 2024.05.27 转讫
票据张数：1	
备注：	

图 A-33　中国银行入账单（回单）

20. 5月25日，米氏公司签发现金支票，发放上月工资，并取得相关凭证，如图 A-34 所示。

```
        中国银行（浙）
        转账支票存根

    支票号码：25470828
    科    目：
    对方科目：
    签发日期：2024 年 05 月 25 日
    收 款 人：
    金    额：￥76 238.00
    用    途：支付工资
    备    注：

      单位主管         会计
        复核           记账
```

图 A-34　中国银行转账支票存根

21. 5月26日，米氏公司以现金发放上月工资（忽略个人扣款部分），如图 A-35 所示。

工资结算汇总表
2024 年 05 月 26 日

序号	姓名	基本工资	津贴	奖金	应付工资	代扣款						实发工资
						养老保险	医疗保险	住房公积金	所得税	其他	扣款小计	
1	李华	4 500	700	800	6 000	480	120	600	0	0	1 495	4 505
2	邹露	3 800	600	500	4 900	392	98	490	0	0	1 143	3 757
3	张昊	3 200	500	500	4 200	336	84	420	0	0	951	3 249
……												
合计		78 560	12 000	7 800	98 360	7 868.8	1 967.2	9 836	2 450	0	22 122	76 238

财务经理：付小米　　　　　审核：宫红娟　　　　　制单：王丽

图 A-35　工资结算汇总表

22. 5月26日，米氏公司收到转账支票一张，存入银行，未收到银行入账回单，凭证如图 A-36 所示。

中国银行 转账支票

No.00054620

出票日期（大写）：贰零贰肆年伍月贰拾陆日　　付款行：中国银行泰安支行

收款人	杭州米氏服装有限公司	出票人账号：810294630198									
人民币（大写）	伍拾万圆整	千	百	十	万	千	百	十	元	角	分
		￥	5	0	0	0	0	0	0	0	0

用途：
上列款项请从我账户内支付
出票人盖章

（杭州同源服装公司财务专用章）（邹少东印）

科目（借）：
对方科目（贷）：
付讫日期：
　　　　复核：　　　记账：

图A-36　中国银行转账支票

23. 5月27日，米氏公司收到银行入账回单一张，如图A-37所示。

中国银行进账单（回单）
2024年05月27日

付款人	全称	杭州同源服装公司	收款人	全称	杭州米氏服装有限公司									
	账号或地址	810294630198		账号或地址	837293755912									
	开户银行	中国银行泰安支行		开户银行	中国银行吴山支行									
托收金额	人民币（大写）	伍拾万圆整	千	百	十	万	千	百	十	元	角	分		
				￥	5	0	0	0	0	0	0	0	0	
票据种类：转账支票			受理银行签章		中国银行浙江省分行 杭州吴山支行 2024.05.27 转讫									
票据张数：1														
备注：														

此联是受理行给送票人的回单

图A-37　中国银行进账单（回单）

24. 5月28日，米氏公司收到缴纳4月份税费的付款凭证，相关凭证如图A-38~图A-39所示。

中国银行电子缴税付款凭证

纳税人识别号：9724H23078EJ30238U	征收机关名称：杭州国税局
纳税人全称：杭州米氏服装有限公司	收缴银行名称：中国银行杭州吴山支行
纳税人账号：837293755912	缴款书交易流水号：002101278
纳税人开户银行：中国银行吴山支行	税票号码：204520255
小写（金额合计）：38 500.00	凭证号：204520255
大写（金额合计）：叁万捌仟伍佰圆整	预算级次：省级
税费税号：330000285000564	
税款期限：2024.04.01–2024.04.30	
1. 增值税　　　　　计：38 500.00	
2.　　　　　　　　计：0.00	（中国银行浙江省分行 杭州吴山支行 2024.05.28 转讫）
3.　　　　　　　　计：0.00	缴税日期：2024 年 05 月 08 日
第一次打印	打印日期：2024 年 05 月 28 日

图 A-38　中国银行缴税单（一）

中国银行电子缴税付款凭证

纳税人识别号：9724H23078EJ30238U	征收机关名称：杭州国税局
纳税人全称：杭州米氏服装有限公司	收缴银行名称：中国银行杭州吴山支行
纳税人账号：837293755912	缴款书交易流水号：002101279
纳税人开户银行：中国银行吴山支行	税票号码：204520256
小写（金额合计）：3 850.00	凭证号：204520256
大写（金额合计）：叁仟捌佰伍拾圆整	预算级次：地市级
税费税号：330000285000564	
税款期限：2024.04.01–2024.04.30	
1. 城建税　　　　　计：2 695.00	（中国银行浙江省分行 杭州吴山支行 2024.05.28 转讫）
2. 教育费附加　　　计：1 155.00	
3.　　　　　　　　计：0.00	缴税日期：2024 年 05 月 08 日
第一次打印	打印日期：2024 年 05 月 28 日

图 A-39　中国银行缴税单（二）

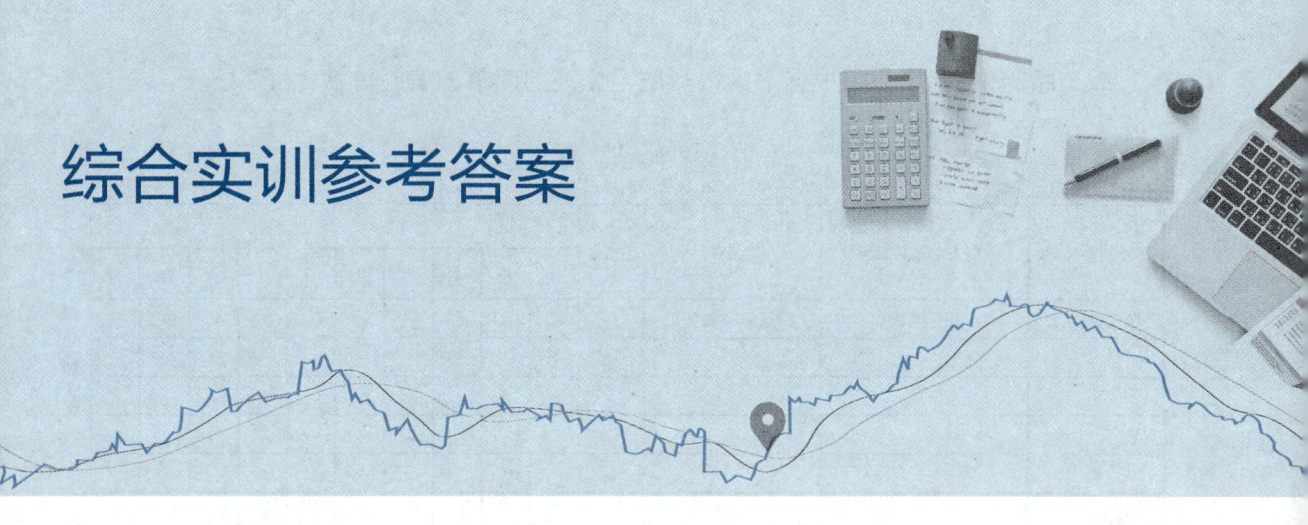

综合实训参考答案

1.（1）5月1日，米氏公司根据增值税专用发票的记账联和抵扣联、转账支票的存根联，编制付款凭证1号。

付款凭证

贷方科目：银行存款　　　　　　2024 年 5 月 1 日　　　　　　付字第 1 号

摘要	借方总账科目	明细科目	借或贷	金额										附单据3张
				千	百	十	万	千	百	十	元	角	分	
采购商品	在途物资	杭州利邦公司	借			3	8	5	0	0	0	0	0	
	应交税费	应交增值税（进项税额）					5	0	0	5	0	0	0	
合计						4	3	5	0	5	0	0	0	

财务主管：付小米　　　记账：李玉　　　出纳：刘田　　　审核：张华　　　制单：王丽

（2）5月1日，米氏公司根据商品验收单，编制转账凭证1号。

转账凭证

2024 年 5 月 1 日　　　　　　　　　　　　　　　　转字第 1 号

摘要	总账科目	明细科目	借方金额									贷方金额									附单据1张
			百	十	万	仟	佰	十	元	角	分	百	十	万	仟	佰	十	元	角	分	
办理入库	库存商品	女式套裙ML-2540		3	8	5	0	0	0	0	0										
	在途物资												3	8	5	0	0	0	0	0	
合计				3	8	5	0	0	0	0	0		3	8	5	0	0	0	0	0	

财务主管：付小米　　　记账：李玉　　　出纳：刘田　　　审核：张华　　　制单：王丽

2. 5月2日，米氏公司根据中国银行电汇凭证的回单，编制付款凭证2号。

付款凭证

贷方科目：银行存款　　　　　　　　　2024年5月2日　　　　　　　　　付字第2号

摘要	借方总账科目	明细科目	借或贷	金额								
				千	百	十	万	千	百	十	元	角	分
预付货款	预付账款	上海通恒服装公司	借		4	6	8	0	0	0	0	0	0
合计					4	6	8	0	0	0	0	0	0

附单据1张

财务主管：付小米　　　记账：宫红娟　　　出纳：刘田　　　审核：张华　　　制单：王丽

3. 5月2日，米氏公司根据托收承付凭证的付款通知单，编制付款凭证3号。

付款凭证

贷方科目：银行存款　　　　　　　　　2024年5月2日　　　　　　　　　付字第3号

摘要	借方总账科目	明细科目	借或贷	金额								
				千	百	十	万	千	百	十	元	角	分
支付货款	应付账款	山东发展服饰公司	借			3	0	4	7	4	0	0	0
合计						3	0	4	7	4	0	0	0

附单据1张

财务主管：付小米　　　记账：李玉　　　出纳：刘田　　　审核：张华　　　制单：王丽

4. 5月5日，米氏公司根据增值税专用发票的发票联和抵扣联和商品的验收单，编制转账凭证2号、3号。

转账凭证

2024年5月5日　　　　　　　　　　　　　　　　　　　　　　　　　转字第2号

摘要	总账科目	明细科目	借方金额								贷方金额							
			百	十	万	仟	佰	十	元	角	分	百	十	万	仟	佰	十	元	角	分
采购商品	在途物资	针织衫LO-212		2	6	0	0	0	0	0	0									
	应交税费	应交增值税（进项税额）			3	3	8	0	0	0	0									
	应付账款												2	9	3	8	0	0	0	0
合计				2	9	3	8	0	0	0	0		2	9	3	8	0	0	0	0

附单据2张

财务主管：付小米　　　记账：李玉、宫红娟　　　出纳：刘田　　　审核：张华　　　制单：王丽

转账凭证

2024 年 5 月 5 日　　　　　　　　　　　　　　　　　　　　转字第 3 号

摘要	总账科目	明细科目	借方金额 百 十 万 仟 佰 十 元 角 分	贷方金额 百 十 万 仟 佰 十 元 角 分	
办理入库	库存商品	针织衫 LQ-212	2 6 0 0 0 0 0 0		附单据1张
		在途物资		2 6 0 0 0 0 0 0	
合计			2 6 0 0 0 0 0 0	2 6 0 0 0 0 0 0	

财务主管：付小米　　　记账：宫红娟　　　出纳：刘田　　　审核：张华　　　制单：王丽

5. 5 月 5 日，米氏公司根据销售人员王成预借差旅费的借款借据，编制付款凭证 4 号。

付款凭证

贷方科目：库存现金　　　　　　　2024 年 5 月 5 日　　　　　　　　付字第 4 号

摘要	借方总账科目	明细科目	借或贷	金　　额 千 百 十 万 千 百 十 元 角 分	
预借差旅费	其他应收款	王成	借	3 0 0 0 0 0	附单据1张
合计				3 0 0 0 0 0	

财务主管：付小米　　　记账：宫红娟　　　出纳：刘田　　　审核：张华　　　制单：王丽

6. 5 月 6 日，米氏公司根据增值税专用发票的记账联和抵扣联、运费发票和商品的验收单，编制付款凭证 5 号、6 号。

付款凭证

贷方科目：银行存款　　　　　　　2024 年 5 月 6 日　　　　　　　　付字第 5 号

摘要	借方总账科目	明细科目	借或贷	金　　额 千 百 十 万 千 百 十 元 角 分	
采购商品	在途物资	男式西服 LQ-5455	借	4 0 0 0 0 0 0 0	附单据3张
	应交税费	应交增值税（进项税额）	借	5 2 0 0 0 0 0	
合计				4 5 2 0 0 0 0 0	

财务主管：付小米　　　记账：李玉　　　出纳：刘田　　　审核：张华　　　制单：王丽

付款凭证

贷方科目：银行存款　　　　　2024年5月6日　　　　　　　　付字第6号

摘要	借方总账科目	明细科目	借或贷	千	百	十	万	千	百	十	元	角	分
代垫运费	其他应收款	杭州利邦公司	借					1	2	0	0	0	0
			借										
合计								1	2	0	0	0	0

附单据3张

财务主管：付小米　　　记账：李玉　　　出纳：刘田　　　审核：张华　　　制单：王丽

7.5月6日，米氏公司根据中国银行支付系统收付款凭证，编制收款凭证1号。

收款凭证

借方科目：银行存款　　　　　2024年5月6日　　　　　　　　收字第1号

摘要	贷方总账科目	明细科目	借或贷	千	百	十	万	千	百	十	元	角	分
收到前欠货款	应收账款	苏州唐婉服装公司	贷				5	0	0	0	0	0	0
	应收账款	苏州利宁服装公司	贷				1	0	0	0	0	0	0
合计							6	0	0	0	0	0	0

附单据2张

财务主管：付小米　　　记账：宫红娟　　　出纳：刘田　　　审核：张华　　　制单：王丽

8.5月7日，米氏公司提取现金，编制付款凭证7号。

付款凭证

贷方科目：银行存款　　　　　2024年5月7日　　　　　　　　付字第7号

摘要	借方总账科目	明细科目	借或贷	千	百	十	万	千	百	十	元	角	分
提取现金	库存现金		借					2	0	0	0	0	0
合计								2	0	0	0	0	0

附单据1张

财务主管：付小米　　　记账：刘田　　　出纳：刘田　　　审核：张华　　　制单：王丽

9. 5月9日，米氏公司向杭州香紫云服饰公司采购服装到达，根据商品验收单和商品溢缺报告单办理入库，编制转账凭证4号。

转账凭证

2024 年 5 月 9 日　　　　　　　　　　　　　　　　　　　　　　　　转字第 4 号

摘要	总账科目	明细科目	借方金额										贷方金额									
			百	十	万	仟	佰	十	元	角	分	百	十	万	仟	佰	十	元	角	分
办理入库	库存商品	男式西服 LQ-5455			3	6	0	0	0	0	0									
	待处理财产损溢					4	0	0	0	0	0									
	在途物资														4	0	0	0	0	0	0
合计					4	0	0	0	0	0	0			4	0	0	0	0	0	0

附单据 2 张

财务主管：付小米　　记账：李玉　　出纳：刘田　　审核：张华　　制单：王丽

10. 5月12日，米氏公司向杭州香紫云服饰公司采购服装短缺的50套男式西服到达，根据储运部门交来的商品验收单编制转账凭证5号。

转账凭证

2024 年 5 月 12 日　　　　　　　　　　　　　　　　　　　　　　　　转字第 5 号

摘要	总账科目	明细科目	借方金额										贷方金额									
			百	十	万	仟	佰	十	元	角	分	百	十	万	仟	佰	十	元	角	分
办理入库	库存商品	男式西服 LQ-5455				4	0	0	0	0	0									
	待处理财产损溢														4	0	0	0	0	0	0
合计						4	0	0	0	0	0				4	0	0	0	0	0	0

附单据 1 张

财务主管：付小米　　记账：李玉　　出纳：刘田　　审核：张华　　制单：王丽

11. 5月15日，米氏公司根据苏州乐美服装有限公司交来的转账支票，编制收款凭证2号。

收款凭证

借方科目：银行存款　　　　　　2024 年 5 月 15 日　　　　　　收字第 2 号

摘要	贷方总账科目	明细科目	借或贷	金额（千百十万千百十元角分）
收到前欠货款	应收账款	苏州乐美服装有限公司	贷	9 0 0 0 0 0 0 0
合计				9 0 0 0 0 0 0 0

财务主管：付小米　　记账：宫红娟　　出纳：刘田　　审核：张华　　制单：王丽

12. 5 月 15 日，米氏公司根据招待费的费用报销单证，编制付款凭证 8 号。

付款凭证

贷方科目：库存现金　　　　　　2024 年 5 月 15 日　　　　　　付字第 8 号

摘要	借方总账科目	明细科目	借或贷	金额（千百十万千百十元角分）
提取现金	管理费用		借	7 0 0 0 0
合计				7 0 0 0 0

财务主管：付小米　　记账：李玉　　出纳：刘田　　审核：张华　　制单：王丽

13. 5 月 17 日，米氏公司根据销售人员王成出差报销旅费单据，编制转账凭证 6 号和收款凭证 3 号。

转账凭证

2024 年 5 月 17 日　　　　　　转字第 6 号

摘要	总账科目	明细科目	借方金额（百十万仟佰十元角分）	贷方金额（百十万仟佰十元角分）
报销差旅费	管理费用	差旅费	1 1 5 0 0 0	
	其他应收款	王成		1 1 5 0 0 0
合计			1 1 5 0 0 0	1 1 5 0 0 0

财务主管：付小米　　记账：宫红娟、李玉　　出纳：刘田　　审核：张华　　制单：王丽

收款凭证

2024年5月17日　　　　　　　收字第3号

借方科目：库存现金

摘要	贷方总账科目	明细科目	借或贷	金额 千 百 十 万 千 百 十 元 角 分	
报销差旅费用	其他应收账款	王成	贷	1 8 5 0 0 0	附单据1张
合计				1 8 5 0 0 0	

财务主管：付小米　　记账：宫红娟　　出纳：刘田　　审核：张华　　制单：王丽

14. 5月20日，米氏公司根据金华市达美公司支付的银行承兑汇票的银行受理回单，编制收款凭证4号。

收款凭证

2024年5月20日　　　　　　　收字第4号

借方科目：银行存款

摘要	贷方总账科目	明细科目	借或贷	金额 千 百 十 万 千 百 十 元 角 分	
银行承兑汇票到期	应收票据	金华市达美公司	贷	6 0 0 0 0 0 0 0	附单据1张
合计				6 0 0 0 0 0 0 0	

财务主管：付小米　　记账：宫红娟　　出纳：刘田　　审核：张华　　制单：王丽

15. 5月22日，米氏公司根据增值税专用发票的记账联、抵扣联和商品的验收单，编制转账凭证7号。

转账凭证

2024年5月22日　　　　　　　转字第7号

摘要	总账科目	明细科目	借方金额 百 十 万 仟 佰 十 元 角 分	贷方金额 百 十 万 仟 佰 十 元 角 分	
采购商品	在途物资	男式西服AMQ-212	8 4 0 0 0 0 0 0		附单据3张
	应交税费	应交增值税（进项税额）	1 0 9 2 0 0 0 0		
	预付账款	上海通恒服装公司		4 6 8 0 0 0 0 0	
	银行存款			4 8 1 2 0 0 0 0	
合计			9 4 9 2 0 0 0 0	9 4 9 2 0 0 0 0	

财务主管：付小米　　记账：宫红娟、李玉　　出纳：刘田　　审核：张华　　制单：王丽

16. 5月24日，米氏公司向上海通恒服装公司购进的男式西服已到达并入库，根据商品验收单编制转账凭证8号。

转账凭证

2024 年 5 月 24 日　　　　　　　　　　　　　　　　　　　　　　　　　　　转字第 8 号

摘要	总账科目	明细科目	借方金额 百 十 万 仟 佰 十 元 角 分	贷方金额 百 十 万 仟 佰 十 元 角 分	
商品验收入库	库存商品	男式西服 AMQ-212	7 2 0 0 0 0 0 0		附单据1张
	在途物资	男式西服 AMQ-212		7 2 0 0 0 0 0 0	
合计			7 2 0 0 0 0 0 0	7 2 0 0 0 0 0 0	

财务主管：付小米　　　　记账：李玉　　　　出纳：刘田　　　　审核：张华　　　　制单：王丽

17. 5月24日，米氏公司向上海通恒服装公司购进的男式西服中，部分商品有质有问题，根据代管商品收货单编制付款凭证9号。

付款凭证（金额为红字）

贷方科目：银行存款　　　　　　　　　　2024 年 5 月 24 日　　　　　　　　　　　　付字第 9 号

摘要	借方总账科目	明细科目	借或贷	金　　额 千 百 十 万 仟 百 十 元 角 分	
采购商品	在途物资	男式西服AMQ-212	借	1 2 0 0 0 0 0 0	附单据4张
	应交税费	应交增值税（进项税额）	借	1 5 6 0 0 0 0	
合计				1 3 5 6 0 0 0 0	

财务主管：付小米　　　　记账：李玉　　　　出纳：刘田　　　　审核：张华　　　　制单：王丽

18. 5月25日，米氏公司根据费用报销单报销办公费用，编制付款凭证10号。

付款凭证

贷方科目：银行存款　　2024 年 5 月 25 日　　付字第 10 号

摘要	借方总账科目	明细科目	借或贷	金额 千 百 十 万 千 百 十 元 角 分	
报销办公用品	管理费用	办公用品	借	3 8 7 0 0	附单据1张
合计				3 8 7 0 0	

财务主管：付小米　　　记账：李玉　　　出纳：刘田　　　审核：张华　　　制单：王丽

19. 5月25日，米氏公司向杭州杰邦服装公司销售男式西服，根据销售商品的单证，编制收款凭证5号。

收款凭证

借方科目：银行存款　　2024 年 5 月 25 日　　收字第 5 号

摘要	贷方总账科目	明细科目	借或贷	金额 千 百 十 万 千 百 十 元 角 分	
销售商品	主营业务收入		贷	3 9 0 0 0 0 0	附单据4张
	应交税费	应交增值税(销项税额)	贷	5 0 7 0 0 0 0	
合计				4 4 0 7 0 0 0 0	

财务主管：付小米　　　记账：李玉　　　出纳：刘田　　　审核：张华　　　制单：王丽

20. 5月25日，米氏公司根据签发现金支票的存根，编制付款凭证11号。

付款凭证

贷方科目：银行存款　　2024 年 5 月 25 日　　付字第 11 号

摘要	借方总账科目	明细科目	借或贷	金额 千 百 十 万 千 百 十 元 角 分	
提取工资	库存现金	工资	借	7 6 2 3 8 0 0	附单据1张
合计				7 6 2 3 8 0 0	

财务主管：付小米　　　记账：刘田　　　出纳：刘田　　　审核：张华　　　制单：王丽

21. 5月26日，米氏公司以现金发放上月工资，根据工资结算汇总表，编制付款凭证12号。

付款凭证

贷方科目：库存现金　　　　　　2024年5月26日　　　　　　付字第12号

摘要	借方总账科目	明细科目	借或贷	金额										附单据1张
				千	百	十	万	千	百	十	元	角	分	
发放工资	应付职工薪酬	工资	借				7	6	2	3	8	0	0	
合计							7	6	2	3	8	0	0	

财务主管：付小米　　　记账：宫红娟　　　出纳：刘田　　　审核：张华　　　制单：王丽

22. 5月26日，米氏公司收到转账支票一张，存入银行，未收到银行入账回单前，不用做账务处理。

23. 5月27日，米氏公司根据银行入账回单，编制收款凭证6号。

收款凭证

借方科目：银行存款　　　　　　2024年5月27日　　　　　　收字第6号

摘要	贷方总账科目	明细科目	借或贷	金额										附单据1张
				千	百	十	万	千	百	十	元	角	分	
收到预收货款	预付账款	杭州同源服装公司	贷			5	0	0	0	0	0	0	0	
合计						5	0	0	0	0	0	0	0	

财务主管：付小米　　　记账：宫红娟　　　出纳：刘田　　　审核：张华　　　制单：王丽

24. 5月28日，米氏公司根据中国银行缴税单，编制付款凭证13号、14号。

付款凭证

贷方科目：银行存款　　　　　　　　2024 年 5 月 28 日　　　　　　　　付字第 13 号

摘要	借方总账科目	明细科目	借或贷	千	百	十	万	千	百	十	元	角	分
上交4月份增值税	应交税费	应交增值税（已交税金）	借			3	8	5	0	0	0	0	0
合计						3	8	5	0	0	0	0	0

附单据 1 张

财务主管：付小米　　　记账：李玉　　　出纳：刘田　　　审核：张华　　　制单：王丽

付款凭证

贷方科目：银行存款　　　　　　　　2024 年 5 月 28 日　　　　　　　　付字第 14 号

摘要	借方总账科目	明细科目	借或贷	千	百	十	万	千	百	十	元	角	分
上交城建税	应交税费	应交城建税	借					2	6	9	5	0	0
上交教育费附加	应交税费	应交教育费附加	借					1	1	5	5	0	0
合计							3	8	5	0	0	0	0

附单据 1 张

财务主管：付小米　　　记账：李玉　　　出纳：刘田　　　审核：张华　　　制单：王丽

参考文献

[1] 中国注册会计师协会. 税法［M］. 北京：中国财政经济出版社，2019.

[2] 财政部会计资格评价中心. 经济法［M］. 北京：经济科学出版社，2019.

[3] 卓茂荣. 新编商品流通企业会计（3版）习题集［M］. 北京：电子工业出版社，2019.

[4] 卢德湖，陈德洪. 商品流通企业会计实务［M］. 大连：东北财经大学出版社，2019.

[5] 杨美秋. 商品流通企业会计核算实务［M］. 北京：电子工业出版社，2019.

[6] 张立波. 商品流通企业会计习题集［M］. 北京：高等教育出版社，2019.

[7] 沈亚香. 新编会计模拟实习：商品流通企业分册［M］. 7版. 上海：立信会计出版社，2019.